中国钢铁工业发展报告

The Chinese Steel Industry Annual Report

2025

中国钢铁工业协会

北 京
冶 金 工 业 出 版 社
2025

图书在版编目（CIP）数据

中国钢铁工业发展报告. 2025 / 中国钢铁工业协会编. — 北京：冶金工业出版社, 2025. 7. — ISBN 978-7-5240-0320-5

Ⅰ. F426. 31

中国国家版本馆 CIP 数据核字第 20256D1P88 号

中国钢铁工业发展报告 2025

出版发行	冶金工业出版社	**电　话**	(010) 64027926
地　址	北京市东城区嵩祝院北巷 39 号	**邮　编**	100009
网　址	www.mip1953.com	**电子信箱**	service@mip1953.com

责任编辑　曾　媛　美术编辑　彭子赫　版式设计　郑小利

责任校对　葛新霞　责任印制　禹　蕊

北京捷迅佳彩印刷有限公司印刷

2025 年 7 月第 1 版，2025 年 7 月第 1 次印刷

787mm × 1092mm　1/16；24 印张；389 千字；373 页

定价 300.00 元

投稿电话　(010) 64027932　投稿信箱　tougao@cnmip.com.cn

营销中心电话　(010) 64044283

冶金工业出版社天猫旗舰店　yjgycbs.tmall.com

《中国钢铁工业发展报告 2025》

编委会

前　言

2024年，在以习近平同志为核心的党中央坚强领导下，我国经济运行总体平稳、稳中有进，推动经济回升向好的积极因素累积增多。面对复杂严峻的外部环境和国内经济运行中的新情况，钢铁行业以习近平新时代中国特色社会主义思想为指导，坚持“1231”工作方针，持续推进“232”重点工作，为保障国民经济发展和产业结构优化对钢铁材料的更高需求发挥了积极作用。

2024年是钢铁行业深度调整的关键一年，一系列新情况、新变化、新挑战不断出现，传统用钢行业下行压力加大，原燃料价格易涨难跌，钢铁行业运行持续呈现高产量、高成本、高出口、低需求、低价格、低效益的“三高三低”局面，进入“减量发展、存量优化”阶段的特征日益明显，企业生产经营非常艰难。

面对新情况、新变化、新挑战，2024年我国钢铁行业积极作为，在多个领域继续取得显著进展。在探索世界前沿低碳技术方面，全国共有22家钢铁企业的60项技术正在同步研发并取得阶段性成果；超低排放改造稳步推进，截至2024年年底，共有171家钢铁企业（包括一家球团企业）完成或部分完成超低排放改造和评估监测，涉及粗钢产能7.21亿吨，实现了环境治理与经济效益的双赢；极致能效工程取得积极进展，117家企业被遴选为“双碳最佳实践能效标杆示范厂”培育企业，通过节能改造降低了吨钢用能成本，提升了企业竞争力；数字化转型工程建设迈向全新阶段，启动钢铁行业数字化转型工程三年行动，发布《钢铁行业数字化转型工程建设指南》《2023 钢铁行业数字化转型评估报告》，遴选优秀方案形成 2024 钢铁行业智能制造解决方案推荐目录；钢铁产业布局优化持续推进，暂停钢铁产能置换、继续实施粗钢产量调控，为缓解市场供需矛盾、实现行业平稳运行、加快转型提质发展发挥积极作用。

《中国钢铁工业发展报告》（以下简称《报告》）作为观察行业年度发展变化的重要窗口，到 2025 年整整编印了 20 个年头。今年，在 2024 年版的基础上，对《报告》的整体结构作出了进一步规范与整合，对各个章节进行了梳理和细化，并新增铁合金、耐火材料和炭素行业发展运行情况。根据行业关注的热点、焦点，我们将《报告》划分为产业运行、钢材市场、原燃辅料和产业发展 4 篇共 23 章，使《报告》的整体逻辑和结构更加完善。《报告》力求翔实全面记录中国钢铁工业的发展历程，期望业内外人士能借此渠道更加深入地了解钢铁行业，从而更多地关心和支持钢铁行业健康、有序发展。

由于编者的水平和时间有限，疏漏之处在所难免，敬请广大读者批评指正。

目　　录

第 1 篇　产业运行篇

第 2 篇　钢材市场篇

第 3 篇　原燃辅料篇

第 4 篇　产业发展篇

附　　录

第 1 篇

产业运行篇

第1章 钢铁工业运行综述

2024 年是实现“十四五”规划目标任务的关键一年。面对外部压力加大、内部困难增多的复杂形势，以习近平同志为核心的党中央团结带领全党全国各族人民，沉着应变、综合施策，经济运行总体平稳、稳中有进，全年经济增长预期目标顺利实现。钢铁行业在党中央坚强领导下，认真贯彻落实党中央、国务院决策部署，克服外部压力加大、内部挑战增多等困难，继续锚定“1231”行业工作重点，扎实推进“232”重点工作，有效满足了中国经济转型升级对钢铁材料的更高需求，高质量发展有序推进，新质生产力加快培育，“稳”的态势在持续、“新”的动能在成长、“好”的因素在累积。

一、经济增长预期目标顺利实现

初步核算，2024 年全年国内生产总值 1349084 亿元，首次突破 130 万亿元，按不变价格计算，比上年增长 5.0%。分产业看，第一产业增加值 91414 亿元，比上年增长 3.5%；第二产业增加值 492087 亿元，增长 5.3%；第三产业增加值 765583 亿元，增长 5.0%。三次产业增加值占 GDP 的比重分别为 6.8%、36.5%和 56.7%，对经济增长的贡献率分别为 5.2%、38.6%和 56.2%，三次产业协同发力推动中国经济平稳运行。按支出法核算，最终消费支出对经济增长的贡献率为 44.5%，拉动 GDP 增长 2.2 个百分点。资本形成总额对经济增长的贡献率为 25.2%，拉动 GDP 增长 1.3 个百分点。货物和服务净出口对经济增长的贡献率为 30.3%，拉动 GDP 增长 1.5 个百分点。

工业生产稳步加快，高质量发展扎实推进。2024 年，全国规模以上工业增加值较上年增长 5.8%，增速较上年加快 1.2 个百分点。分三大门类看，2024 年，采矿业、制造业、电力热力燃气及水生产和供应业增加值较上年分别增长 3.1%、6.1%、5.3%。分季度看，一、二、三、四季度增加值同比分别增长 6.1%、5.9%、5.0%、5.7%。从行业和产品情况看，41 个工业大类行业中，39 个行业增加值较上年实现增长，增长面为 95.1%，比上年大幅提高 26.8 个百分点；在统计的 619 种主要工业产品中，395 种产品产量实现增长，增长面为 63.8%，比上年提高 3.6 个百分点。从产能利用率情况看，全国规模以上工业产能利用率为 75.0%，较上年回落 0.1 个百分点。分季度看，一、二、三、四季度产能利用率分别为 73.6%、74.9%、75.1%、76.2%，呈逐季回升态势，工业企业产能利用情况不断改善。装备制造业占比持续提升，产业结构进一步优化。2024 年，规模以上装备制造业增加值较上年增长 7.7%，增速高于全部规模以上工业 1.9 个百分点；增加值占全部规模以上工业比重达 34.6%，较上年提升 1.0 个百分点。主要行业中，电子、铁路、船舶、航空航天、汽车行业较快增长，增速分别为 11.8%、10.9%、9.1%。制造业高端化、智能化、绿色化不断深入，引领工业高质量发展。2024 年，规模以上高技术制造业增加值较上年增长 8.9%，高于全部规模以上工业 3.1 个百分点。智能无人飞行器制造、智能车载设备制造、可穿戴智能设备制造等智能生活行业增加值分别增长 53.5%、25.1%、13.3%。新能源汽车全年产量达 1316.8 万辆，较上年增长 38.7%，产量连续 10 年居全球首位，成为全球首个新能源汽车年产量超千万辆的国家；太阳能工业用超白玻璃、生物基化学纤维、风力发电机组等产品产量分别增长 53.5%、44.9%、11.6%。

有效投资持续扩大，制造业投资引领作用显著。2024 年，全年完成固定资产投资（不含农户）514374 亿元，比上年增长 3.2%；扣除价格因素影响，实际增长 4.8%。扣除房地产开发投资，增长 7.2%。分产业看，第一产业投资增长 2.6%，第二产业投资增长 12.0%，第三产业投资下降 1.1%。第二产业投资增速远高于第一、第三产业和城镇固定资产投资平均增速，是拉动固定资产投资增长的主力。其中，电力、热力、燃气及水生产和供应业投资比上年增长 23.9%，对全部投资增长的贡献率为 45.9%，拉动全部投资增长 1.5 个百分点。分领域看，基础设施投资增长 4.4%，制造业投资增长 9.2%（增速比全部投资高 6.0 个百分点）。其中，消费品制造业投资增长 14.7%，装备制造业投资增长 9.0%，原材料制造业投资增长 7.6%。制造业技改投资增长 8.0%，增速高于全部投资 4.8 个百分点。大规模设备更新政策效应持续显现，设备工器具购置投资比上年增长 15.7%，增速高于全部投资 12.5 个百分点；对全部投资增长的贡献率为 67.6%，拉动全部投资增长 2.2 个百分点。高技术产业投资增长 8.0%，增速比全部投资高 4.8 个百分点，保持良好增长势头。其中高技术制造业、高技术服务业投资分别增长 7.0%、10.2%。高技术制造业中，航空、航天器及设备制造业，计算机及办公设备制造业投资分别增长 39.5%、7.1%。民营企业投资整体保持平稳增长，民间项目投资（扣除房地产开发民间投资）比上年增长 6.0%。分行业看，制造业民间投资增长 10.8%，拉动民间项目投资增长 5.3 个百分点；基础设施民间投资增长 5.8%，拉动民间项目投资增长 0.7 个百分点。

房地产业投资、销售及资金均呈现下降态势。2024 年，全国房地产开发投资 100280 亿元，比上年下降 10.6%，降幅较上年扩大 1.0 个百分点。房地产建设三大主要指标均呈现同比下降态势。其中，房地产开发企业房屋施工面积 733247 万平方米，比上年下降 12.7%；房屋新开工面积 73893 万平方米，下降 23.0%；房屋竣工面积 73743 万平方米，下降 27.7%。商品房销售较上年有较大幅度下降，待售面积同比两位数增长；商品房销售面积 97385 万平方米，比上年下降 12.9%；商品房销售额 96750 亿元，下降 17.1%。房地产开发企业到位资金 107661 亿元，比上年下降 17.0%。其中，国内贷款 15217 亿元，下降 6.1%；利用外资 32 亿元，下降 26.7%；自筹资金 37746 亿元，下降 11.6%；定金及预收款 33571 亿元，下降 23%；个人按揭贷款 15661 亿元，下降 27.9%。

2024 年中国经济克服了复杂内外环境带来的各种困难和挑战，顺利地实现了主要预期目标任务，推动了经济质的有效提升和量的合理增长，为高质量完成“十四五”规划目标任务奠定了坚实的基础。但当前外部环境变化带来不利影响加深，国内需求不足，部分企业生产经营困难，风险隐患仍然较多，经济运行仍面临不少困难和挑战。

二、粗钢产量同比下降，供给强于需求

2024 年是钢铁行业深度调整的关键一年，一系列新情况、新变化、新挑战不断出现，传统用钢行业下行压力加大、原燃料价格易涨难跌，钢铁行业运行持续呈现高产量、高成本、高出口、低需求、低价格、低效益的

"三高三低"局面，进入"减量发展、存量优化"阶段的特征日益明显。

（一）粗钢产量下降

2024年，全国生产铁85173.7万吨，较上年下降2.3%；生产钢100509.1万吨，较上年下降1.7%；生产材（含重复材）139967.4万吨，较上年增长1.1%（见表1-1）。钢协会员企业生产铁、钢、材分别为7.39亿吨（同比下降2.6%）、8.26亿吨（同比下降1.4%）和8.23亿吨（同比下降1.3%）。

表1-1　2024年中国铁、钢、材产量

种类	产量/万吨	增速/%
铁	85173.7	–2.3
钢	100509.1	–1.7
材	139967.4	1.1

数据来源：国家统计局。

全年生产焦炭48927.0万吨，较上年下降0.8%；铁矿石原矿104193.5万吨，较上年增长1.2%；铁合金3624.3万吨，较上年增长2.8%。

从分品种产量同比增减情况看，2024年，全年累计增产量排名前三位的品种分别是热轧薄宽钢带、镀层板带、冷轧薄宽钢带，三个品种分别同比增加1184万吨（增幅10.7%）、800万吨（增幅9.9%）、608万吨（增幅8.7%）。全年累计减产量排名前三位的品种分别为钢筋、焊接钢管、其他钢材，分别同比减产3064万吨（降幅13.6%）、519万吨（降幅7.9%）、240万吨（降幅4.8%）。

（二）钢材库存低于上年同期

2024年末，钢协监测的21个城市五大品种钢材社会库存合计659万吨，较上年同期减少70万吨，降幅9.6%。重点统计钢铁企业钢材库存量1237万吨，较上年同期减少1万吨，降幅0.1%。2024年总体情况看，钢材库存量低于上年同期水平。

（三）生产强于消费，制造业用钢对钢材需求起到支撑作用

2024年累计折合粗钢表观消费量8.93亿吨，同比减少4398万吨（降幅4.7%），日均粗钢表观消费量243.9万吨。同期粗钢产量10.05亿吨，同比下降1.7%，日均生产粗钢274.6万吨。2024年日均粗钢表观消费量低于日均产量，表观消费量降幅大于产量降幅。总体看，全年仍然保持了供强

需弱的态势。

从下游行业情况看，房地产行业各项指标延续上年的下降态势，基础设施建设投资保持稳步增长，增速回落；制造业投资同比增长 9.2%，较固定资产投资平均水平高 6.0 个百分点。从主要工业品产量情况看，绝大多数工业品产量呈同比正增长态势，制造用钢对钢材需求起到了支撑作用。工业品产量增幅超过 10%的产品分别是金属集装箱（增长 177.0%）、动车组（增长 50.6%）、挖掘机（增长 26.4%）、民用钢制船舶（增长 17.0%）、发电机组（增长 16.0%）、工业机器人（增长 14.2%）、家用冷柜（增长 13.3%）、金属切削机床（增长 10.5%）。

（四）中国钢产量占世界比重有所下降

从全球看，2024 年世界粗钢产量约为 18.40 亿吨，同比下降 0.9%[①]，其中中国内地粗钢产量占世界粗钢产量的比重为 54.6%，占比较上年下降 0.8 个百分点。中国粗钢产量占比下降一方面与中国粗钢产量同比下降有关，另一方面与其他国家（或地区）产量同比增长 0.1%有关。

2024 年，排名前 10 位产钢国家的钢产量与上年相比未发生明显变化（见表 1-2）。全世界前 10 大产钢国家中，中国、日本、美国、俄罗斯、韩国钢产量同比下降，其余国家产量有不同程度增加。

表 1-2　2024 年全球钢产量前 10 位国家钢产量及增长率

排名	1	2	3	4	5	6	7	8	9	10
国家	中国	印度	日本	美国	俄罗斯	韩国	德国	土耳其	巴西	伊朗
产量/百万吨	1005.1	149.6	84.0	79.5	70.7	63.5	37.2	36.9	33.7	31.0
增长率/%	−1.7	6.3	−3.4	−2.4	−7.0	4.7	5.2	9.4	5.3	0.8

数据来源：中国钢产量为中国内地（不含中国香港、中国澳门、中国台湾）产量，数据来源于国家统计局，其他国家钢产量数据来源于世界钢铁协会。

三、钢材出口同比增长，出口产品以板带材为主

2024 年，中国累计出口钢材 11072 万吨，同比增长 22.7%（见表 1-3），为 2015 年以来钢材出口量历史第二高点。2024 年钢材出口量同比大幅增长，出口总量超过 1.1 亿吨，同比增幅超过 20%，各月出口量均高于 2021

① 数据来源于世界钢铁协会。

年以来同期水平。从各月出口情况看，1—3 月各月出口量呈现波动上升态势，至 3 月达到年内月度出口量较高水平（989 万吨）；4—7 月，出口量波动下降；8—10 月，钢材出口量逐月增长，至 10 月达到年内当月出口量最大值（1118 万吨）；11—12 月，钢材出口量有所回落，但仍高于 900 万吨水平。2024 年月均出口量 923 万吨，较上年月均出口量增加 165 万吨。

表 1-3　2020—2024 年中国钢材、钢坯出口情况　　万吨

种　类	2020 年	2021 年	2022 年	2023 年	2024 年
钢坯（锭）	2	4	103	328	633
钢材	5367	6690	6732	9026	11072

数据来源：海关总署。

从出口结构看，全年板带材出口 7409 万吨，占全部出口量的 67.3%，占比较上年上升 1.7 个百分点；长材出口 1894 万吨，占全部出口量的 17.2%，占比较上年上升 0.2 个百分点；管材出口 1101 万吨，占全部出口量的 10.0%，占比较上年下降 1.2 个百分点。

累计进口钢材 682 万吨，同比下降 10.9%，为新世纪以来钢材进口的最低水平；累计进口钢坯 178 万吨，同比下降 45.6%；累计进口铁矿砂及精矿 123655 万吨，同比增长 4.9%（见表 1-4）。

表 1-4　2020—2024 年中国进口钢材、铁矿石情况　　万吨

种　类	2020 年	2021 年	2022 年	2023 年	2024 年
钢坯（锭）	1833	1372	637	327	178
钢材	2023	1427	1057	765	682
铁矿砂及其精矿	117010	112432	110686	117906	123665

数据来源：海关总署。

2024 年中国折合粗钢净出口量约 11232 万吨，同比增长 31.0%。钢材出口品种结构持续优化，长材出口量占比由 2015 年的 44%，下降到 2024 年的不到 20%，表明中国钢铁行业出口以高质量产品为主，对出口目的地国家经济发展起到了积极的促进作用。但在当前世界经济贸易形势下，也面临贸易摩擦加剧的风险，2024 年全球对中国钢铁发起的贸易救济原审案件共 36 起，其中反倾销 29 起、反补贴 5 起、保障措施 2 起，需引起重视。

钢材进出口价格方面，各月出口均价在 700－800 美元/吨波动，进口均

价在 1600－1800 美元/吨波动。2024 年上半年，各月进出口价差在 800－900 美元波动，7 月起进出口价差迅速扩大至 900 美元以上，10—11 月连续突破 1000 美元/吨和 1100 美元/吨（见图 1-1）。

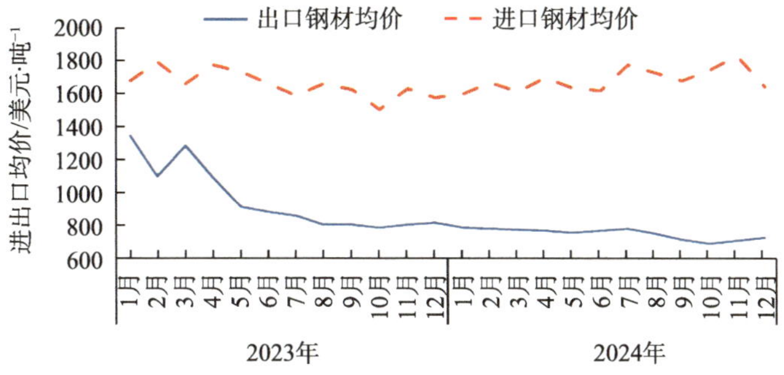

图 1-1　2023 年 1 月—2024 年 12 月各月钢材进出口均价情况

（数据来源：根据海关总署数据计算得出）

四、钢材价格指数均值较上年下降，中厚板价格下降最为显著

2024 年 12 月末，中国钢材价格指数（CSPI）为 97.47 点，比上年同期下降 15.43 点（见表 1-5）。其中，CSPI 长材指数为 100.22 点，比上年同期下降 15.89 点；CSPI 板材指数为 95.55 点，较上年同期下降 16.25 点。

表 1-5　2020—2024 年各年末国内钢材价格指数（CSPI）情况　　点

种类	2020 年末	2021 年末	2022 年末	2023 年末	2024 年末
综合	129.14	131.70	113.25	112.90	97.47
长材	128.63	137.27	118.67	116.11	100.22
板材	133.22	128.77	112.91	111.80	95.55

注：各年年末数据为该年最后一周数据。

数据来源：《国际、国内市场价格及指数》。

从月度走势看，除 2024 年 12 月当月价格较上年有所上涨外，其他月份价格均低于上年同期水平。2024 年，CSPI 钢材综合指数平均值为 102.47 点，同比下降 8.38%。全年钢材价格整体呈波动下降态势，其中，第一季度大幅下降，4—5 月价格出现小幅回升，6—9 月中旬再次大幅下降，9 月底虽然出现快速上涨，但第四季度仍然呈现波动下降态势。2024 年 CSPI 钢材综合指数全年最高点出现在 1 月初（113.56 点），最低点为 9 月第一周（90.42 点），二者差值达到 25.6%。

2024 年，八大钢材品种平均价格较上年均有不同程度下降（见图 1-2）。其中高线 3794 元/吨（同比下降 8.1%）、螺纹钢 3549 元/吨（同比下降 8.4%）、角钢 3750 元/吨（同比下降 9.2%）、中厚板 3743 元/吨（同比下降 10.2%）、热轧卷板 3760 元/吨（同比下降 8.7%）、冷轧薄板 4325 元/吨（同比下降 8.2%）、镀锌板 4740 元/吨（同比下降 6.0%）、无缝钢管 4640 元/吨（同比下降 6.8%）。八大钢材品种中，均价降幅最大的钢材品种为中厚板，均价降幅最小的是镀锌板。

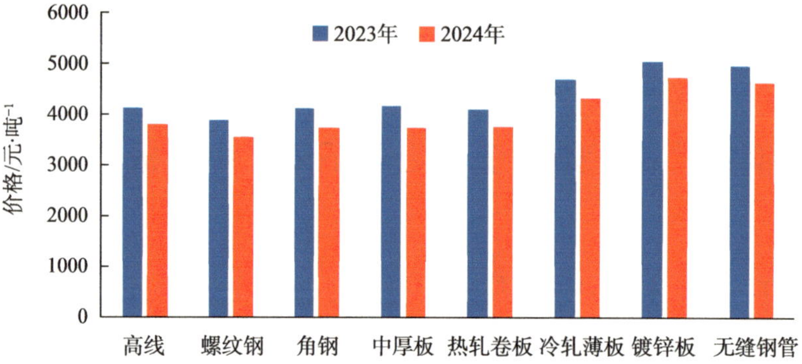

图 1-2　2023 年、2024 年八大钢材品种均价情况
（数据来源：中国钢铁工业协会）

五、主要原燃料成本同比下降，进口铁矿石“量增价跌”

2024 年，钢铁生产所需的原燃料采购价格均呈现同比下降态势。其中，国产铁精矿 844 元/吨，同比下降 1.7%；进口粉矿 823 元/吨，同比下降 6.2%；炼焦煤 1761 元/吨，同比下降 8.7%；冶金焦 2009 元/吨，同比下降 12.4%；喷吹煤 1118 元/吨，同比下降 15.4%；动力煤 805 元/吨，同比下降 12.0%；废钢 2421 元/吨，同比下降 8.8%。

从铁矿石供应情况看，全年国内累计生产铁矿石 10.42 亿吨，同比增长 1.2%。累计进口铁矿石 12.37 亿吨，同比增长 4.9%；进口额 1322 亿美元，同比下降 2.5%；进口均价 99.4 美元/吨，同比下降 12.6%。2024 年，进口铁矿石当月进口均价在 90–130 美元/吨波动（见图 1-3）。2024 年的多数月份，铁矿石进口均价低于上年同期，特别是 8 月之后，当月均价与上年同期差距逐渐拉大。

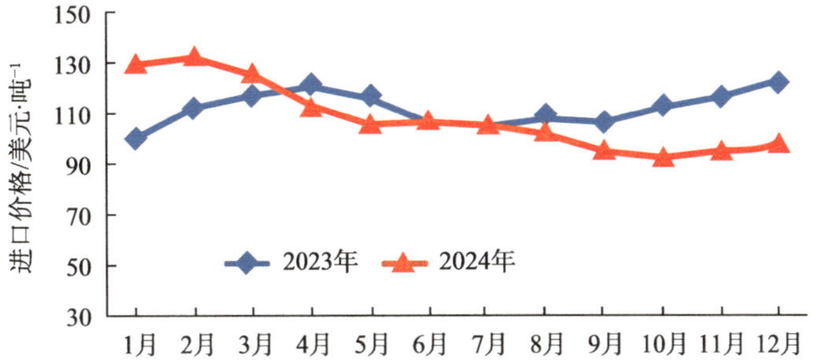

图 1-3　2023 年、2024 年各月进口铁矿石价格
（数据来源：根据海关总署数据计算得出）

2024 年底，进口铁矿石港口库存为 1.49 亿吨（见图 1-4），同比增加约 2300 万吨，增幅 16.6%。从 2024 年各月情况看，铁矿石港口库存在多数月份处在近四年同期较高水平。

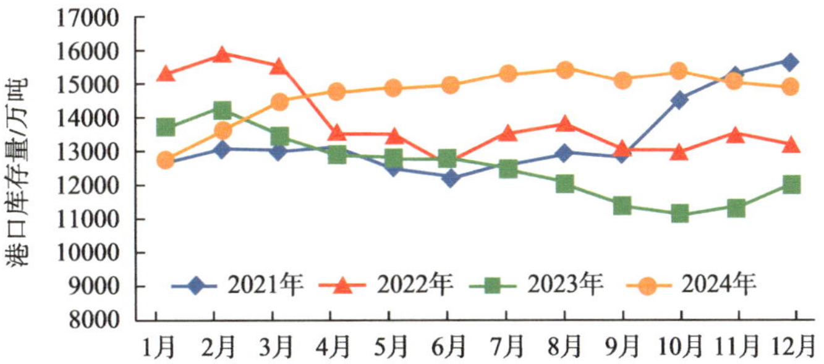

图 1-4　2021—2024 年进口铁矿石港口库存情况
（数据来源：中国钢铁工业协会）

六、黑色冶炼业投资增长 1.8%，重点企业投资同比下降

2024 年 2—12 月累计，黑色金属冶炼和压延加工业投资累计同比增长 1.8%（见图 1-5），增速较上年同期加快 1.6 个百分点。同期制造业投资增速为同比增长 9.2%，黑色冶炼业投资增速低于制造业投资平均增速 7.4 个百分点。

黑色金属矿采选业固定资产投资累计完成额同比增长 6.9%（见图 1-6），上年同期为同比下降 6.8%。

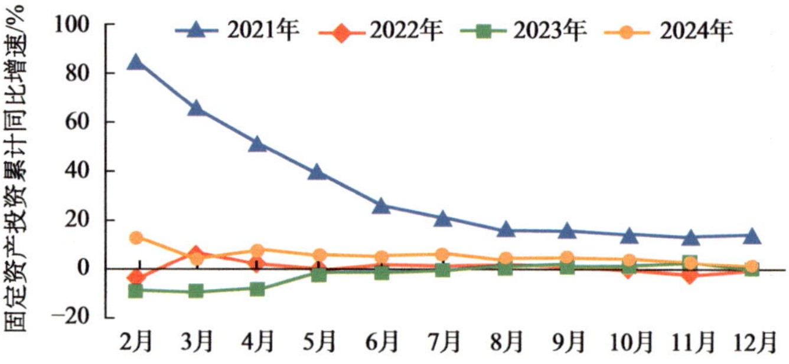

图 1-5　2021—2024 年黑色金属冶炼和压延加工业固定资产投资累计同比增长率情况
（数据来源：国家统计局）

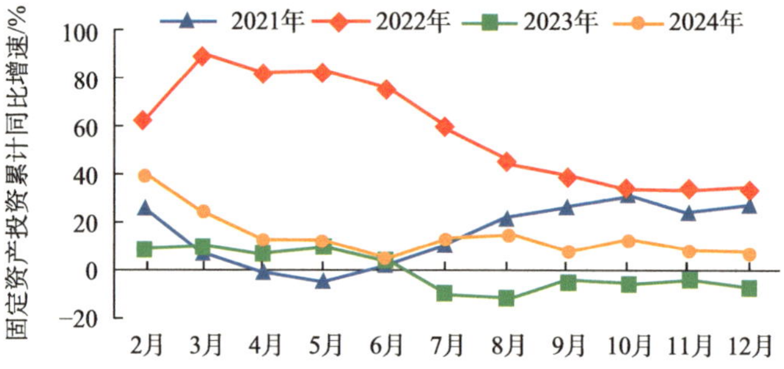

图 1-6　2021—2024 年黑色金属矿采选工业固定资产投资累计同比增长率情况
（数据来源：国家统计局）

民间投资中，2024 年投向黑色金属冶炼和压延加工业固定资产投资累计同比增长 7.8%（见图 1-7），增速较上年同期加快 6.7 个百分点；投向黑色金属矿采选业固定资产投资累计完成额同比增长 24.7%（增幅高于行业平均值 17.8 个百分点），上年同期为同比下降 25.5%。

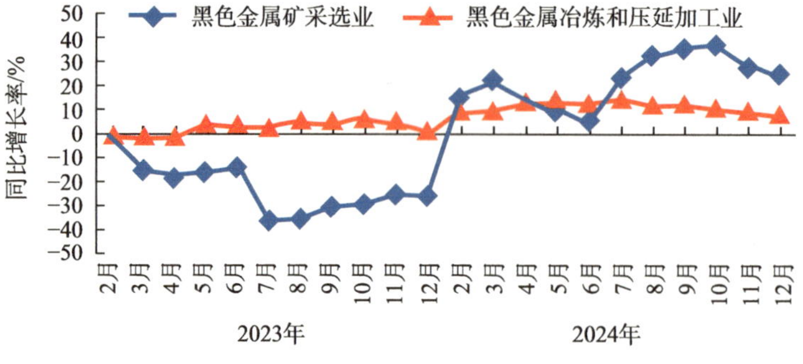

图 1-7　2023 年 2 月—2024 年 12 月钢铁工业民间投资累计同比增长率情况
（数据来源：国家统计局）

钢协重点统计钢铁企业固定资产投资累计完成额 1345 亿元，同比下降 12.1%。其中节约能源类、保护环境类投资较上年有不同程度增长，其他类型投资均呈现不同程度下降。

七、绿色发展成效显著，吨钢综合能耗小幅下降

2024 年，钢协会员企业深入开展各项工作，行业节能减排、绿色低碳转型收获了一批新成果。

（一）吨钢综合能耗同比下降

从行业节能总体情况看，重点统计钢铁企业吨钢综合能耗同比下降 0.61%，吨钢耗电量同比下降 1.75%，吨钢取水量同比下降 0.81%，高炉煤气、转炉煤气、焦炉煤气利用率保持在 98%以上。

从极致能效工程情况看，117 家企业被遴选为“双碳最佳实践能效标杆示范厂”培育企业，涉及粗钢产能超过 6.6 亿吨。15 家能效标杆示范企业现场验收工作已完成，宝钢湛江钢铁、首钢京唐、河钢石钢、宁波钢铁、宝钢宝山基地、鞍钢鲅鱼圈、首钢迁钢、武钢、山钢日照、马钢、梅山钢铁、太钢不锈等 12 家企业已进行极致能效标杆示范公示。2023—2024 年培育期内，报送数据的 80 余家示范培育企业共投入节能改造资金 417 亿元，折合吨钢节能项目改造资金投入 78 元，推进极致能效工程帮助企业降低吨钢用能成本约 26 元，节能项目投入平均回收期不到 3 年。2024 年期间，发布最新版钢铁行业极致能效技术清单（T80），重点工序能效对标填报系统目前已收集 16.2 万余条数据，系统在线填报焦炉 210 座、高炉 289 座、转炉 338 座、电弧炉 62 座。

（二）废水中主要污染物排放量实现全面下降

从行业减排总体情况看，排水量较上年同期减少 2398.64 万立方米，同比下降 10.39%。废水中主要污染物排放量实现全面下降，其中化学需氧量、氨氮、悬浮物排放量分别同比下降 16.91%、19.52%、7.64%。废气排放总量同比增长 4.10%，但其中二氧化硫、颗粒物、氮氧化物排放量分别同比下降 12.23%、9.84%、10.22%。

从超低排放改造情况看，截至 2024 年底，共有 171 家钢铁企业（包括一家球团企业）完成或部分完成超低排放改造和评估监测。其中，126 家企

业全过程完成超低排放改造，涉及粗钢产能约 5.53 亿吨，吨钢超低排放改造投资约 475 元，吨钢平均环保运行成本约 224 元；45 家钢铁企业部分完成超低排放改造，涉及粗钢产能约 1.68 亿吨。实施超低排放改造让钢铁企业同步实现环境治理水平提升与经济社会效益改善“双赢”，工厂变公园、厂区变景区，中国钢企在环境方面的努力和改善得到国际同行的肯定和称赞。

（三）探索世界前沿低碳技术，推动中国钢铁绿色转型

探索世界前沿低碳技术方面，据不完全统计，全国共有 22 家钢铁企业的 60 项技术正在同步研发并取得阶段性成果。宝武富氢碳循环氧气高炉商业示范项目获得 2024 年世界钢协第 15 届“Steelie 奖”之低碳生产卓越成就奖，河钢启动全球首例氢基竖炉——近零碳排电弧炉新型短流程项目、全球首条氢冶金绿色汽车板连铸生产线业已投产，中国钢研建成全球首条纯氢竖炉示范线，中国钢铁在低碳冶金技术创新方面走在了世界前列。

截至 2024 年底，钢铁全产业链 EPD 平台注册单位超过 6100 家，发布 EPD 报告 210 份、PCR14 份，下载 5.1 万余次，招募国际和国内知名第三方机构 24 家，成为全球发布钢铁 EPD 报告最多的专业平台。参与钢铁行业碳配额分配方案、碳排放核算指南和碳核查技术指南制修订工作。与世界钢铁协会、城市土地学会共同发起房地产低碳排放钢合作倡议，努力推动全产业链协同降碳。会同地方行业协会共同完成超低排放改造公示企业现场调研复核，开展全国重点大型钢铁生产设备节能降耗对标竞赛，召开技术交流会探讨节能减排解决方案。与欧盟有关组织机构开展碳市场工作交流，参加《联合国气候变化框架公约》第 29 次缔约方大会，主动宣介中国钢铁低碳转型的进展和成效。

八、盈利状况下滑，总体风险可控

2024 年，会员钢铁企业营业收入 6.26 万亿元，同比下降 5.73%；营业成本 5.94 万亿元，同比下降 5.28%；利润总额 457 亿元，同比下降 47.16%；平均销售利润率为 0.73%，同比下降 0.57 个百分点，在工业行业中排名靠后；亏损面 39.33%，同比上升 6.75 个百分点。总体看，2024 年会员钢铁企业盈利状况较上年出现下滑，一方面与供给强度高于需求强度有关，另一方面与钢材价格降幅大于原燃料价格降幅有关。

2024 年，行业总体风险情况处在可控区间。12 月末，重点统计会员钢铁企业资产负债率为 62.59%，同比下降 0.13 个百分点；应收账款同比下降 1.22%，存货占用资金同比下降 6.37%。银行借款同比下降 1.48%，其中短期借款同比下降 4.83%。

九、产业布局持续优化，现代化产业体系建设加紧推进

钢铁产业布局优化持续推进。河钢集团邯钢新区全线投产，区位调整圆满完成；柳钢防城港千万吨级钢铁基地（一期）全面建成，向海图强战略加快实施。暂停钢铁产能置换、继续实施粗钢产量调控，为缓解市场供需矛盾、实现行业平稳运行、加快转型提质发展发挥积极作用。配合工信部修订《钢铁行业产能置换实施办法》《钢铁行业规范条件》，提出以管住增量、优化存量、兼并重组、畅通退出为重点的钢铁产能治理总体思路和“1+3”行动路线；配合开展冶炼装备摸底、产量调控考核基数核对、分类分级指标体系研究，为优化产量调控、实施分级管理、推动存量产能优化奠定基础。开展钢铁行业兼并重组和退出机制研究，提出关闭新增产能入口、加快建立退出补偿机制、畅通低效产能退出渠道的建议。

海内外铁矿资源开发加紧推进。中国宝武牵头的几内亚西芒杜铁矿项目有望于 2025 年底出矿，与力拓合资的西坡铁矿项目 2025 年将正式投产，参与共同开发的西澳昂斯洛项目计划 6 月实现满负荷生产。“铁资源开发计划”中的国内重点铁矿项目清单由 55 项调增为 59 项，铁精矿产能合计达到 1.81 亿吨；重点项目审批和建设加快，本钢矿业徐家铁矿工程正式开工。“反向开票”解决了废钢领域长期以来存在的开不出第一张票问题，废钢产业发展的政策环境明显改善。为进一步完善资源供储销衔接体系，发布《矿产资源供应链可持续生态开发者倡议》，中国矿产铁矿石大数据平台上线。编制《2024 版战略性矿产资源产业图谱》，开展《黑色战略性矿产资源开发政策建议》研究，反映用地手续、审批流程、矿权出让、综合利用等方面的困难和诉求，推动国内黑色金属矿产资源开发。持续做好煤钢交流机制相关工作，加强对话、增进共识，共同开展冶金煤中长期合同履约评估，探讨中长期合同定价机制向市场化定价转变。

大力推动钢结构建筑产业链协同发展，制定建筑领域用钢普查清单，摸清建筑领域细分市场现状，完善钢结构设计标准体系，推进用钢标准与钢结构建筑设计规范衔接匹配。成功举办首届钢结构建筑产业链展览会和

百企论坛，召开钢结构建筑产业链供需对接会、发展推进会，协调推进钢结构建筑部品部件线上交易服务平台建设，促进上下游产业集聚园区建设。组织召开钢铁-船舶、家电用钢供需座谈会及硅钢产业链、工程机械用钢产业链协同发展研讨会，推动上下游加深合作、协同创新，引导企业由材料供应商向材料服务商转变。

十、科技创新实现新突破，标准助力产业链竞争力提升

2024 年，北京科技大学等完成的“基于二氧化碳资源化利用的绿色洁净炼钢技术及应用”等四个项目获得国家科学技术进步奖二等奖，首钢“MCCR 多模式全连续铸轧一体化技术集成与创新”等 110 个项目获得冶金科学技术奖，攀钢、大冶特钢、山钢日照公司质量提升与品牌建设项目进入工信部典型案例名单，马钢、中天钢铁、泰山钢铁、青岛特钢等 17 家企业入选制造业单项冠军。沙钢超薄带项目在设备、技术、产品开发多领域实现突破性技术革新，河南钢铁 5600 毫米宽厚板轧机实现了极限制造的新突破，湛江钢铁国内首套百万吨级氢基竖炉实现 168 小时连续满负荷生产，首钢自黏结电工钢新技术助力新能源汽车电机向高能效、低损耗迭代升级，宝钢股份 4 款顶级取向硅钢产品全球首发，太钢研发世界最高强度汽车车轮用钢，鞍钢国产大飞机发动机用钢、首钢高强度变压器壳体用钢等填补了国内空白。

启动钢铁行业“十五五”技术预测，调研钢铁材料领域 2025—2030 年关键产品和技术。以满足市场和创新需求为目标，制定实施热轧稀土耐蚀钢筋国家标准，新申报国标等标准项目计划 393 项，下达团标项目计划 111 项；推进国际标准化工作，15 项国际标准发布，《钢铁企业低碳技术应用指南》等 34 项国际标准获得立项，通过标准化增强产业链供应链稳定性和竞争力。

十一、数字化转型工程建设迈向新阶段，智能制造达到新高度

在工信部指导下，发起成立钢铁行业数字化转型推进中心，数字化转型工程建设迈向全新阶段。启动钢铁行业数字化转型工程三年行动，发布《钢铁行业数字化转型工程建设指南》《2023 钢铁行业数字化转型评估报告》，编制钢铁行业数字化转型场景清单，发布 29 项钢协团标计划，开展数字化典型场景和智能制造解决方案征集，遴选优秀方案形成 2024 钢铁行

业智能制造解决方案推荐目录。

截至 2024 年末，重点企业的机器人应用密度达 65 台（套）/万人，95%的企业将数字化转型战略融入企业发展战略中，80%的企业已建设智能集控中心，81%的企业探索开展大数据模型应用。钢铁企业能源管理、安全管控、物流仓储、生产过程优化等创新场景应用大幅增加。其中，南钢、兴澄特钢、宝信软件等 20 个优秀成果进入第四届智能制造创新大赛决赛，首钢迁钢、南钢、宝钢德盛、青钢、普阳钢铁、酒钢宏兴、永钢等场景应用案例入选工信部钢铁行业重点场景数字化转型典型案例，宝信、中冶赛迪信息、河钢数字、鞍钢自动化的工业互联网平台产品入选 2024 年跨行业跨领域工业互联网平台，中国宝武、河钢、湖南钢铁、中国钢研等相继发布 AI 大模型，钢铁行业打造传统产业与智能制造融合发展新样本，进展喜人。

十二、深化国际交流合作，开启国际化进程新局面

越来越多的钢铁企业将国际化作为整体发展战略的重要组成部分，持续加大海外投资。据不完全统计，目前，中国已建成海外钢铁冶炼产能近 3000 万吨。还有一些境外投资项目正在推进：新兴铸管首个海外铸管生产基地在埃及举行开工奠基仪式；龙腾特钢印尼钢厂建设拉开帷幕；青山集团在津巴布韦建设的姆武马鼎森钢铁公司曼希泽工厂步入生产阶段；建龙马来西亚东钢二期工程竣工投产，轧制出马来西亚第一卷热轧卷。

为深入推进钢铁产业国际化进程，钢协组织编撰《世界钢铁发展报告（2024）》，启动关于面向 2035 年全球钢铁发展格局的研究，为钢铁企业加快国际化发展提供参考，为政策顶层设计提供支撑。与日本铁钢连盟、韩国钢铁协会、印度钢铁协会、东盟钢铁协会、世界贸易组织、英国和澳大利亚驻华使馆等累计举行 30 多次会谈，组织举办 2024 年中韩钢铁交流会、第十八届中国东盟钢铁交流会和首届中国东盟钢铁技术交流会及中日、中韩钢铁官民对话，赴韩国、塞尔维亚、比利时就环境、社会与治理（ESG）实践进行交流学习，增进中国与世界钢铁行业的相互了解和理解。积极参与世界钢协、中英钢铁产业减碳交流研讨会等国际会议活动，分享中国思路，为世界钢铁治理提供中国方案。创新举办第十三届中国国际钢铁大会和第二十二届中国国际冶金工业展览会系列活动，吸引超过 1.3 万名国内外

代表参加会议、参观展览，搭建主场平台，展现产业实力，凝聚行业共识，提振市场信心。

十三、多措并举，人才队伍建设迈上新台阶

首次同年举办“沙钢杯”第十一届全国钢铁行业职业技能竞赛、全国班组长大赛钢铁赛道竞赛，近 13 万人参加竞赛相关培训和交流活动，为技能人才提供展示精湛技能、相互切磋技艺的舞台，为一线班组长铺设交流经验的平台，为行业培育了一批技艺高超、管理精湛的复合型人才。扎实推进“冶金专业教材和工具书经典传承国际传播工程”，已出版教材约 30 种，发布第二批立项教材书目，传承传播科技成果和行业智慧。开展教育部钢铁行业职业教育教学指导委员会工作，成功举办 2024 职业教育活动周——钢铁行业大工匠进校园活动、2024 年度全国职业院校能源动力与材料专业大类课程思政集体备课会，促进教育链、人才链、产业链、创新链“四链”深度融合。配合教育部征集钢铁行业企校联合培养案例，调研行业人才、职业教育专业、实训基地建设等需求。走访印度尼西亚、马来西亚的中国钢铁企业、当地职业院校，服务企业海外人才队伍建设。建立“铁路+钢铁”跨产业链交流机制，推动冶金运输标准建设，提升行业物流管理水平。争取国家专项经费支持，加速培养低碳领域高级专业技术人员。

十四、总结

从外部环境看，2024 年，世界经济继续温和复苏，但在地缘政治紧张加剧、供应链重构加深等因素的交织影响下，发展失衡和不确定性增加等风险因素更加突出，全球经济增长动力不足，钢铁需求恢复不及预期。世界钢协认为 2025 年有望迎来复苏，同比增长 1.2%至 17.7 亿吨，但中国钢铁需求将同比下降 1.0%。

从国内形势看，中国经济基础稳、优势多、韧性强、潜能大，经济长期向好的支撑条件和基本趋势没有变。2024 年 12 月召开的中央经济工作会议提出，今年要坚持稳中求进、以进促稳，守正创新、先立后破，系统集成、协同配合，保持经济稳定增长，提出“五个统筹”，释放出强力稳增长、奋力促改革、着力防风险的重要信号，提振了市场预期、坚定了发展信心，

培育新动能和更新旧动能双轮驱动将助力钢铁行业焕发新的生机和活力。

从钢铁需求看，受国内有效需求不足特别是房地产市场深度调整等影响，中国粗钢表观消费量从 2020 年 10.48 亿吨的高点连续 4 年下降至 2024 年的 8.93 亿吨，降幅达到 1.56 亿吨。2025 年，预计下游用钢需求将继续下降，降幅有望收窄。分品种看，建筑业用钢需求继续下降，制造业用钢需求保持增长，汽车、集装箱、船舶等行业高度关注绿钢产品。其中，在“稳楼市”系列政策的推动下，房地产行业主要指标降幅将有所收窄；基础设施建设投资保持小幅增长，但传统基建领域投资或继续回落。“两新”政策将促进汽车和家电行业保持增长，新能源汽车和家电产品产量增长，将拉动高牌号硅钢需求，家电用钢将更注重轻量化、面板纹样、耐腐蚀等要求。船舶用钢将大幅增长，随着自动化程度提高，其对船板公差、配送和尾板时效性更加关注。工程机械、矿山机械等领域对高强钢的需求量将回升，新能源装备对高端压力容器用钢的需求有一定增长空间，高品质特殊钢、高端装备用特种合金、核心基础零部件用钢等小批量、多品种关键钢材需求有上升趋势，同时对钢材的耐磨性、耐腐蚀性提出了更高要求。

从产业运行看，当前的主要矛盾是总供给能力充裕而需求强度减弱，新的供需动态平衡机制尚未建立，稳运行、增效益的难度很大。要重点关注四方面：第一，自律效果不理想，行业经济效益大幅下滑。“以销定产”原则执行得最好，企业存货占用资金管控有力；“以现定销”原则执行得较好，仍需强化货款回笼速度；“以效定产”原则执行得最差，一些企业产生了经营性失血。第二，企业效益下降甚至亏损，直接影响技术研发、产品升级和节能环保投入，不利于行业高质量发展。第三，铁矿石价格易涨难跌，成本高企挤压行业正常利润空间，产业链利益分配严重失衡。第四，钢材出口增长引发关注。2024 年，中国遭受贸易救济原审案件 33 起，超过 2020—2023 年案件数量总和，钢材贸易面临的风险逐渐累积，多种形式的国际贸易壁垒正在加速构建。

综上，钢铁市场供需严重失衡，控产能扩张、促产业集中未取得明显成果，行业自律的力度仍远远不够，部分企业放量生产低价取胜的思维惯性仍在，“内卷式”恶性竞争扰乱市场秩序，行业效益近年来持续下降。对此，要有清醒的认识。一方面，钢铁行业改革发展仍要爬坡过坎，市场供需新平衡构建、产业结构和品种结构调整、资源保障体系建设、产业链供应链协同联动、关键核心技术开发等都需要坚持不懈、继续突破；另一方面，在可预见的未来，中国仍将保持世界最大钢铁制造中心和消费中心的地位，钢铁企业近年来生产经营相对稳健，总体资产状况较好，具备坚实的发展基础。2024 年第四季度以来，国家政策和企业自身努力组合效应持续释放，行业运行的积极变化明显增多，一些经济指标持续恢复向好。只要对当前面临的形势有理性的判断、现实的选择、积极的应对，进一步加强自律、防止“内卷式”恶性竞争，中国钢铁将继续展现强大的韧性，继续在高质量发展之路上行稳致远。

（本章撰稿人：谢聪敏，孙宁，中国钢铁工业协会）

第2章 钢铁行业综合景气指数评价

2024年全球经济格局深度调整，外部环境的复杂性、严峻性与不确定性显著加剧。与此同时，国内经济结构调整进入攻坚阶段，传统产业加速转型，新兴产业尚在培育，新旧动能转换给经济平稳运行带来压力和挑战。不过，国内宏观政策组合拳持续发力，财政政策秉持积极进取基调，大规模减税降费与扩大政府投资等举措有效激活市场主体活力，为经济增长注入强大动力。在多重因素综合作用下，国民经济延续恢复向好态势，经济运行保持总体平稳，主要经济指标维持在合理区间波动，经济增长韧性凸显。

2024年是钢铁行业深度调整的一年。整体看，钢铁消费降幅明显大于产量降幅，市场供强需弱的态势未改，钢材价格持续下行，企业盈利空间遭受严重挤压，行业进入"减量发展、存量优化"阶段的特征日益明显。同时，铁矿石等原料价格受全球矿山供应格局、国际海运价格波动等因素影响下降缓慢，钢铁企业生产成本依然承压，经济效益持续低迷。面对重重困境，钢铁行业积极作为，通过协调自律控产、优化生产组织流程、强化成本管控体系、调整产品结构布局等系列举措，全力维护生产经营平稳运行。从全年数据来看，2024年景气度指数振幅显著，全年最低点为9月的61.1点，最高点为11月的100.5点，全年景气度指数均值为82.2点、同比下降4.47%。

一、钢铁行业景气度指数综合评价

本研究从与钢铁行业运行紧密相关的30余项月度数据指标中进行筛选

和分类，在综合考虑指标的相关性程度、整体覆盖面，以及对行业运行重要性等多方面因素后，构建了包含原料指数、供需指数、效益指数、规模指数及发展指数 5 个一级指标、9 个二级指标和 19 个三级指标，共同组成中国钢铁行业景气度综合评价指标体系（见表 2-1），其中今年还对反映行业需求状况的三级指标数据作了进一步调整优化。

表 2-1　中国钢铁行业景气综合指标

一级指标 (评价维度)	二级指标 (功能指标)	三级指标 (统计指标)	相关性指数 (绝对值)
原料指数	铁素资源	国内铁矿石产量	>0.5
		废钢绝对价格指数	>0.5
		综合铁矿石价格指数	>0.5
	碳素资源	综合焦炭价格指数	>0.5
		喷吹煤价格指数	>0.5
供需指数	供给状况	粗钢产量	>0.5
		钢材综合价格指数	>0.5
	需求状况	企业产存比	>0.5
		粗钢表观消费量	>0.5
效益指数	盈利能力	营业收入	1
		利润总额	>0.5
		销售利润率	>0.5
	资产状况	资产负债率	>0.5
规模指数	经济影响	营收工业占比	>0.5
		利润工业占比	—
发展指数	人力资本	劳动生产率	>0.5
		平均工资	>0.5
	创新能力	研发投入强度	>0.5
		吨钢综合能耗	>0.5

2024 年行业景气度分析延续以 2019 年（从行业历年来各项数据的综合评判来看，2019 年为行业较为景气的正常年份）作为对比基期，即以 2019 年行业数据均值作为景气度 100 点，对近年来行业景气走势及各项运行综合指标进行对比分析，以便从定量角度对钢铁行业各月整体景气状况及原料、供需、效益、规模及发展等方面做出更加准确和全面的评价，同时也为今后开展各年度之间行业景气度横向对比提供参考依据。

相关指标数据主要来源于国家统计局、中国钢铁工业协会相关统计数据和 Mysteel 数据库等。

按照中国钢铁行业景气度综合评价指标体系，绘制了近 5 年钢铁行业景气度指数，如图 2-1 所示。2024 年，景气度指数波动幅度显著。自 2 月起，指数开启快速上扬通道，至 5 月攀升至 98.2 点。从 7 月开始，指数走势陡然转变，急速下行，至 9 月时触及全年最低点，仅为 61.1 点。在此之后，指数触底回升，稳步上升，11 月跃升至全年最高值 100.5 点。2024 年景气指数均值为 82.2 点，同比下降 4.47%。

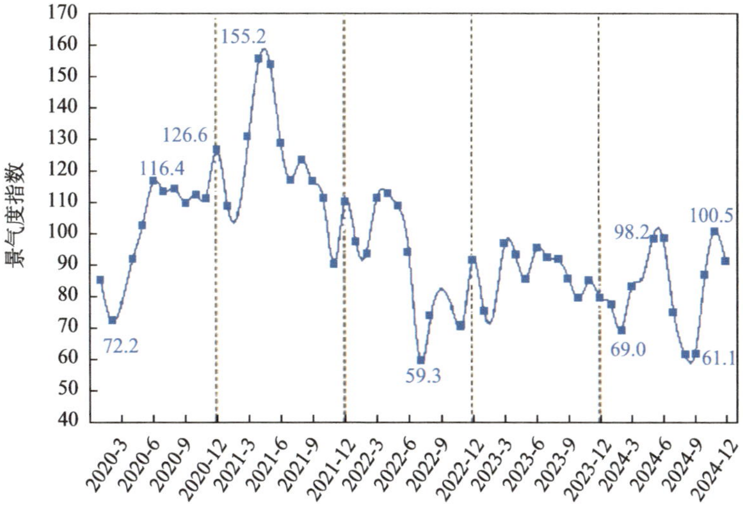

图 2-1　中国钢铁行业景气度指数

从图 2-2 所展示的景气度指数走势图来看，2024 年依然延续了 2021—2023 年旺季淡季的波动走势，上半年指数值随着春季开工率提升稳步走高；然后 7—8 月却快速下滑，紧接着 9—11 月间因为国家强刺激政策出台强劲反弹，11 月达到历年最高值。总体而言，2024 年的景气度指数在一、二、四季度呈现上升走势，但三季度运行非常低迷，均值仅为 66.0 点，是近 4

年来的最低值。综合对比近 4 年景气度指数变化情况，2024 年整体均值表现不佳，处于最低水平。

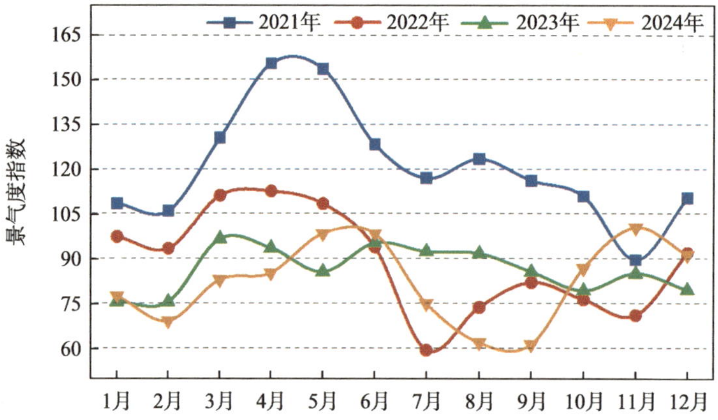

图 2-2　钢铁行业（历年）景气度指数

二、景气度指标分析

（一）原料指数

原料是钢铁生产稳定运行的重要基础条件，对于行业的运行成本有着较大影响。图 2-3 为原料指数变化情况，原料指数越高说明原料综合成本越低，对钢铁行业稳运行、保效益越有利。2024 年，原料指数走势呈现出鲜明的阶段性特征。1 月，指数以 92.3 点为起点，开启快速上行通道，至 4 月攀升至 99.5 点。5 月至 7 月，指数进入波动调整阶段。8 月，指数重拾涨势，迅猛上扬，并于 9 月触及全年峰值 103.8 点，后续月份有所回落并保持相对稳定。总体而言，2020—2024 年期间，原料指数整体呈先快速降低，后波动上涨态势。其中，2024 年原料指数全年走势表现良好，整体保持着一定程度的增长态势。这一积极走向，对钢铁行业的稳定生产发挥了积极推动作用，为钢铁行业的稳健运营筑牢了坚实基础，为钢铁行业景气度指数提供了积极影响。

1. 铁素资源指数

铁素资源指数包含国产铁矿石产量、废钢价格及综合铁矿石价格三项指标。从资源供应来看，2024 年四大矿山铁矿石总产量达 11.39 亿吨，同比增加 1600 万吨，增幅 1.4%，全球铁矿供应宽松格局延续；国内“铁资源

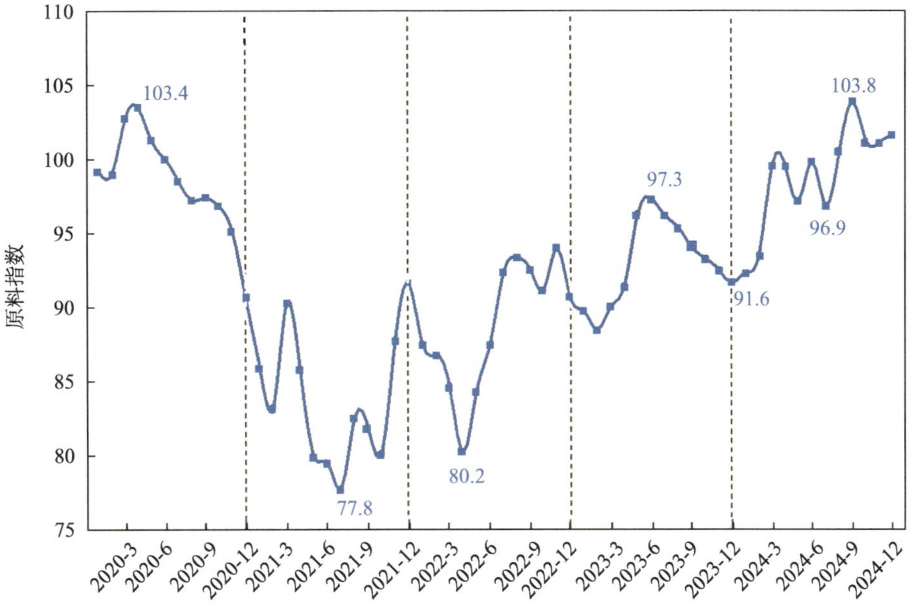

图 2-3　原料指数走势（一级指标）

开发计划”助力国产矿保供能力稳步提升，国内矿开工及产量均处于近年高位，全年铁精矿产量约 3 亿吨；全国废钢铁资源总产量为 25150 万吨，同比减少 450 万吨，降幅 1.76%。

从指数走势看，如图 2-4 所示，铁素资源指数全年呈现波动上行态势，增幅为 6.03%。年初铁素资源指数 94.6 点，处于近 4 年的中间水平。1—3 月，随着铁矿港口库存持续增加、屡破新高，矿价和废钢价格走弱，铁素资源指数由 94.6 点提振到 100.0 点；4—6 月铁素资源指数波动震荡；随后钢企铁产量连续三个月出现较大幅度下降，铁矿供应偏强，铁矿石和废钢价格快速跌落，铁素资源指数于 9 月达到全年最高的 102.0 点；后续月份指数基本稳定在高位。综合来看，2024 年铁素资源指数平稳向好运行，均值为 98.9 点，处于近几年最佳水平，其贡献度主要来自于国内外矿石供给充裕、需求下降带来的铁矿石价格合理回归。

2. 碳素资源指数

碳素资源指数包含焦炭价格及喷吹煤价格两项指标。如图 2-5 所示，2024 年初，碳素资源指数为 97.4 点，高于 2021—2023 年同期。上半年，该指数整体呈上升态势；下半年在高位小幅波动，走势独特。在 1—4 月期间，尽管供给端释放遇阻，但焦炭和喷吹煤价格仍持续下跌，有效降低炼

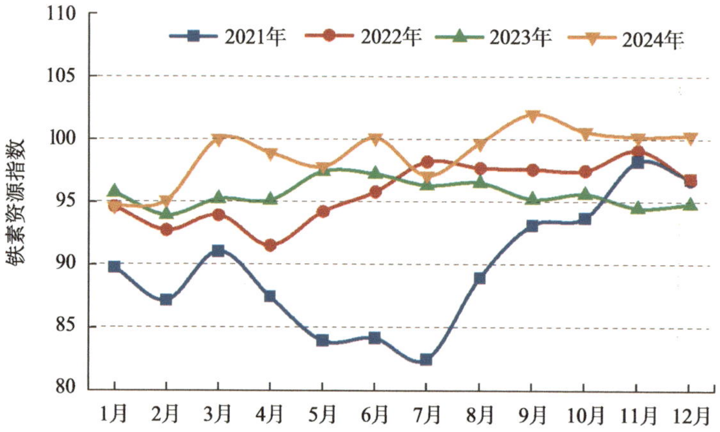

图 2-4　铁素资源指数走势（二级指标）

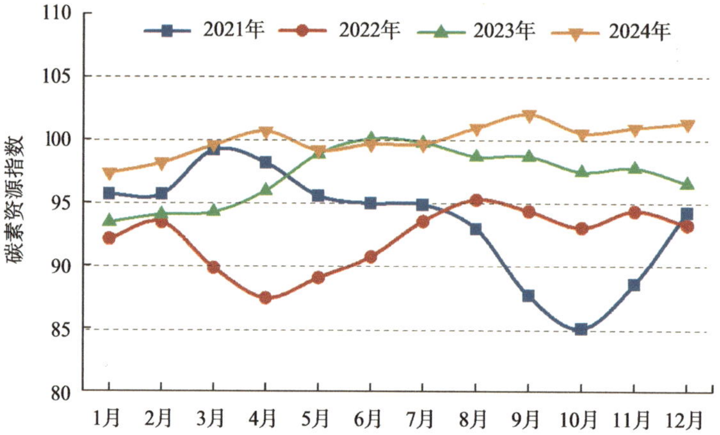

图 2-5　碳素资源指数走势（二级指标）

铁成本，碳素资源指数上涨至 4 月的 100.7 点。5—7 月，焦炭价格触底反弹后窄幅震荡，喷吹煤价格快速拉高。8—9 月，焦炭价格主动走弱，喷吹煤价格降低至全年最低，助力碳素资源指数在 9 月达到全年最高值 102.1 点。9—10 月中旬，随着国家一系列稳增长政策的密集出台，焦炭和喷吹煤价格持续回升。年末，焦煤市场供大于求的矛盾凸显，价格再次下滑，不断优化钢铁企业碳素成本，碳素资源指数稳定于高位。对比近 4 年的数据，2024 年碳素资源指数的整体表现较为出色，均值为 100.1 点，优于其他年份的同期水平。

（二）供需指数

市场供应和需求的变化是影响钢铁行业价格和效益的重要因素，对钢铁行业景气度的影响起着至关重要的作用。2024 年全国累计生产粗钢 10.05 亿吨，同比下降 1.7%，符合预期目标；粗钢表观消费量 8.93 亿吨，同比下降 4.7%；钢材产量 139967.4 万吨，同比增长 1.1%。

如图 2-6 所示，2020—2024 年供需指数整体表现为先快速升高、然后波动下降的趋势，最高点出现于 2021 年 4 月，为 132.3 点。其中，2024 年处于供需指数下行阶段，全年降幅较大，为 14.22%。2024 年 1 月，钢材综合价格指数和产存比均为全年最高水平，供需指数为 105.5 点。2 月为上半年最低，3—5 月，尽管钢材价格综合价格指数下降，但粗钢产量和表观消费量增加，产存比降低，对供需指数的提升起到积极作用，指数从 100.9 点增至 106.7 点，达到全年最高水平。6—9 月粗钢产量和表观消费量大幅度下降，钢材综合价格指数由 1 月的 112.7 点大幅降低至 9 月的 92.85 点，供需指数持续跌落至近 4 年的最低水平，仅为 89.2 点。10—12 月，供需指数低位波动。整体来看，钢材综合价格指数的持续走弱和粗钢表观消费量的显著降低，对 2024 年供需指数造成了较大不利影响。与此同时，供需指数的不佳表现，也成为致使当年钢铁行业景气度指数处于低位的关键影响因素之一。

图 2-6　供需指数走势（一级指标）

1. 供给状况指数

供给状况包括粗钢产量及钢材综合价格指数两项指标。如图 2-7 所示，

2024 年供给指数整体呈降低趋势，由年初的 103.2 点降低至年末的 93.2 点，全年降幅 9.69%。一季度专项债发行不及往年，春节后下游项目施工恢复较慢，且部分债务较高的省份基建项目推迟或停滞，导致市场信心和预期大幅受挫，钢厂主动缩减生产规模，供给指数降低至 99.5 点；二季度粗钢产量增长，加之进入螺纹钢新旧国标转换期，旧国标螺纹钢加速去库，6 月开始钢价第二轮大跌，供给指数跌落至 98.8 点；下半年粗钢产量明显回落，钢材价格继续震荡下行，其间出现两轮阶段性探底回涨，但是上涨幅度偏小，12 月供给状况指数仅为 93.2 点。对比近 4 年数据，2024 年供给状况指数表现最差，均值为 96.9 点，对供需指数造成较大负面影响。

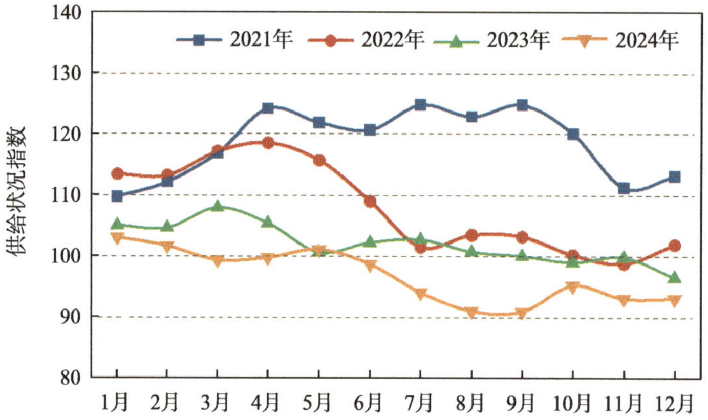

图 2-7 供给状况指数走势（二级指标）

2. 需求状况指数

需求状况指数包括企业产存比及粗钢表观消费量两项指标。图 2-8 所示为需求状况指数走势图，总体来看，2024 年需求状况指数走势与过往年份具有相似性。2—5 月钢材产存比逐步降低、粗钢表观消费量有小幅上涨，需求状况指数由 2 月的 95.1 点上涨至 5 月的 105.5 点，这一数值也成了全年的最高水平，表现出该时段内市场需求具有一定的增长活力。然而，6 月起需求状况出现了较为明显的回落，粗钢表观消费量显著降低，市场需求动力有所减弱，12 月需求状况指数收于 97.2 点。对比近 4 年数据，需求状况指数均值为 100.1 点，表现平平，处于较低水平。

（三）效益指数

行业效益状况是反映行业运行景气程度的最直观表现之一，能够直接

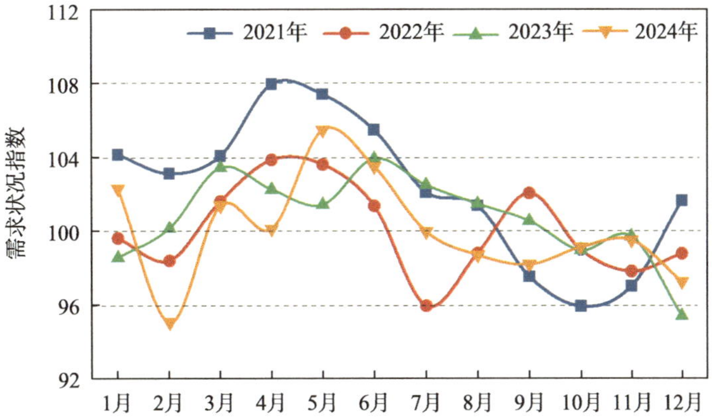

图 2-8　需求状况指数走势（二级指标）

体现出行业在一定时期内的经济活动和财务成果。从图 2-9 的走势来看，2024 年 1—6 月，行业效益指数呈现出稳步上扬的态势，从年初 1 月的 78.3 点逐步攀升，至 6 月已达 90.4 点，这表明在此期间行业运营状况有所回暖，行业总体保持微利水平，效益指标在低位逐步提升。然而，7—9 月形势急转直下，效益指数显著下跌，9 月触及全年最低值，仅为 70.2 点，为近 5 年最低点，行业效益遭受重创。自 10 月起，指数触底回升，至 11 月升至全年最高水平 102.1 点，显示出行业在经历低谷后积极调整，第四季度经营

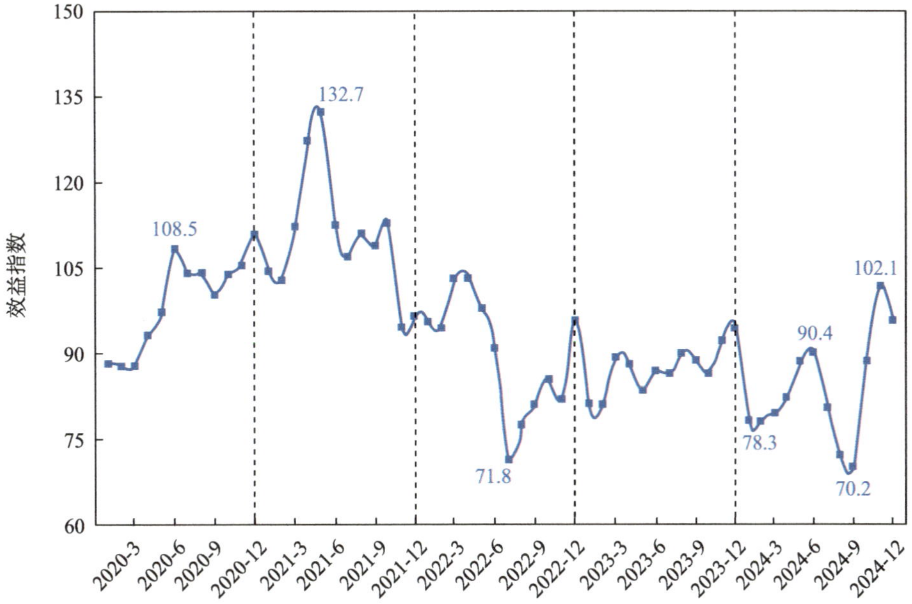

图 2-9　效益指数走势（一级指标）

状况得到改善，盈利能力有所恢复。从近 4 年对比来看，2024 年效益指数均值仅为 84.1 点，处于近年来最低水平。

1. 盈利能力指数

盈利能力包括营业收入、利润总额和销售利润率三项指标，能反映出行业生产经营结果和盈利水平的高低。国家统计局数据显示，2024 年黑色金属冶炼和压延加工业营业收入 8.13 万亿元，同比下降 6.2%；利润总额 291.9 亿元，同比下降 54.6%；销售利润率为 0.36%，同比下降 0.38 个百分点。

如图 2-10 所示，2024 年 1—6 月盈利能力指数呈现缓慢上涨趋势，由 1 月的 81.3 点上涨至 6 月的 94.4 点，在此期间行业盈利能力逐步增强，经营效益有所改善。7—9 月盈利能力指数出现了显著的降低，其中 9 月指数滑落至全年的最低点，仅为 74.7 点，全行业亏损 171.3 亿元，销售利润率为 –2.81%，盈利能力遭受较大冲击。自 10 月起，盈利能力指数触底反弹，开启回升通道。到 11 月，指数升至全年的最高水平，达到 106.6 点，行业在后续阶段积极调整经营策略，更加注重自律规范，盈利能力实现恢复，整体经营状况重回良好发展轨道。

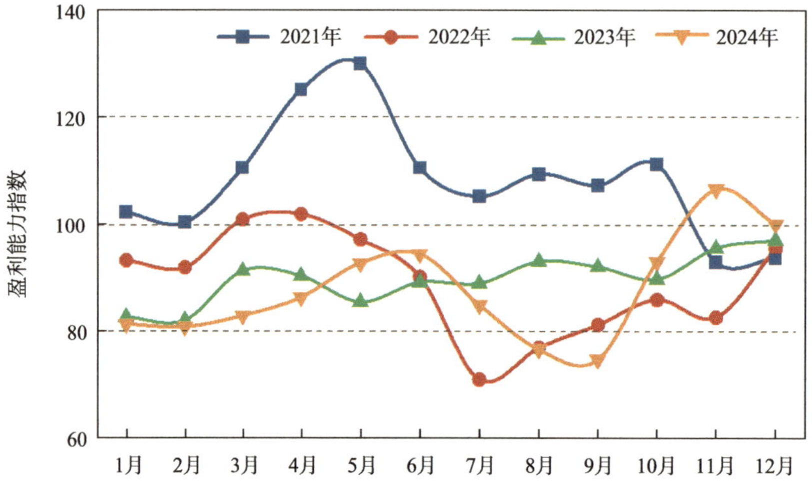

图 2-10　盈利能力指数走势（二级指标）

2. 资产状况指数

资产状况主要观察资产负债率指标，在一定程度上体现了行业财务负担和经营风险。如图 2-11 所示，2024 年资产状况指数全年呈现缓慢下滑的趋势，与 2021—2023 年相比，资产状况指数值明显低于这些年份，整体表现不佳。2024 年 12 月资产负债率为 65.28%，较年初上涨 1.28 个百分点，为近年来最高水平。综合对比最近 4 年时间，钢铁行业资产负债率呈现逐步上升态势，在此背景下，企业必须进一步提高警惕，加强对资产风险的关注与防范，以保障自身财务健康与稳健运营。

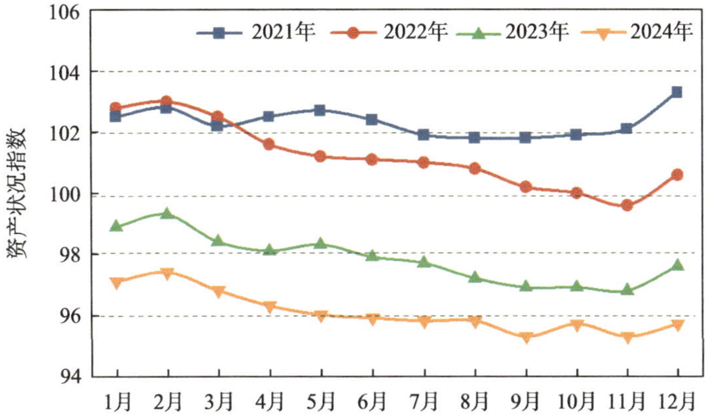

图 2-11　资产状况指数走势（二级指标）

（四）规模指数

钢铁工业是国民经济的重要基础产业，在国内工业领域发挥了不可替代的作用。规模指数主要反映了钢铁工业在国民经济各领域发展中的影响力变化情况，主要由营收工业占比和利润工业占比两项指标构成。近年来，随着国内用钢需求到达峰值，粗钢产量呈现逐年下滑态势，行业生产步入减量发展阶段。与此同时，钢材价格逐步走低，收入、利润规模不断下滑，受此影响，行业规模指数处于下行通道。

2024 年，规模指数整体呈现出先缓升后急跌、年末大幅波动的态势（见图 2-12）。具体来看，1 月规模指数为 96.9 点，到 5 月稳步上涨至 98.3 点。此后，指数转而下行，9 月回落至 95.0 点。10 月至 12 月，指数大幅波动，其中 11 月达到全年峰值 100.4 点。综合对比最近 4 年时间，2024 年规模指数表现不佳，处于近年最低水平。

（五）发展指数

发展指数作为衡量行业可持续发展的关键指标，主要包含人力资本和

图 2-12　规模指数走势（一级指数）

创新能力两个方面。由于部分统计指标受周期性结算因素影响，发展指数在时间序列上呈现出显著的周期性波动特征。如图 2-13 所示，2024 年行业发展指数波动剧烈，但总体保持上行态势。具体而言，上半年指数呈震荡上升趋势，从年初 1 月的 104.2 点稳步攀升至 6 月的 107.8 点；7—9 月指数出现明显回调；此后指数触底反弹，至 12 月达到 105.3 点。尽管行业面临诸多挑战，发展指数仍实现了小幅增长，这充分表明钢铁行业在下行周期中，坚持高质量发展的战略定力和目标导向始终未变。

1. 人力资本指数

人力资本指数由劳动生产率和平均工资两项指标构成。如图 2-14 所示，2024 年上半年人力资本指数呈波动上升态势，从 1 月的 104.0 点逐步攀升至 6 月的 105.5 点，达到全年峰值。然而，7—9 月指数显著回落，9 月指数全年最低仅为 101.1 点；随后在 10—12 月，指数有所回升但仍处于全年低位。2024 年全年人力资本指数均值为 103.1 点，相比上年同期上涨 0.2 个百分点。纵观近 4 年的数据，2024 年人力资本指数整体表现较好，处于历年高位。这一系列数据不仅反映了钢铁行业在人力资源投入与产出方面的不断改善，也为行业进一步发展提供了重要的参考依据。

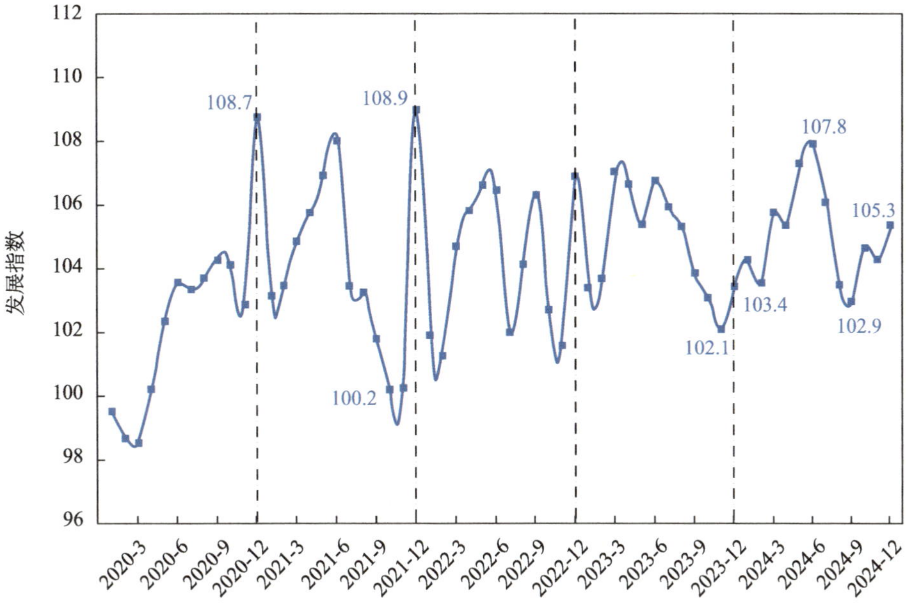

图 2-13　发展指数走势（一级指数）

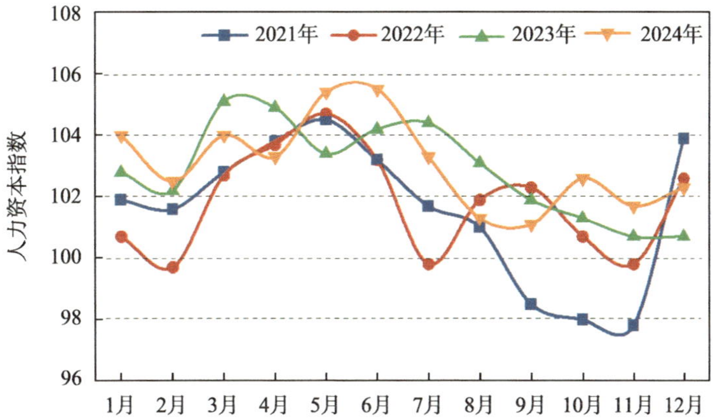

图 2-14　人力资本数走势（二级指标）

2. 创新能力指数

创新能力由研发投入强度和吨钢综合能耗这两项指标共同构成。其中，研发投入指标与企业的结算习惯相关联，这使得企业创新能力的波动基本契合周期性变化规律。在 2024 年，研发投入强度均值维持在 1.56%，与 2023 年的数据大致相当。得益于积极推进极致能效工程，行业平均吨钢综合能耗进一步降低，达到 549.0 千克/吨，行业整体能耗水平相较于 2023 年下降了 0.44%。从创新能力指数的走势来看，2024 年该指数整体呈现波动上涨的态势（见图 2-15）。从年初 1 月的 100.3 点，稳步上升至 12 月的 103.0 点。综合对比近 4 年的数据可以发现，尽管 2024 年指数有所上涨，但创新能力指数值仍处于较低水平。在行业下行周期中，单靠企业自身难以满足高质量发展对创新资金的需求，仍然需要从财税、金融方面给予钢铁行业更大力度资金支持。在创新能力的提升方面，行业仍面临一定挑战，需要政府和企业共同发力，持续探索更有效的改进路径。

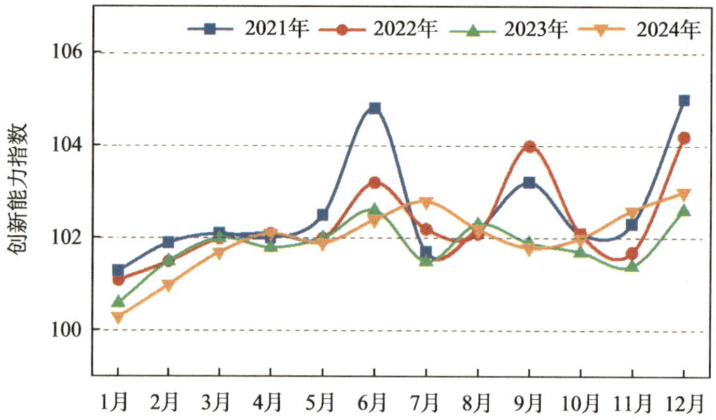

图 2-15　创新能力走势（二级指标）

三、景气度分析年度小结

2024 年，钢铁行业在复杂严峻的市场环境中艰难前行，面临着诸多前所未有的变化和挑战，传统建筑用钢需求下行压力犹存，制造业用钢保持增长，原燃料价格相对仍处于高位，行业整体呈现出供给强于需求、出口量增利降、成本价格倒挂、效益风险并存、产品结构优化、绿色转型加速等特点。全年景气度指数波动显著，同比继续下行，具体表现如下：

一季度受下游有效需求不足及春节后需求启动延缓等因素影响，国内粗钢产量同比小幅下降；市场需求不振，钢材市场价格呈单边下跌的形态，其中建材类跌幅较大，一季度景气度指数均值仅为 76.4 点，同比下降 7.17%。

二季度受房地产新开工面积降幅收窄、大规模设备更新政策效果显现等因素推动，钢铁需求有所回升，钢铁行业利润稳步回升，扭转了钢铁行业一季度全行业净亏损的局面，5 月景气度指数回升至 98.2 点，同比增加 15.0%。6 月随着全国进入高温多雨季节，下游施工缓慢，产业链上下游企业均面临年中资金审核压力，终端采购积极性偏差，供强需弱导致钢材市场价格再度转跌，景气趋势走弱。二季度景气度指数均值为 93.9 点，同比增长 2.96%。

三季度受螺纹钢新强制标准落地影响，钢材产量没有明显降低，市场竞争加剧，市场供强需弱矛盾进一步凸显，钢材价格快速大幅下跌，尽管原料价格也出现下行，但钢材价格下跌幅度大大超过原料价格下跌幅度，使得企业出现较大面积亏损。三季度景气度指数均值仅为 66.0 点，同比大幅下降 26.46%。

四季度随着国家稳经济措施进一步落实，一定程度上提振了市场。制造业用钢需求保持增长，建筑业虽整体仍处于调整阶段，但下降幅度有所收窄。部分钢厂检修减产预期结束，产量有所回升，但行业整体仍保持一定的自律控产意识，避免因产量大幅增加导致市场供需失衡。在需求有所回升以及成本端支撑下，钢材价格整体呈现震荡上行态势。景气指数 11 月达到全年最大值 100.5 点，四季度均值为 92.8 点，同比增长 14.34%。

（本章撰写人：申永亮，张健，李嵩，中国钢铁工业协会）

第3章 重点上市钢铁企业经营效益情况

2024 年是钢铁行业深度调整的关键一年，一系列新情况、新变化、新挑战不断出现，“减量发展、存量优化”的特征日益明显。行业供需矛盾突出,钢材价格持续下降，不断创下新低。虽然铁矿石等原燃料价格有所下降，但降幅远不及钢价降幅，环保投入和运行成本又不断增加,钢铁企业面临严峻挑战,生产经营面临较大压力，经济效益大幅下降。

近年来，大型钢铁集团企业在做好钢铁主业的同时，大力发展多元产业，但可比性不强。而上市钢铁企业的主营业务集中于钢铁板块，更能清晰地反映钢铁主业的实际经营情况。为分析 2024 年钢铁行业实际经营状况，选取 27 家国内重点上市钢铁企业为研究对象，本章对其 2024 年年报中的关键经济效益指标进行分析，重点研究了这些企业在当前行业下行周期中的经营情况、存在的问题，以及成功企业的经验做法。

一、整体经营情况

2024 年,27 家上市钢铁企业合计营业收入 18236 亿元,同比下降 9.94%；合计营业成本 17517 亿元，同比下降 8.70%，收入降幅高于成本降幅 1.24 个百分点；合计期间费用 850 亿元，同比下降 3.68%；合计实现利润亏损 152 亿元，同比由盈转亏；亏损企业亏损额 399 亿元，同比增亏 216 亿元，亏损面 55.56%，同比上升 11.12 个百分点；平均销售利润率 –0.83%，同比下降 1.89 个百分点。2024 年末，27 家上市钢铁企业合计资产总额 21217 亿元，同比下降 0.65%；合计负债总额 12407 亿元，同比增长 1.74%；合计存货占用资金 2213 亿元，同比下降 8.45%；合计应收账款 503 亿元，同比增长 0.62%。整体平均资产负债率 58.48%，同比上升 1.38 个百分点。具体各指标情况见表 3-1。

表 3-1　2023 年、2024 年 27 家上市钢铁企业各指标的汇总情况

指标名称	上市钢铁企业汇总		
	2024 年	2023 年	同比/%
汇总企业户数/家	27	27	0
亏损企业户数/家	15	12	25
营业收入/亿元	18236	20248	–9.94
营业成本/亿元	17517	19187	–8.70
期间费用/亿元	850	883	–3.68
其中：销售费用/亿元	81	85	–4.50
管理费用/亿元	263	283	–7.19
研发费用/亿元	333	349	–4.53
财务费用/亿元	173	166	4.50
利润总额/亿元	–152	215	由盈转亏
亏损企业亏损额/亿元	399	183	118.68
销售利润率/%	–0.83	1.06	同比下降 1.89 个百分点
资产总额/亿元	21217	21357	–0.65
负债总额/亿元	12407	12195	1.74
所有者权益/亿元	8810	9162	–3.84
存货占用资金/亿元	2213	2417	–8.45
应收账款/亿元	503	500	0.62
资产负债率/%	58.48	57.10	同比上升 1.38 个百分点

数据来源：上市公司年度报告。

二、产销量均同比下降，产销总体平衡

2024 年，全国粗钢表观消费量 8.93 亿吨，同比下降 4.7%，下降的主要原因是建筑业需求疲软和基建投资放缓。从近年来的粗钢表观消费量情况

来看，2024 年中国粗钢表观消费量延续了 2020 年以来的走势，4 年累计下降 1.56 亿吨，达到 5 年来新低水平。整体看，钢铁消费降幅明显大于产量降幅，市场供强需弱的态势未改。分结构看，建筑业用钢占比进一步下降至 50%，而汽车、家电、船舶、机械等制造业用钢量稳中有升，风电、核电、光伏等新能源产业对钢铁的需求快速增长，钢铁产品结构调整仍在持续。

2024 年，27 家上市钢铁企业产销量总体平衡，合计生产钢材 3.50 亿吨，同比下降 3.6%；合计销售钢材 3.51 亿吨，同比下降 3.9%。27 家上市公司平均产销率为 100.42%，总体保持了相对平衡的状态。虽然全国消费量下降，导致上市企业总体钢材销量是下降的，但上市公司中有部分企业钢材产量仍然保持增长，分别是：河钢股份、中信泰富、本钢板材、方大特钢、沙钢股份等 5 家企业，同比增长在 1.5%－4%；首钢股份、太钢不锈同比微增不到 1%；西宁特钢因 2023 年资产重整，产销量偏低，2024 年恢复正常，增长达到 94%。具体各企业 2024 年产销情况见表 3-2（按钢材产量排序）。

表 3-2　2024 年各企业的具体产销情况

序号	企业名称	钢材产量/万吨	同比/%	钢材销量/万吨	同比/%	产销率/%
1	宝钢股份	5141	–1.0	5160	–0.6	100.36
2	河钢股份	2642	4.1	2725	4.6	103.14
3	华菱钢铁	2515	–3.0	2530	–3.9	100.60
4	鞍钢股份	2398	–2.5	2395	–3.6	99.90
5	首钢股份	2330	0.5	2354	1.1	101.03
6	中信特钢	2016	1.5	1889	0.0	93.69
7	马钢股份	1836	–10.9	1830	–11.1	99.65
8	山东钢铁	1483	–0.8	1571	–2.7	105.94
9	包钢股份	1412	–1.0	1420	–1.1	100.56
10	本钢板材	1412	1.5	1414	1.2	100.14
11	太钢不锈	1318	0.1	1318	0.1	99.98
12	柳钢股份	1159	–9.4	1157	–9.4	99.82
13	三钢闽光	1107	–0.1	1105	–0.6	99.81
14	新钢股份	993	–8.6	997	–7.8	100.41

续表 3-2

序号	企业名称	钢材产量/万吨	同比/%	钢材销量/万吨	同比/%	产销率/%
15	南钢股份	927	–10.9	933	–9.7	100.67
16	酒钢宏兴	856	–4.0	851	–4.4	99.44
17	新兴铸管	809	–5.9	822	–4.2	101.58
18	中南股份	782	–2.6	794	–10.0	101.61
19	重庆钢铁	761	–25.5	760	–26.1	99.82
20	安阳钢铁	679	–31.6	691	–30.3	101.83
21	凌钢股份	513	–4.8	515	–4.1	100.45
22	八一钢铁	493	–11.4	497	–12.1	100.96
23	杭钢股份	429	–5.1	428	–5.5	99.70
24	方大特钢	423	3.7	423	3.4	99.91
25	沙钢股份	350	1.8	351	0.3	100.29
26	西宁特钢	136	94.6	134	93.7	98.87
27	抚顺特钢	44	–13.0	45	–9.0	102.72
企业合计		34962	–3.6	35108	–3.9	100.42

数据来源：上市公司年度报告。

三、经济效益下降，不同品种企业经营分化加剧

2024 年，27 家上市钢铁企业合计营业收入 18236.1 亿元，同比下降 9.9%。分企业情况看，仅有 2 家企业营业收入实现同比增长，其中杭钢股份增长 14.0%，西宁特钢增长 15.8%；其余 25 家企业营业收入均出现不同程度的下降，其中营业收入降幅超过 20%的有 4 家企业，分别是新钢股份、重庆钢铁、安阳钢铁和中南股份；宝钢股份和中信特钢等企业营业收入也出现了不同程度的下降，足以表明 2024 年钢铁企业经营的艰难和困境。2024 年，27 家上市钢铁企业合计利润总额整体亏损，其中 12 家企业盈利，盈利额合计 247 亿元；其余 15 家企业亏损，亏损额合计 399.2 亿元。从分企业情况看，有 2 家企业实现利润同比增长，分别是柳钢股份和太钢不锈，但也仅是减亏，其余 25 家企业利润均出现不同程度的下降。受区域经济、钢材需求、品种结构、装备水平等影响，钢铁企业盈利状况出现明显分化。27 家企业中，实现盈利的 12 家企业，多分布于华东、华南、华中等经济相

对发达地区；15 家亏损企业，多分布于西北、西南、东北等地区。宝钢股份行业领军地位依然稳固，其在生产规模、品种质量、装备水平、物流成本、销售网络等多个方面较其他钢铁企业保持明显的优势，利润总额 93.4 亿元，居行业首位。中信特钢、华菱钢铁、南钢股份地位稳固，利润总额也保持在行业前列。

将 27 家上市钢铁企业按产品结构进行分类，可以简单分为特钢企业、板材企业、长材企业和综合企业。特钢企业是特钢产品占比较大的企业，如中信特钢、抚顺特钢、太钢不锈等 6 家；板材企业指冷轧、热轧、中厚板等产品合计占比超过 70%的企业，如宝钢股份、鞍钢股份、首钢股份等 8 家；长材企业指螺纹钢、线材等产品合计占比超过 70%的企业，有三钢闽光、中南股份、凌钢股份 3 家；综合企业指主要产品中包含长材、板材、管材、型钢、特钢等三类产品以上的企业，如华菱钢铁（长+板+管）、南钢股份（长+板+特）、新兴铸管（铸管+长+特）等 10 家。以此分类，2024 年，特钢企业实现利润 46.0 亿元，销售利润率 1.77%，亏损面为 33%；板材企业实现利润 –46.6 亿元，销售利润率 –0.55%，亏损面为 50%；综合企业实现利润 –102.0 亿元，销售利润率 –1.63%，亏损面为 60%；长材企业实现利润 –49.6 亿元，销售利润率 –5.2%，亏损面为 100%。从整体看，呈现出特钢企业、板材企业、综合企业、长材企业盈利能力依次减弱的状态，不同品种企业经营分化明显加剧。即使同类别企业，如同为特钢或板材企业，经营分化也较为明显。这表明即使品种结构优化，但产品质量、综合性能、成本控制、营销渠道等方面没有竞争力，企业依然盈利较差。具体各类企业盈利情况见表 3-3（分产品类别按销售利润率排序）。

表 3-3　2024 年各类企业的盈利情况

章类别	企业名称	营业收入/亿元	同比/%	利润总额/亿元	同比/%	销售利润率/%	同比增减百分点
特钢企业	中信特钢	1092.0	–4.2	59.2	–9.7	5.42	–0.33
	方大特钢	215.6	–18.7	4.7	–51.5	2.18	–1.47
	沙钢股份	144.2	–6.1	2.4	–26.6	1.64	–0.46
	抚顺特钢	84.8	–1.1	1.0	–71.1	1.21	–2.94
	太钢不锈	1003.8	–5.0	–9.4	22.1	–0.93	0.21
	西宁特钢	57.2	15.8	–11.9	–195.2	–20.87	–46.25
	小计	2597.6	–5.5	46.0	–44.3	1.77	–1.23

续表 3-3

类别	企业名称	营业收入/亿元	同比/%	利润总额/亿元	同比/%	销售利润率/%	同比增减百分点
板材企业	宝钢股份	3221.2	–6.5	93.4	–38.1	2.90	–1.48
	河钢股份	1216.2	–0.9	9.2	–31.3	0.76	–0.34
	首钢股份	1083.1	–4.8	7.5	–17.1	0.69	–0.10
	新钢股份	418.0	–41.2	0.4	–92.8	0.10	–0.69
	杭钢股份	636.6	14.0	–5.1	–284.0	–0.81	–1.31
	鞍钢股份	1051.0	–7.4	–70.4	–69.8	–6.69	–3.04
	本钢板材	512.7	–11.3	–48.7	–209.1	–9.50	–6.77
	重庆钢铁	272.4	–30.7	–32.9	–88.7	–12.08	–7.65
	小计	8411.2	–8.4	–46.6	–143.5	–0.55	–1.72
综合企业	南钢股份	618.1	–14.8	25.8	–2.5	4.18	0.53
	华菱钢铁	1441.1	–12.1	41.4	–44.7	2.87	–1.69
	新兴铸管	361.9	–16.3	1.1	–93.1	0.31	–3.41
	包钢股份	680.9	–3.5	0.9	–79.5	0.13	–0.47
	柳钢股份	701.3	–12.0	–6.1	59.7	–0.86	1.02
	山东钢铁	820.9	–9.3	–25.1	–2452.5	–3.05	–2.95
	马钢股份	818.2	–17.3	–48.3	–202.5	–5.90	–4.29
	酒钢宏兴	348.4	–11.7	–25.9	–148.1	–7.43	–4.78
	八一钢铁	186.7	–18.7	–20.8	–53.4	–11.14	–5.24
	安阳钢铁	296.4	–29.7	–45.1	–105.8	–15.23	–10.02
	小计	6274.0	–13.3	–102.0	–333.3	–1.63	–2.23
长材企业	三钢闽光	460.6	–3.9	–16.1	–81.8	–3.49	–1.65
	中南股份	311.8	–20.1	–12.0	–9248.2	–3.86	–3.89
	凌钢股份	181.0	–10.9	–21.5	–134.2	–11.86	–7.35
	小计	953.3	–11.1	–49.6	–177.3	–5.20	–3.53
企业合计		18236.1	–9.9	–152.2	–170.6	–0.83	–1.89

数据来源：上市公司年度报告。

四、整体负债率管控较好，部分企业风险升高

2024 年末，27 家上市钢铁企业平均资产负债率 58.48%，同比上升 1.38 个百分点。据国家统计局数据，2024 年末，全国规模以上工业企业资产负债率 57.53%，同比上升 0.15 个百分点；黑色金属冶炼和压延加工业资产负债率 65.28%，同比上升 1.31 个百分点。据钢协数据，2024 末重点统计会员钢铁企业资产负债率 62.59%，同比下降 0.13 个百分点。通过与国家统计局和钢协的数据对比看出，上市钢铁企业的资产负债率略高于全国规模以上工业企业，但低于黑色金属冶炼和压延加工业以及钢协会员钢铁企业平均资产负债率，仍处于合理区间。这也表明，上市钢铁企业整体资产状况相对良好，长期偿债能力保持稳定。分企业看，15 家企业的资产负债率低于 60%，22 家企业的资产负债率低于 70%，仅有 3 家企业超过 80%，大多数企业处于合理区间。宝钢股份、杭钢股份、新兴铸管、西宁特钢、太钢不锈、新钢股份等 6 家企业资产负债率低于 50%，属于行业最好水平；酒钢宏兴、安阳钢铁、八一钢铁 3 家企业资产负债率超过 80%，且随着亏损时间延长，资产负债率在持续升高，风险在不断积累，企业应严格按照“三定三不要”原则组织生产，防止持续亏损带来的经营风险和财务风险。

2024 年末，27 家上市钢铁企业平均流动比率为 70.69%，同比下降 7.21 个百分点。据钢协数据，2024 年末重点统计会员钢铁企业流动比率为 90.19%，同比下降 3.02 个百分点。总体看，上市钢铁企业的流动比率相对较低，且仍在下降，这可能是在效益大幅下滑的情况下，一方面增加短期融资，提高资金流动性，另一方面经营性负债应付项目增多所导致的结果。分企业看，抚顺特钢、新兴铸管、杭钢股份、宝钢股份、方大特钢、沙钢股份、中信特钢等 7 家的流动比率保持在 100%以上；重庆钢铁、山东钢铁、中南股份、马钢股份、河钢股份、酒钢宏兴、安阳钢铁、八一钢铁等 8 家企业因效益下滑以及银行负债的增加，流动比率出现较大幅度下降，已经低于 50%。部分企业随着亏损加剧，流动比率有进一步下降的风险，应引起重视。具体各企业资产负债率、流动比率情况见表 3-4（按 2024 年末资产负债率排序）。

表 3-4　2023 年、2024 年各企业资产负债率、流动比率情况

序号	企业名称	资产负债率/%			流动比率/%		
		2024 年末	2023 年末	同比增减百分点	2024 年末	2023 年末	同比增减百分点
1	宝钢股份	39.66	41.46	–1.80	120.45	119.90	0.55
2	杭钢股份	40.65	35.23	5.42	132.52	153.56	–21.04
3	新兴铸管	47.09	48.71	–1.62	137.80	124.77	13.03
4	西宁特钢	47.27	45.07	2.20	67.87	100.87	–33.00
5	太钢不锈	48.30	47.37	0.93	73.36	87.64	–14.28
6	新钢股份	49.02	48.42	0.60	93.37	107.63	–14.27
7	方大特钢	50.19	51.94	–1.75	116.28	113.14	3.14
8	鞍钢股份	51.61	42.90	8.70	71.63	77.07	–5.44
9	抚顺特钢	51.65	48.20	3.44	145.54	177.43	–31.88
10	重庆钢铁	53.19	46.85	6.34	37.14	43.65	–6.51
11	华菱钢铁	56.02	51.67	4.34	92.65	128.49	–35.84
12	山东钢铁	57.02	54.13	2.89	40.06	51.19	–11.13
13	首钢股份	58.59	60.43	–1.84	52.64	50.47	2.17
14	沙钢股份	59.27	57.91	1.36	115.68	118.86	–3.18
15	南钢股份	59.79	61.28	–1.49	83.61	92.84	–9.23
16	包钢股份	60.48	59.50	0.98	57.98	55.65	2.33
17	中信特钢	60.53	64.26	–3.73	112.43	103.45	8.99
18	中南股份	61.10	57.13	3.97	35.88	47.85	–11.97
19	三钢闽光	62.49	57.40	5.09	56.68	71.44	–14.76
20	凌钢股份	63.11	54.90	8.21	57.49	73.40	–15.90
21	马钢股份	65.40	61.82	3.58	43.42	50.03	–6.61
22	柳钢股份	68.04	68.99	–0.94	57.90	76.62	–18.72
23	本钢板材	72.72	61.89	10.83	52.37	69.61	–17.24
24	河钢股份	74.89	74.86	0.03	44.60	50.75	–6.14
25	酒钢宏兴	83.98	77.14	6.84	31.04	44.07	–13.03
26	安阳钢铁	89.51	82.98	6.54	47.96	61.36	–13.40
27	八一钢铁	99.58	93.69	5.89	25.75	29.08	–3.33
企业平均		58.48	57.10	1.38	70.69	77.90	–7.21

数据来源：上市公司年度报告。

五、经营现金流净额保持增长，个别企业出现经营失血

2024 年，27 家上市钢铁企业经营活动产生的现金流量净额为 819.6 亿元，同比增长 6.35%；平均营业现金比率 4.49%，同比上升 0.69 个百分点。在上市钢铁企业总体效益处于亏损的情况下，经营性现金流量净额呈增长态势，营业现金比率同比上升，说明上市公司普遍重视经营性现金流的管理，在应收账款、应付账款以及存货管控方面做了大量卓有成效的工作，保证了现金流的稳定和企业的可持续发展。

分企业情况看，2024 年经营活动现金流量净额保持增长的企业有 16 家，占比超过一半，其中有 6 家企业由净流出转为净流入。宝钢股份和中信特钢全年经营性现金流量净额超过百亿，引领行业，同时两家企业的营业现金比率也达到行业内领先水平，资金管控最佳；27 家上市企业中，仅有西宁特钢、抚顺特钢、鞍钢股份、凌钢股份、安阳钢铁 5 家企业为现金净流出，除抚顺特钢外其余四家企业同时出现大额亏损，说明已经发生经营性失血，需要引起高度重视。

从营业现金比率角度看，中信特钢、宝钢股份、河钢股份、新钢股份、首钢股份、南钢股份等 6 家企业的营业现金比率达到 5%以上，反映出其盈利质量较高，主营业务经营活动发挥了为企业造血的功能。具体各企业经营性现金流净额和营业现金比率见表 3-5（按 2024 年经营性现金流量净额排序）。

表 3-5　2023 年、2024 年各企业经营性现金流净额和营业现金比率

序号	企业名称	经营活动现金流量净额/亿元			营业现金比率/%		
		2024 年	2023 年	同比/%	2024 年	2023 年	同比增减百分点
1	宝钢股份	277.4	253.0	9.62	8.61	7.34	1.27
2	中信特钢	107.4	106.6	0.78	9.84	9.35	0.49
3	河钢股份	96.8	112.1	–13.69	7.96	9.14	–1.18
4	首钢股份	63.3	61.5	2.83	5.84	5.41	0.43
5	华菱钢铁	57.8	52.7	9.58	4.01	3.22	0.79
6	南钢股份	32.2	26.8	20.39	5.21	3.69	1.52
7	新钢股份	27.1	–1.2	2295.49	6.49	–0.17	6.67

续表 3-5

序号	企业名称	经营活动现金流量净额/亿元			营业现金比率/%		
		2024 年	2023 年	同比/%	2024 年	2023 年	同比增减百分点
8	柳钢股份	25.9	2.5	927.71	3.69	0.32	3.38
9	太钢不锈	24.4	26.7	–8.69	2.43	2.52	–0.10
10	包钢股份	23.8	–9.9	340.46	3.49	–1.40	4.89
11	三钢闽光	22.2	12.5	77.30	4.81	2.61	2.20
12	八一钢铁	15.9	–5.7	377.52	8.51	–2.49	11.00
13	重庆钢铁	13.1	10.2	28.16	4.81	2.60	2.21
14	中南股份	13.1	13.5	–3.11	4.19	3.45	0.73
15	杭钢股份	11.3	–27.4	141.19	1.77	–4.91	6.69
16	本钢板材	11.0	43.3	–74.59	2.15	7.49	–5.34
17	马钢股份	9.6	19.9	–51.76	1.17	2.01	–0.84
18	方大特钢	8.8	5.9	47.44	4.06	2.24	1.82
19	新兴铸管	7.2	19.1	–62.67	1.97	4.43	–2.45
20	沙钢股份	4.1	–1.5	379.91	2.86	–0.96	3.82
21	山东钢铁	2.0	–12.1	116.72	0.25	–1.34	1.59
22	酒钢宏兴	1.1	5.0	–78.65	0.31	1.28	–0.97
23	西宁特钢	–1.1	–3.6	69.18	–1.94	–7.30	5.36
24	抚顺特钢	–3.8	1.8	–308.76	–4.44	2.10	–6.54
25	鞍钢股份	–7.9	16.4	–148.08	–0.75	1.42	–2.17
26	凌钢股份	–9.8	17.2	–157.15	–5.42	8.44	–13.85
27	安阳钢铁	–13.1	25.4	–151.46	–4.40	6.02	–10.42
企业合计		819.6	770.7	6.35	4.49	3.81	0.69

数据来源：上市公司年度报告。

六、研发投入总体保持增长，投入强度处于较高水平

2024 年，27 家上市钢铁企业合计研发投入 782.9 亿元，同比增长 6.93%。分企业情况看，13 家企业研发投入同比保持增长，其中有 4 家企业增幅超

过 20%，分别为鞍钢股份、柳钢股份、宝钢股份和太钢不锈。另外 14 家企业因效益下滑，研发投入同比有所下降。

从研发投入强度（研发投入/营业收入）看，2024 年，27 家上市钢铁企业平均投入强度为 4.29%，同比上升 0.68 个百分点。近几年，27 家上市钢铁企业研发投入强度始终保持增长。国家统计局数据显示，2023 年黑色金属冶炼和压延加工业研发经费投入强度为 1.13%。钢协数据显示，2023 年重点统计会员钢铁企业研发投入强度为 2.38%。通过对比看出，上市钢铁企业的研发投入强度处于较高水平。分企业情况看，宝钢股份和包钢股份研发投入强度超过 5%，领跑行业；首钢股份、中信特钢、太钢不锈、马钢股份、新钢股份、沙钢股份、抚顺特钢、西宁特钢等 8 家企业投入强度超过 4%，处于较好水平；另有 4 家企业投入强度不到 2%，分别是河钢股份、杭钢股份、新兴铸管和方大特钢。具体各企业研发投入及研发投入强度见表 3-6（按 2024 年研发投入排序）。

表 3-6　2023 年、2024 年各企业研发投入及研发投入强度情况

序号	企业名称	研发投入/亿元			研发投入强度/%		
		2024 年	2023 年	同比/%	2024 年	2023 年	同比增减百分点
1	宝钢股份	250.4	195.7	27.95	7.77	5.68	2.09
2	华菱钢铁	57.3	68.3	–16.17	3.97	4.17	–0.20
3	首钢股份	48.9	50.2	–2.59	4.52	4.41	0.11
4	中信特钢	46.0	44.5	3.39	4.21	3.90	0.31
5	太钢不锈	41.1	34.1	20.73	4.10	3.23	0.87
6	鞍钢股份	39.7	28.5	39.22	3.78	2.47	1.31
7	包钢股份	37.2	37.7	–1.22	5.46	5.34	0.12
8	马钢股份	36.5	39.4	–7.41	4.46	3.98	0.48
9	山东钢铁	27.1	28.6	–5.16	3.30	3.16	0.14
10	柳钢股份	27.0	20.5	31.26	3.84	2.58	1.26
11	南钢股份	24.5	24.0	1.80	3.96	3.31	0.65
12	河钢股份	23.4	25.6	–8.52	1.93	2.09	–0.16
13	新钢股份	17.0	18.0	–5.72	4.06	2.53	1.53

续表 3-6

序号	企业名称	研发投入/亿元			研发投入强度/%		
		2024 年	2023 年	同比/%	2024 年	2023 年	同比增减百分点
14	本钢板材	16.0	17.9	–10.72	3.11	3.08	0.03
15	三钢闽光	15.5	16.5	–6.38	3.36	3.45	–0.09
16	中南股份	11.3	13.5	–16.79	3.61	3.47	0.14
17	酒钢宏兴	10.6	10.0	6.11	3.06	2.54	0.52
18	重庆钢铁	10.5	14.5	–28.11	3.84	3.70	0.14
19	安阳钢铁	10.1	12.5	–18.95	3.42	2.97	0.45
20	八一钢铁	7.0	7.0	0.26	3.75	3.04	0.71
21	沙钢股份	5.8	5.5	6.60	4.04	3.50	0.54
22	杭钢股份	5.1	5.3	–3.13	0.80	0.94	–0.14
23	凌钢股份	4.3	3.9	10.49	2.36	1.90	0.46
24	新兴铸管	3.6	3.8	–3.25	1.01	0.87	0.14
25	抚顺特钢	3.6	3.6	1.16	4.25	4.16	0.09
26	西宁特钢	2.5	2.3	7.77	4.34	4.66	–0.32
27	方大特钢	1.0	0.9	19.31	0.48	0.33	0.15
企业合计		782.9	732.2	6.93	4.29	3.62	0.68

数据来源：上市公司年度报告。

七、优秀企业好的经验做法

2024 年，虽然钢铁行业整体经营效益下滑明显，但是，一些企业凭借自身的产品优势、管理优势，以高质量发展为主题，深挖发展潜力，深化创新驱动，坚持“三定三不要”经营原则，仍能保持较好盈利，处于行业领先地位，如宝钢股份、中信特钢、华菱钢铁、南钢股份等。根据上市企业 2024 年报披露的企业核心竞争优势，将一些优秀企业好的经验做法进行总结。

（一）宝钢股份

2024 年宝钢股份充分发挥算账经营软实力，全年实现利润总额 93 亿元，经营业绩保持行业国内第一，继续成为钢铁业高质量发展的示范引领者。

（1）持续巩固和提升核心产品市场地位。汽车板市场是宝钢股份的战略重点，目前高端镀锌类汽车板在国内市场占有率稳定在 50%–55%。宝钢股份在高强度汽车板领域技术储备、制造能力及规模均居全球首位。同时积极拓展铝、镁等新型材料业务，2024 年在高端汽车铝板制造方面取得显著进展，形成全流程高端铝板制造能力。在供应链方面，公司在全国乃至全球布局加工配送中心，为汽车厂提供个性化服务。

（2）加大核心技术攻关，打造原创技术策源地。公司首发产品和标志性技术创新高。2024 年，产品研发投入率 7.77%，发明专利申请 1328 件，其中国际专利申请 81 件。全年累计完成“0.20 毫米低铁损低噪声取向硅钢”等 12 项产品全球首发和“热轧全连续热处理产线技术”等 61 项标志性技术。全年新增品种钢产能 100 多万吨，重点发展汽车板、高等级硅钢等高端产品。1000 兆帕级水电高强钢实现稳定批量工程应用，自主开发新型结晶器液位控制系统已实现稳定运行。

（3）推进数智化转型，迈向智慧制造 2.0 新阶段。公司智能化算力中心正式投运，成为目前国内钢铁行业规模最大、技术最先进的人工智能算力平台，实现 125 个智能化场景顺利投运，高炉炉热预测模型投运，热轧轧制过程控制实现大模型首次应用突破；公司成为国内首批获得数据管理能力成熟度 4 级评估的钢铁企业；宝钢基于大模型构建的钢铁行业智能化应用解决方案入围2024年世界人工智能大会最高奖项SAIL奖TOP30榜单，为国内冶金行业首次入选。

（二）中信特钢

2024 年中信特钢始终将业务聚焦于特钢领域，以打造“精”品“特”钢为己任，深挖潜力，实现利润总额 59.2 亿元，稳居行业前列。

（1）差异化的高端产品布局，展现特钢韧性。2024 年，公司“两高一特”（高端、高附加值、特殊用途）产品销量同比增长 23%，特别是在能源和新能源汽车领域，分别实现 56%和 29%的销量增长。81 个“小巨人”项目全年销量 738 万吨，完成年度计划的 103%，同比增长 10%。重点品牌产品轴承钢销量同比增长 6%。因为品种结构的优化，使得在 2024 年行业综合钢材指数全年下跌幅度达到 8%以上的情况下，中信特钢产品平均价格仅下跌 5.02%，吨钢毛利稳健维持在 700 元以上，反映了公司在高端市场中的强大定价能力。

（2）积极谋划海外布局，提高国际市场竞争力。2024 年以来重点对东南亚、中东、北美以及欧洲地区的 20 多个钢铁项目以及南美、澳大利亚的资源项目进行了深入考察和系统论证，明确了“资源+主业+分销”全产业链布局的国际化战略。2024 年，公司实现钢材出口 220.2 万吨，占比 11.66%；出口吨钢毛利高达 1204 元。

（三）华菱钢铁

2024 年华菱钢铁加速推进高端化转型升级，成本控制成效显著，实现利润总额 41.4 亿元，继续保持行业前列。

（1）加大技术研发，品种结构持续优化。公司持续向工业用钢高端化领域转型，品种结构持续升级。2024 年公司开发并推动镍系钢、特厚齿条钢、低温钢、高耐蚀型耐候钢等多个钢种的广泛应用。2024 年实现 26 个高精尖产品首发，18 个钢种国产替代进口；其中，品种钢销量占比由 2016 年的 32%增加至 2024 年的 65%，同比上年提升 2 个百分点；完成高端钢材产品出口销量 168 万吨，同比增长 7.68%；汽车用钢销量达到 364 万吨，占品种钢销量的 22.2%。

（2）成本控制持续发力，成效显著。公司通过多种措施积极降本增效。在工序成本控制上，华菱湘钢转炉钢铁料消耗、华菱涟钢 7 号高炉燃料比、阳春新钢铁水成本等指标排名行业前列；6 座炉机获全国重点大型耗能钢铁生产设备节能降耗对标竞赛“优胜炉”和“创先炉”。在采购成本方面，公司巩固主渠道、拓展新资源，原燃料各品种兑现率 96%以上，采购成本对比行业平均同比进步 1.8 亿元。在能源成本控制上，公司加强二次能源回收利用，年自发电量达 96.7 亿千瓦时，同比增加 4.47 亿千瓦时，其中阳春新钢自发电量创历史最好水平，华菱涟钢新投入的 150 兆瓦超临界发电机组运行稳定，自发电量创历史新纪录。

（四）南钢股份

2024 年南钢股份实现归属于上市公司股东净利润 22.6 亿元，同比增长 6.37%，这也是南钢股份以主业“精特”、产业“新质”、“高、智、绿”融合发展，锻造高韧性企业新优势的经营突出表现。

（1）**科技驱动，高质发展**。公司坚守“精”与“特”的发展理念，研发投入占比连续多年保持 3%以上，2024 年研发投入占比达到 4%。围绕“生产一代、储备一代、研发一代”战略推进，建立了国际级、国家级等“2+4+7+N”开放式高端研发平台架构，是船舶用钢国内最早通过 12 国船级社认证企业之一，独家供货第一、第二艘国产大型豪华邮轮，持续为大国重器提供关键材料，打造出世界级的产品矩阵。

（2）**数字化转型是关键路径**。公司是行业内最早开启数字化转型的企业之一，持续推进“一切业务数字化，一切数字业务化”的智慧南钢总体战略。公司将数据资产管理融入“智改数转网联”项目管理的全过程，成为全国首批数据资产入表上市公司之一，全年实现数据资产入表超 1000 万元。公司现已形成“一脑三中心”的整体布局，铁前一体化、板材全流程智能制造中心及能源管控一体化中心建成投用，实现了数字化应用覆盖生产制造的全过程和运营管理决策的全领域，致力于加快实现“产业智慧化，智慧产业化”转型目标。

（3）**绿色低碳支撑可持续发展**。公司以打造“全球绿色钢铁的先行者”为目标，将低碳绿色循环发展作为推动企业高质量发展的重要引擎。2024 年公司全面推进绿色制造和节能减排工作，实现了吨钢综合能耗同比下降 3.7 千克标准煤，减少排放二氧化碳当量 12.6 万吨，生态建设成果显著。

（本章撰写人：董志强，路文汐，中国钢铁工业协会）

第 2 篇

钢材市场篇

第4章 钢材市场供需情况

2024年，面对外部压力加大、内部困难增多的复杂严峻形势，在以习近平同志为核心的党中央坚强领导下，坚持稳中求进工作总基调，完整准确全面贯彻新发展理念，加快构建新发展格局，着力推动高质量发展，中国经济运行总体平稳、稳中有进，高质量发展扎实推进。2024年钢铁行业进入“存量优化”阶段的特征日益明显，行业发展面临着供强需弱、需求总量下降、消费量降幅大于钢产量降幅、钢材价格下跌的不利局面，整体效益处于近年来较低水平。在总体需求下降的背景下，钢铁行业转型升级持续推进，品种结构快速优化，有效满足了下游行业转型升级对钢铁产品的更高需求，新质生产力加快培育，高质量发展稳步推进。总体来看，2024年行业运行呈现平稳态势。

一、中国钢铁市场供需概况

（一）钢铁产量同比下降，表观消费量降幅更大

2024年，全国粗钢产量10.05亿吨，较上年同比减少1.7%，连续五年保持在十亿吨量级。生铁、钢材、国产铁矿石、焦炭和铁合金等主要冶金产品产量同比各有增减。从品种产量看，2024年，中厚宽钢带产量为2.14亿吨，同比增长3.8%，为体量最大品种，也是增产最多的品种；钢筋产量1.95亿吨，同比减少13.6%，产量大幅下降。从需求来看，建筑业方面，房地产市场主要指标继续较大幅度下降，基础设施建设投资保持增长，但增速收窄，同时受制于地方政府债务压力，基建强度呈现回落趋势。制造业方面，机械行业稳定增长，其中电工电器、石化通用机械等子行业表现较

好，工程机械转降为升；汽车行业产量保持增长，新能源汽车产量和汽车出口量再创新高；船舶行业三大指标保持增长，新接订单超 1 亿载重吨，手持订单超 2 亿载重吨；家电行业保持增长趋势，三大家电产量再创新高；集装箱行业受红海危机影响，产量再创新高。总体来看，主要用钢行业钢材消费强度下降，全年折合粗钢表观消费量 8.93 亿吨，同比下降 4.7%。市场需求不及预期，钢铁企业为适应市场变化，主动把控生产节奏、调整品种结构，实现了供需基本平衡。具体情况见表 4-1。

表 4-1　2024 年粗钢表观消费量　　万吨

指　标	2024 年	2023 年	增减量	同比/%
粗钢产量	100509	102247	–1738	–1.7
钢材进口量	681	765	–83	–10.9
钢材出口量	11072	9023	2048	22.7
钢坯进口量	178	327	–148	–45.4
钢坯出口量	633	328	305	93.1
粗钢净出口	11232	8573	2659	31.0
粗钢表观消费量	89277	93675	–4398	–4.7

数据来源：国家统计局、海关总署。

2024 年，全国日均折合粗钢表观消费量 244 万吨，较上年减少 13 万吨，降幅 5.1%，月度日均折合表观消费量与粗钢日均产量变化趋势一致，呈前高后低趋势，月度日均粗钢产量峰值在 6 月，为 305 万吨，月度日均粗钢表观消费量峰值在 6 月，为 277 万吨（见图 4-1）。

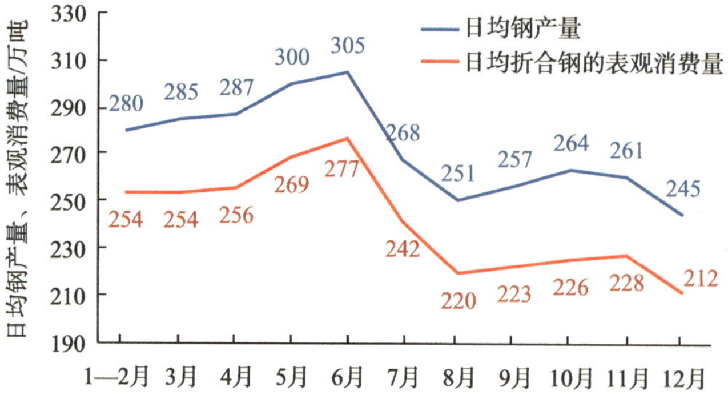

图 4-1　2024 年月度日均粗钢产量与表观消费量变化情况
（数据来源：中国钢铁工业协会）

（二）钢材库存变化情况

1. 社会库存

2024 年，钢协监测的 21 个城市五大品种钢材社会库存变化情况见图 4-2。2024 年底，国内主要城市五大品种社会库存为 659 万吨，比上年底减少 70 万吨，降幅 9.6%。2024 年钢材社会库存旬度变化整体呈先升后降趋势，3 月上旬社会库存达到峰值 1422 万吨，峰值较 2023 年上升 50 万吨，随后波动下行，库存峰值晚于 2022 年和 2023 年。

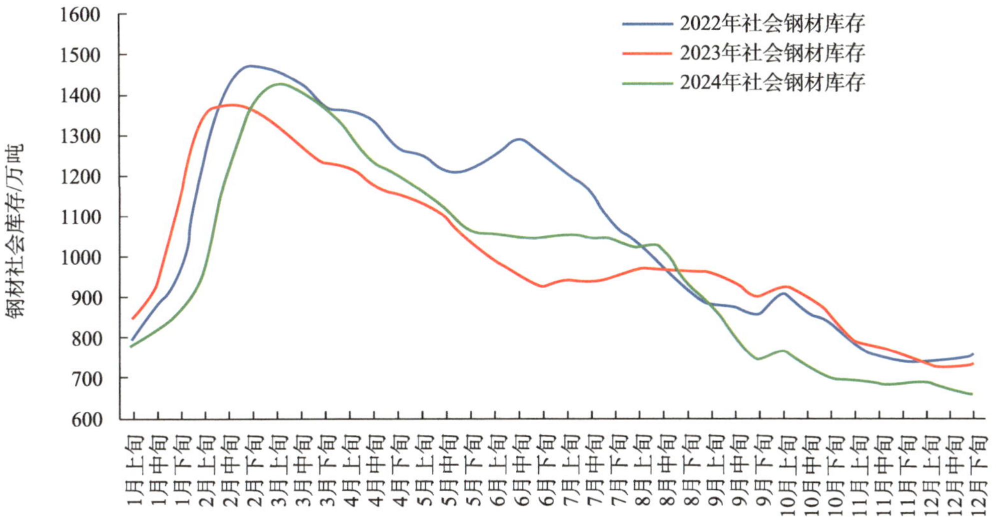

图 4-2　2022—2024 年 21 个城市钢材社会库存
（数据来源：中国钢铁工业协会）

2024 年底，各品种钢材的库存变化见表 4-2。从五大钢材品种库存来看，库存量最大的是螺纹钢，为 252 万吨。与上年底比较，除热轧板卷和中厚板上升外，其他三个品种库存量均有所下降，减量最大的是螺纹钢，减幅最大的是线材。

2. 企业库存

从 2024 年钢铁企业库存走势看，库存变化整体先升后降，与上年趋势基本一致（见图 4-3）。3 月中旬，钢材库存达年度峰值 1953 万吨，较上年峰值持平，此后钢材库存呈波动下行态势。12 月底，企业库存量为 1237 万吨，较上年同期增加 1 万吨，上升 0.1%。

表 4-2　2024 年钢材社会库存品种构成及增长率　　万吨

品　种	2024 年底	2023 年底	增减量	同比/%
热轧板卷	166	144	22	15.3
冷轧板卷	89	103	–14	–13.6
中厚板	96	94	2	2.1
线材	56	83	–27	–32.5
螺纹钢	252	305	–53	–17.4
合计	659	729	–70	–9.6

数据来源：中国钢铁工业协会。

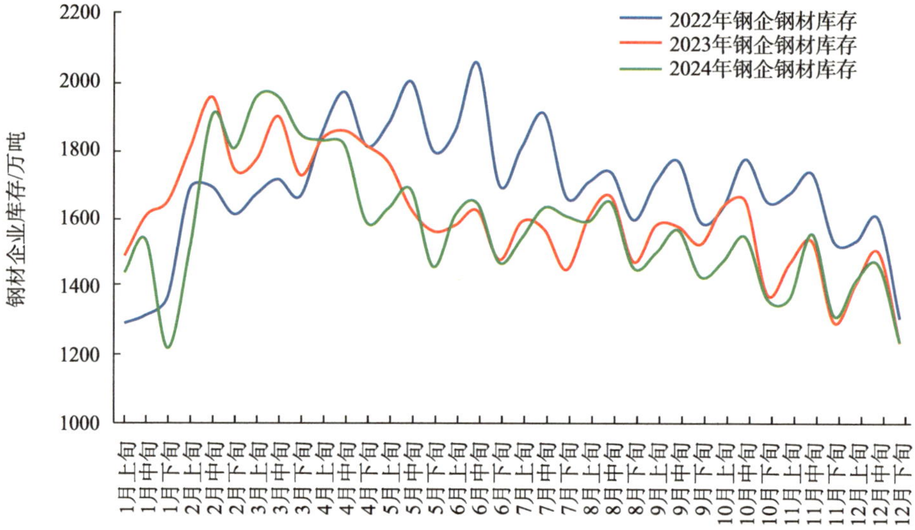

图 4-3　2022—2024 年大中型钢铁企业库存情况
（数据来源：中国钢铁工业协会）

二、钢铁下游行业运行及钢材需求情况

（一）建筑业

2024 年，建筑业整体偏弱运行。房地产行业继续深度调整，主要指标继续下降，降幅较上年有所扩大。基建投资同比增长 4.4%，公路、城市基础设施固定资产投资下降，铁路、水运、航空运输业、矿产资源投资保持较快增长。但项目资金紧张拖累开工项目量和施工强度。总体来看，

2024 年建筑业钢材总体消费量呈现下降趋势。

1. 房地产行业运行情况

（1）房地产开发投资继续下降，累计降幅加深。2024 年，房地产开发投资继续下降，累计降幅逐月加深。全国房地产开发投资 10.03 万亿元，比上年同期下降 10.6%。其中，住宅投资 7.6 万亿元，下降 10.5%（见图 4-4）。

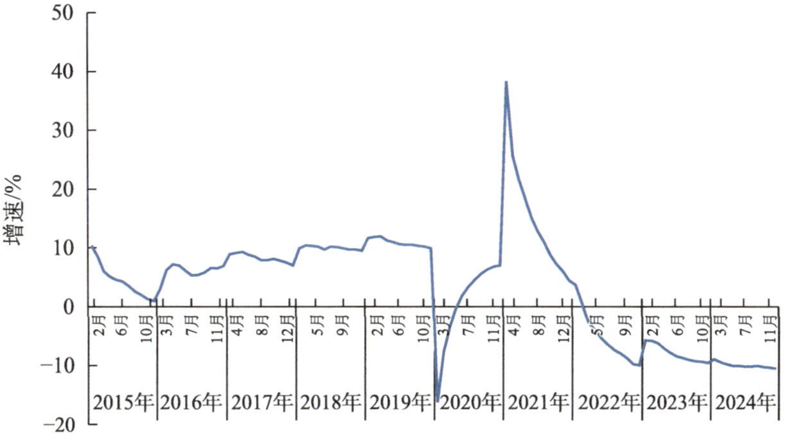

图 4-4　全国房地产开发投资增速

（数据来源：国家统计局）

（2）房屋新开工面积和施工面积同比下降，降幅加深。2024 年，房地产开发企业房地产施工面积 73.3 亿平方米，同比下降 12.7%，降幅加深。其中，住宅施工面积 51.3 亿平方米，下降 13.1%。房屋新开工面积 7.4 亿平方米，下降 23.0%。其中，住宅新开工面积 5.4 亿平方米，下降 23.0%。房屋竣工面积 7.4 亿平方米，同比下降 27.7%。其中，住宅竣工面积 5.4 亿平方米，下降 27.4%。近年来全国房屋施工及新开工面积增长情况见图 4-5。

（3）土地市场供需大幅下降，向一线、二线城市集中。2024 年，300 城住宅用地成交规划建筑面积同比下降超两成，出让金规模仅为 2020 年高点四成左右，近年来土地供需情况见图 4-6 和表 4-3。

全国住宅用地出让金集中在热点一线、二线城市，北京、上海、深圳和杭州仍是房地产企业重要布局地，广州、成都、合肥优质地块房地产企业参拍积极。根据中指数据，2024 年，22 城住宅用地溢价成交占比为 21.1%，较 2023 年回落 11.0 个百分点。

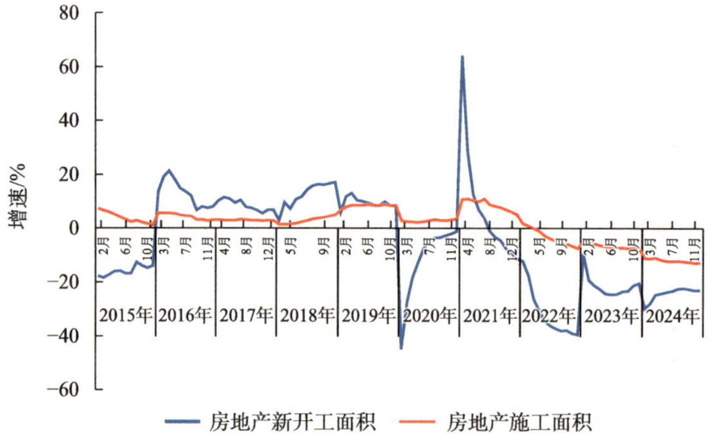

图 4-5　近年来全国房地产开发企业房屋施工和新开工面积增长情况
（数据来源：国家统计局）

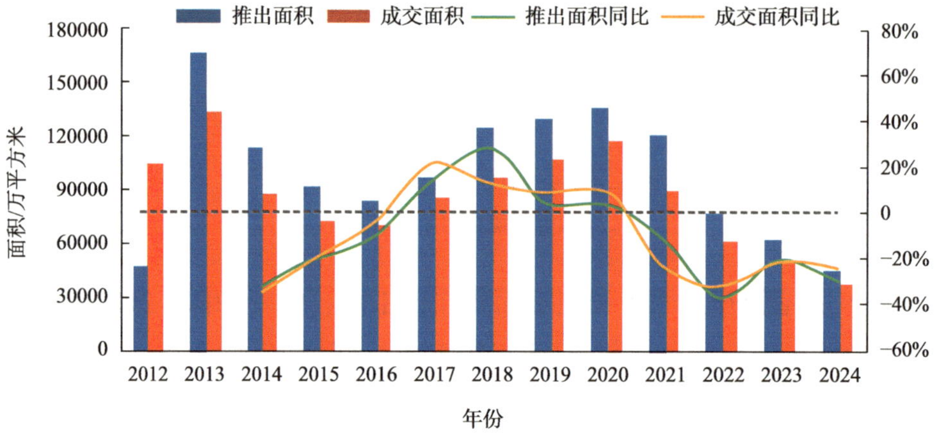

图 4-6　2012 年以来 300 城住宅用地推出与成交同比走势
（数据来源：中国指数研究院）

表 4-3　各类城市土地市场情况　　%

指　标	300 城	一线	二线	三四线
成交面积	−23.3	−39.1	−28.7	−18.8
土地出让金	−27.8	−25.5	−34.5	−19.6
楼面均价	−5.9	22.3	−8.1	−1.1
溢价率	−0.4	0.7	0.1	−1.2

数据来源：中国指数研究院。

（4）房地产开发景气指数有所回升。2024 年，房地产开发景气指数先降后升，二季度开始呈逐月回升态势，但各月指数均低于 93 点，处于不景气区间，房地产开发景气指数见图 4-7。

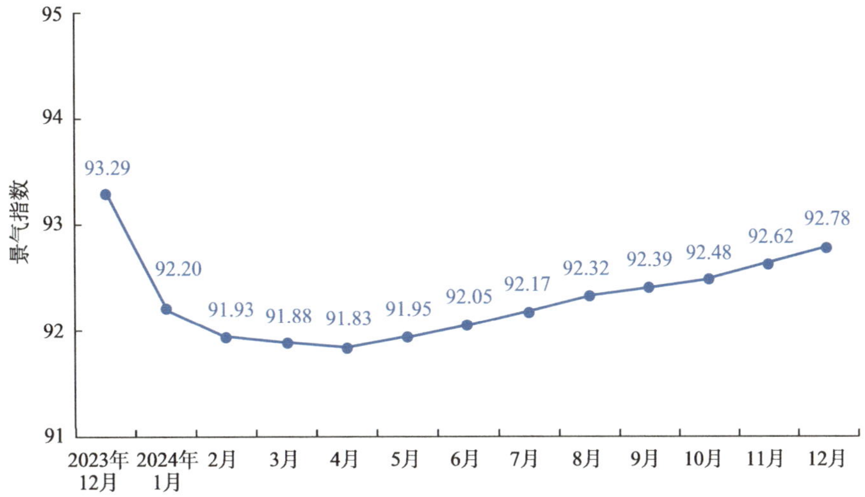

图 4-7　近年来全国房地产开发景气指数

（数据来源：国家统计局）

（5）商品房销售面积下降，待售面积上升。2024 年，商品房销售面积 9.7 亿平方米，同比下降 12.9%，其中住宅销售面积下降 14.1%。商品房销售额 9.7 万亿元，下降 17.1%，其中住宅销售额下降 17.6%（见图 4-8）。

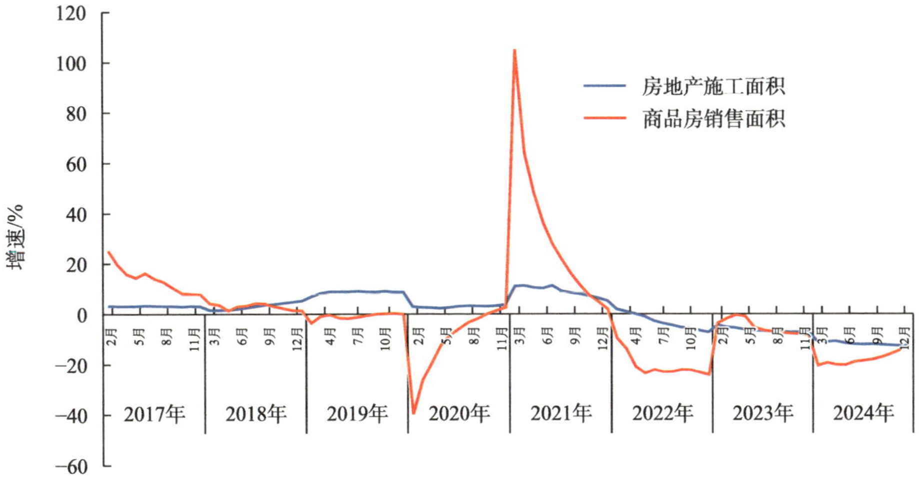

图 4-8　全国商品房销售面积及施工面积增长情况

（数据来源：国家统计局）

（6）房地产开发企业到位资金同比下降。2024 年，房地产开发企业到位资金 107661 亿元，比上年同期下降 17.0%（见图 4-9）。其中，国内贷款 15217 亿元，下降 6.1%；利用外资 32 亿元，下降 26.7%；自筹资金 37746 亿元，下降 11.6%；定金及预收款 33571 亿元，下降 23.0%；个人按揭贷款 15661 亿元，下降 27.9%。

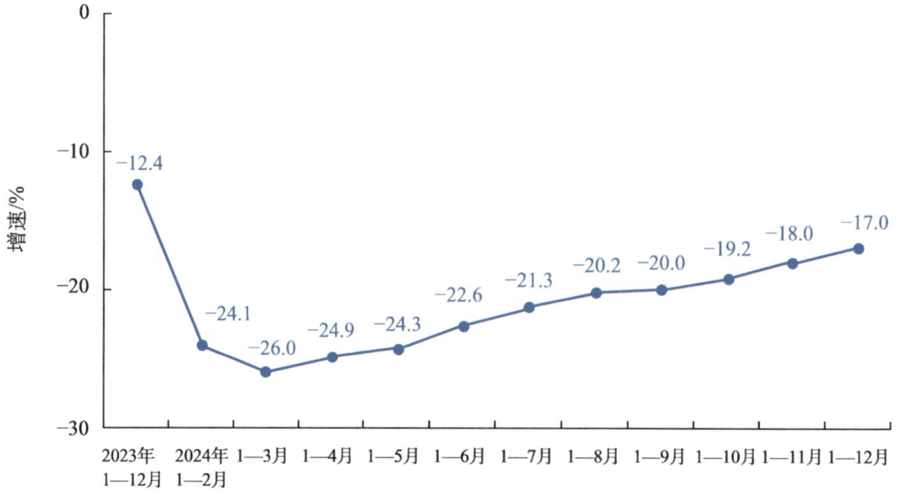

图 4-9　全国房地产开发企业本年到位资金增速
（数据来源：国家统计局）

（7）政策环境宽松，市场信心有待恢复。2024 年 4 月 30 日，中央政治局会议强调“要持续防范化解重点领域风险，继续坚持因城施策，压实地方政府、房地产企业、金融机构各方责任，切实做好保交房工作，保障购房人合法权益”，并提出“统筹研究消化存量房产和优化增量住房的政策措施”，这是时隔多年在政治局会议中再度提出房地产“去库存”政策，为市场释放了明确的政策信号。同时居民购房首付比及贷款利率已达到历史最低，限购政策也处于实施以来最宽松阶段。9 月 26 日，中央政治局会议提出“要促进房地产市场止跌回稳”，释放了最强“稳地产”信号，政策目标明确。但房地产市场经历连续三年的深度调整后，2024 年购房者置业情绪、企业端市场信心均未完全扭转。

2. 基础设施建设情况

（1）基础设施投资保持稳定增长。2024 年，基础设施投资（不含电力、热力、燃气及水生产和供应业）同比增长 4.4%，全年增速有所收窄，比上年同期降低 1.5 个百分点（见图 4-10）。其中，水利管理业投资增长 41.7%，航空运输业增长 20.7%，公共设施管理业投资下降 3.1%，道路运输业投资下降 1.1%，铁路运输业投资增长 13.5%。

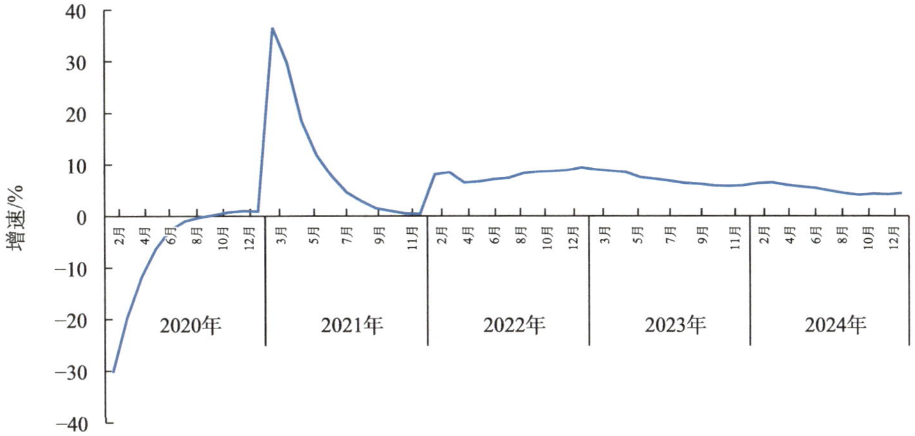

图 4-10　基础设施建设投资累计增速
（数据来源：国家统计局）

（2）水利工程建设投资创历史新高。2024 年，全国新开工水利项目 4.7 万个，完成水利建设投资 1.35 万亿元，连续三年超过 1 万亿元，创历史最高纪录（见图 4-11）。水利建设投资总量增长明显（见图 4-12），其投资领域也呈现多样化分布。一批国家重大战略水安全保障工程加快建设，珠三角水资源配置工程全面通水，南水北调中线引江补汉、环北部湾水资源配置等工程加快实施，黄河古贤水利枢纽、海南昌化江水资源配置等 41 项水网重大工程开工。加快推进防洪安全体系和能力现代化，大力推进淮河入海水道二期、太湖吴淞江整治、海河流域国家蓄滞洪区等流域防洪骨干工程建设，加快病险水库除险加固和中小河流治理，全力实施灾后恢复水利建设。

保障农村供水安全和国家粮食安全，2024 年完成 2 万多处农村供水工程，提升 1 亿多农村人口供水保障水平，江西峡江、湖南梅山等 7 处大型灌区开工建设，实施 1300 多处灌区建设与现代化改造，将新增恢复改善灌溉面积约 7000 万亩。

（3）公路建设投资保持高位，水路建设投资增长。2024 年，公路水路固定资产投资 2.8 万亿元，同比下降 7.5%。其中，完成公路固定资产投资

图 4-11　2015—2024 年中国水利投资完成情况
（数据来源：国家水利部）

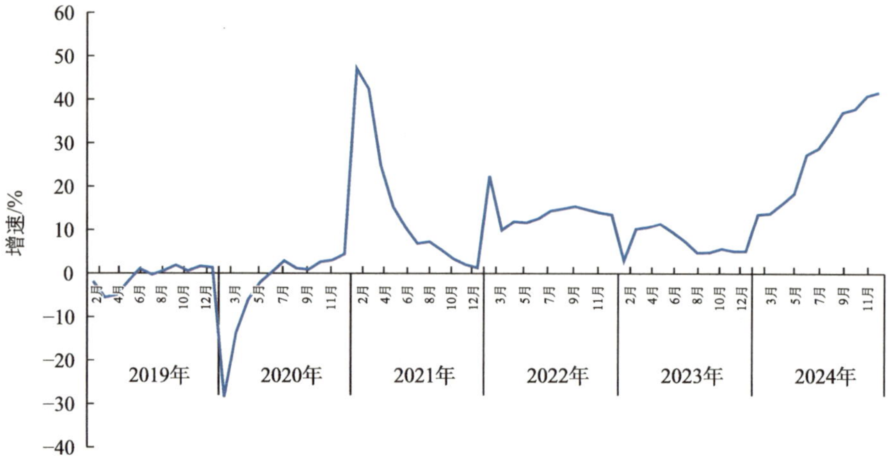

图 4-12　水利管理业投资累计增速
（数据来源：国家统计局）

25774 亿元，比上年下降 8.7%（见图 4-13）；完成水路固定资产投资 2208 亿元，比上年增长 9.5%（见图 4-14）。

2024 年，深中通道、黄茅海跨海通道建成通车，兰海、银昆国家高速公路主线实现贯通，重大交通项目建设“进度条”不断刷新，为公路水路投资保持高位运行提供了有力支撑。2024 年新增公路通车里程 5.3 万公里（见图 4-15），其中新改（扩）建高速公路超过 8000 公里；全年新改建农村公路约 16 万公里，实施养护工程约 25 万公里。

（4）铁路投资与建设规模增加。2024 年，全国铁路完成固定资产投资

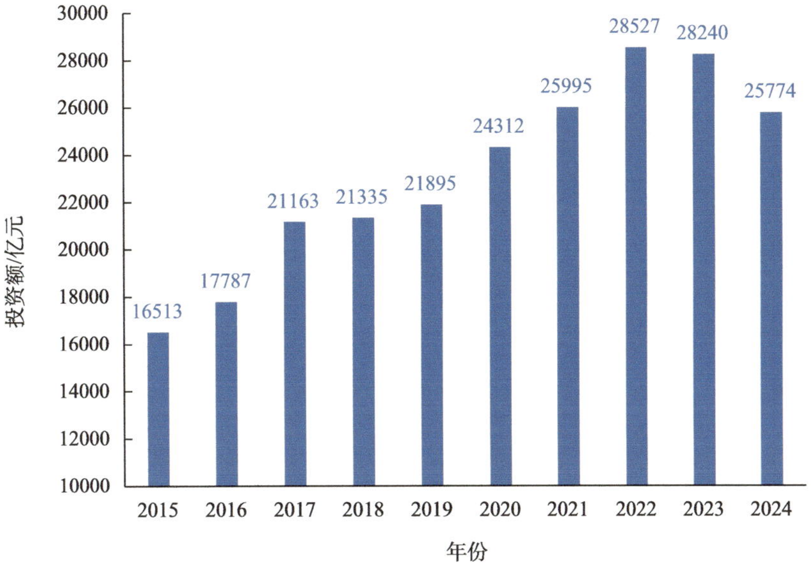

图 4-13　2015—2024 年公路固定资产投资完成情况
（数据来源：交通运输部）

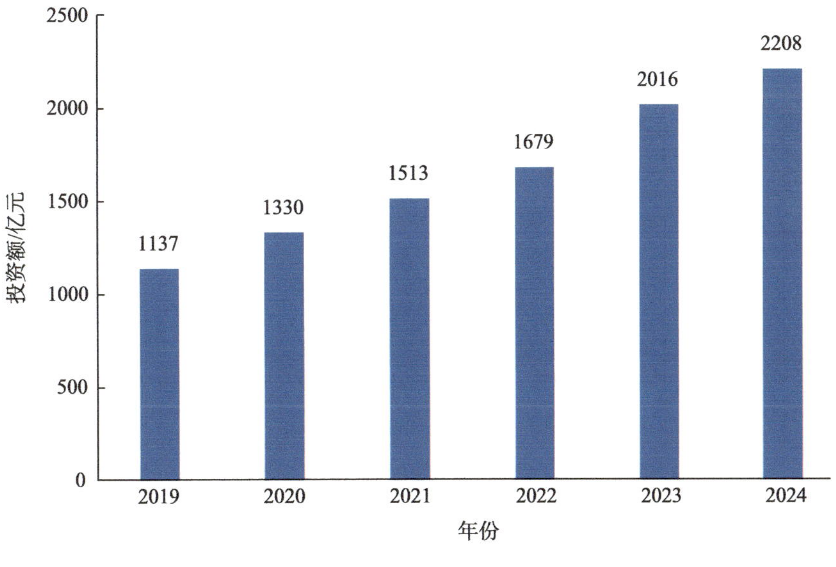

图 4-14　2019—2024 年水路固定资产投资完成情况
（数据来源：交通运输部）

8506 亿元，同比增长 11.3%；投产新线 3113 公里，其中高铁 2457 公里，圆满完成年度铁路建设任务（见图 4-16）。以国家“十四五”规划纲要确定的 102 项重大工程铁路项目和“两重”项目为重点，中国加大推进实施力度，宜昌至涪陵高铁重庆段、龙岩至龙川高铁武平至梅州西段、兰州至张

图 4-15　2015—2024 年中国公路运营里程
（数据来源：交通运输部）

图 4-16　2015—2024 年铁路固定资产投资完成情况
（数据来源：中国国家铁路集团有限公司）

掖高铁武威至张掖段等 17 个项目开工建设，杭州至义乌至温州高铁、池州至黄山高铁、上海经苏州至湖州高铁等 42 个项目开通运营。

截至 2024 年底，全国铁路营业里程 16.2 万公里，其中高铁 4.8 万公里，复线率 60.8%，电气化率 76.2%，西部地区铁路营业里程 6.6 万公里。全国铁路路网密度 168.5 公里/万平方公里（见图 4-17）。

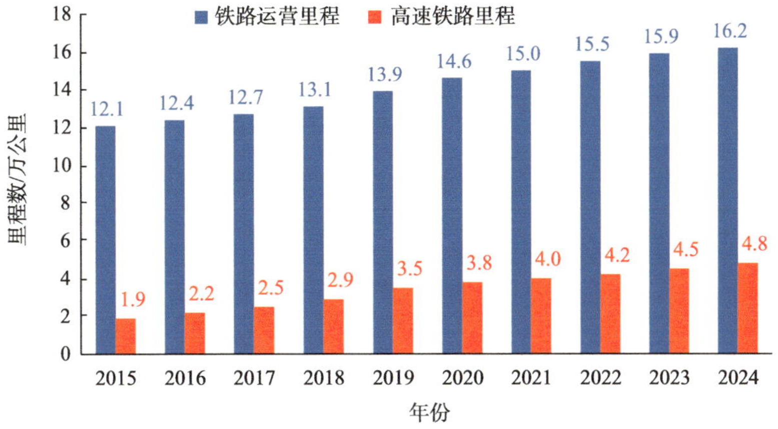

图 4-17 2015—2024 年中国铁路运营里程
（数据来源：中国国家铁路集团有限公司）

聚焦联网、补网、强链，深入开展项目前期工作，批复佳木斯至同江铁路扩能改造等 20 个项目可研。加快推进物流基础设施建设，建成铁路专用线 44 条、物流基地 12 个，2025 年拟开工铁路情况见表 4-4。

表 4-4 2025 年拟开工铁路汇总

序号	省（区、市）	项 目 名 称	线路长度/公里
1	吉林	长春至辽源至通化高铁	260
2	黑龙江、吉林	牡丹江至敦化高铁	190
3	北京	北京市域铁路东北环线	59
4	河北	石家庄至雄安城际铁路	167
5	内蒙古、陕西	包头至鄂尔多斯至榆林高铁	278
6	山西、陕西	太原至绥德高铁	270
7	河南	焦作至洛阳至平顶山高铁	229
8	河南、安徽	南阳至信阳至合肥高铁	436
9	安徽、河南、湖北	阜阳至黄冈高铁	304
10	湖南、江西	长沙至赣州高铁	405
11	湖北、重庆	宜昌至涪陵高铁	491

续表 4-4

序号	省（区、市）	项 目 名 称	线路长度/公里
12	湖北	武汉枢纽直通线	74
13	山东	董家口至五莲铁路及胶新铁路复线	371
14	上海、浙江	沪乍杭高铁	193
15	广东	广州东站改造及广州东至新塘五六线	30
16	湖南	益阳至娄底高铁	99
17	湖北、湖南	宜昌至常德高铁	185
18	重庆、湖南	黔江至吉首高铁	226
19	安徽、江苏	合肥至宿迁高铁宿迁至泗县段	59
20	江苏、浙江	盐泰锡宜湖高铁	311
21	江苏、浙江	常州至泰州城际铁路	79
22	江苏、安徽	扬马城际铁路镇江至马鞍山段	121
23	江苏、安徽	南京至宣城高铁	171
24	安徽	六安至安庆铁路	168
25	四川	南充至广安城际铁路	100
26	四川	广元至巴中铁路扩能改造	162
27	陕西、山西	包西铁路至瓦日铁路联络线	140
28	宁夏	包兰铁路银川至中卫段扩能改造	123
29	浙江、福建	温州至福州高铁	310
30	福建	福州机场高铁	87
31	广东	深圳枢纽西丽站及相关工程	13
32	内蒙古	临哈铁路额济纳至哈密段扩能改造	684
33	云南、广西	文山至靖西铁路	288
34	广西、广东	合浦至湛江高铁	140
35	广东、海南	湛江至海口高铁	129
36	云南	成昆铁路昆明至广通段复线改造	134
37	黑龙江、内蒙古	富裕经嫩江至加格达奇铁路改造工程	428

续表 4-4

序号	省（区、市）	项 目 名 称	线路长度/公里
38	湖南、贵州	铜仁至吉首铁路	55
39	贵州、广西	黔桂铁路复线	412
40	宁夏、甘肃	中卫至平凉铁路扩能改造	297
41	甘肃、宁夏	定西至平凉铁路	197
42	甘肃	兰州至张掖客专武威至张掖段	238
43	云南、四川	大理至丽江至攀枝花铁路	320
44	云南	临沧至清水河铁路	176
45	青海、西藏	青藏铁路格拉段电气化改造	1136
46	西藏	波密至然乌铁路	134
47	新疆	梧桐水至淖毛湖铁路	249
48	新疆	伊宁至阿克苏铁路	345

（5）机场建设保持稳定增长。2024 年，民航基本建设和技术改造投资 1404 亿元，同比增长 9.5%，连续 5 年超千亿元，全国民航通航机场数量达 263 个，比上年增加 4 个，保持稳定增长（见图 4-18）；新增河北邢台褡裢机场、新疆奇台江布拉克机场、新疆和静巴音布鲁克机场、黑龙江绥芬河东宁机场。民航局上半年加快了民航基础设施重大项目的前期工作和建设进度，以促进有效投资的扩大。其中广州、深圳、昆明、西安等枢纽机场改扩建，以及瑞金、准东、黔北等一批支线机场项目加快建设。上海浦东、天津机场改扩建以及新建定边、轮台等机场项目新开工建设，广安、娄底等新建机场项目获得批复，民航重大项目建设和前期工作取得积极进展（见图 4-19）。

（6）轨道交通建设保持增长。2024 年，中国内地累计有 58 个城市投运城市轨道交通线路 362 条，线路长度累计 12168 公里（见图 4-20）。其中，2024 年新增城轨交通运营线路 953 公里，核减运营线路 8.8 公里。从运输能力来看，地铁 9281 公里，占比 76.3%；轻轨、跨座式单轨、市域快轨、磁浮交通、自导向轨道系统等 2064 公里，占比 17.0%；有轨电车、电子导向胶轮系统、导轨式胶轮系统、悬挂式单轨等 824 公里，占比 6.8%。

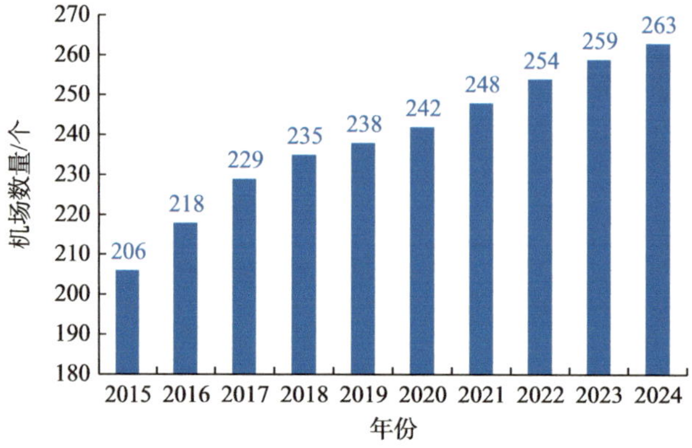

图 4-18　全国民航通航机场数量
（数据来源：交通运输部）

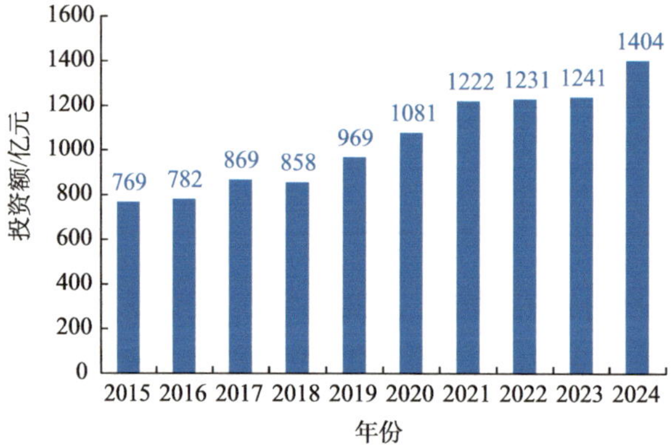

图 4-19　2015—2024 年民航基本建设和技术改造投资完成情况
（数据来源：交通运输部）

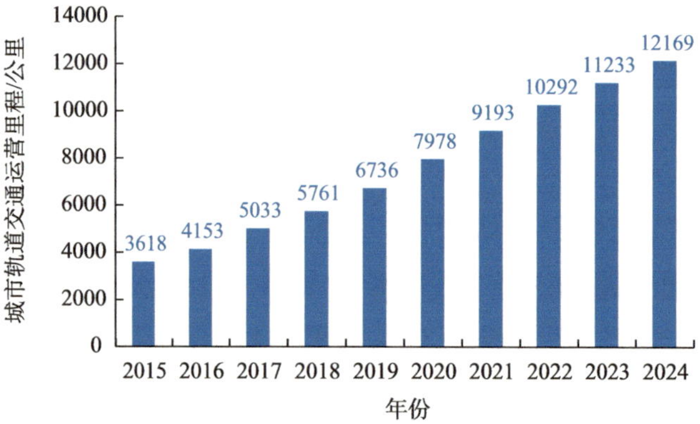

图 4-20　2015—2024 年城市轨道交通里程情况
（数据来源：中国轨道交通协会）

2024 年，无新增城轨交通运营城市，新增城轨交通运营线路 953 公里，新增运营线路 25 条，新开后通段或既有线路的延伸段 26 段，共新开通运营车站 580 座（见表 4-5）。

表 4-5 2024 年中国内地新增城轨交通运营线路汇总

序号	城市	线 路 名 称	线路长度/公里	系统制式
1	无锡	S1 线	30.4	市域快轨
2	长春	轨道交通 6 号线	29.6	地铁
3	南京	地铁 5 号线南段	12.89	地铁
4	绍兴	地铁 1 号线支线首通段	4.1	地铁
5	青岛	地铁 6 号线一期工程	30.8	地铁
6	合肥	地铁 4 号线南延伸段	13.97	地铁
7	成都	都江堰 M-TR 有轨电车专线	17.26	有轨电车
8	宁波	轨道交通 3 号线二期工程	9.32	地铁
9	长沙	地铁 1 号线北延一期工程	9.88	地铁
10	苏州	轨道交通 6 号线	35.1	地铁
11	宜宾	智轨 T2 线	8.5	电子导向胶轮系统
12	西安	高新云巴线	17.2	导轨式胶轮系统
13	佛山	地铁 3 号线在建段	24.01	地铁
14	苏州	轨道交通 8 号线	35.6	地铁
15	西安	10 号线一期	34.4	地铁
16	西安	5 号线一期东段	3.4	地铁
17	西安	6 号线一期南段	4.5	地铁
18	天津	市域（郊）铁路津静线首开段	13.4	市域快轨
19	天津	地铁 5 号线调整工程	1.29	地铁
20	成都	轨道交通资阳线（S3 线）	38.7	市域快轨
21	武汉	地铁 7 号线北延线（前川线）二期	15.11	地铁
22	广州	地铁 3 号线东延伸段	9.6	地铁
23	济南	轨道交通 3 号线二期	12.6	地铁

续表 4-5

序号	城市	线 路 名 称	线路长度/公里	系统制式
24	哈尔滨	地铁 3 号线二期工程西北环	9.44	地铁
25	上海	地铁 17 号线西延伸工程	6.53	地铁
26	郑州	地铁 6 号线一期东北段	26.4	地铁
27	苏州	轨道交通 7 号线首通段	35.2	地铁
28	徐州	地铁 3 号线二期	8.13	地铁
29	北京	地铁昌平线南延一期剩余段	0.7	地铁
30	北京	地铁 3 号线一期	15.7	地铁
31	北京	地铁 12 号线	28.9	地铁
32	青岛	2 号线一期工程调整方案	3.84	地铁
33	成都	地铁 8 号线二期	7.61	地铁
34	成都	地铁 27 号线一期	24.86	地铁
35	合肥	轨道交通 8 号线一期	22.5	地铁
36	西安	地铁 8 号（环）线	49.9	地铁
37	上海	机场联络线	59	市域快轨
38	武汉	地铁 11 号线东段二期	12.5	地铁
39	武汉	地铁 11 号线三期首开段	4	地铁
40	天津	地铁 11 号线西段	10.7	地铁
41	深圳	地铁 13 号线一期南段	6.4	地铁
42	深圳	地铁 3 号线四期	9.28	地铁
43	深圳	地铁 11 号线二期	2	地铁
44	深圳	地铁 12 号线二期	8.05	地铁
45	深圳	地铁 7 号线二期	2.22	地铁
46	贵阳	轨道交通 S1 线一期	30.32	市域快轨
47	南京	地铁 7 号线中段	10.99	地铁
48	广州	地铁 11 号线（环线）	44.2	地铁
49	郑州	地铁 7 号线一期工程	26.81	地铁
50	郑州	地铁 8 号线一期工程	51.78	地铁
51	沈阳	地铁 3 号线西段	23.45	地铁

数据来源：中国轨道交通协会。

3. 建筑业用钢情况

建筑行业是中国钢材消费量最大的行业，占钢材消费总量约 50%，使用钢材品种主要为钢筋、线材、型材、钢结构用板材、管材等，近年来，钢结构应用增加带动建筑用板材和型材需求量增长。2024 年房地产行业继续探底，基建投资小幅增长，但实物工程量下降，整体来看，基础设施建设钢材需求量的小幅增长难以抵消房地产建设钢材需求量的下滑，2024 年建筑业钢材需求约 4.33 亿吨，同比减少约 10%。

（二）机械行业

2024 年，机械工业锚定新型工业化目标，决策部署，坚持稳中求进、以进促稳，迎难而上、积极作为，有效应对风险挑战，发展壮大新质生产力；在“两新”等政策措施的带动下，行业运行总体平稳，高质量发展稳步推进。

1. 机械行业运行情况

（1）增加值实现平稳增长。2024 年，机械工业增加值同比增长 6.0%，高于全国工业增速 0.2 个百分点。机械工业主要涉及的五个国民经济行业大类增加值全部增长，其中，汽车制造业发挥引领带动作用，增速达 9.1%；电气机械和仪器仪表制造业增速平稳，分别为 5.1%和 6.0%；通用设备和专用设备制造业增速略低，分别为 3.6%和 2.8%。

（2）产品产量多数实现增长。2024 年，机械工业产销情况整体好于上年水平。重点监测的 122 种主要机械产品中，72 种产品产量同比增长，占比 50 种产品产量同比下降，占比 41%。具体看，电工电器产品生产稳定向好。全年发电机组产量 2.8 亿千瓦，同比增长 16.0%；太阳能电池产量 6.8 亿千瓦，同比增长 15.7%。制造业回稳带动加工装备稳定增长，全年金属切削机床产量 69.5 万台，同比增长 10.5%；金属成形机床产量 16 万台，同比增长 7.4%。工程机械结束连续三年下行态势实现筑底回暖，12 种重点产品销量合计增长 4.5%，其中半数产品销量增长，挖掘机销量增长 3.1%。通用设备与基础件产品呈增长态势，泵、风机、压缩机、轴承、紧固件、液压元件、金属密封件等产品产量均实现增长。消费市场回暖带动照相机、服务机器人、包装专用设备等产品产量增长。农业机械总体低迷，10 种重点产品中 7 种产品产量同比下降（见图 4-21）。

（3）价格疲软效益下行。2024 年，受有效需求不足、价格持续下降、

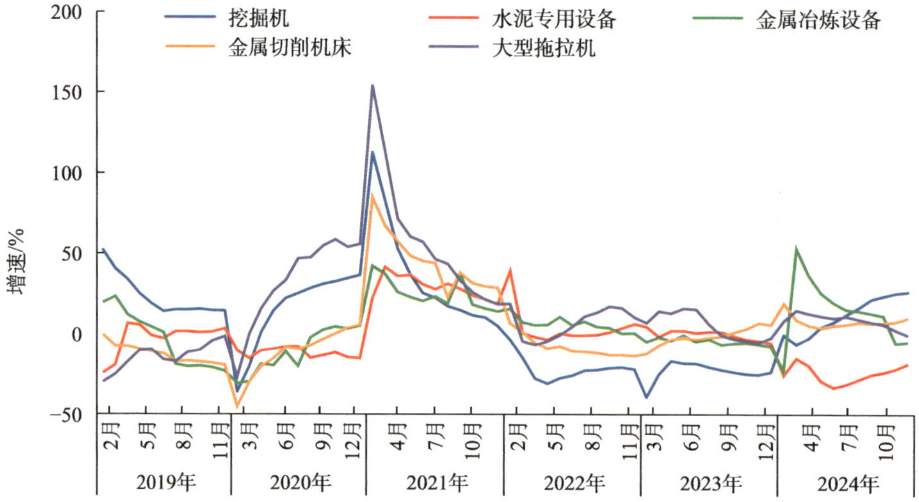

图 4-21　部分机械产品产量累计增速

（数据来源：国家统计局）

上年基数较高等多重因素影响，机械工业效益指标承受较大压力。全年规模以上机械工业实现营业收入 31.5 万亿元，首次突破 30 万亿元，同比增长 1.7%，增速较全国工业低 0.4 个百分点；实现利润总额 1.6 万亿元，同比下降 8.0%，降幅比全国工业深 4.7 个百分点。营业收入利润率为 5.2%，比上年同期下滑 0.5 个百分点，较同期全国工业低 0.2 个百分点。

（4）机械工业固定资产投资增速回落趋稳。2024 年机械工业固定资产投资增速总体呈放缓走势。一季度增速为 12.5%，上半年为 9.3%，前三季度为 5.3%，10 月降至 3.9%低点后趋稳回升，全年增速为 5.1%，高于全社会投资增速 1.9 个百分点，但低于全国工业（12.1%）和制造业（9.2%）投资增速。机械工业主要涉及的五个国民经济行业大类固定资产投资表现分化，通用设备、专用设备、汽车制造业分别增长 15.5%、11.6%、7.5%，电气机械、仪器仪表制造业分别下降 3.9%、0.2%（见图 4-22）。

（5）外贸出口保持增长，但压力增大。2024 年机械工业顶住多重压力，货物贸易进出口总额、出口额、贸易顺差均再创历史新高。据海关统计数据汇总，2024 年机械工业货物贸易进出口总额连续第四年超过 1 万亿美元达 1.17 万亿美元，同比增长 7.5%，占全国货物贸易的 19%。其中，进口额 2996.8 亿美元，同比下降 1.6%，占全国货物贸易的 11.6%；出口额 8693.6 亿美元，同比增长 11%，占全国货物贸易的 24.3%。实现贸易顺差 5696.9

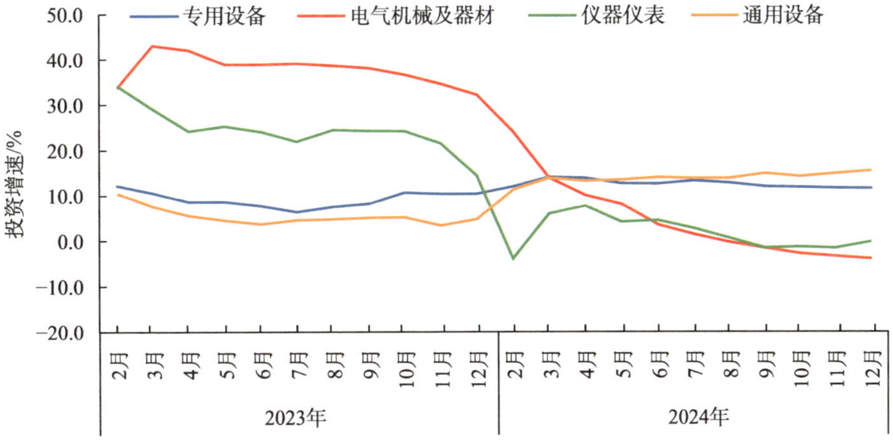

图 4-22　2023 年、2024 年机械工业主要涉及行业大类固定投资累计增速
（数据来源：国家统计局）

亿美元，同比增长 16.6%，占全国货物贸易顺差的 57.4%。

从贸易伙伴看，对共建“一带一路”国家进出口额 220685 亿元，比上年增长 6.4%。其中，出口 122095 亿元，增长 9.6%；进口 98589 亿元，增长 2.7%。对《区域全面经济伙伴关系协定》（RCEP）其他成员国进出口额 131645 亿元，比上年增长 4.5%（见图 4-23）。

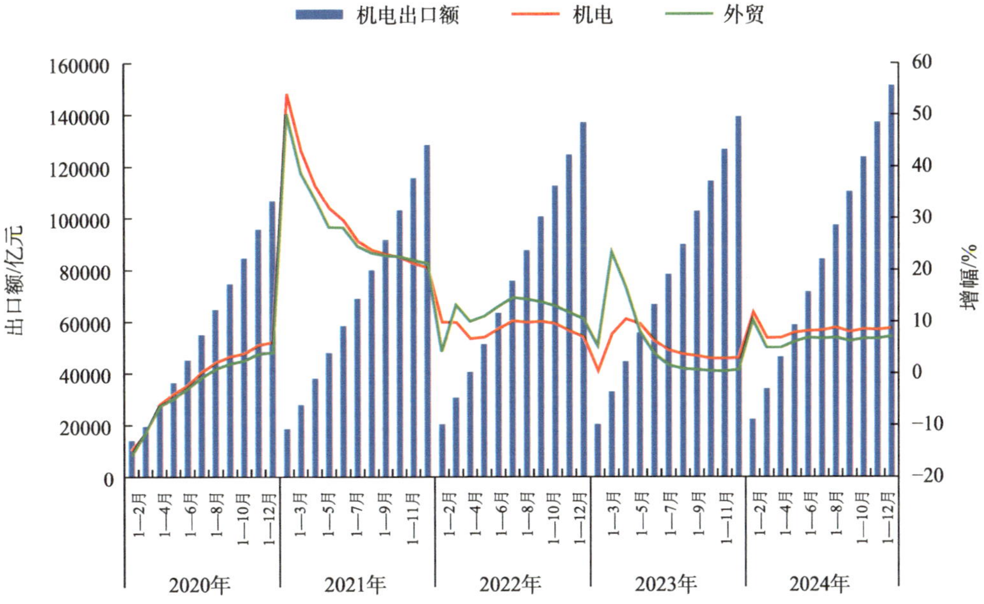

图 4-23　机电及外贸出口累计增幅
（数据来源：海关总署）

（6）在手订单指数持续低位。据中机联调研，反映存在订单不足问题的企业比例持续走高，2024 年初为 65%、4 月为 67%、6 月为 69%、9 月升至 74%。9 月 46%的被调查企业在手订单同比下降，较 6 月高 9 个百分点。从订单满足时间看，在手订单以短周期为主成为常态，9 月 45%的企业在手订单仅满足近一个月的生产（比上半年提高 2 个百分点），41%的企业在手订单满足四季度生产。此外，民营企业和中小微企业的情况差于全行业平均水平。

（7）应收账款平均回收期缩短。2024 年末，机械工业企业流动资产合计 25.9 万亿元，同比增长 5.6%，增速比 11 月末放缓 0.2 个百分点，较全国工业高 1.2 个百分点。其中应收账款 9.1 万亿元，同比增长 9.9%，增速比 11 月末提高 0.6 个百分点，较全国工业高 1.3 个百分点。应收账款占流动资产比例 35.4%，比 11 月末减少 0.6 个百分点，较全国工业高 6.7 个百分点。应收账款平均回收期为 96.8 天，同比增加 7.4 天，比 11 月末缩短 5.1 天，较全国工业长 32.7 天。

2. 2024 年机械行业用钢情况

机械工业作为仅次于建筑行业的第二用钢大户，其钢材消费量占全部钢材消费总量的 20%左右，机械行业用钢量较大的子行业主要有电工电器、石化通用设备、机械基础件、重型矿山设备、工程机械、农用机械等。消费的钢材几乎涉及所有品种和规格，随着重大技术装备的大型化，具有耐高温、高压及抗辐射、腐蚀等特殊性能的钢材需求增加。据测算，2024 年机械行业钢材需求量约 1.97 亿吨，同比增长 1%。

（三）汽车行业

2024 年，中国经济形势总体保持回升向好态势，汽车行业在新能源汽车产销快速增长和出口市场持续增长的拉动下整体保持平稳增长，四季度以旧换新等扩大内需政策效果逐步显现，购车需求进一步释放，全年汽车产销量再创新高，其中乘用车在以旧换新等促消费政策拉动下，实现较快增长，市场表现持续走强，商用车市场表现相对疲弱，新能源汽车继续快速增长，起到较强支撑作用，中国品牌表现亮眼，产品竞争力不断提升。全年汽车产量为 3128 万辆，同比增长 3.7%，其中乘用车产量同比增长 5.2%，商用车下降 5.8%，新能源汽车产量 1289 万辆，增长 34.4%，汽车出口量 586 万辆，增长 19.3%。

1. 汽车行业运行情况

（1）汽车产量同比小幅增长，月度产量波动上升。2024 年，中国汽车产量为 3128 万辆，同比增长 3.7%，增速比 2023 年同期收窄 7.9 个百分点，近年来汽车产量及增长情况见图 4-24。

月度情况来看，全年月度产量呈波动上升趋势，11 月汽车产量达 344 万辆，创历史新高，近年来月度产量情况见图 4-25。

2024 年汽车国内销量 2558 万辆，同比小幅增长 1.6%。2024 年末汽车企业库存量为 110.6 万辆，同比下降 3.9%，库存压力较 2023 年有所缓解，总体库存处于合理水平（见图 4-26）。

图 4-24　2015—2024 年汽车产量及增长情况
（数据来源：中国汽车工业协会）

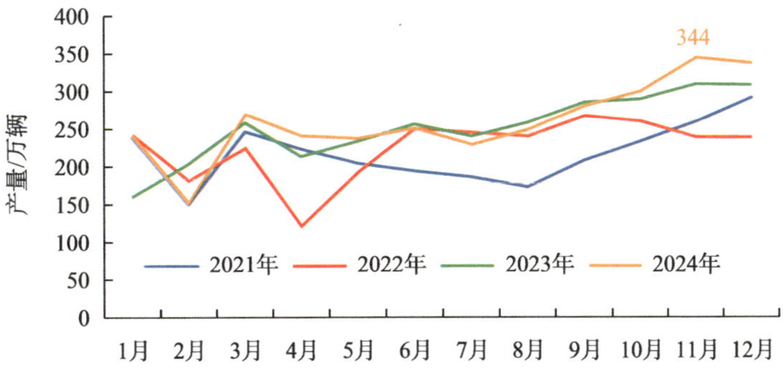

图 4-25　汽车月度产量及增速情况
（数据来源：中国汽车工业协会）

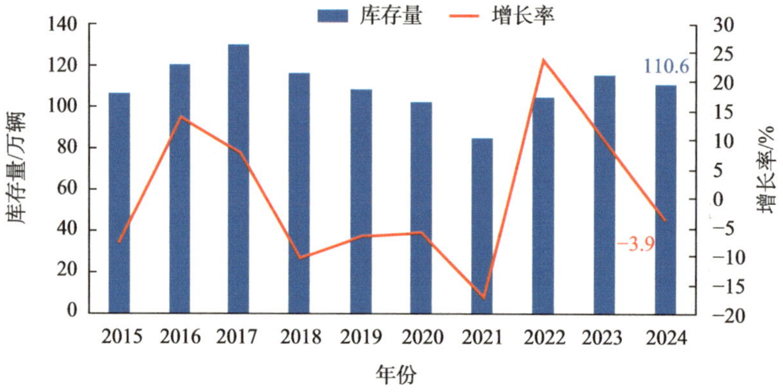

图 4-26　近年来汽车库存量
（数据来源：中国汽车流通协会）

（2）乘用车产量保持增长，商用车产量由增转降。从汽车产量结构方面来看，2024 年，乘用车产量为 2748 万辆，同比增长 5.2%。2024 年新能源汽车车辆购置税减免政策的延续和优化和陆续出台的消费品以旧换新相关政策在一定程度上提振了乘用车的消费，国内乘用车市场呈现月度产销波动上升的特点。从细分车型来看，SUV 产量实现较快增长，同比增长 10.6%；交叉型乘用车产量增长 6.7%；轿车产量基本持平，微降 0.2%；MPV 产量下降 4.1%。乘用车国内销量 2261 万辆，同比增长 3.1%，其中传统燃料乘用车国内销量 1159 万辆，同比下降 17.4%；乘用车出口 496 万辆，同比增长 19.7%。

2024 年，商用车产量为 381 万辆，同比下降 5.8%。商用车受建筑业施工强度下降和国标转换需求透支影响，产销量同比下降。月度产量情况看，各月产量呈“U”形，一季度延续上年高位，二、三季度产量下降，四季度有所回升。分车型情况看，货车产量同比下降 6.8%，客车增长 2.0%。乘用车和商用车各车型产量及增长情况见表 4-6。

（3）新能源汽车产销继续大幅增长。中国新能源汽车近年来高速发展，连续 10 年位居全球第一。在政策和市场的双重作用下 2024 年继续实现大幅增长。2024 年新能源汽车产销分别完成 1289 万辆和 1287 万辆，同比分别增长 34.4%和 35.5%，新能源汽车新车销量达到汽车新车总销量的 40.9%，比上年提升 9.3 个百分点。其中，纯电动汽车销量占新能源汽车比例为 60%，较 2023 年下降 10.4 个百分点；插电式混合动力汽车销量占新能源汽车比例为 40%，较 2023 年提高 10.4 个百分点。插电式混合动力汽车的增长迅速，成为带动新能源汽车增长的新动能。近年来新能源汽车产量情况及增速见图 4-27。

表 4-6　2024 年 12 月及全年汽车分车型生产表

指标	12 月/万辆	环比/%	同比/%	2024 年累计/万辆	累计同比/%
汽车产量	337	–2.1	9.3	3128	3.7
乘用车	301	–3.3	10.8	2748	5.2
轿车	120	–4.6	–3.0	1149	–0.2
MPV	12	–8.9	4.3	107	–4.1
SUV	164	–2.3	23.5	1464	10.6
商用车	36	10.2	–1.5	380	–5.8
客车	6	20.0	5.5	51	2.0
货车	30	8.6	–2.7	330	–6.8

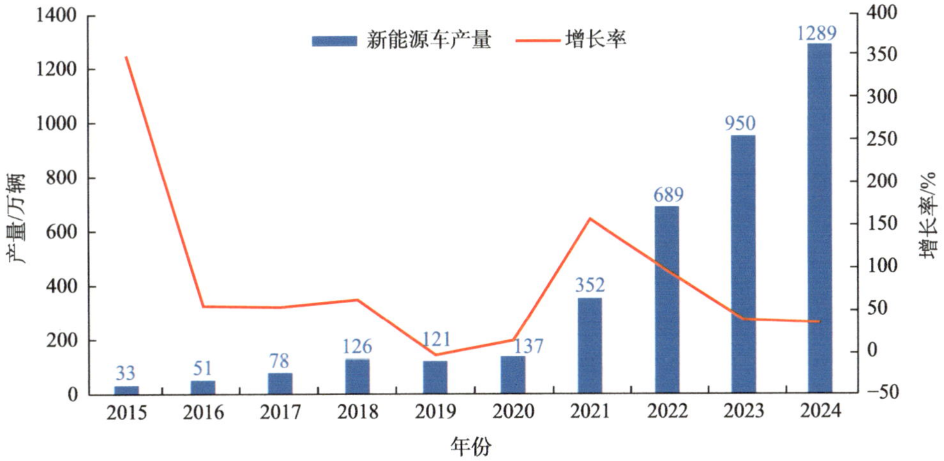

图 4-27　中国新能源汽车销产量及增长情况
（数据来源：中国汽车工业协会）

（4）汽车出口同比大幅增长。中国汽车行业国际竞争力日益增强，2024 年汽车出口成为拉动产销量增长的重要因素之一，全年汽车出口 586 万辆，同比增长 19.3%，保持世界最大汽车出口国地位。分车型看，乘用车出口 496 万辆，同比增长 19.7%，商用车出口 90 万辆，同比增长 17.5%；传统燃油汽车出口 457 万辆，同比增长 23.5%，新能源汽车出口 128 万辆，同比增长 6.7%。随着国产新能源汽车海外热度和竞争力的提升，美国和欧洲对中国新能源汽车的双反调查和贸易制裁升级，出口面临的压力和挑战增加。2024 年，整车出口前十位企业中，从总量上来看，前三位分别是奇瑞、上汽和长安，奇瑞出口 114 万辆，上汽出口 93 万辆，长安出口 54 万辆；从增速上来看，前三位分别是比亚迪、长安和江淮，比亚迪出口 43 万辆，同比增长 71.8%；长安出口 54 万辆，同比增长 49.6%；江淮出口 25 万辆，同比增长 46.7%。近年来中国汽车出口量及增长情况见图 4-28。

中国完备的供应链体系为汽车产业保持国际竞争力提供了强有力的支撑，出口规模屡创历史新高，但国际贸易外部环境恶化，汽车出口面临较大风险挑战。

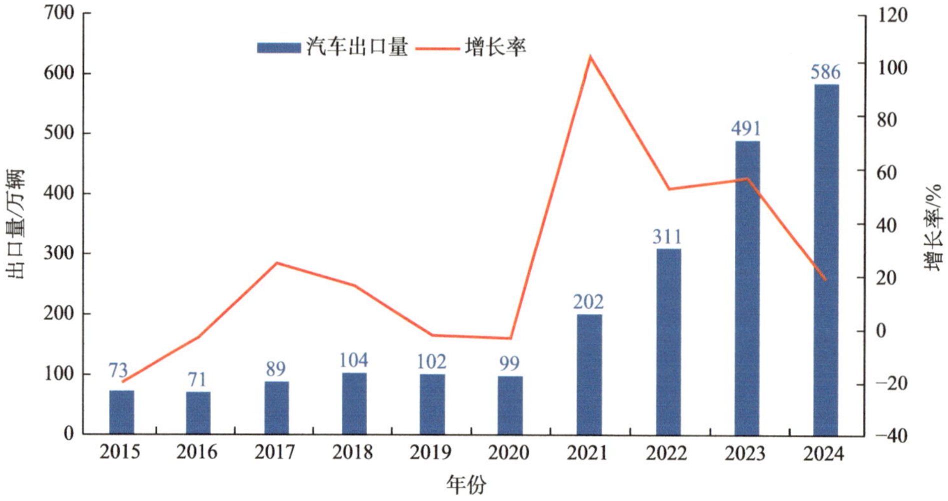

图 4-28　近年来中国汽车出口量及增速
（数据来源：中国汽车工业协会）

（5）市场集中度略有下降。2024 年，汽车销量排名前十位的企业集团销量合计为 2670 万辆，同比增长 3.8%，占汽车销售总量的 84.9%，低于上年同期 0.5 个百分点（见表 4-7）。

2024 年，新能源汽车销量排名前十位的企业集团销量合计为 1099 万辆，同比增长 35.0%，占新能源汽车销售总量的 85.4%，低于上年同期 0.3 个百分点（见表 4-8）。

（6）中国品牌乘用车市场份额明显提升。中国品牌车企近年来把握新能源、智能网联转型机遇，大力发展芯片、零部件和操作系统配套产业，

表 4-7　中国汽车行业市场集中度情况

市场集中度	12 月/万辆	环比/%	同比/%	1—12 月/万辆	累计同比/%	市场份额/%
前三家	133	2.5	0.8	1138	0.6	36.2
前五家	183	–1.7	6.6	1668	4.4	53.1
前十家	297	3.8	8.7	2670	3.8	84.9

表 4-8　中国新能源汽车市场集中度情况

市场集中度	12 月/万辆	环比/%	同比/%	1—12 月/万辆	累计同比/%	市场份额/%
前三家	80	–2.2	25.2	661	36.1	51.4
前五家	98	–0.3	21.0	839	32.5	65.2
前十家	134	3.7	30.2	1099	35.0	85.4

推动汽车电动化、智能化、自主化升级和产品结构优化，中国品牌汽车企业的品牌和国际竞争力不断提升，市场占有率继续提高。2024 年，中国品牌乘用车销量 1797 万辆，同比增长 23.1%，远高于乘用车销量平均增速，市场份额达到 65.2%，比上年同期大幅上升 9.2 个百分点，近年来各系乘用车市场份额变化情况见图 4-29。

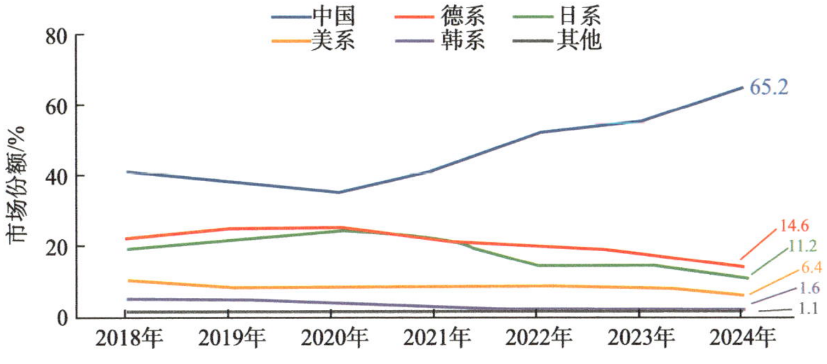

图 4-29　各系别乘用车市场份额对比

（数据来源：中国汽车工业协会）

（7）车用芯片产业链问题依然存在。国家高度重视汽车芯片的自主研发与技术创新，旨在提升产业链完整性和全球竞争力，减少对国外技术依赖。2024 年国产芯片替代率提升约 50%，但国产芯片在功能安全与可靠性方面仍面临一定挑战，特别是在复杂环境下的稳定性和测试验证技术方面，与国际先进水平存在差距。此外，车控操作系统目前国外标准垄断，国内产品已实现规模化验证，具备替代能力。但受国际产品挤压，市场覆盖率有限。

供应链方面的稳定性仍是汽车行业稳增长的关键。汽车行业正致力于核心芯片国产化推进，构建受控的车规级产业链，鼓励具有自主研发能力的车企与芯片厂合作，支持上车应用，加大研发与推广投入，提升产业链完整性和安全性。

2. 2024 年汽车行业用钢情况

（1）汽车用钢基本情况及趋势。汽车行业是中国重点用钢行业之一，中国每年用于汽车行业的钢材占钢材总消费的 7%左右。板材、管材、特钢等品种均被应用于汽车制造，其中板材约占总量 70%。随着中国大力推广新能源汽车，新能源汽车占比进一步提高，汽车行业对原材料需求出现较大变化。新能源车没有发动机、变速箱、排气管及其他相关部件，增加了电动机、电池壳等，汽车行业对高牌号无取向电工钢需求量增加，同时对高强、超高强等轻量化用钢需求呈现快速增长趋势。

与其他钢铁产品相比，汽车板系列产品集中度相对较高，但与上游原料行业和下游汽车生产企业相比，集中度仍然较低，导致市场出现大幅波动时，汽车板生产企业相对被动。随着钢厂装备水平和产品质量的提升，企业产品结构调整，汽车板和高牌号汽车用硅钢生产企业进一步增多，产品同质化竞争激烈，而汽车用钢单耗呈下降趋势，用钢结构改变，供需平衡、产品升级和差异化定位值得汽车用钢生产企业高度重视。

（2）2024 年汽车用钢消耗。2024 年汽车生产结构上，传统能源汽车产量下降 10.6%，新能源汽车产量大幅增长 34.4%，销量占比提升至 40.9%；乘用车产量增长 5.2%，商用车产量下降 5.8%；零部件产量增速高于整车。汽车用钢单耗系数较 2023 年有所下降，根据汽车及零部件产量和结构测算，2024 年中国汽车行业用钢约 6060 万吨，同比增长约 3%。

（四）家电行业

2024 年，家电行业总体实现较快增长，主要白电产品产量增幅扩大，外销方面欧美去库周期进入尾声，渠道补库拉动出口快速增长，内需方面国内“两新”政策逐步显效，内需平稳增长，不过，房地产行业持续下行、消费预期偏弱等因素对家电内需仍有一定制约作用。2024 年家电行业三大白电产量均创历史新高，其中空调产量约 27000 万台，同比增长约 10%；冰箱产量约 10500 万台，同比增长约 9%；洗衣机产量约 11500 万台，同比增长约 10%。

1. 家电行业运行情况

（1）三大白电产量均上升。2024 年，三大白电产品产量均有较大幅度上升。空调产量 26598 万台，同比增长 9.7%；家用洗衣机产量 11737 万台，同比增长 8.8%；家用电冰箱产量 10396 万台，同比增长 8.3%。近年来，三大白电产品产量情况见图 4-30 – 图 4-32。

从月度产量情况来看，三大白电月度产量累计增速总体呈现前高后低趋势，一、二季度增幅较大，三季度增幅收窄，四季度较为平稳，详细情况见图 4-33。

（2）家电内销保持增长。2024 年，家电内需以更新消费为主，在年中“以旧换新”政策拉动下，国内家电市场有所回暖。分季度看，一季度延续去年态势，二季度消费市场逐渐回落，三季度探底，四季度在“两新”

图 4-30　2015—2024 年空调产量及增速情况

（数据来源：国家统计局）

图 4-31　2015—2024 年洗衣机产量及增速情况
（数据来源：国家统计局）

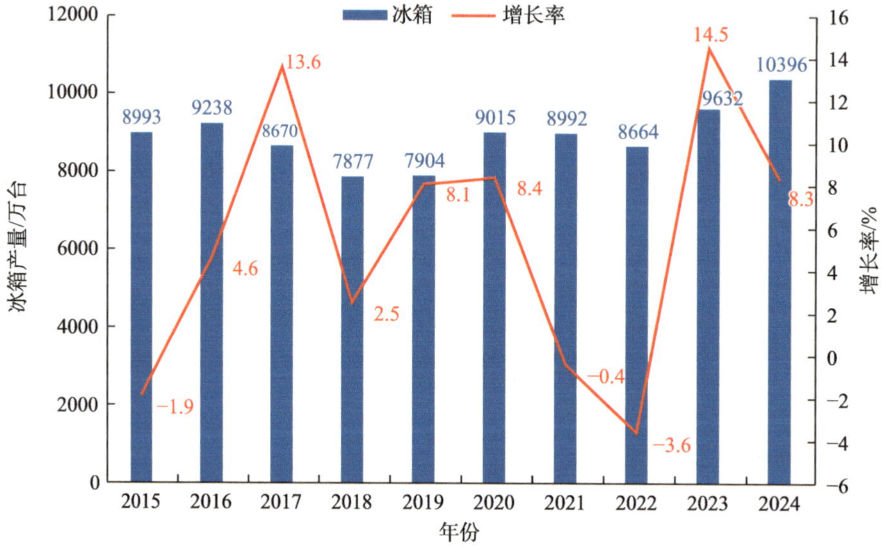

图 4-32　2015—2024 年冰箱产量及增速情况
（数据来源：国家统计局）

补贴、“双十一”“双十二”等促销活动的拉动下略微回升。家电内销市场总体来看，大家电好于小家电，下半年好于上半年，线下好于线上。

2024 年 7 月，国家发展改革委、财政部印发《关于加力支持大规模设备更新和消费品以旧换新的若干措施》的通知，涉及汽车、家电等消费品行业，统筹安排 3000 亿元左右超长期特别国债资金，加力支持大规模设备更新和消费品以旧换新，其中 1500 亿用于消费品以旧换新。本次“两新”

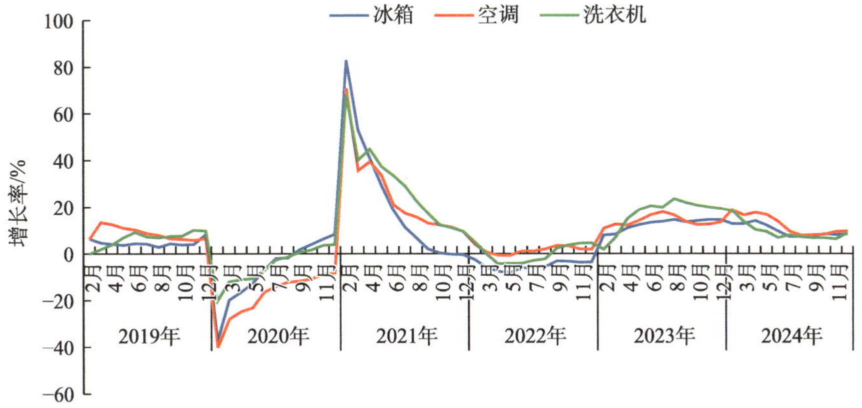

图 4-33　近年来三大家电产品产量累计同比增速情况

（数据来源：国家统计局）

政策补贴资金下放到各地，对家电市场拉动效果较为明显，具体来看，对个人消费者购买 2 级及以上能效或水效标准的冰箱、洗衣机、电视、空调、电脑、热水器、家用灶具、吸油烟机等 8 类家电产品给予以旧换新补贴。补贴标准为产品销售价格的 15%，对购买 1 级及以上能效或水效标准的产品，额外再给予产品销售价格 5%的补贴。支持资金按照总体 9∶1 的原则央、地共担，东部、中部、西部地区中央承担比例分别为 85%、90%、95%。

在“以旧换新”政策的推动下，家电行业的品类格局呈现出新的变化趋势，这一政策重点激活了刚需产品的更新换代需求。政策所涉及的七大品类的基数大，10 月、11 月同比增速大多达到 30%以上。

（3）家电产品出口量额实现较快增长。2024 年全球经济有所复苏，发达国家去库周期接近尾声，库存周期转化，海外市场需求逐步进入修复通道，但同时也面临贸易保护、俄乌战争、中东乱局等不稳定因素，中国家电行业产业基于链竞争优势、数字化迭代、研发创新能力的深耕以及海外产能、渠道、品牌的持续渗透，在复杂的外部环境下依然具备较强的竞争优势，出口量额稳中有升。2024 年，中国出口家电产品 44.8 亿台，同比增长 20.8%，出口额 7122 亿元，同比增长 15.4%。出口额一季度增长 15.9%，二季度增长 1.1%，三季度增长 2.0%。具体见图 4-34。

细分品类看，大家电中多数品类出口量（出口额）增加，小家电、零部件出口增速低于大家电。大家电累计出口量、出口额增幅分别为 20.8%和 17.9%；小家电累计出口量、出口额增幅分别为 19.3%和 11.6%；零部件累计出口额增长 10.8%。

图 4-34　近年来家电产品月度出口量及增速情况
（数据来源：海关总署）

中国家电业对各个国家出口持续分化。得益于中国家电企业近两年海外产能的快速布局，受贸易摩擦影响较小，海外家电生产在持续加快扩张。总体来看，出口至发达经济体国家情况总体有所改善，其中，对美国、欧盟+英国、澳大利亚+加拿大累计出口额由降转增，对日本出口持续疲弱；对发展中经济体国家稳步向好，对东盟和金砖国家增速回升，对西亚、北非增势加强。

（4）中国企业进一步优化全球布局。中国家电企业的国际化进程已经有了 20 多年的历史，其中经历了从 OEM、ODM 到自主品牌、海外建厂、海外收购、合资等一系列发展历程。一些龙头企业的国际化体系已经发展了十多年时间，市场营销体系、商业合作伙伴已经趋于成熟和完善，企业的海外收入也在逐年增长。现阶段，欧美通胀高企，需求回落，且“脱钩”意识形态下，市场开拓难度增加。而一些新兴市场国家，如东盟、中东非、南美等地区，成为企业全球布局的重要选择。2023 年开始，中国家电企业开启深化中东非市场布局的战略步伐，2024 年进一步优化生产基地布局，完善全球生产网络，在海外多地建设生产基地，家电企业通过多种方式提升品牌在海外的知名度和美誉度。中国家电企业利用国内完整的产业链优势，加强与上下游企业的合作，提高产业协同效应，降低生产成本。应对贸易风险与挑战，海外产能建设，面对贸易摩擦和关税壁垒等不确定因素，企业加快海外产能布局，降低关税对出口的影响。

（5）家电市场消费“升级”与“降级”并存。近几年，国内家电消费出现了较为明显的降速，消费市场也出现了两极分化。一方面，家电产品消费升级的趋势不变，即便在新冠疫情的冲击下，高端新品的销售也仍维持了增长。2024 年产品趋势表现为：冰箱向高能效、纤薄、平嵌式发展；空调向高能效、新风、智能嵌入式发展；洗衣机向分区洗，洗烘套装式发展。另一方面，消费者对家电产品价格的敏感性也在提高。线上零售市场，相较于中高端产品，入门级产品表现更好。特别是 2000 元以下的电视、1500 元以下的空调、2000 元以下的冰箱均有较大增幅。原因主要在于在消费者信心不足的大环境下，品牌的差距还不足以弥补价格的差异，消费者更加青睐性价比高产品。

2. 家电行业用钢情况

（1）家电用钢基本情况。家电行业是重要下游用钢行业之一，家电行业产品中大家电产品用钢材约占总消费量的 80%，小家电及零部件约占 20%，板材类产品则约占全品类钢材消耗的 90%。具体品种主要包括普通冷轧、热轧板、镀锌板、酸洗板、彩涂板，不锈钢和电工钢板等品种。

近年来，随着家电行业厨房电器新品类研发推广和冰箱、洗衣机品质升级，不锈钢需求增加；家电产品能效升级，高牌号电工钢需求增加；随着家电产品高档化、轻量化，对钢材性能提出面纹样式、耐蚀性等更高要求；市场对高性价比产品的重新青睐也给家电企业带去较大成本压力，对 2024 年普通家电板需求有一定支撑。此外，家电及其零部件用钢与家电产品共同适应消费市场，不断创新升级，从而巩固中国家电行业产业链优势。

（2）2024 年家电用钢量测算。家电行业钢材需求量主要取决于家电产品的生产规模，尤其是单位用钢量较大的三大白电产品。2024 年，根据主要家电产品及零部件产量测算，中国家电行业用钢约 1740 万吨，同比增长约 8%。

（五）船舶行业

2024 年，国际航运市场延续上升周期，船舶行业继续保持上升态势，中国船舶工业保持良好发展势头，造船三大指标均实现较快增长，国际市场份额进一步扩大，转型升级效果明显，高端高附加值船型接单比例上升，行业利润持续回升，此外中国海洋工程领域同样保持国际领先地位。2024 年中国造船完工量 4818 万载重吨，新接订单量 1.13 亿载重吨，手持订单量

2.09 亿载重吨。

1. 船舶行业运行情况

（1）中国三大造船指标均上升，市场份额进一步扩大。2024 年，中国造船三大指标均实现较快增长，其中造船完工量 4818 万载重吨，同比增长 13.8%，新承接订单量 11305 万载重吨，同比增长 58.8%，截至 12 月底，手持订单量 20872 万载重吨，同比增长 49.7%，近年来造船主要指标情况见图 4-35 – 图 4-37。

图 4-35　2015—2024 年造船完工量情况

（数据来源：中国船舶工业行业协会）

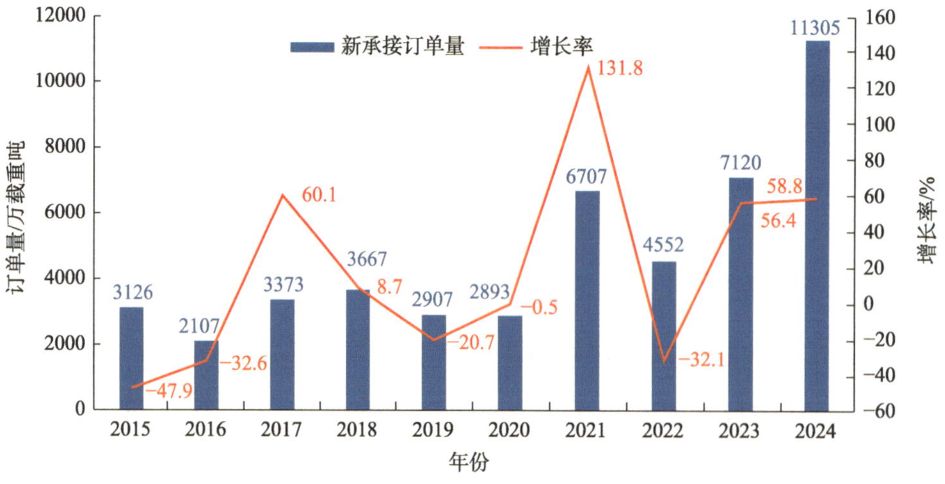

图 4-36　2015—2024 年新承接订单情况

（数据来源：中国船舶工业行业协会）

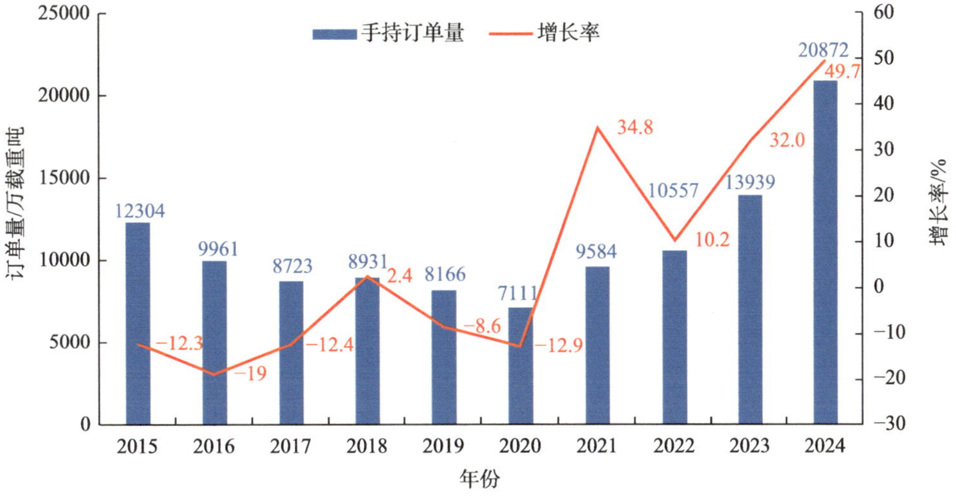

图 4-37　2015—2024 年手持订单情况

（数据来源：中国船舶工业行业协会）

中国市场份额连续 15 年居世界首位。2024 年，中国造船完工量、新接订单量、手持订单量以载重吨计分别占世界总量的 55.7%、74.1%和 63.1%，以修正总吨计分别占 50.3%、68.2%和 55.4%，领先优势进一步扩大。中国骨干船企保持较强国际竞争力，分别有 6 家、7 家、6 家造船企业进入全球造船完工量、新接订单量和手持订单量前 10 强，其中江苏新时代造船有限公司、江苏扬子江船业集团公司、大连船舶重工集团有限公司包揽新接订单量全球前三。

2024 年，中国船舶出口金额保持稳步增长，出口金额 433.8 亿美元。出口船舶分别占全国造船完工量、新接订单量、手持订单量的 87.4%、91.5%和 93.1%。

（2）新船价格高位震荡，新船订单需求仍然活跃。2024 年，受红海危机、美西航线罢工等多种因素共同作用影响，国际航运价格指数高位波动。12 月底，克拉克松新船价格指数 189.2 点，仅次于历史最高的 191 点（见图 4-38）。在航运市场的影响下，全球新造船市场延续活跃态势。

（3）市场竞争力全面提升，细分领域保持优势。2024 年，全球新船订单以散货船、油船、集装箱船、气体船四大主力船型为主。中国船企发挥竞争优势实现批量承接，在全球 18 种主要船型中，中国有 14 种船型新接订单量居全球首位。新接散货船占全球超 80%；新接油船占全球超 70%；新接集装箱船占全球超 80%；新接汽车运输船占全球超 85%。

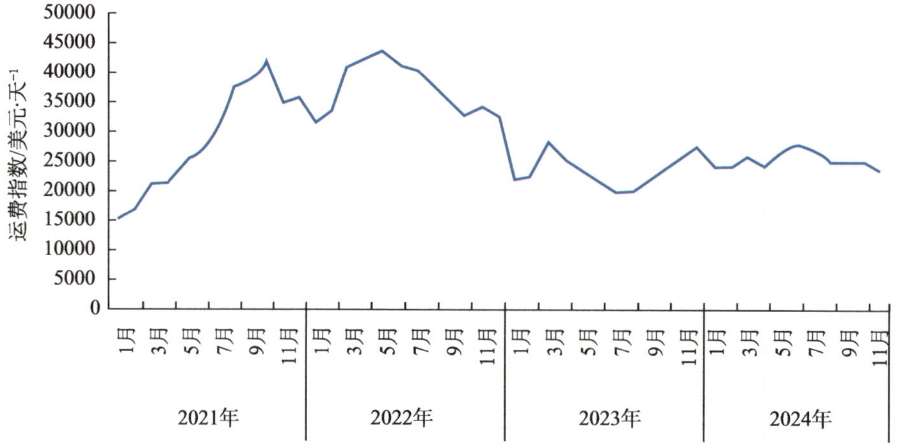

图 4-38　克拉克森综合运费指数
（数据来源：克拉克森）

区域上，江苏、上海、浙江、辽宁和山东以上排名前五省市造船完工量占全国比重超 90%。船舶行业龙头企业保持较强竞争力，集中度保持较高水平，三大造船指标中排名前十位企业占比均超 60%。

（4）海工装备市场活跃度上升，市场加速回暖。2024 年，全球海洋工程装备市场持续复苏。全球共成交海洋工程装备订单 165 座/艘，金额约 243 亿美元，以金额计同比增长 90%（见图 4-39）。从装备类型来看，海洋油气和风电相关船舶订单数量均保持活跃态势，中国海工企业累计获得各类海工装备占世界份额 70%。从类型上看，成交装备类型包括 FPSO、FLNG、穿梭油船、起重船、自升自航式作业平台、海工支持船、铺缆船、风电安装船、甲板运输船、调试服务运维船等。

（5）国产配套产品应用加速，产业链安全水平增强。2024 年，国产船用主机、船用锅炉、船用起重机、船用燃气供应系统（FGSS）等配套设备装船率持续提高。船用高端钢材研制能力不断提高，大型集装箱船用止裂板、化学品船用双相不锈钢、国产高锰钢罐、殷瓦钢、国产 LNG 船波纹板、海工平台用特厚板等全面应用，产业链供应链安全水平显著提升。

2. 船舶行业用钢情况

（1）2024 年中国船舶用钢发展特点。近年来，中国钢铁企业与船舶企业共同推动船用高端钢材产品国产化替代，助力提升中国船舶行业国际竞争力，推动产业链高质量发展。舞阳钢厂交付了国内首台套高锰钢船用燃

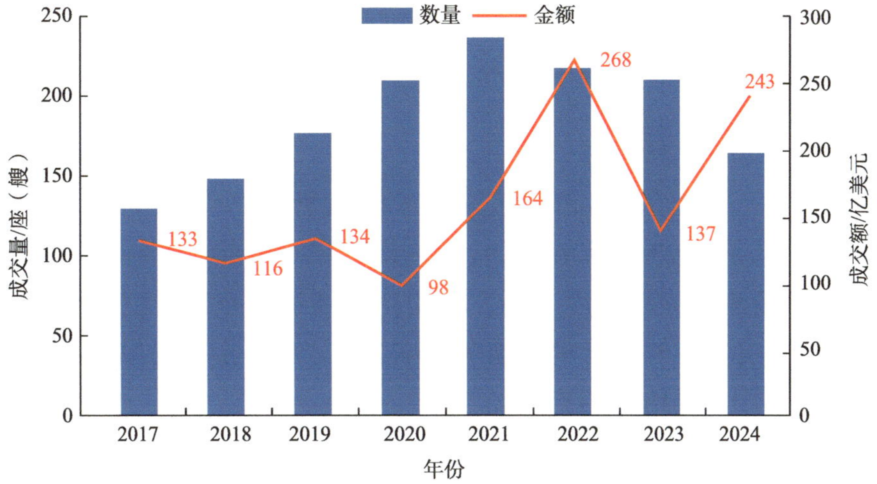

图 4-39　全球海工装备成交量及成交额

（数据来源：中国船舶工业行业协会）

料罐；首钢供货的全球首个漂浮式“风光渔”融合项目，“国能共享号”平台顺利完成安装，供货的亚洲首制的风电运维母船顺利下水，推动中国风电开发迈入深远海；南钢独家供应首艘国产大型邮轮用钢板、船用型钢，实现中国大型邮轮建造领域零的突破；宝钢股份、鞍钢股份、南钢股份等供货的超大型集装箱船用止裂钢用于全球最大 24000 标准箱集装箱船建造；鞍钢整船供货的全球首艘 M350 型浮式生产储卸油船（FPSO）实现了中国浮式生产储卸油船造船业的重大突破；南钢新型液态二氧化碳船用低温钢获颁 DNV 证书。

船舶企业手持订单量处于高位，一些船企订单已排至 2030 年，“保交船、快交船、交好船”对钢材供应提出更高要求，希望船用钢材供应供货周期更加稳定；船板表面光洁度更高，运输中避免变形； 加强 T 型材和特种钢种焊材的研发和产业化批量化供应；严格控制材料公差，提高批次供货的完整性，解决尾板问题；加强信息化与供应链管理，实现从合同签订到钢材配送、生产进度安排的全流程信息化互通对接。

钢铁工业和船舶工业的合作由来已久，中国造船用船板无论从产品产量和质量上都基本上满足了国内船企快速发展的需求，并且钢铁企业在高技术、高附加值船舶产品用钢领域不断探索，与船舶企业在高端品种领域开展联合攻关，实现了多型产品的突破和产业化应用，为中国成为造船大国并不断扩大国际竞争优势打下坚实基础。

（2）2024 年中国船舶用钢量。2024 年，根据中国造船量、结构、修船和其他海洋工程情况，中国船舶行业用钢约 1900 万吨，同比增长约 9%。

（六）集装箱行业

2024 年，全球经济温和复苏与局部地缘政治冲突升级并存，国际贸易复苏乏力，但受 2023 年末开始的红海事件和 2024 年的国际港口罢工事件影响，集装箱流通周转速度下降，滞留比例增加，叠加大型集装箱船交货增加，拉动了集装箱的需求量超预期大幅上升。2024 年中国集装箱产量 2.99 亿立方米，同比大幅增长 177.0%。

1. 集装箱行业运行情况

（1）集装箱产量大幅增长，累计增幅逐月提升。中国是世界集装箱第一制造大国，约占世界产量的 95%，所产集装箱超 80%用于出口，行业景气程度主要取决于全球贸易情况。2023 年受全球经济复苏乏力、地缘政治等因素影响，国际贸易市场疲弱，叠加需求透支和高库存，产量大幅下降。2023 年末红海事件导致集装箱流通周转速度下降，集装箱需求超预期上升。进入 2024 年，国际港口罢工事件频发，集装箱滞留比例增大，滞留时间延长，用箱需求进一步增加。2024 年，中国生产金属集装箱 2.99 亿立方米，同比增长 177.0%。从月度生产情况来看，2024 年中国金属集装箱月度产量累计增速波动上升。近年来集装产量及月度产量情况见图 4-40 和图 4-41。

图 4-40　2015—2024 中国集装箱产量及增速
（数据来源：国家统计局）

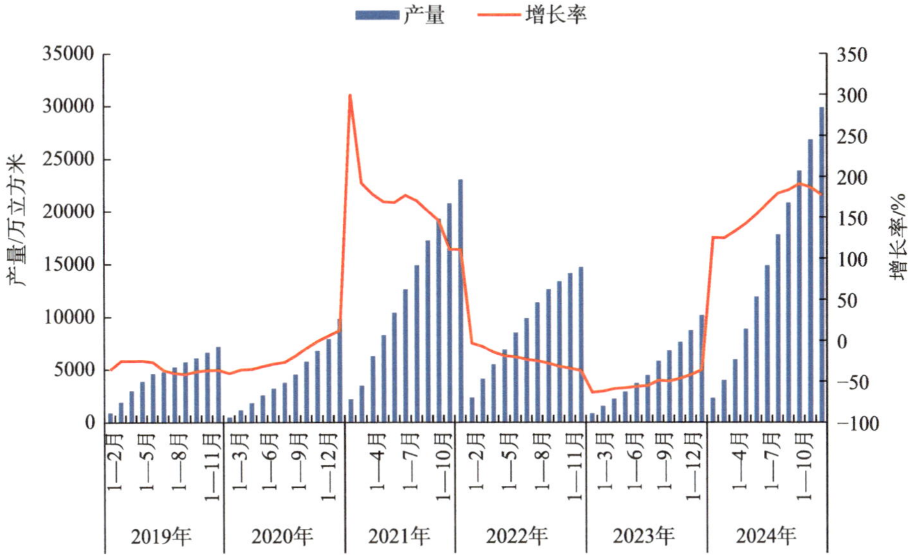

图 4-41　近年来中国集装箱月度累计产量及增速情况

（数据来源：国家统计局）

（2）中国集装箱吞吐量保持增长。2024 年，全国港口集装箱吞吐量同比增长，趋势回暖向好，全年共完成集装箱吞吐量 33200 万标箱，同比增长 7.0%。其中，沿海港口完成 29160 万标箱，同比增长 7.2%；内河 4040 万标箱，同比增长 5.2%。

（3）集装箱运价指数高位运行。2023 年第四季度以来，集装箱运价指数连续大幅上升，2024 年 2 月达到高点 2100 点左右，上半年运价指数逐月下降至 1350 点左右，8 月后运价指数企稳回升，至 2024 年末回升至 1520 点（见图 4-42）。各航线运价指数多数较 2023 年有所上涨，其中地中海、东南亚和欧洲航线运价增幅较大（见表 4-9）。

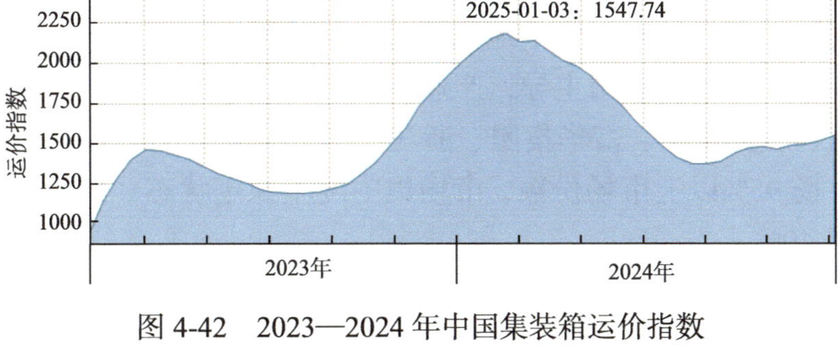

图 4-42　2023—2024 年中国集装箱运价指数

（数据来源：中国集装箱行业协会）

表 4-9　2024 年中国分航线集装箱运价指数

航　线	2023 年	2024 年	2024 年 12 月	与上月比/%
综合指数	937.29	1550.59	1489.40	4.3
欧洲航线	1150.48	2377.34	2181.47	12.4
地中海航线	1597.48	2750.86	2625.92	17.2
美西航线	735.75	1186.71	993.11	–15.8
美东航线	936.40	1323.77	1226.66	1.1
波红航线	1043.32	1620.71	1425.44	6.2
澳新航线	762.70	1132.19	1359.08	–8.9
西非航线	584.03	1028.17	1097.50	–2.3
南非航线	886.50	1650.04	1741.19	–10.8
南美航线	657.36	1135.00	1025.93	–10.1
日本航线	860.01	797.89	951.42	10.1
东南亚航线	623.17	988.67	1298.40	17.8
韩国航线	569.54	496.07	505.01	2.1

注：平均运价的计算方法为简单平均。

（4）集装箱制造格局保持稳定，高度集中。全球前 10 大集装箱港口中，中国集装箱港口占据 7 席，集装箱生产制造企业已经形成围绕大型集装箱港口布局的整体格局。中国集装箱生产工厂主要集中在环渤海地区、长三角地区和珠三角地区，其中环渤海地区集装箱产能占总产能的 18.5%，长三角地区集装箱产能约占总产能的 44.6%，珠三角地区集装箱产能占总产能的 36.9%。集装箱生产制造布局与集装箱运输市场分布关系密切，沿海港口集装箱吞吐量相对集中地区同时也是集装箱工厂布局的重要区域。集装箱市场主要为大集团主导，产业高度集中，中集集团、上海寰宇、新华昌集团、胜狮货柜、富华集团、浙江泛洋六家集装箱制造企业占据中国集装箱市场 95%以上市场份额，市场集中度呈稳定状态，其中中集集团市场份额超 40%。

（5）集装箱生产能力覆盖所有品种，供应链体系完备。中国生产集装箱的规格品种世界第一，从干货集装箱到一般货物集装箱，以及特种集装箱、箱式运输车，具备生产能力的规格品种达 900 多个，能满足各种运输需求。中国也是全球唯一能够提供包括干货集装箱、罐式集装箱、冷藏箱集装箱在内三大系列集装箱产品以及其他物流装备的设计、制造、维护等“一站式”服务的国家。中国集装箱行业形成了以造箱企业为中心，集装箱用木地板、集装箱涂料、角件、锁杆等零部件生产企业为配套的完整供应链体系。

（6）多式联运和多元化发展加速推进。随着国家对多式联运发展的持续推动，国内运输市场的集装箱化程度越来越高，内贸集装箱在中国集装箱产销量中所占份额从 7 年前的 2%上升至超 10%，预计比例还会增长。“公转铁”“公转水”和“散改集”的市场空间很大。中国内陆多式联运的 35 吨铁路集装箱、保温集装箱在当前的市场需求程度以及未来的市场发展空间较大，企业的发展重点将与集装箱市场的需求相吻合。中集集团、上海寰宇（中远海运集团旗下）和新华昌集团等主要造箱企业已经批量生产相关产品。

2. 集装箱行业用钢情况

（1）集装箱用钢基本情况。集装箱行业产业链上游行业主要是钢铁行业。为提高集装箱的使用年限，缩减使用成本，钢材必须耐大气以及海水的腐蚀，集装箱行业对所用钢材有着较高的要求，业界普遍采用 SPA-H 耐候钢，厚度规格 1.5－10 毫米钢板，占集装箱用钢比重 90%以上，钢材成本占集装箱制造成本约 50%。集装箱行业用钢材板材种类分为集装箱用中板、集装箱用热轧薄板、集装箱用冷轧薄板、集装箱用中厚宽钢带、集装箱用热轧薄宽钢带、集装箱用冷轧薄宽钢带等。目前国内主要集装箱板生产企业为日照钢铁、柳钢、首钢等。

中国集装箱高强化、耐候化、多样化、智能化发展方向不变，高强耐候热轧板卷仍是行业主要用钢品种。更薄更轻的钢板减轻重量的同时也扩大了集装箱有效容积率，集装箱的发展趋势需要用高强度和更薄规格钢板，标准箱用钢材量单耗也逐渐减少，每标箱用钢约 1.7 吨。此外，为了提高集装箱的使用寿命、节约成本，要求钢板具有高的耐大气腐蚀和海水腐蚀性能。同时，随着集装箱制造智能化发展对钢材规格的精确度和标准化要求提高。中国集装箱用钢在数量上已经完全可以满足集装箱行业发展的需要，随着保温集装箱、罐式集装箱、台架式集装箱和动物集装箱等专用集装箱的快速发展，对钢材材质和耐蚀性能提出了新的要求，双相不锈钢、耐低温低合金结构钢需求量增加。

中国稳步推进碳达峰、碳中和目标，欧洲 CBAM 过渡期将在 2025 年结束，集装箱行业高度关注集装箱用绿钢，对绿钢的标准证书国际互认、绿色溢价的公正性、钢厂绿色冶金路径的权威性保证、使用绿钢节碳交易变现的可能性等方面还有一定疑问。

（2）集装箱用钢量。根据集装箱产量及结构情况，2024 年中国集装箱行业用钢约 1250 万吨，同比大幅增长约 180%。从需求品种来看，700 兆帕级以上高强集装箱板，耐候钢板和双相不锈钢、耐低温低合金结构钢等专用集装箱用钢，以及 ESP 板为代表的低成本集装箱板市场需求比例增加。

（七）能源行业（油气输送）

2024 年，面对复杂的国际局势和能源市场波动，特别是在国际能源供应链不稳定的情况下，通过提升能源储备能力和完善检测预警体系，中国油气增储上产取得重要进展，能源行业经济运行总体保持复苏态势。

1. 能源行业运行情况

2024 年，石油和化工行业经济运行总体保持平稳，生产保持稳定增长，国际原油价格小幅回升，产品价格低位徘徊；下游市场需求恢复加快，对外贸易总额降幅下降；行业整体营收保持低位增长，效益下降；投资总体保持增长。规上工业原油产量 21282 万吨，同比增长 1.8%。进口原油 55342 万吨，同比下降 1.9%。原油加工量 70843 万吨，同比下降 1.6%。天然气产量 2464 亿立方米，同比增长 6.2%。进口天然气 13169 万吨，同比增长 9.9%。

（1）行业增加值、重点产品产量保持较快增长。2024 年，石油和化工行业规上工业增加值同比增长 6.9%，高出同期全国工业增速 0.9 个百分点。其中，化学工业增加值同比增长 8.9%，炼油业增加值同比增长 3.9%。今年以来，石油和化工行业规上企业增加值总体保持较快增长，二季度增速放缓，三季度触底，进入四季度回升明显。

行业效益总体下滑。2024 年，石油和天然气开采营业收入 12052 亿元，同比增长 2.4%，实现利润 3383 亿元，同比增长 14.2%；石油、煤炭及其他燃料加工营业收入 57903 亿元，同比下降 3.7%，实现利润 –463 亿元，同比下降 199.4%；化学原料和化学制品制造业营业收入 91986 亿元，同比增长 4.2%，实现利润 4250 亿元，同比下降 8.6%。

（2）能源生产保持增长态势。2024 年，规上工业原煤产量 47.6 亿吨，同比增长 1.3%；原油产量 21282 吨，增长 1.8%（图 4-43）；天然气产量 2464 亿立方米，增长 6.2%（图 4-44）。

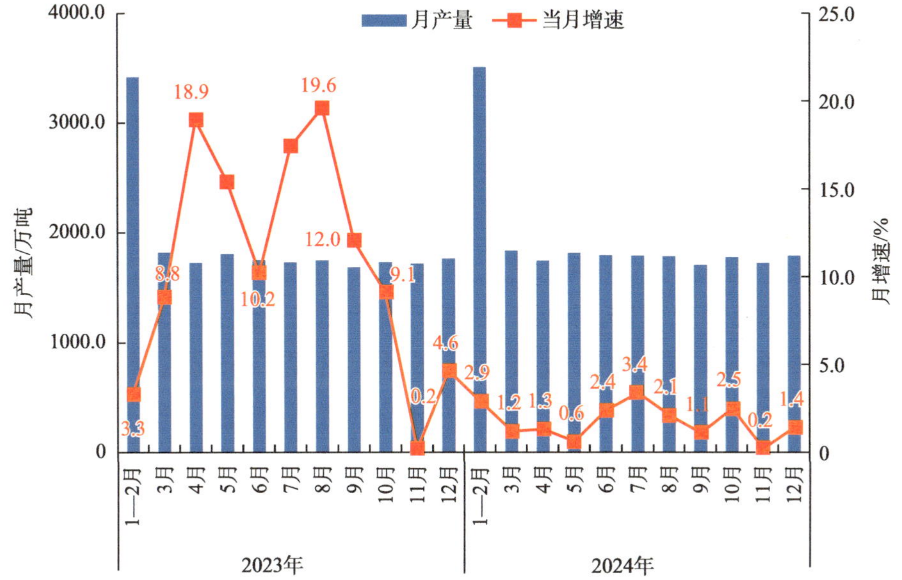

图 4-43　规模以上工业原油产量月度走势
（数据来源：国家统计局）

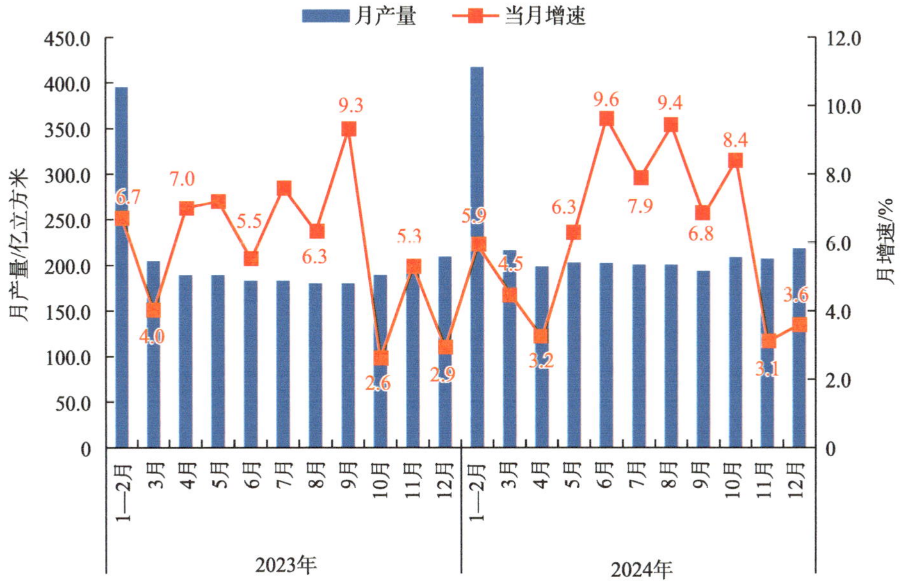

图 4-44　规模以上工业天然气产量月度走势
（数据来源：国家统计局）

（3）能源消费延续增长。2024 年，能源消费总量 59.6 亿吨标准煤，比上年增长 4.3%。煤炭消费量增长 1.7%，原油消费量下降 1.2%，天然气消费量增长 7.3%，电力消费量增长 6.8%。煤炭消费量占能源消费总量比重为 53.2%，比上年下降 1.6 个百分点；天然气、水电、核电、风电、太阳能发电等清洁能源消费量占能源消费总量比重为 28.6%，上升 2.2 个百分点。重点耗能工业企业单位电石综合能耗下降 0.8%，单位合成氨综合能耗下降 1.2%，吨钢综合能耗下降 0.1%，单位电解铝综合能耗下降 0.2%，每千瓦时火力发电标准煤耗下降 0.2%。

（4）投资增长总体有所回落。2024 年，石油和天然气开采业累计完成固定资产投资额同比下降 1.8%，上年同期为增长 15.2%。2024 年以来，石油和天然气开采业固定资产投资持续下降，出现了连续六个月的负增长；化学原料和化学制品制造业同比增长 8.6%，增速回落 4.8 个百分点；石油、煤炭及其他燃料加工业同比增长 14.8%，上年同期为下降 18.9%。投资情况明显好于上年同期。

2024 年以来，中国油气管网基础设施加速建设。截至 12 月初，新建油气管道里程突破 4000 公里，天然气“全国一张网”的建设稳步推进。历时近 10 年建设的中俄东线天然气管道正式全线贯通，管道全长 5111 公里，北起黑龙江黑河，南至上海，途经 9 个省（自治区、直辖市）。随着百色到文山、虎林到长春等管道开工建设，西气东输四线首段顺利投产，中国天然气管网“五纵五横”的新格局正加速构建。目前，中国主干油气管网总里程超 10 万公里，一次管输能力从 2020 年的 2230 亿立方米增加到目前的 3940 亿立方米，增幅达 76%，日供气能力超 10 亿立方米。

（5）进出口贸易总额有所下降。2024 年，进口煤炭 5.4 亿吨，同比增长 14.4%；进口原油 55342 万吨，同比下降 1.9%；进口天然气 13169 万吨，同比增长 9.9%（见图 4-45 和图 4-46）。石油和化工行业对外贸易主要受到价格影响，外贸量保持增长但金额有所下降。海关数据显示，全行业进出口总额 9488.1 亿美元，同比下降 2.4%。其中，出口总额 3230.5 亿美元，同比下降 1.3%；进口总额 6257.6 亿美元，同比下降 3%。贸易逆差 3027 亿美元，同比收缩 4.8%。

2. 2024 年能源行业（油气输送）用钢情况

2024 年，中国能源行业用钢基本稳定，管线用钢消费量约 490 万吨，同比下降 2%。

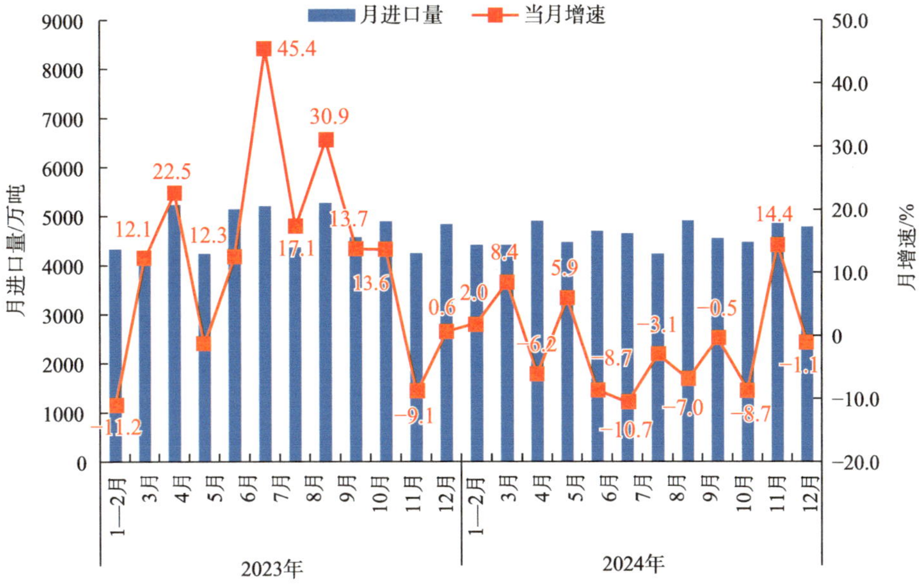

图 4-45　原油进口月度走势

（数据来源：国家统计局）

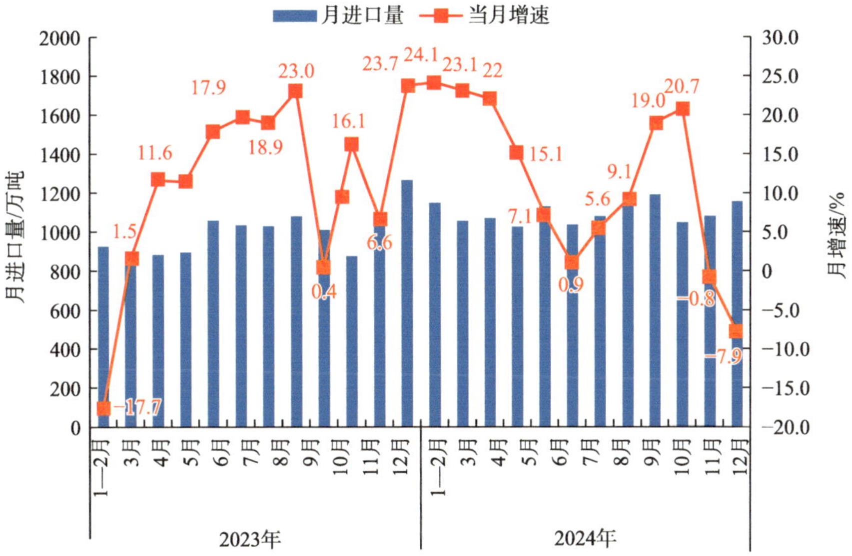

图 4-46　天然气进口月度走势

（数据来源：国家统计局）

（八）电力行业

2024 年，电力行业坚定不移大力发展清洁能源，推动可再生能源替代，风电光伏跃升发展，重大水电项目有序推进，核电在运在建规模升至世界第一，新型电力系统加快构建，转型变革继续保持全球领先。全社会用电量、新增发电装机容量呈现增长趋势，电源和电网投资保持增长。

1. 电力行业运行情况

（1）电源工程及电网工程投资同比增长。2024 年，全国主要发电企业电源工程完成投资 11687 亿元，同比增长 12.1%；电网工程完成投资 6083 亿元，同比增长 15.3%。（见图 4-47 和图 4-48）。

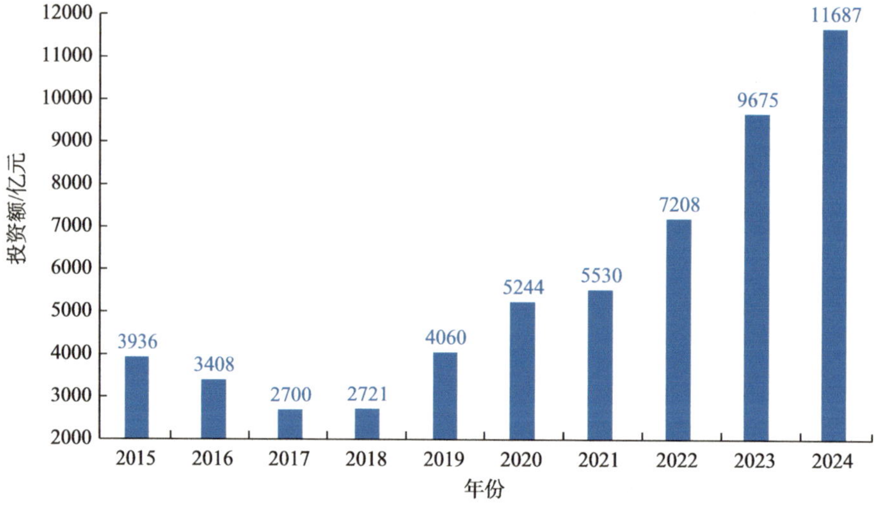

图 4-47　2015—2024 年电源工程投资情况

（数据来源：国家能源局）

图 4-48　2015—2024 年电网工程投资情况

（数据来源：国家能源局）

（2）全社会用电量增加。2024 年，全社会用电量 98521 亿千瓦时，同比增长 6.8%（见图 4-49），其中规模以上工业发电量为 94181 亿千瓦时。从分产业用电看，第一产业用电量 1357 亿千瓦时，同比增长 6.3%，畜牧业用电量增速领先；第二产业用电量 63874 亿千瓦时，同比增长 5.1%，高技术及装备制造业用电量增速领先；第三产业用电量 18348 亿千瓦时，同比增长 9.9%，充换电服务业等新业态用电量高速增长；城乡居民生活用电量 14942 亿千瓦时，同比增长 10.6%，三季度受高温因素拉动显著。2024 年全国电力消费系列指数中的全行业用电指数为 129.5，全行业用电量比 2020 年基期（以 2020 年基期为 100）增长了 29.5%，“十四五”以来年均增长 6.7%。国民经济运行总体稳定以及电气化水平提升，拉动近年来全行业用电量保持平稳较快增长。

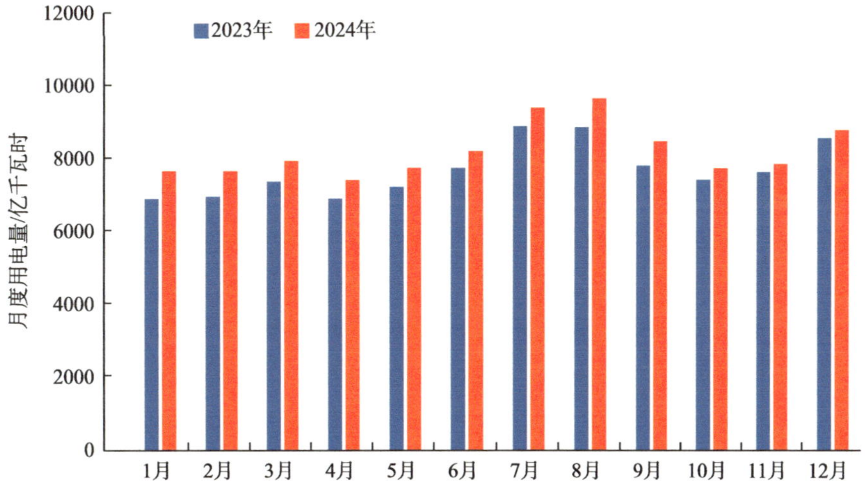

图 4-49　2023 年、2024 年全社会月度用电量

（数据来源：国家能源局）

（3）装机容量再创新高，发电量增速加快。2024 年，全国累计发电装机容量约 33.5 亿千瓦，同比增长 14.6%。其中，太阳能发电装机容量约 8.9 亿千瓦，同比增长 45.2%；风电装机容量约 5.2 亿千瓦，同比增长 18.0%。（见图 4-50）。2024 年，全国新增发电装机容量 4.3 亿千瓦，再创历史新高，同比多投产 6255 万千瓦；国家大力推进荒漠化防治与风电光伏一体化工程建设，加快建设大型风电光伏基地，实施“千乡万村驭风行动”，风电和太阳能发电全年合计新增装机 3.6 亿千瓦，占新增发电装机总容量的比重达到

82.6%。2024 年，气电、抽水蓄能发电装机分别新投产 1899 万千瓦、753 万千瓦，同比分别增长 85.2%和 38.1%，其中，气电新投产装机规模创历年新高，抽水蓄能新投产装机规模为历年第二高，电力系统调节能力进一步提升。截至 2024 年底，全国全口径火电装机 14.4 亿千瓦，其中，煤电 11.9 亿千瓦、同比增长 2.6%，煤电占总发电装机容量的比重为 35.7%，同比降低 4.2 个百分点；非化石能源发电装机容量 19.5 亿千瓦，同比增长 23.8%，占总装机容量比重的 58.2%，比上年底提高 4.3 个百分点。分类型看，水电 4.4 亿千瓦，其中抽水蓄能 5869 万千瓦；核电 6083 万千瓦；并网风电 5.2 亿千瓦，其中，陆上风电 4.8 亿千瓦、海上风电 4127 万千瓦；并网太阳能发电 8.9 亿千瓦，同比增长 45.2%。风电和太阳能发电累计装机达到 14.1 亿千瓦，提前 6 年完成中国在气候雄心峰会上承诺的“到 2030 年中国风电、太阳能发电总装机容量达到 12 亿千瓦以上”目标。2024 年底包括风电、太阳能发电以及生物质发电在内的新能源发电装机达到 14.5 亿千瓦，首次超过火电装机规模。

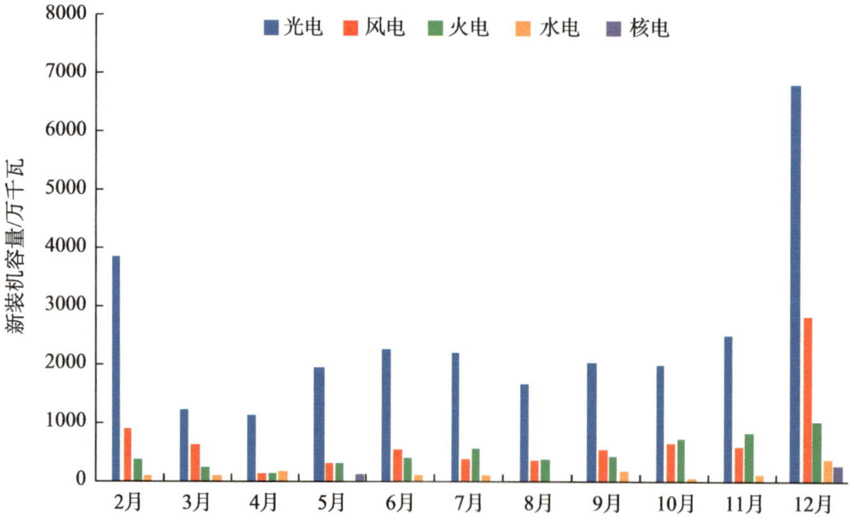

图 4-50　2024 年各类发电月度新增装机情况

（数据来源：国家能源局）

2024 年，全国规模以上电厂发电量 9.42 万亿千瓦时，同比增长 4.6%（见图 4-51）。全国规模以上电厂火电、水电、核电、风电、太阳能发电量同比分别增长 1.5%、10.7%、2.7%、11.1%和 28.2%。2024 年，全口径煤电发电量占总发电量比重为 54.8%，比上年降低 3.0 个百分点。2024 年，全国全口径非化石能源发电量同比增长 15.4%，全口径非化石能源发电量同比增量占总发电量增量的比重达到 84.2%。受资源等因素影响，2024 年水电和风电月度间增速波动较大，煤电充分发挥了基础保障性和系统调节性作用。

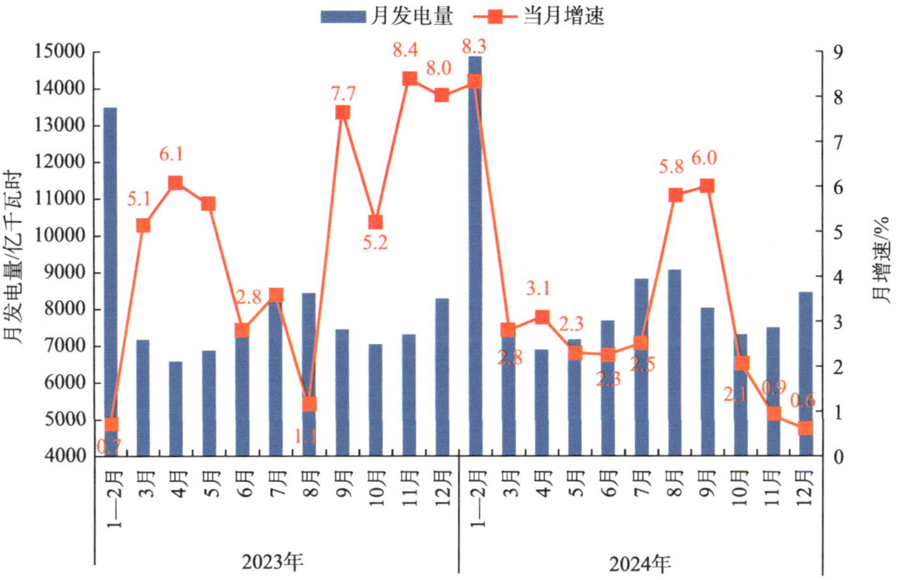

图 4-51　规模以上工业发电量月度走势

（数据来源：国家统计局）

（4）发电设备利用小时同比降低。2024 年，全国 6000 千瓦及以上电厂发电设备累计平均利用 3442 小时，比上年同期减少 157 小时（见图 4-52）。分类型看，水电 3349 小时，同比提高 219 小时；其中，常规水电 3683 小时，同比提高 272 小时；抽水蓄能 1217 小时，同比提高 40 小时。火电 4400 小时，同比降低 76 小时；其中，煤电 4628 小时，同比降低 62 小时；气电 2363 小时，同比降低 162 小时。核电 7683 小时，同比提高 13 小时。并网风电 2127 小时，同比降低 107 小时。并网太阳能发电 1211 小时，同比降低 81 小时。风电和太阳能发电设备利用小时同比下降，一方面是资源方面原因，2024 年全国平均风速、全国水平面辐照量均同比下降；另一方面是部分地区风电和太阳能发电利用率同比下降。

（5）全国电力供需总体平衡。2024 年，全国电力系统稳定运行，电力供需总体平衡。年初全国出现大范围寒潮天气，多地出现大幅降温，用电负荷快速增长，华北、华东、南方等区域部分省份在用电高峰时段电力供

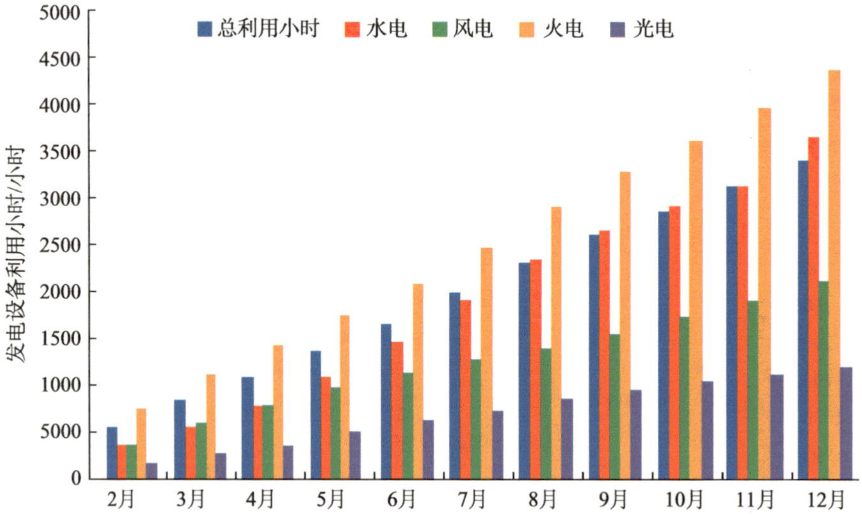

图 4-52　2024 年发电设备累计利用小时情况

（数据来源：国家能源局）

应偏紧，通过源网荷储协同发力，守牢了民生用电安全底线。夏季全国平均气温达到 1961 年以来历史同期最高，全国统调最高用电负荷达 14.5 亿千瓦，同比提高 1.1 亿千瓦，创历史新高；华东、华中、西南等区域夏季出现持续高温天气，部分时段电力供应偏紧，通过省间现货、应急调度、需求响应等多项措施协同发力，保障了电力系统安全稳定运行，未出现有序用电情况。冬季气温偏暖，全国最高用电负荷低于上年同期，同时，全国电煤库存整体处于较高水平，全国电力供应保障有力有效，为经济社会发展和人民美好生活提供了坚强电力保障。

2. 电工钢消费情况

电力行业是电工钢的重要消费领域，叠加电工电器、新能源汽车、家电用电机消费量增加，电工钢消费态势总体向好，2024 年中国电工钢消费量有所增加，总消费量约 1550 万吨，同比增长 6%。

（本章撰写人：汤宏雪，罗晓敏，刘彪，中国钢铁工业协会）

第5章 主要钢材品种生产、消费情况

2024年，中国钢铁行业生产相对平稳，但供强需弱格局未有明显改善。钢材产量139967万吨，同比上升1.1%，其中长材主要品种产量下降，板材品种产量上升；钢材进口682万吨，同比下降10.9%；钢材出口11072万吨，同比上升22.7%；钢材表观消费量129577万吨，同比下降0.5%。

一、主要长材生产消费情况

（一）钢筋供需情况

1. 产量情况

2024年，中国钢筋产量为19506万吨（图5-1），同比减少3064万吨、降幅13.6%；钢筋产量占钢材总产量的比重为13.9%，占比较上年下降2.4个百分点。

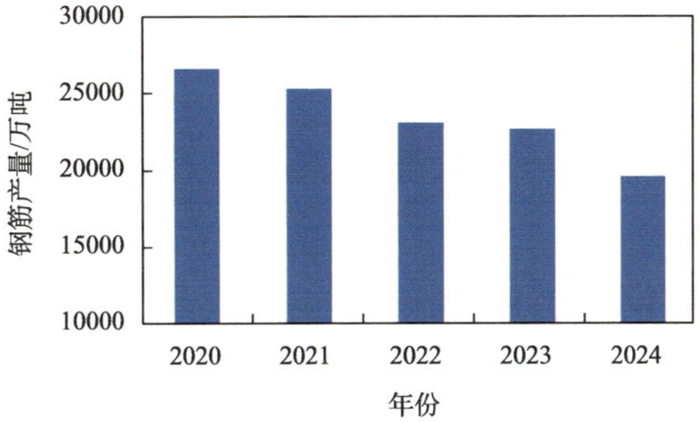

图5-1　2020—2024年中国钢筋产量情况
（数据来源：国家统计局）

2. 进出口情况

近两年中国钢筋进出口量差异持续拉大。2024 年钢筋进口量仍保持较低水平，出口增幅有所回落。根据国家海关总署统计，2024 年中国进口钢筋 6 万吨，同比增加 1 万吨、增幅 21.5%；出口钢筋 280 万吨，同比增加 103 万吨、增幅 57.7%（图 5-2）。

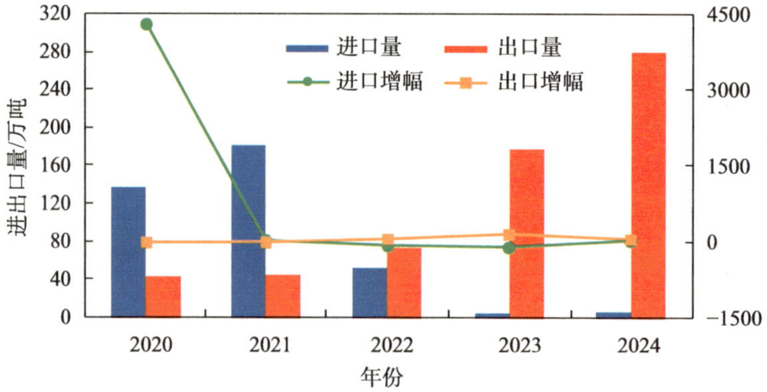

图 5-2 2020—2024 年中国钢筋进出口情况
（数据来源：海关总署）

3. 消费情况

受国内房地产市场持续低迷影响，钢筋消费继续呈现下降趋势。2024 年国内钢筋表观消费量 19231 万吨（图 5-3），同比减少 3166 万吨、降幅 14.1%。

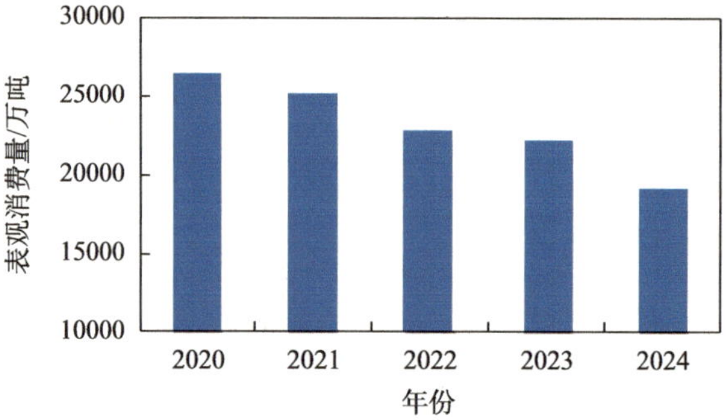

图 5-3 2020—2024 年中国钢筋表观消费量情况
（数据来源：国家统计局、海关总署）

从钢协重点统计会员企业钢筋销售流向来看，华东地区依然是中国钢筋流入最大区域，2024 年占全国比重为 41.2%，中南占比 22.4%，西南占比 11.7%，西北占比 9.8%，华北占比 9.6%，东北占比 4.0%，出口占比 1.2%。对比 2024 年和 2023 年钢筋流向比重，流向中南、西北和出口比重上升，其他地区呈下降态势（表 5-1）。

表 5-1　2020—2024 年钢铁协会会员企业钢筋分地区流向占比情况　　%

年份	华北	东北	华东	中南	西北	西南	出口
2020	8.0	4.5	39.7	25.2	6.9	15.0	0.6
2021	7.6	4.0	42.0	23.6	8.4	14.0	0.5
2022	9.2	3.9	43.3	21.8	8.4	13.1	0.3
2023	9.7	4.1	42.4	20.9	9.3	12.9	0.5
2024	9.6	4.0	41.2	22.4	9.8	11.7	1.2

数据来源：中国钢铁工业协会。

（二）线材供需情况

1. 产量情况

2024 年，中国线材产量为 13497 万吨（图 5-4），同比减少 316 万吨、降幅 2.3%。线材产量占钢材总产量的比重为 9.6%，占比较上年下降 0.3 个百分点。

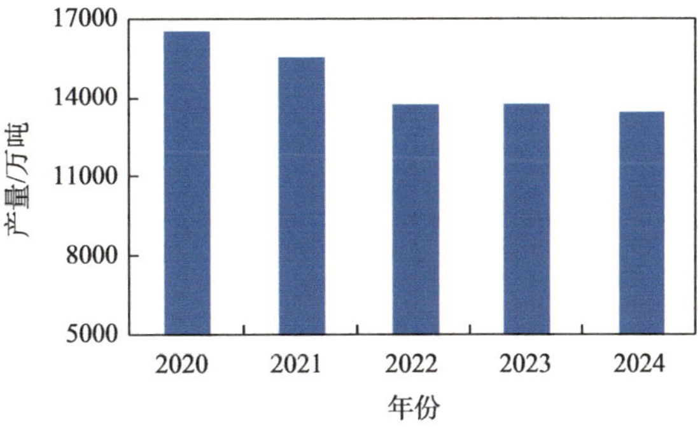

图 5-4　2020—2024 年中国线材产量情况
（数据来源：国家统计局）

2. 进出口情况

近几年中国线材进口量总体呈现下降态势，2024 年略有反弹。2024

年进口 29 万吨，同比增加 1 万吨、增幅 2.1%；线材出口量继续上升，但增幅有所回落，2024 年出口达 615 万吨，同比增加 122 万吨、增幅 24.7%（图 5-5）。

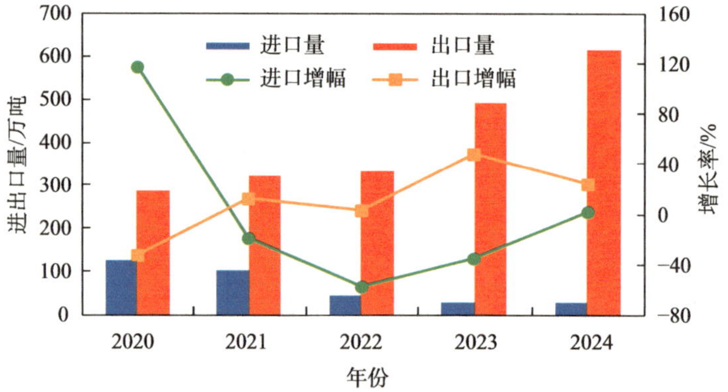

图 5-5　2020—2024 年中国线材进出口情况
（数据来源：海关总署）

3. 消费情况

2024 年，中国线材表观消费量 12911 万吨（图 5-6），同比减少 437 万吨、降幅 3.3%。

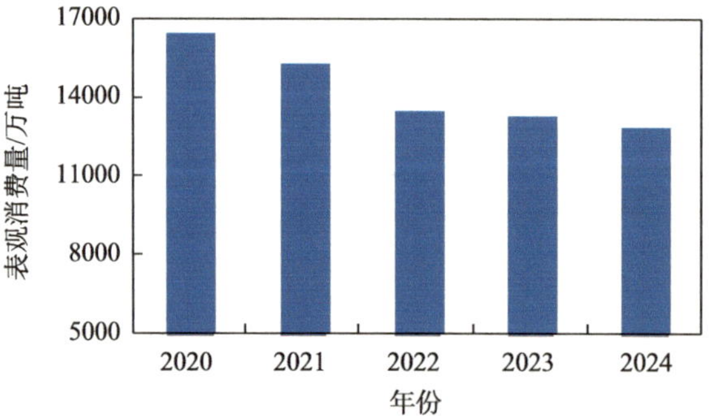

图 5-6　2020—2024 年中国线材表观消费量情况
（数据来源：国家统计局、海关总署）

从线材消费流向来看，2024 年华东地区仍为主要流入地，占比达 39.1%，华北占比 23.5%，中南占比 20.0%，西南占比 6.1%，西北占比 5.2%，东北占比 2.7%，出口占比 3.3%。对比 2024 年和 2023 年各地区流向占比，流向华北、华东和出口的占比上升，东北、中南、西北和西南地区下降（表 5-2）。

表 5-2　2020—2024 年钢铁协会会员企业线材产品分地区流向占比情况　%

年份	华北	东北	华东	中南	西北	西南	出口
2020	17.7	3.0	38.1	21.0	6.4	11.2	2.6
2021	17.9	2.9	39.6	20.6	6.0	10.8	2.2
2022	19.6	3.0	39.4	19.1	6.4	10.4	2.1
2023	21.3	3.1	37.8	20.2	7.2	7.8	2.8
2024	23.5	2.7	39.1	20.0	5.2	6.1	3.3

数据来源：中国钢铁工业协会。

（三）焊接钢管供需情况

1. 产量情况

2024 年，中国焊接钢管产量为 6051 万吨（图 5-7），同比减少 519 万吨、降幅 7.9%。焊接钢管产量占钢材总产量的比重为 4.3%，占比较 2023 年下降 0.4 个百分点。

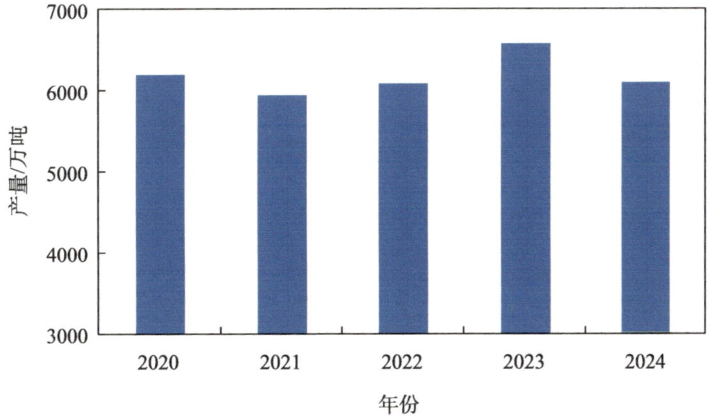

图 5-7　2020—2024 年中国焊接钢管产量情况
（数据来源：国家统计局）

2. 进出口情况

中国焊接钢管进口量多年保持在较低水平，2024 年焊接钢管进口量为 10 万吨，同比增加 1 万吨、增幅 10.4%；出口 533 万吨，同比增加 90 万吨、增幅 20.2%（图 5-8）。

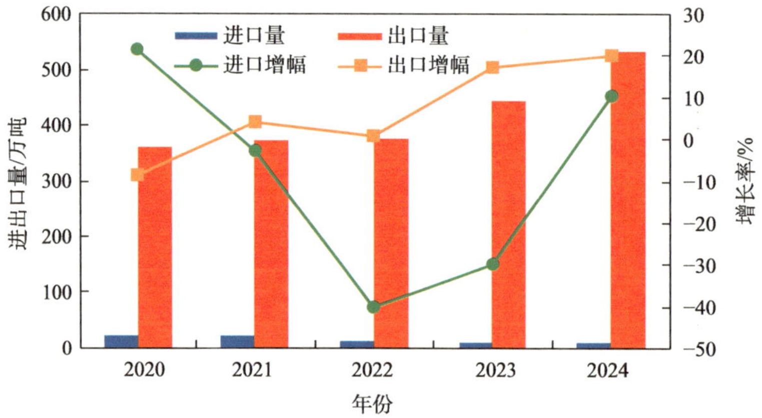

图 5-8　2020—2024 年中国焊接钢管进出口情况
（数据来源：海关总署）

3. 消费情况

2024 年，焊接钢管表观消费量 5528 万吨（图 5-9），同比减少 608 万吨、降幅 9.9%。

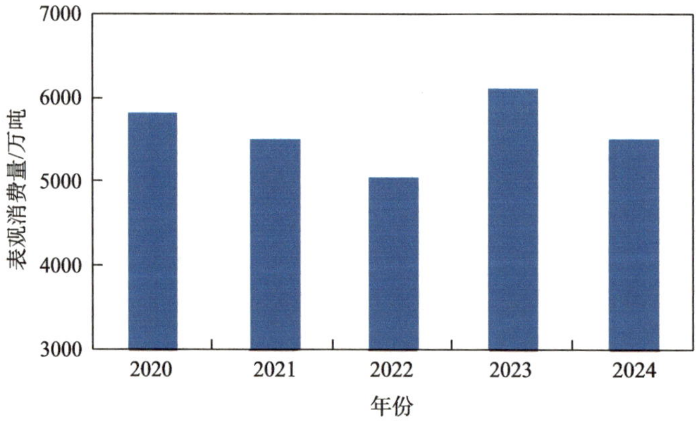

图 5-9　2020—2024 年中国焊接钢管表观消费量情况
（数据来源：国家统计局、海关总署）

从焊接钢管消费流向来看，2024 年，华北地区为焊接钢管主要流入地，占比达 46.0%，华东地区占比 24.1%，西北占比 8.3%，中南占比 5.2%，东北占比 3.8%，西南占比 0.7%，出口占比 11.9%。对比 2024 年和 2023 年各地区焊管流入量所占比重，华北、中南和出口占比有所上升，其他地区占比下降（表 5-3）。

表 5-3　2020—2024 年钢铁协会会员企业焊接钢管分地区流向占比情况　%

年份	华北	东北	华东	中南	西北	西南	出口
2020	14.8	8.6	60.2	2.3	6.3	1.0	6.7
2021	39.4	3.7	44.9	1.4	3.5	0.6	6.6
2022	38.2	4.3	45.6	1.4	3.6	0.3	6.4
2023	45.9	5.5	26.1	3.8	8.4	0.7	9.6
2024	46.0	3.8	24.1	5.2	8.3	0.7	11.9

数据来源：中国钢铁工业协会。

二、主要板带材生产消费情况

（一）中厚宽钢带供需情况

1. 产量情况

2024 年，中国中厚宽钢带产量为 21354 万吨（图 5-10），同比增加 777 万吨、增幅 3.8%。中厚宽钢带产量占钢材总产量的比重为 15.3%，较 2023 年上升 0.39 个百分点。

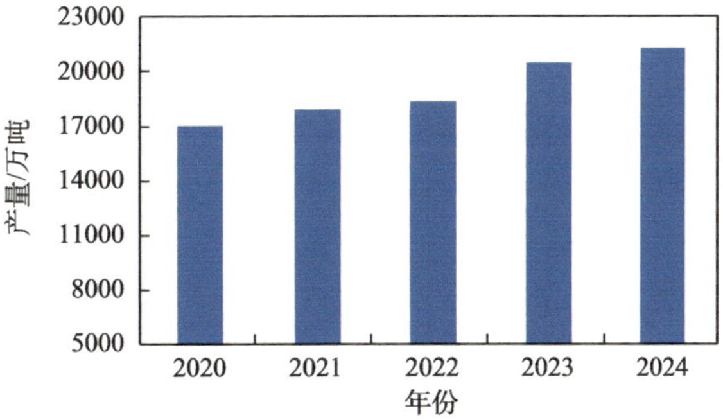

图 5-10　2020—2024 年中国中厚宽钢带产量情况
（数据来源：国家统计局）

中厚宽钢带是热连轧机的主要产品之一，据钢协重点统计会员企业数据，2024 年中厚宽钢带产量占热连轧机总产量 42.1%，占比较上年下降 2.24 个百分点；下工序用料占热连轧机总产量 42.8%，较上年上升 0.86 个百分点；热轧薄宽钢带占热连轧机总产量 15.1%，较上年上升 0.99 个百分点。在中厚宽钢带各品种中，2024 年汽车板产量 561 万吨，同比减少 48 万吨，下降 7.9%，降幅较上年有所扩大；集装箱板产量 326 万吨，同比增加 201

万吨，上升 160.5%，产量创历史新高；管线钢板产量 260 万吨，同比增加 41 万吨，上升 18.6%；造船板产量 131 万吨，同比增加 7 万吨，上升 5.6%；锅炉和压力容器板产量 100 万吨，同比增加 3 万吨，上升 2.9%；热轧酸洗板产量 485 万吨，同比增加 19 万吨，上升 4.1%。

2. 进出口情况

2024 年，中国中厚宽钢带进口 93 万吨，同比减少 8 万吨、降幅 7.7%；出口量连续两年超过 1 千万吨，2024 年出口量达 1465 万吨，同比增加 377 万吨、增幅 34.7%，创近年新高（图 5-11）。

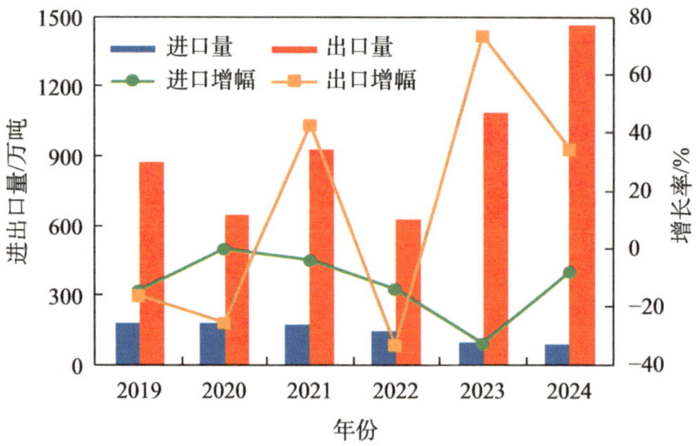

图 5-11　2019—2024 年中国中厚宽钢带进出口情况
（数据来源：海关总署）

3. 消费情况

中厚宽钢带表观消费量 19982 万吨（图 5-12），同比增加 392 万吨、增幅 2.0%。

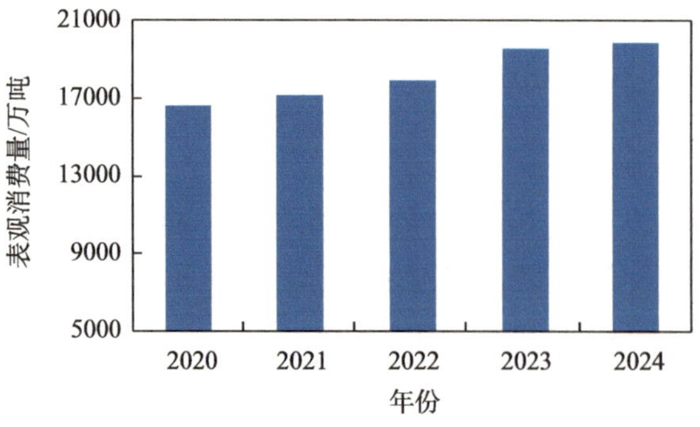

图 5-12　2020—2024 年中国中厚宽钢带表观消费量情况
（数据来源：国家统计局、海关总署）

从中厚宽钢带消费流向来看，华东、华北地区是中厚宽钢带的主要流入地，2024 年占比分别达到 35.2%和 30.3%，中南占比 14.9%，西南占比 7.1%，东北占比 5.4%，西北占比 2.9%，出口占比 4.2%。对比 2024 年和 2023 年流向所占比重，出口占比回升幅度较大，中南地区占比下降幅度最大（表 5-4）。

表 5-4　2020—2024 年钢铁协会会员企业中厚宽钢带分地区流向占比情况　%

年份	华北	东北	华东	中南	西北	西南	出口
2020	26.8	8.1	38.3	16.1	2.2	6.6	2.0
2021	7.6	4.0	42.0	23.6	8.4	14.0	0.5
2022	29.9	6.8	36.8	16.0	2.6	5.5	2.4
2023	29.6	5.2	35.6	16.6	2.9	7.0	3.2
2024	30.3	5.4	35.2	14.9	2.9	7.1	4.2

数据来源：中国钢铁工业协会。

（二）冷轧薄板供需情况

1. 产量情况

2024 年，中国冷轧薄板产量为 4741 万吨（图 5-13），同比增加 172 万吨、增幅 3.8%。 冷轧薄板产量占钢材总产量的比重为 3.4%，占比较 2023 年下降 0.09 个百分点。

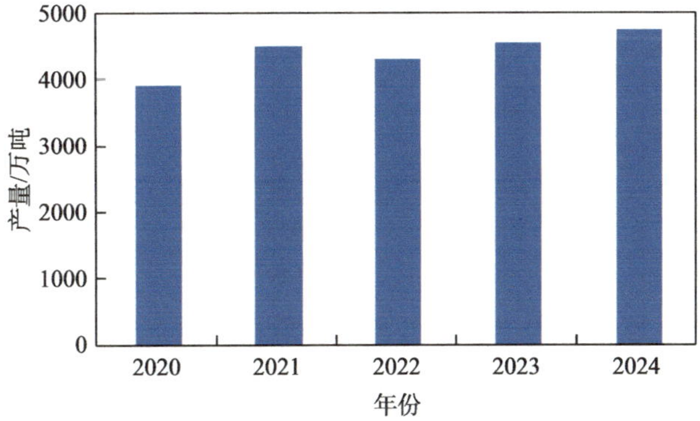

图 5-13　2020—2024 年中国冷轧薄板产量情况
（数据来源：国家统计局）

2. 进出口情况

2024 年，中国冷轧薄板进口量继续下降，出口量创历史新高，2024 年进口量 102 万吨，同比减少 13 万吨、降幅 11.2%；出口量达 300 万吨，同比增加 63 万吨、增幅 26.7%（图 5-14）。

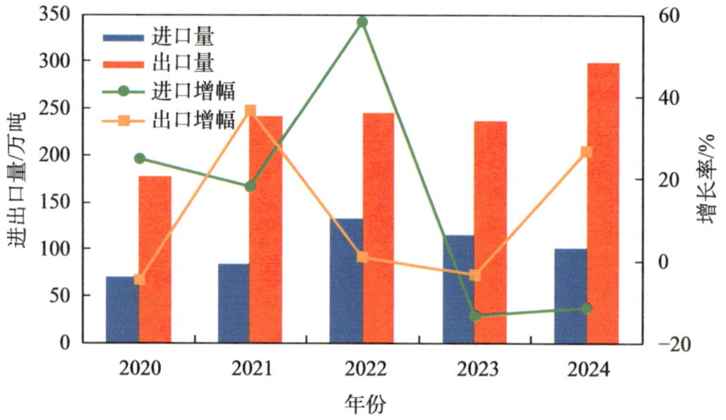

图 5-14　2020—2024 年中国冷轧薄板进出口情况
（数据来源：海关总署）

3. 消费情况

2024 年，中国冷轧薄板表观消费量 4542 万吨（图 5-15），同比增加 96 万吨、增幅 2.1%。

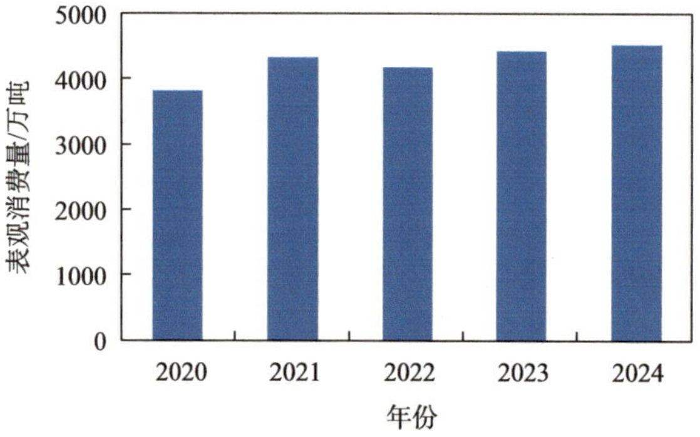

图 5-15　2020—2024 年中国冷轧薄板表观消费量情况
（数据来源：国家统计局、海关总署）

从冷轧薄板消费流向来看，2024 年，华东仍为主要流入地区，华北是唯一流入增长地区（表 5-5），华东流入量 2024 年占比 61.4%，华北占比

22.4%，中南占比 11.3%，东北占比 2.8%，西北占比 0.1%，出口占比 1.9%。对比 2024 年和 2023 年冷轧薄板流入量占比情况，流向华北地区上升幅度较大，西北和出口占比持平，其他地区均有所回落。

表 5-5　2020—2024 年钢铁协会会员企业冷轧薄板分地区流向占比情况　%

年份	华北	东北	华东	中南	西北	西南	出口
2020	11.2	4.3	45.4	25.5	1.5	8.0	4.1
2021	14.5	4.2	63.4	11.8	0.1	0.7	5.4
2022	7.7	3.9	72.1	13.5	0.0	0.3	2.4
2023	7.9	3.4	67.8	19.0	0.1	0.0	1.9
2024	22.4	2.8	61.4	11.3	0.1	0.0	1.9

数据来源：中国钢铁工业协会。

（本章撰写人：徐晶，刘彪，汤宏雪，中国钢铁工业协会）

第6章

中国钢铁进出口情况

2024 年，中国钢材出口量为历史第二高点，钢坯出口量是供给侧结构性改革以来的最高年份，折合粗钢出口量创历史新高；出口价格持续下滑；钢材出口规模和秩序已引起部分出口目的地国家或地区的高度关注，全年中国遭受贸易救济原审调查案件数量达到 2020—2023 年的总和。钢材进口量为供给侧结构性改革以来的最低年份，钢材进口均价创供给侧结构性改革以来的最高值。

一、进出口总体情况

2024 年，中国出口钢材 11072 万吨，同比增加 2046 万吨、同比增长 22.7%，出口量仅次于 2015 年，达历史第二高位；出口均价 755 美元/吨，同比下跌 182 美元/吨、跌幅为 19.4%；出口总额 863.3 亿美元，同比下降 1.1%；出口钢坯 634 万吨，同比增长 93.2%；中国折合粗钢净出口约 1.12 亿吨，达历史最高水平（表 6-1 和表 6-2，图 6-1–图 6-5）。

表 6-1　2024 年钢铁产品进出口量变化情况　　万吨

项目		2024 年	2023 年	同比增减量	同比增幅/%
出口	钢坯	634	328	305	93.2
	钢材	11072	9026	2046	22.7
进口	钢坯	178	327	–149	–45.6
	钢材	682	765	–83	–10.9

数据来源：海关总署。

表 6-2　2024 年中国粗钢表观消费量变化情况　　万吨

项　目	2024 年	2023 年	同比增减量	同比增幅/%
粗钢产量	100509	102247	–1738	–1.7
粗钢净出口	11233	8573	2660	31.0
粗钢表观消费量	89277	93674	–4398	–4.7

数据来源：国家统计局、海关总署。

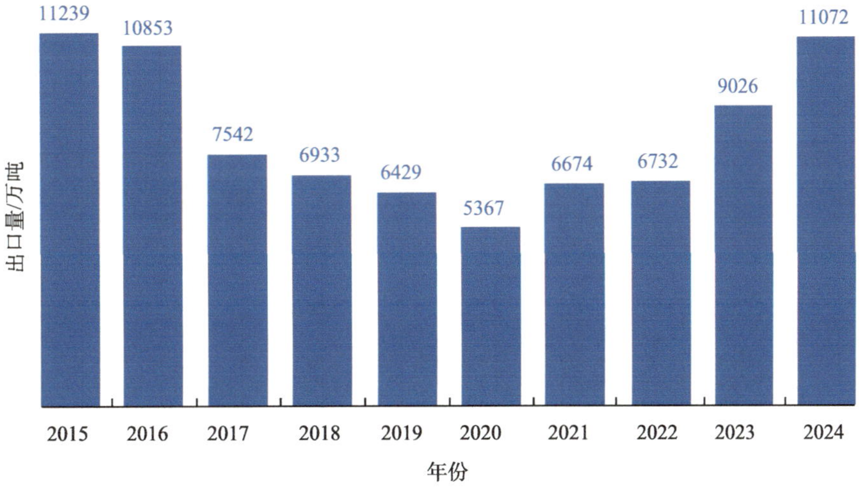

图 6-1　中国钢材出口量的变化情况
（数据来源：海关总署）

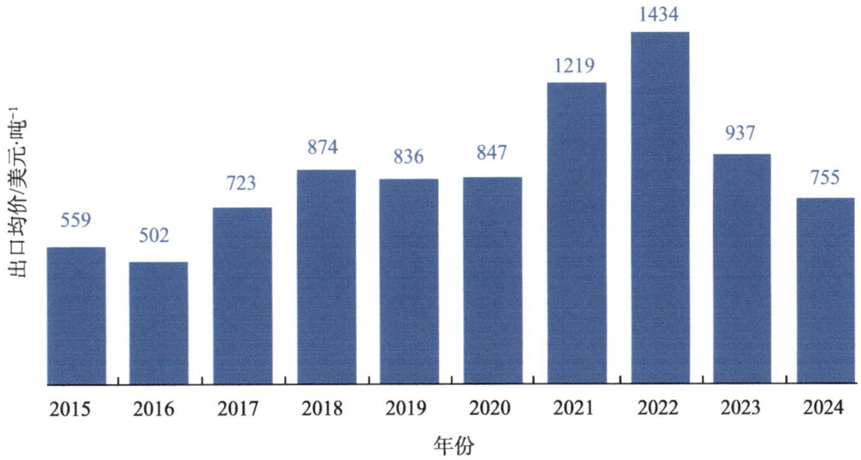

图 6-2　中国钢材出口均价的变化情况
（数据来源：海关总署）

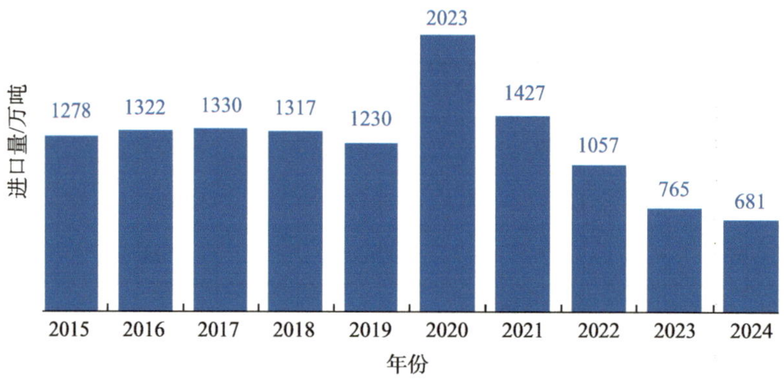

图 6-3　中国钢材进口量的变化情况
（数据来源：海关总署）

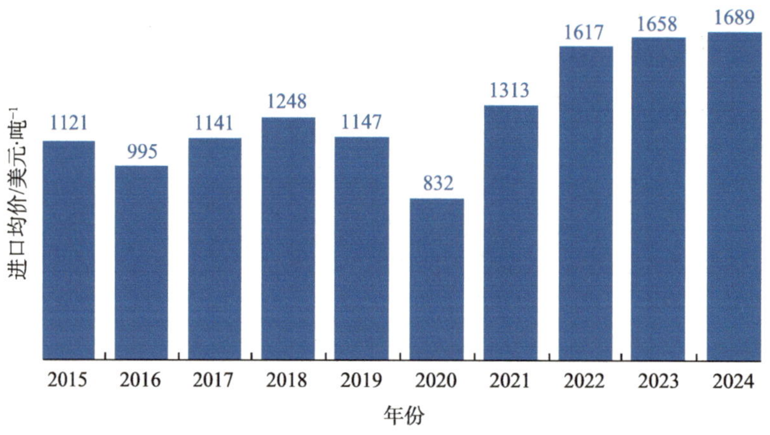

图 6-4　中国钢材进口均价的变化情况
（数据来源：海关总署）

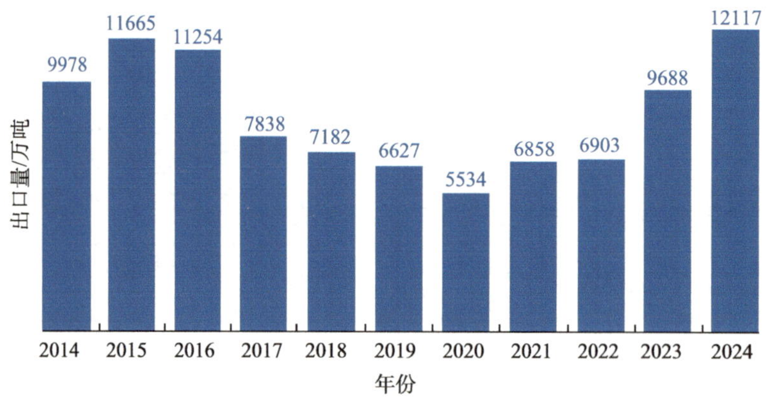

图 6-5　中国折合粗钢的出口量变化情况
（数据来源：根据国家统计局、海关总署数据的测算）

2024 年，中国进口钢材 682 万吨，同比下降 10.9%；进口均价 1689 美元/吨，同比上涨 31 美元/吨、涨幅为 1.8%。进口钢坯 182 万吨，同比下降 45.0%。

二、出口情况

2024 年，前 5 个月全国钢材出口量处于相对高位，6—7 月环比下降；8—10 月环比快速回升，11 月环比再度出现明显下降，12 月则再度出现回升，平均每月出口量 923 万吨，9 月、10 月出口量超过 1000 万吨。

（一）钢材出口的品种结构

2024 年，在钢材出口品种中，除特厚板外，均同比增长；除棒材和无缝钢管外，均为两位数的增幅；钢筋和热轧窄钢带出口同比增幅较大，均超过 50%（表 6-3）。

表 6-3　2024 年主要钢材品种出口情况　　万吨

指标名称	2024 年	2023 年	同比增减量	同比增幅/%
镀层板（带）	1899	1563	336	21.5
中厚宽钢带	1465	1088	377	34.7
热轧薄宽钢带	1243	981	262	26.7
涂层板（带）	778	639	140	21.8
中板	758	618	140	22.6
线材	615	493	122	24.7
无缝钢管	568	564	4	0.7
焊接钢管	533	443	90	20.2
大型型钢	477	394	83	21.0
冷轧薄宽钢带	449	363	86	23.8
棒材	449	410	39	9.5
冷轧薄板	300	237	63	26.7
钢筋	280	178	103	57.7
厚钢板	241	200	41	20.5
电工钢板（带）	145	123	22	17.5

续表 6-3

指标名称	2024 年	2023 年	同比增减量	同比增幅/%
铁道用材	80	58	22	38.3
中小型型钢	73	57	16	27.7
冷轧窄钢带	57	45	12	27.4
热轧窄钢带	52	33	18	55.0
特厚板	44	45	–1	–3.2
热轧薄板	35	27	8	27.3
其他钢材	531	467	65	13.8

数据来源：海关总署。

2024 年，中国出口不锈钢 502 万吨，同比增长 24.9%；出口合金钢 1081 万吨，同比增长 7.6%（表 6-4）。

表 6-4　2024 年不同材质钢材出口情况　　万吨

品　种	2024 年	2023 年	同比增减量	同比增幅/%
钢材	11072	9026	2045	22.7
普通钢	9489	7620	1869	24.5
合金钢	1081	1005	76	7.6
不锈钢	502	402	100.0	24.9

数据来源：海关总署，中国钢铁工业协会。

（二）钢材出口的主要流向

2024 年，从主要区域看，中国对亚洲、非洲和拉丁美洲钢材出口量大幅增长，对亚洲出口占中国出口总量的 68.0%，对欧洲出口增幅也超过了 10%。从经济组织和区域自贸协定看，除对美墨加自贸协定（USMCA）出口量同比下降 4.2%外，对主要地区钢材出口均出现不同程度的增长，其中，对东盟出口 3355 万吨、增幅 27.0%，对中东和北非地区（MENA）出口 2322 万吨、增幅 28.3%。从主要国家看，中国对阿联酋、巴西、越南、土耳其等国的出口规模进一步扩大，对韩出口则连续两年下降（表 6-5）。

表 6-5　2024 年中国钢材出口分区域/国别情况　　万吨

区域/国别	2024 年	2023 年	同比增减量	同比增幅/%
全球	11072	9026	2045	22.7
1. 亚洲	7528	6139	1389	22.6
其中：越南	1274	906	368	40.5
韩国	819	835	–16	–1.9
泰国	548	471	78	16.5
菲律宾	511	418	92	22.1
土耳其	502	399	103	25.8
阿联酋	482	375	107	28.5
2. 拉丁美洲	1388	1145	243	21.2
其中：巴西	301	277	24	8.7
秘鲁	197	149	48	32.2
3. 非洲	1317	993	324	32.6
其中：埃及	147	114	33	29.0
南非	137	87	50	56.9
尼日利亚	127	99	29	29.0
阿尔及利亚	124	71	53	75.0
4. 欧洲	573	508	65	12.9
其中：俄罗斯	126	98	29	29.5
意大利	113	105	8	7.6
5. 北美洲	157	148	8	5.6
6. 大洋洲	109	93	16	17.1

数据来源：海关总署。

2024 年，在中国出口钢材的 10 大目的国中，有 9 个在亚洲；向 10 大目的国出口量合计为 5698.6 万吨，占出口总量的 51.5%（表 6-6）。

表 6-6　2024 年中国钢材出口分区域/国别情况

序号	贸易伙伴	2024 年出口量/万吨	同比增幅/%
1	越南	1273.8	40.5
2	韩国	818.8	–1.9
3	阿联酋	548.3	46.1
4	泰国	510.6	8.5
5	菲律宾	502.0	20.0
6	印度尼西亚	482.5	33.5
7	沙特阿拉伯	476.5	42.7
8	土耳其	410.7	2.9
9	巴西	374.1	35.0
10	印度	301.3	3.1
合计		5698.6	

数据来源：海关总署。

（三）初级产品出口情况

2024 年，中国出口初级钢铁产品 646 万吨，同比增长 91.1%，其中钢坯出口量 633 万吨，同比增加 305 万吨、增幅 93.1%，主要出口至印度尼西亚、中国台湾、土耳其、意大利和菲律宾等国家和地区。由于中国对部分初级钢铁产品（不含钢坯）加征了 20% – 40%不等的出口关税，中国出口生铁及直接还原铁较少，近两年来基本保持在 10 万 – 15 万吨/年的规模（表 6-7）。

表 6-7　2024 年主要初级钢铁产品出口情况　　万吨

指标名称	2024 年	2023 年	同比增减量	同比增幅/%
生铁	4.2	2.3	1.8	78.9
直接还原铁	9.1	7.2	1.9	26.7
钢坯	633.3	327.9	305.4	93.1
再生钢铁原料	0.3	0.1	0.2	175.0

数据来源：海关总署。

（四）原因分析

1. 国内供给强度大于需求，出口效益好于内销

2024 年，中国粗钢产量 10.05 亿吨，同比下降 1.7%；粗钢表观消费量 8.93 亿吨，同比下降 4.7%。由于出口效益好于内销，且资金回款较内贸有更保障，驱动更多钢铁企业提高出口量。

2. 海外市场深度调整，用钢需求稳中略升

世界钢铁协会数据显示，2024 年，全球（71 个国家和地区，下同）粗钢产量 18.39 亿吨，同比下降 0.9%；扣除中国后全球其他国家和地区粗钢产量为 8.34 亿吨，同比增长 0.1%。中国粗钢产量占全球比重为 54.6%，比上年同期下降了 0.4 个百分点。2024 年，在全球粗钢产量前 10 名国家中，中国、美国、日本、韩国和俄罗斯粗钢产量同比下降，分别下降 1.7%、2.4%、3.4%、4.7%和 7.0%；土耳其、印度、巴西、德国和伊朗粗钢产量则同比增长，增速分别为 9.4%、6.3%、5.3%、5.2%和 0.8%。全球钢材供需格局持续调整，部分新兴经济体出台的提振经济计划将重点放在公路、铁路等大型基建工程项目上，中国的钢材出口填补了部分地区部分品种的供应缺口（表 6-8）。

表 6-8　2024 年前十大粗钢生产国产量情况　　万吨

排名	国家	2024 年	2023 年	同比增减量	同比增幅/%
1	中国	100509	102247	–1738	–1.7
2	印度	14959	14076	883	6.3
3	日本	8401	8700	–299	–3.4
4	美国	7945	8139	–194	–2.4
5	俄罗斯	7069	7603	–534	–7.0
6	韩国	6353	6668	–315	–4.7
7	德国	3723	3540	184	5.2
8	土耳其	3689	3371	318	9.4
9	巴西	3374	3203	171	5.3
10	伊朗	3095	3070	25	0.8

数据来源：世界钢铁协会。

三、钢材进口情况

2024 年，中国钢材进口量 681 万吨，连续四年下降，单月进口量已跌破 60 万吨。

（一）钢材进口的品种结构

2024 年，中国进口量较大的钢材品种为中板、镀层板（带）、冷轧薄板、中厚宽钢带和冷轧薄宽钢带，合计占进口总量的 71.4%。从进口变化看，除线材、无缝管、焊管进口量同比增长外，其他主要钢材品种进口量均下降。（表 6-9）。

表 6-9　2024 年主要钢材品种进口情况　万吨

指标名称	2024 年	2023 年	同比增减量	同比增幅/%
中板	128.0	135.5	–7.5	–5.5
镀层板(带)	112.6	125.6	–13.0	–10.3
冷轧薄板	102.1	115.0	–12.9	–11.2
中厚宽钢带	93.1	100.8	–7.8	–7.7
冷轧薄宽钢带	50.7	66.5	–15.8	–23.8
线材	29.4	28.8	0.6	2.1
棒材	27.4	34.0	–6.6	–19.5
热轧薄宽钢带	21.5	29.2	–7.8	–26.6
厚钢板	20.1	23.7	–3.7	–15.4
电工钢板(带)	14.9	28.1	–13.2	–46.9
无缝钢管	11.7	10.7	1.1	9.9
大型型钢	11.6	11.9	–0.3	–2.3
涂层板(带)	10.5	7.8	2.7	35.4
焊接钢管	10.1	9.2	1.0	10.3
冷轧窄钢带	8.7	8.7	–0.1	–0.7
钢筋	5.5	4.5	1.0	21.6
特厚板	4.2	7.8	–3.6	–46.6
热轧窄钢带	3.3	2.7	0.6	22.2
铁道用材	1.5	1.0	0.5	55.1
中小型型钢	1.3	1.0	0.2	22.3
热轧薄板	0.2	0.3	–0.1	–29.6
其他钢材	13.4	11.8	1.5	13.0

数据来源：海关总署。

2024 年，中国进口不锈钢 133 万吨，同比下降 5.8%；进口合金钢 195 万吨，同比下降 6.9%（表 6-10）。

表 6-10　2024 年不同材质钢材进口情况　　万吨

品　种	2024 年	2023 年	同比增减量	同比增幅/%
普通钢	354	414	–60	–14.6
合金钢	195	209	–15	–6.9
不锈钢	133	141	–8	–5.8

数据来源：海关总署，中国钢铁工业协会。

（二）钢材进口的主要来源

2024 年，中国钢材进口总量持续减少，但进口集中度仍较高，进口钢材主要来自日本、韩国、印度尼西亚、中国台湾和德国等 5 个国家和地区，合计为 614 万吨，占进口总量的合计占进口总量 91.2%，但与上年相比均有不同幅度的下降（表 6-11）。2024 年，自北美进口钢材增幅超过 50%（表 6-12）。

表 6-11　2024 年中国钢材进口的主要来源（分国家和地区）　万吨

区域/国家和地区	2024 年	2023 年	同比增减量	同比增幅/%
日本	248	271	–23	–8.3
韩国	200	223	–23	–10.5
印度尼西亚	104	108	–4	–4.2
中国台湾	39	57	–18	–32.2
德国	23	25	–2	–10.4

数据来源：海关总署。

表 6-12　2024 年中国钢材进口的主要来源（分区域）　　万吨

区　域	2024 年	2023 年	同比增减量	同比增幅/%
亚洲	614	689	–74	–10.8
欧洲	61	70	–9	–13.4
北美洲	5	3	2	56.2
拉丁美洲	1	2	–1	–50.5
非洲	0.10	0.13	–0.03	–23.1
大洋洲	0	0	0	0.0

（三）初级产品进口情况

2024 年，中国进口初级钢铁产品 254.1 万吨，同比下降 36.8%；其中钢坯进口量 178.4 万吨，同比下降 45.4%（表 6-13）。此外，2024 年中国进口再生钢铁原料规模仍未恢复至此前水平，进口量同比下降 53.5%。

表 6-13　2024 年主要初级钢铁产品进口情况　　万吨

产　品	2024 年	2023 年	同比变化量	同比增幅/%
钢坯	178.4	326.6	–148.2	–45.4
生铁	37.9	37.6	0.3	0.9
直接还原铁	37.8	37.6	0.2	0.3
合计	254.1	401.8	–147.1	–36.8

数据来源：海关总署。

（四）原因分析

随着中国钢铁工业的进步发展，部分依赖进口的产品逐步被国内生产所替代，但仍有极少量核电、光电及半导体行业所需的特殊钢依赖进口。另外，一些在华外资企业通过全球化招标采购方式，从其本土进口家电板、汽车板等。

（本章撰写人：石洪卫，韩勖，中国钢铁工业协会）

第7章 钢材区域流通情况

在世界经济格局深度调整、国内经济结构转型加速的大背景下，钢铁行业作为国民经济的重要支柱产业，其钢材区域流通态势不仅是行业自身发展的关键表征，更是宏观经济运行状况的重要“晴雨表”。近年来，全球贸易保护主义思潮泛起，国际钢铁市场竞争越发激烈。与此同时，国内经济正处于结构转型的关键时期，经济增长模式逐步从高速增长向高质量发展转变，对钢铁行业提出了更高的要求。钢铁行业发展既面临诸多挑战，也迎来了难得的机遇。为积极响应全球应对气候变化的号召，中国提出了“双碳”目标，钢铁行业作为碳排放大户，成为实现这一目标的重点攻坚领域。供给侧结构性改革持续深化，旨在淘汰落后产能、优化产业结构、提升行业整体竞争力。一系列相关政策的密集出台，如严格的环保标准、产能产量调控政策等，深刻影响着钢铁企业的生产决策、成本结构以及市场布局，进而对钢材的生产、销售与流通产生了全方位、深层次的影响。此外，国内基础设施建设的持续推进、制造业的转型升级以及房地产市场的周期性波动，都在不同程度上塑造着钢材需求的区域分布特征和消费结构差异。

本章基于钢协会员钢铁企业钢材营销统计数据展开分析。需要说明的是，在对销售量等指标进行比较时，未剔除营销统计企业名录变动带来的差异性影响，即未考虑个别会员钢铁企业退出营销统计，同时又有新会员加入而造成的营销统计口径上的差异性。经测算，在未剔除营销统计口径差异性的前提下，整个会员钢铁企业营销状况的基本面依然与剔除后基本一致。地区流入量以钢铁企业一次运输到达地点为准。参与钢协营销统计的会员企业粗钢产量约占全国粗钢产量的 75%。因此，这些企业在钢材流通方面出现的新变化、新特点，在一定程度上代表了全国钢铁企业钢材流通的调整与演变。

一、钢材销售总体情况

（一）销量与品种结构

2024 年，全球经济复苏之路充满坎坷，国际贸易环境错综复杂，国内经济在结构调整的过程中也面临着不少困难与挑战。在这样的大环境下，钢铁行业运行呈现出高产量、高成本、高出口、低需求、低价格、低效益的“三高三低”特征，减量发展和存量优化的趋势愈发显著。面对严峻形势，国家积极推动钢铁行业供给侧结构性改革向纵深发展，通过政策引导，促使钢铁企业主动自律控产，加大技术创新投入，推动产业结构优化升级，以实现行业的可持续发展。

钢铁企业积极响应国家政策号召，主动作为，采取了一系列行之有效的应对措施：持续推动自律控产降库存，努力化解阶段性供强需弱的矛盾；面对原料价格高位运行的困境，加强成本管控，优化采购渠道；坚持“三定三不要”经营原则深度融入经营管理，积极探索减量发展阶段的生产经营新模式；积极应对节能环保压力增大的挑战，加大环保设施投入，改进生产工艺。通过这些努力，钢铁行业运行总体保持平稳，为国民经济的企稳向好发展作出了重要贡献。

2024 年，会员钢铁企业销售钢材 75760.50 万吨，同比下降 2.58%（图 7-1），其中国内销售钢材 72161.93 万吨，同比下降 3.43%；销售长材 30818.94 万吨，同比下降 6.60%，其中国内销售长材 29919.64 万吨，同比下降 7.30%；销售板带材 42769.20 万吨，同比上升 0.38%，其中国内销售板带材 40389.89 万吨，同比下降 0.51%。尽管钢材销售量同比略有下降，但仍有效满足了下游行业的用钢需求。值得关注的是，板带材销量逆势增长且增幅高于行业整体水平，表明制造业用钢需求（如机械、汽车、家电等领域）受政策驱动相对稳健，而长材需求（以建筑行业为主）受房地产调整等因素影响持续承压，行业产品结构调整与下游产业升级的关联性显著。这一现象与国家大力推动制造业高质量发展的政策导向高度契合，随着制造业的不断升级与扩张，其对高品质、高性能板带材的需求持续增加。

图 7-1　近 10 年钢材销售量及同比情况

（数据来源：中国钢铁工业协会）

（二）区域分布特征

从分地区情况看，2024 年华北地区钢材流入量 15389.46 万吨，同比上升 0.08%；东北地区钢材流入量 2970.55 万吨，同比下降 2.37%；华东地区钢材流入量 31248.64 万吨，同比下降 3.43%；中南地区钢材流入量 14178.95 万吨，同比下降 2.77%；西北地区钢材流入量 3117.25 万吨，同比下降 10.39%；西南地区钢材流入量 5257.08 万吨，同比下降 10.75%。除华北钢材流入量微增外，其他地区流入量均不同程度下降，说明全国钢材需求呈现结构性收缩，华北地区因产业基础稳固（如能源、重工业集中）需求韧性较强，而中西部地区受投资放缓影响需求下滑更为明显。

2024 年华东地区钢材流入量占国内钢材流入量比重（简称“华东地区流入量占比”）为 43.3%（图 7-2），与上年持平，占比在国内六大区域中依旧保持较大领先优势；华北地区流入量占比 21.3%，较上年提高 0.7 个百分点，连续 3 年提高；中南地区流入量占比 19.6%，较上年提高 0.1 个百分点，由降转升；西南地区流入量占比 7.3%，较上年下降 0.6 个百分点，连续 5 年下降；西北地区流入量占比 4.3%，较上年下降 0.3 个百分点，由升转降；东北地区流入量占比 4.1%，与上年持平。华东地区作为经济核心区，制造业与基建需求持续旺盛，钢材消费规模稳居全国第一；华北地区受益于区域协同发展政策（如京津冀协同发展），产业升级带动钢材需求占比连续提升；西南、西北地区受限于经济总量与产业结构，钢材需求占比呈长期下降趋势，区域发展不平衡特征显著。

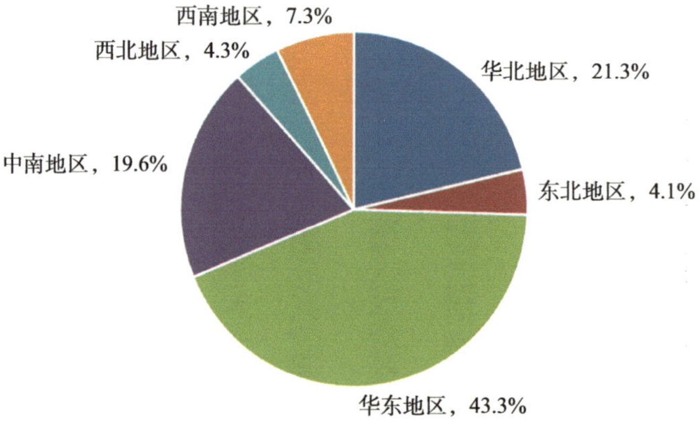

图 7-2　2024 年国内钢材流入量分区域占比情况
（数据来源：中国钢铁工业协会）

从图 7-3 可以看出，钢材流向在各地区之间差异很大，但 2015—2024 年各年间差异不大。十年来，华北地区流入量占比在 18.7% - 24.7%，且占比呈现由降转升趋势；华东地区流入量占比在 40.7% - 43.9%，是国内需求量最大的区域，占比呈现逐年上升趋势；中南地区流入量占比在 17.8% - 20.5%，占比呈现由升转降趋势；西南地区流入量占比在 7.3% - 9.9%，且占比呈现由升转降趋势；东北地区流入量占比在 4.1% - 4.9%，西北地区流入量占比在 3.8% - 4.7%，这两个地区是国内钢材需求量相对较小的区域。近十年钢材区域流入量格局基本稳定，华东、华北、中南三大区域合计占比超 80%，构成国内钢材消费的主阵地；东北、西北、西南地区需求规模有限，反映出其经济总量与工业化水平相对滞后。

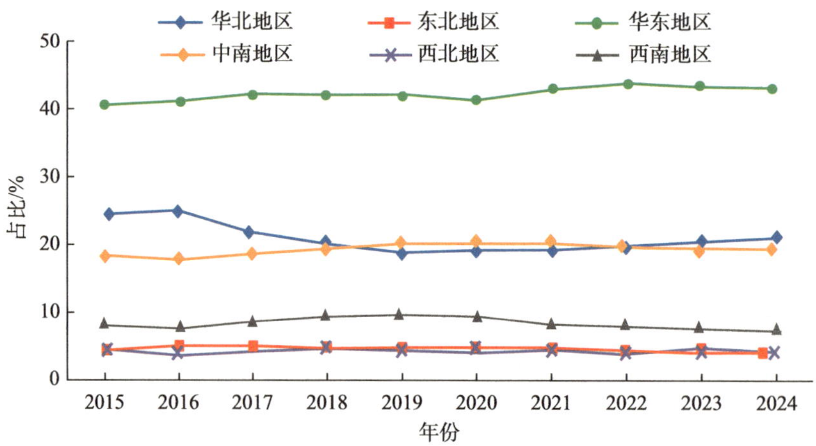

图 7-3　近 10 年国内钢材流入量分区域占比情况
（数据来源：中国钢铁工业协会）

钢材的流动性是衡量区域经济发展水平和产业结构调整的重要指标，钢材流入流出的地区特征与当地的经济发展状况、产业政策以及市场需求紧密相连。经计算，2024 年华北地区净流出钢材 9376.00 万吨（华北地区钢材净流入量=国内流入华北地区钢材量–华北地区钢铁企业钢材销售量，正值代表净流入量，负值代表净流出量），比上年减少净流出钢材 1.26 万吨；东北地区净流出钢材 2593.01 万吨，比上年减少净流出钢材 307.70 万吨；华东地区净流入钢材 8267.74 万吨，比上年减少净流入钢材 232.62 万吨；中南地区净流入钢材 2584.42 万吨，比上年增加净流入钢材 395.54 万吨；西北地区净流入钢材 146.78 万吨，比上年减少净流入钢材 225.71 万吨；西南地区净流入钢材 970.07 万吨，比上年减少净流入钢材 246.16 万吨。

从图 7-4 可以看出，近两年，钢材净流入流出的地区格局未发生变化。华北和东北地区为钢材净流出地区，意味着这两个地区的钢材产量超出了本地消费需求，有多余的钢材供应到其他地区；而华东、中南、西南和西北地区为钢材净流入地区，表明这些地区的钢材消费量大于本地产量，需要从其他地区调入钢材来满足市场需求。华北、东北作为传统钢铁生产基地，依托产能优势成为全国钢材“输出地”，其中华北地区通过扩大外部市场份额缓解本地供需压力；华东、中南等经济活跃地区依赖外部调入满足需求，反映出区域产业分工差异——钢铁生产向资源集中地集聚，消费向经济发达地区集中。这一格局与国家“推动钢铁产业向资源和市场匹配度高的区域转移”的政策导向一致。

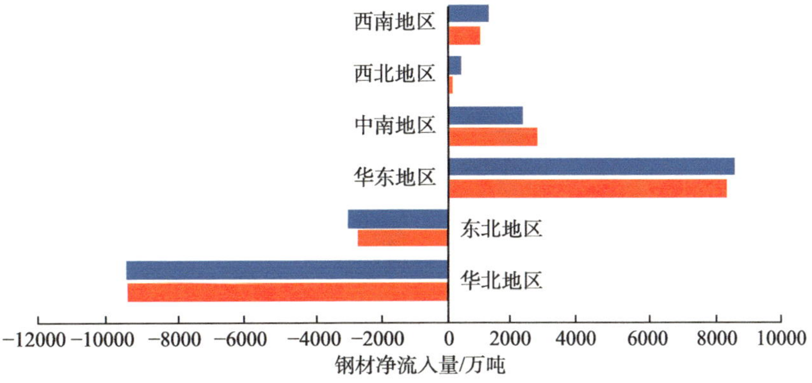

区域	华北地区	东北地区	华东地区	中南地区	西北地区	西南地区
2023年	−9377.26	−2900.71	8500.36	2188.88	372.49	1216.23
2024年	−9376.00	−2593.01	8267.74	2584.42	146.78	970.07

图 7-4　2024 年国内钢材分区域净流入量情况

（数据来源：中国钢铁工业协会）

二、各区域市场钢材消费结构分析

（一）华北市场：产业升级带动板带材需求，钢材流入量微增且消费结构优化

在国家推动北方地区产业升级和基础设施建设的政策背景下，华北地区经济发展和产业结构调整对钢材需求产生了重要影响。从钢材流入的增量角度看，2024 年会员企业面向华北市场的钢材流入量与 2023 年名义比较增长 12.28 万吨，增幅为 0.08%。其中，长材流入量下降 70.01 万吨，降幅为 1.49%；板带材流入量增长 96.82 万吨，增幅为 0.95%（图 7-5）。由此可见，华北市场钢材流入量增长主要由板带材拉动。由于 2024 年华北市场板带材流入量增长而长材流入量下降，故 2024 年板带材流入量占华北市场钢材流入量比重（简称“板带材流入量占比”）较上年高 0.58 个百分点，提高至 66.69%，而长材流入量占华北市场钢材流入量比重（简称“长材流入量占比”）降至 30.10%。这表明在华北市场，随着产业结构的优化升级，制造业等对板带材需求较大的行业发展迅速，拉动了板带材的消费，相比之下，长材需求相对疲软。

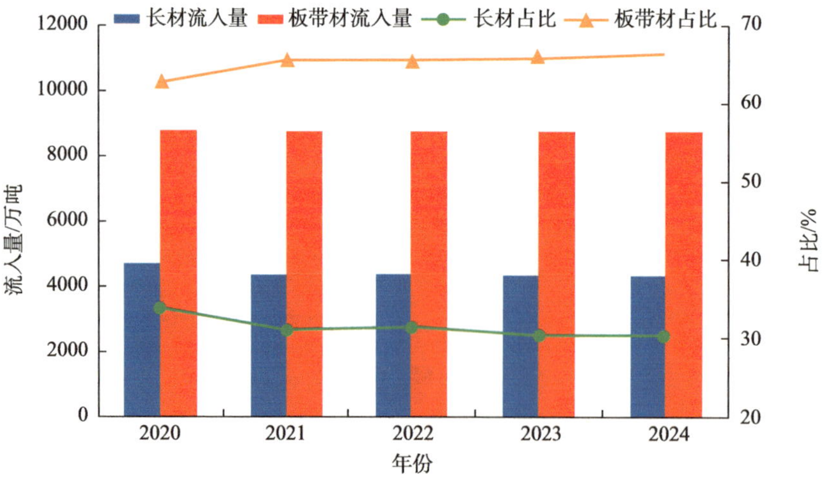

图 7-5　华北市场近 5 年长材和板带材流入量及占比
（数据来源：中国钢铁工业协会）

对近 5 年华北市场长材流入量、板带材流入量进行比较可以发现，华北市场板带材流入规模要远远大于长材，同时板带材流入量保持连年增长，且增量规模大于长材，华北市场板带材流入量占比连续 4 年（2021—2024

年）超过 65%，且对长材流入量占比的领先优势继续扩大，2022 年高出 34.09 个百分点，2023 年高出 35.53 个百分点，2024 年二者扩大至 36.59 个百分点。这进一步证明了在华北市场，板带材在钢材消费结构中的主导地位不断强化，反映出该地区产业结构持续向对板带材需求更高的方向调整。

（二）东北市场：老工业基地振兴板带材消费突出，钢材流入量下降

东北老工业基地振兴政策的持续推进，对东北地区钢材市场需求结构产生了一定影响。从钢材流入的增量角度看，2024 年会员企业面向东北市场的钢材流入量与上年名义比较下降 72.21 万吨，降幅为 2.37%。其中，长材流入量下降 155.49 万吨，降幅为 13.73%；板带材流入量增长 84.60 万吨，增幅为 4.69%（图 7-6），说明东北市场钢材流入量下降主要由长材流入量下降所致。由于 2024 年东北市场板带材流入量增长而长材流入量下降，因此 2024 年东北板带材流入量占比较 2023 年增加 4.29 个百分点，提高至 63.55%，而长材流入量占比降至 32.88%。这显示出在东北市场，尽管整体钢材需求有所下降，但板带材凭借其在制造业等领域的应用优势，消费情况优于长材，市场份额有所提升。

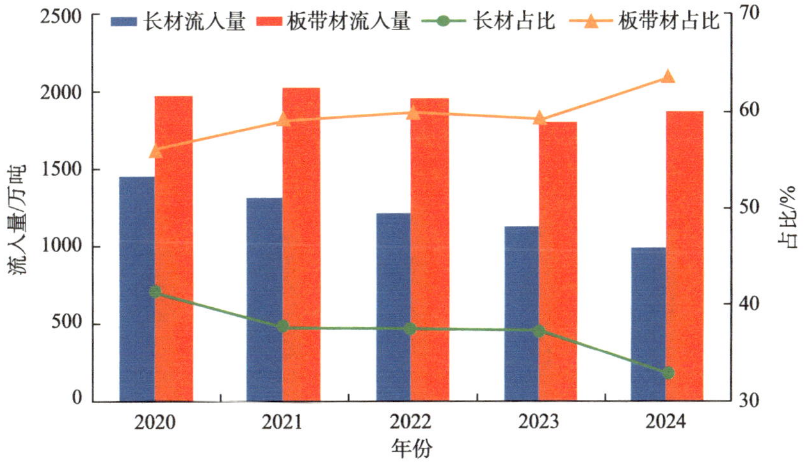

图 7-6　东北市场近 5 年长材和板带材流入量及占比
（数据来源：中国钢铁工业协会）

对近 5 年东北市场长材流入量、板带材流入量进行比较，东北市场板带材流入量规模始终大于长材。长材、板带材流入量曾连续 2 年（2022—

2023 年）下降，且板带材减少量大于长材减少量。2024 年板带材流入量同比由降转升，占比较长材由上年高 22.05 个百分点，扩大至高 30.67 个百分点。这说明东北市场板带材消费规模不仅高于长材，而且其消费占比优势在不断提高，反映出东北地区产业结构在调整过程中，对板带材的需求增长相对更为明显。

（三）华东市场：经济发达地区产业升级，板带材需求增长，钢材流入量下滑

华东地区作为中国经济发达地区，制造业和基础设施建设对钢材需求巨大。在长三角一体化等区域发展政策的推动下，该地区的钢材市场呈现出独特的消费结构。从钢材流入的增量角度看，2024 年会员企业面向华东市场的钢材流入量与上年名义比较下降 1109.01 万吨，降幅为 3.43%。其中，长材流入量下降 1110.61 万吨，降幅为 7.67%；板带材流入量增长 35.05 万吨，增幅为 0.20%（图 7-7），说明华东市场钢材流入量下降主要由长材流入量下降所致。由于 2024 年华东市场板带材流入量增长而长材流入量下降，因此 2024 年华东板带材流入量占比较上年增加 1.99 个百分点，提高至 54.94%，而长材流入量占比降至 42.81%。这意味着在华东市场，钢材需求整体有所下降，但板带材因其在高端制造业等领域的广泛应用，消费情况相对较好，市场份额得到小幅提升。

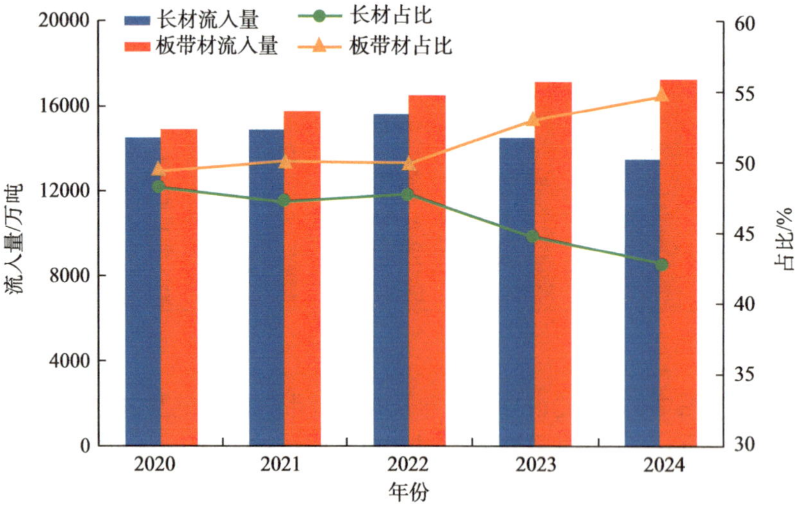

图 7-7　华东市场近 5 年长材和板带材流入量及占比
（数据来源：中国钢铁工业协会）

对近 5 年华东市场长材流入量、板带材流入量进行比较，华东市场板带材流入量规模略大于长材。华东市场板带材、长材的流入量曾连续 4 年增长（2019—2022 年），近 2 年（2023—2024 年）板带材流入量保持增长，而长材流入量连续出现下降，板带材流入量占比与长材流入量占比的差值从 2022 年的 3 个百分点以内，2023 年扩大至 8.17 个百分点，2024 年进一步扩大至 12.13 个百分点。这表明尽管华东市场板带材和长材消费规模原本基本相当，但随着产业结构的优化升级，市场对板带材的需求增长趋势更为明显，板带材消费占比有进一步扩大的趋势。

（四）中南市场：区域协调发展下钢材需求下滑，板带材优势减弱

中南地区在国家区域协调发展战略中占据重要地位，其经济发展和产业布局的变化影响着钢材的消费结构。从钢材流入的增量角度看，2024 年会员企业面向中南市场的钢材流入量与上年名义比较下降 403.21 万吨，降幅为 2.77%。其中，长材流入量下降 157.67 万吨，降幅为 2.50%；板带材流入量下降 250.22 万吨，降幅为 3.11%（图 7-8），说明中南市场钢材流入量下降是由长材、板带材流入量共同下降所致。由于 2024 年中南市场板带材流入量降幅大于钢材流入量降幅，因此 2024 年板带材流入量占比较上年下降了 0.19 个百分点，降至 55.07%，长材流入量占比提高至 43.29%。这反映出 2024 年中南市场钢材需求出现下滑，且板带材消费情况相对变差，在市场份额上的优势有所减弱。

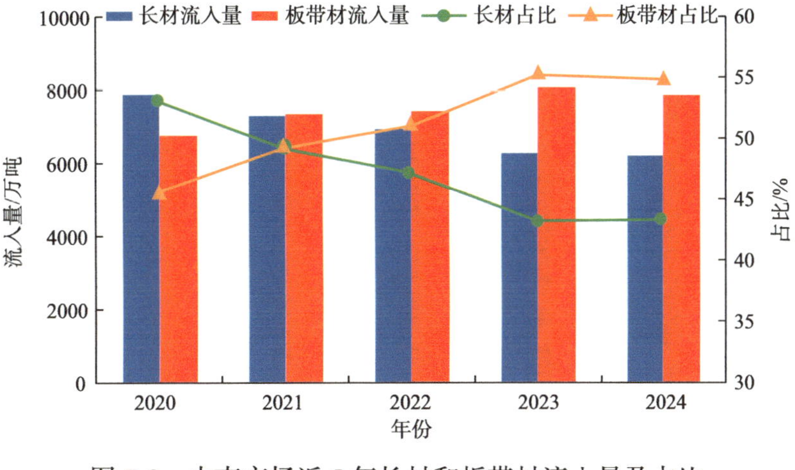

图 7-8　中南市场近 5 年长材和板带材流入量及占比
（数据来源：中国钢铁工业协会）

对近 5 年中南市场长材流入量、板带材流入量进行比较，2019—2020 年中南市场长材流入量大于板带材流入量，2021 年板带材流入量首次大于长材流入量，但仅多出 43.70 万吨。近几年（2022—2024 年）板带材流入量占比逐步扩大领先优势，2022 年占比领先 4.03 个百分点，2023 年占比领先扩大至 12.08 个百分点，2024 年占比也达到 11.77 个百分点。这表明尽管 2024 年板带材市场份额有所下降，但整体来看，中南市场板带材消费占比和规模仍保持优势，不过市场需求的变化需要企业密切关注。

（五）西北市场：西部大开发中钢材需求下降，板带材需求相对稳定

随着西部大开发战略的持续推进，西北地区基础设施建设和产业发展对钢材需求有一定拉动作用。从西北市场钢材流入的增量角度看，2024 年会员企业面向西北市场的钢材流入量与上年名义比较下降 361.31 万吨，降幅为 10.39%。其中，长材流入量下降 292.44 万吨，降幅为 12.78%；板带材流入量下降 81.25 万吨，降幅为 7.63%（图 7-9），说明西北市场钢材流入量下降是由长材、板带材流入量共同下降所致。由于 2024 年西北市场长材流入量降幅大于钢材流入量降幅，因此 2024 年长材流入量占比较上年下降了 1.76 个百分点，降至 64.03%，板带材流入量占比提高至 31.55%。这表明 2024 年西北市场钢材需求有所下降，且长材需求下降更为明显，而板带材消费占比进一步提高，反映出该地区产业结构在调整过程中，对板带材的需求相对稳定。

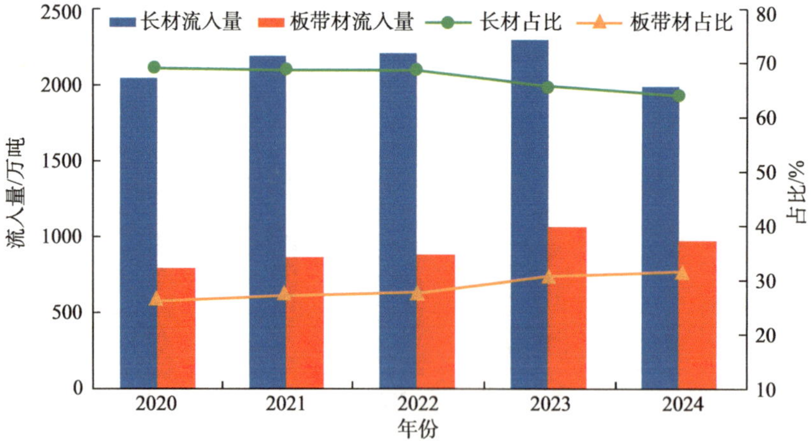

图 7-9　西北市场近 5 年长材和板带材流入量及占比
（数据来源：中国钢铁工业协会）

对近 5 年西北市场长材流入量、板带材流入量进行比较，西北市场长材流入量始终大于板带材，且长材流入量是板带材 2 倍以上。2020 年长材流入量占比与板带材流入量占比差值最大，高出 42.33 个百分点。但 2021—2024 年连续 4 年差值逐步缩小，2024 年二者差值已缩小至 32.48 个百分点。这说明虽然西北市场长材消费规模及占比优势依旧明显，但板带材消费占比呈上升趋势，反映出该地区产业结构逐渐向增加板带材需求的方向转变。

（六）西南市场：成渝经济圈带动下钢材消费结构变化，板带材占比扩大

在成渝地区双城经济圈等政策的推动下，西南地区经济快速发展，对钢材的需求结构也在发生变化。2024 年会员企业面向西南市场的钢材流入量与上年名义比较下降 633.09 万吨，降幅为 10.75%。其中，长材流入量下降 568.90 万吨，降幅为 16.90%；板带材流入量下降 92.56 万吨，降幅为 3.90%（图 7-10），表明西南市场钢材流入量下降主要由长材流入量下降所致。由于 2024 年西南市场长材流入量降幅大于钢材流入量降幅，因此 2024 年长材流入量占比较上年下降了 3.94 个百分点，降至 53.23%，板带材流入量占比提高至 43.39%。这显示出 2024 年西南市场钢材需求有所下降，且长材消费情况不如板带材，板带材在市场份额上的优势逐渐凸显。

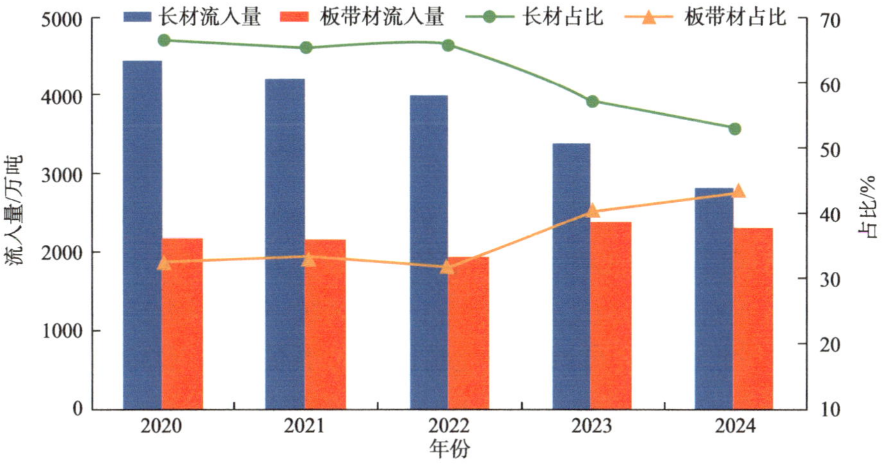

图 7-10　西南市场近 5 年长材和板带材流入量及占比

（数据来源：中国钢铁工业协会）

对近 5 年西南市场长材流入量、板带材流入量进行比较，西南市场长材流入量始终大于板带材，2022 年以前长材流入量基本是板带材的 2 倍。近几年差值连续缩小，2023 年差值缩小至 16.87 个百分点，2024 年二者差值进一步缩小至 9.84 个百分点，为历史最低。这表明 2024 年西南市场钢材消费中板带材市场占比进一步扩大，反映出该地区产业结构调整使市场对板带材的需求增长相对较快。

（七）小结

综合分析各区域市场钢材消费结构可知，不同区域呈现出不同的特点。华东地区作为钢材流入量最大的区域，其经济发达，制造业和基础设施建设对钢材需求持续旺盛，板带材在消费结构中的占比逐渐扩大，反映出该地区产业结构不断向高端制造业升级的趋势。华北地区流入量占比持续上升，板带材在钢材消费中占主导地位且优势不断扩大，这与该地区产业升级过程中制造业对板带材的大量需求相契合。东北市场钢材需求虽有所下降，但板带材消费规模和占比优势有所提高，显示出该地区产业结构调整对钢材需求结构的影响。中南市场板带材消费占比和规模保持优势，但 2024 年市场需求出现下滑，需要企业关注市场动态，及时调整策略。西北市场长材消费规模及占比仍有优势，但板带材消费占比不断提高，反映出该地区产业结构逐渐变化。西南市场钢材需求下降，长材消费不如板带材，且板带材市场占比进一步扩大，体现了该地区产业发展对钢材需求结构的改变。

三、钢铁企业钢材销售流向竞争格局

（一）华北企业：本地稳固，华东拓展

2024 年，华北地区会员钢铁企业销售流向本地钢材量 13746.54 万吨，占华北区域市场份额 89.32%，与上年名义比较上升了 0.83 个百分点；销售流向华东地区钢材量 7031.12 万吨，占华东区域市场份额 22.50%（华东区域市场份额=华北地区会员钢铁企业销售流向华东地区钢材量/会员钢铁企业销售流向华东地区钢材量×100%），上升了 1.62 个百分点；销售流向中南地区钢材量 2514.74 万吨，占中南区域市场份额 17.74%，上升了 0.15 个百分点；销售流向西北地区钢材量 610.49 万吨，占西北区域市场份额 19.58%，下降了 4.54 个百分点；销售流向东北地区钢材量 509.36 万吨，占东北区域

市场份额 17.15%，下降了 0.62 个百分点；销售流向西南地区钢材量 353.20 万吨，占西南区域市场份额 6.72%，下降了 0.87 个百分点（图 7-11）。

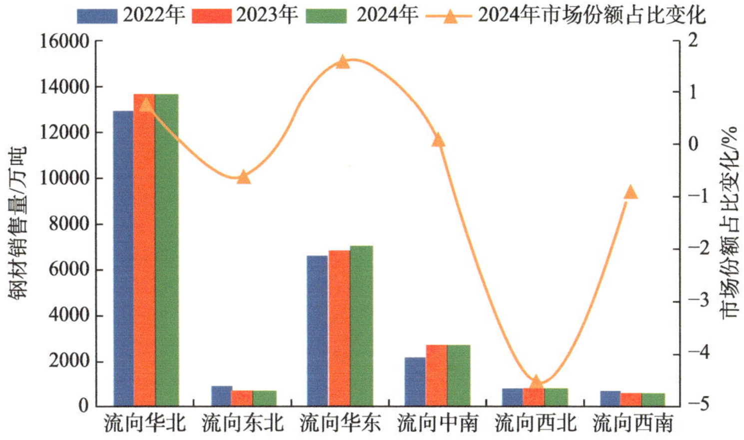

图 7-11　华北地区钢铁企业钢材销售流向情况
（数据来源：中国钢铁工业协会）

上述数据表明（表 7-1 和图 7-12），华北地区钢铁企业以本地销售为根基，在本地市场优势显著且进一步巩固。同时，对华东市场的开拓成效明显，市场份额持续上升。但在西北、东北和西南市场份额有所下滑，反映出在这些区域面临着更激烈的竞争或存在一些尚未解决的市场拓展阻碍。在供给侧结构性改革的推动下，华北地区钢铁企业优化产能布局，淘汰落后产能，使得本地市场的钢材供应更加稳定，质量提升，从而巩固了本地市场份额。而对华东市场份额的提升，可能得益于区域间交通物流的改善，降低了运输成本，增强了产品竞争力。

表 7-1　华北地区钢铁企业钢材销售量及市场份额情况

地区	2024 年钢材销售量/万吨	2024 年钢材销售量同比涨跌幅/%	2024 年占该区域市场份额/%	2023 年占该区域市场份额/%	2022 年占该区域市场份额/%
流向华北	13746.54	1.02	89.32	88.49	88.66
流向华东	7031.12	4.08	22.50	20.88	19.76
流向中南	2514.74	−1.93	17.74	17.58	14.61
流向西北	610.49	−27.26	19.58	24.13	22.15
流向东北	509.36	−5.76	17.15	17.76	22.08
流向西南	353.20	−21.01	6.72	7.59	9.45
合计	24765.46	0.04			

数据来源：中国钢铁工业协会。

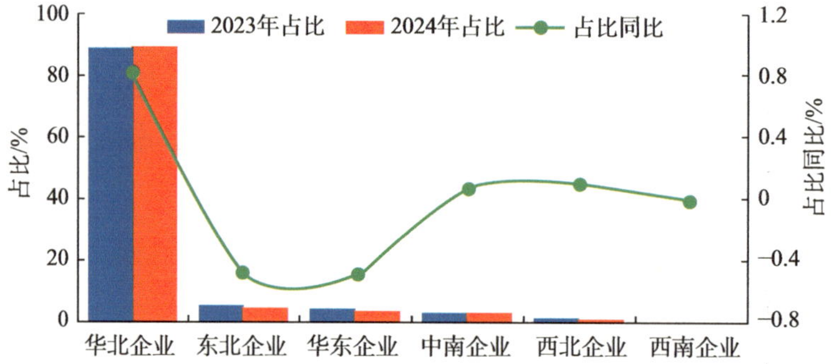

图 7-12　华北地区钢材市场份额占比情况
（数据来源：中国钢铁工业协会）

（二）东北企业：外流显著，市场承压

2024 年，东北地区会员钢铁企业销售流向本地钢材量 2219.58 万吨，占东北区域市场份额 74.72%，与上年名义比较下降了 1.57 个百分点；销售流向华东地区钢材量 2192.64 万吨，占华东区域市场份额 7.02%，下降了 0.31 个百分点；销售流向华北地区钢材量 663.86 万吨，占华北区域市场份额 4.31%，下降了 0.49 个百分点；销售流向中南地区钢材量 456.00 万吨，占中南区域市场份额 3.22%，下降了 0.11 个百分点；销售流向西北地区钢材量 23.46 万吨，占西北区域市场份额 0.75%，上升了 0.16 个百分点；销售流向西南地区钢材量 8.03 万吨，占西南区域市场份额 0.15%，上升了 0.03 个百分点（图 7-13）。

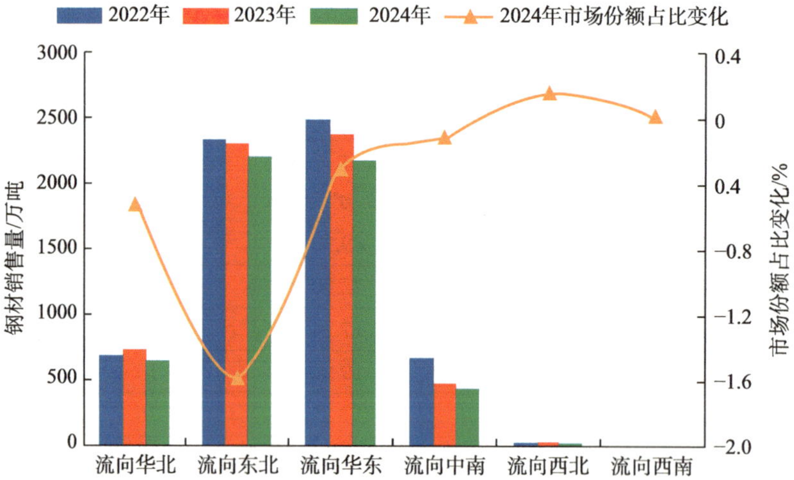

图 7-13　东北地区钢铁企业钢材销售流向情况
（数据来源：中国钢铁工业协会）

上述数据表明（表 7-2 和图 7-14），东北地区钢铁企业虽然钢材外流特征明显，但主要销售区域市场份额均出现下滑，企业面临着本地市场需求不足、外部市场竞争加剧的双重困境，市场形势严峻，急需探索新的市场增长点与发展模式。东北地区产业结构调整相对缓慢，传统工业需求增长乏力，影响了本地钢材的消化。在"双碳"政策下，钢铁企业节能减排压力大，影响了对外市场的供应。

表 7-2　东北地区钢铁企业钢材销售量及市场份额情况

地区	2024 年钢材销售量/万吨	2024 年钢材销售量同比涨跌幅/%	2024 年占该区域市场份额/%	2023 年占该区域市场份额/%	2022 年占该区域市场份额/%
流向东北	2219.58	–4.39	74.72	76.29	72.02
流向华东	2192.64	–7.50	7.02	7.33	7.65
流向华北	663.86	–10.10	4.31	4.80	4.86
流向中南	456.00	–5.99	3.22	3.33	4.64
流向西北	23.46	13.05	0.75	0.60	0.57
流向西南	8.03	9.94	0.15	0.12	0.10
合计	5563.56	–6.39			

数据来源：中国钢铁工业协会。

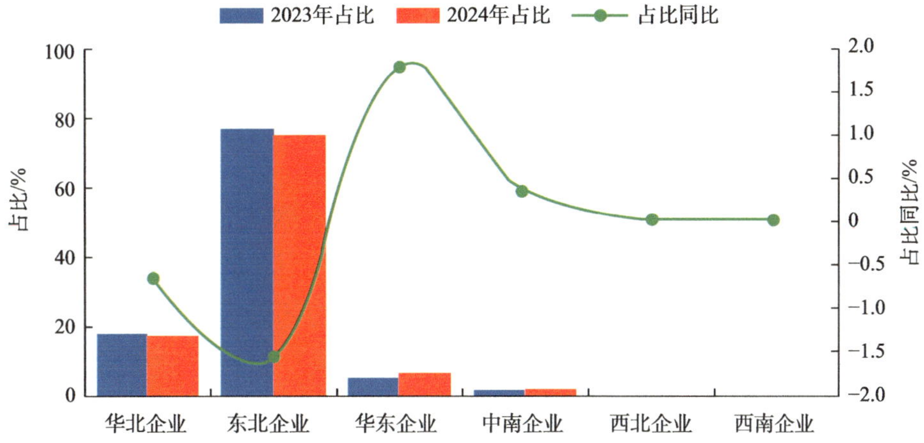

图 7-14　东北地区钢材市场份额占比情况
（数据来源：中国钢铁工业协会）

（三）华东企业：本地主导，多元拓展

2024 年，华东地区会员钢铁企业销售流向本地钢材量 19325.09 万吨，占华东区域市场份额 61.84%，与上年名义比较下降了 1.54 个百分点；销售流向中南地区钢材量 2649.90 万吨，占中南区域市场份额 18.69%，上升了 2.69 个百分点；销售流向华北地区钢材量 502.31 万吨，占华北区域市场份额 3.26%，下降了 0.51 个百分点；销售流向西南地区钢材量 243.15 万吨，占西南区域市场份额 4.63%，上升了 0.36 个百分点；销售流向东北地区钢材量 190.07 万吨，占东北区域市场份额 6.40%，上升了 1.80 个百分点；销售流向西北地区钢材量 70.38 万吨，占西北区域市场份额 2.26%，上升了 0.96 个百分点（图 7-15）。

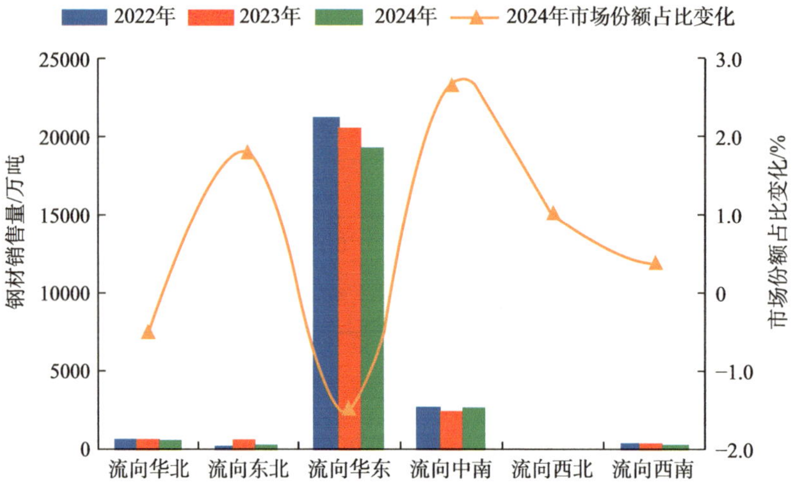

图 7-15　华东地区钢铁企业钢材销售流向情况
（数据来源：中国钢铁工业协会）

上述数据表明（表 7-3 和图 7-16），华东地区钢铁企业对本地市场依赖度虽有所下降，但本地市场仍是销售核心。对中南、东北、西北和西南地区市场份额的上升，表明企业在稳固本地市场的基础上，积极拓展外部市场并取得了一定成效。华东地区积极响应“双碳”目标，钢铁企业加大绿色技术研发投入，生产的绿色钢材产品更符合市场需求，同时，区域经济一体化发展，如长三角一体化，促进了区域内产业协同，带动了钢材在周边地区的销售。

表 7-3　华东地区钢铁企业钢材销售量及市场份额情况

地区	2024 年钢材销售量/万吨	2024 年钢材销售量同比涨跌幅/%	2024 年占该区域市场份额/%	2023 年占该区域市场份额/%	2022 年占该区域市场份额/%
流向华东	19325.09	−5.77	61.84	63.38	65.01
流向中南	2649.90	13.57	18.69	16.00	18.15
流向华北	502.31	−13.45	3.26	3.77	3.81
流向西南	243.15	−3.19	4.63	4.26	4.78
流向东北	190.07	35.94	6.40	4.60	4.55
流向西北	70.38	56.16	2.26	1.30	1.48
合计	22980.90	−3.67			

数据来源：中国钢铁工业协会。

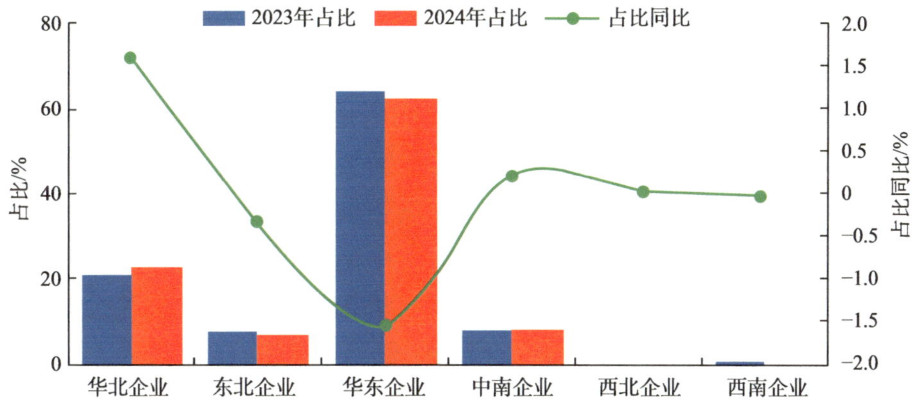

图 7-16　华东地区钢材市场份额占比情况
（数据来源：中国钢铁工业协会）

（四）中南企业：聚焦两地，尚待优化

2024 年，中南地区会员钢铁企业销售流向本地钢材量 8185.25 万吨，占中南区域市场份额 57.73%，与上年名义比较下降了 2.69 个百分点；销售流向华东地区钢材量 2489.71 万吨，占华东区域市场份额 7.97%，上升了 0.20 个百分点；销售流向华北地区钢材量 383.97 万吨，占华北区域市场份额 2.50%，上升了 0.06 个百分点；销售流向西南地区钢材量 340.10 万吨，占西南区域市场份额 6.47%，下降了 1.44 个百分点；销售流向西北地区钢材量 148.94 万吨，占西北区域市场份额 4.78%，下降了 0.73 个百分点；销售

流向东北地区钢材量 46.56 万吨，占东北区域市场份额 1.57%，上升了 0.35 个百分点（图 7-17）。

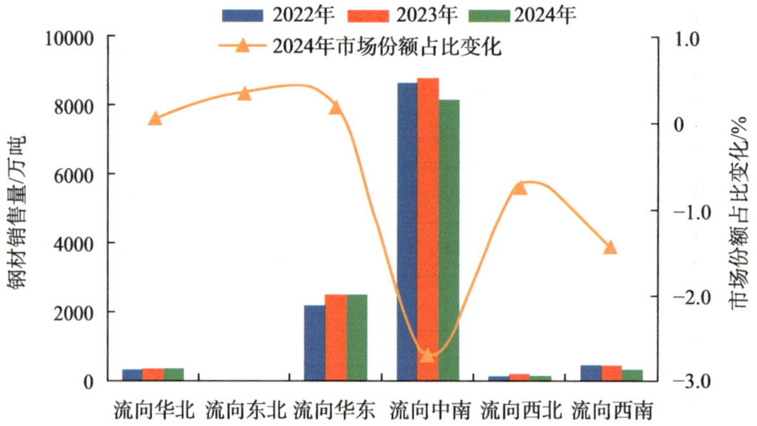

图 7-17　中南地区钢铁企业钢材销售流向情况

（数据来源：中国钢铁工业协会）

上述数据表明（表 7-4 和图 7-18），中南地区钢铁企业销售主要集中在本地和华东地区，但本地市场份额下降，需要关注本地市场需求的变化。在其他区域市场份额较小且有波动，市场拓展面临挑战，需进一步优化市场布局。随着区域经济发展战略的推进，中南地区内部基础设施建设投资增速放缓，影响了本地钢材需求。但在与华东地区的经济交流合作中，钢材贸易往来更加频繁，使得在华东市场份额有所上升。

表 7-4　中南地区钢铁企业钢材销售量及市场份额情况

地区	2024 年钢材销售量/万吨	2024 年钢材销售量同比涨跌幅/%	2024 年占该区域市场份额/%	2023 年占该区域市场份额/%	2022 年占该区域市场份额/%
流向中南	8185.25	−7.10	57.73	60.42	59.71
流向华东	2489.71	−0.97	7.97	7.77	6.78
流向华北	383.97	2.71	2.50	2.43	2.35
流向西南	340.10	−27.03	6.47	7.91	7.69
流向西北	148.94	−22.22	4.78	5.51	4.02
流向东北	46.56	25.35	1.57	1.22	1.24
合计	11594.53	−6.44			

数据来源：中国钢铁工业协会。

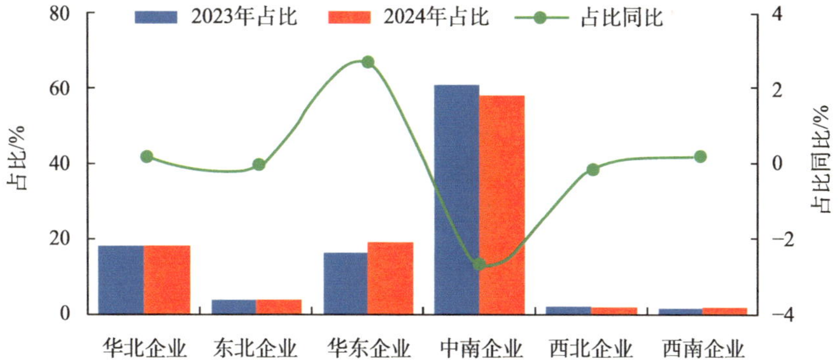

图 7-18　中南地区钢材市场份额占比情况

（数据来源：中国钢铁工业协会）

（五）西北企业：本地为主，西南协同

2024 年，西北地区会员钢铁企业销售流向本地钢材量 2246.09 万吨，占西北区域市场份额 72.05%，与上年名义比较上升了 4.24 个百分点；销售流向西南地区钢材量 356.53 万吨，占西南区域市场份额 6.78%，上升了 0.45 个百分点；销售流向中南地区钢材量 194.24 万吨，占中南区域市场份额 1.37%，下降了 0.18 个百分点；销售流向华东地区钢材量 96.22 万吨，占华东区域市场份额 0.31%，上升了 0.04 个百分点；销售流向华北地区钢材量 75.08 万吨，占华北区域市场份额 0.49%，上升了 0.09 个百分点；销售流向东北地区钢材量 2.31 万吨，占东北区域市场份额 0.08%，上升了 0.02 个百分点（图 7-19）。

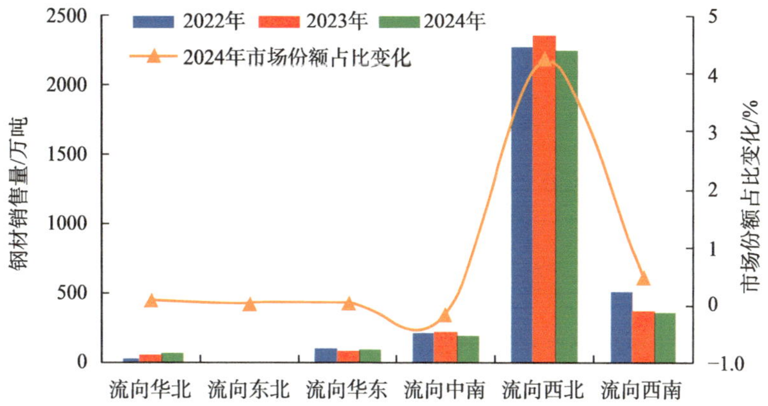

图 7-19　西北地区钢铁企业钢材销售流向情况

（数据来源：中国钢铁工业协会）

上述数据表明（表 7-5 和图 7-20），西北地区钢铁企业以本地销售为主，本地市场份额显著提升，在西南市场也有一定拓展成果。但在其他区域市场份额依然较小，未来应在巩固现有市场的基础上，探索更有效的市场扩张路径。“西部大开发”战略持续推进，西北地区基础设施建设和产业发展对钢材需求增加，使得本地市场份额上升。同时，与西南地区的经济联系加强，促进了钢材在西南市场的销售。

表 7-5　西北地区钢铁企业钢材销售量及市场份额情况

地区	2024 年钢材销售量/万吨	2024 年钢材销售量同比涨跌幅/%	2024 年占该区域市场份额/%	2023 年占该区域市场份额/%	2022 年占该区域市场份额/%
流向西北	2246.09	–4.79	72.05	67.82	71.17
流向西南	356.53	–4.39	6.78	6.33	8.41
流向中南	194.24	–14.28	1.37	1.55	1.51
流向华东	96.22	13.05	0.31	0.26	0.29
流向华北	75.08	23.92	0.49	0.39	0.21
流向东北	2.31	30.26	0.08	0.06	0.05
合计	2970.47	–4.37			

数据来源：中国钢铁工业协会。

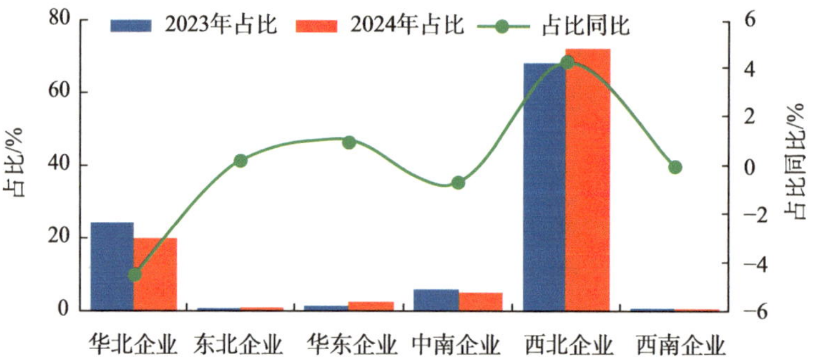

图 7-20　西北地区钢材市场份额占比情况
（数据来源：中国钢铁工业协会）

（六）西南企业：依托本地，适度外扩

2024 年，西南地区会员钢铁企业销售流向本地钢材量 3956.06 万吨，占西南区域市场份额 75.25%，与上年名义比较上升了 1.47 个百分点；销售流向中南地区钢材量 178.82 万吨，占中南区域市场份额 1.26%，上升了 0.15 个百分点；销售流向华东地区钢材量 113.87 万吨，占华东区域市场份额

0.36%，下降了 0.02 个百分点；销售流向西北地区钢材量 17.89 万吨，占西北区域市场份额 0.57%，下降了 0.08 个百分点；销售流向华北地区钢材量 17.70 万吨，占华北区域市场份额 0.12%，上升了 0.01 个百分点；销售流向东北地区钢材量 2.66 万吨，占东北区域市场份额 0.09%，上升了 0.02 个百分点（图 7-21）。

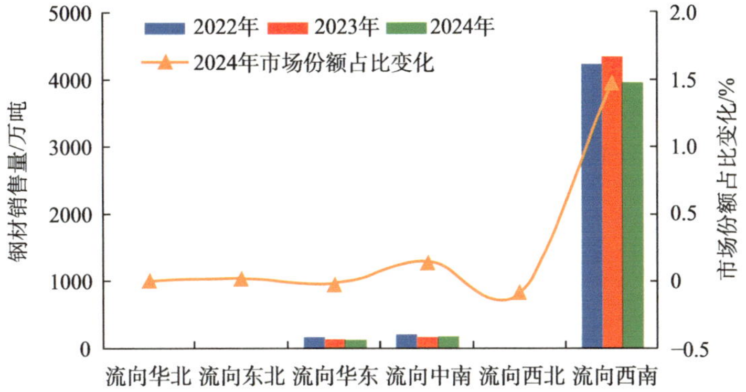

图 7-21　西南地区钢铁企业钢材销售流向情况
（数据来源：中国钢铁工业协会）

上述数据表明（表 7-6 和图 7-22），西南地区钢铁企业高度依赖本地市场，本地市场份额持续上升。在外部市场中，中南市场有一定进展，但整体外部市场拓展空间有限，企业需在满足本地需求的同时，探索更具针对性的外部市场开拓策略。西南地区自身经济发展，特别是基础设施建设和房地产行业的发展，拉动了本地钢材需求。与周边地区的经济合作不断深化，在中南市场份额有所上升，但进一步拓展其他远距离市场仍面临较大困难。

表 7-6　西南地区钢铁企业钢材销售量及市场份额情况

地区	2024 年钢材销售量/万吨	2024 年钢材销售量同比涨跌幅/%	2024 年占该区域市场份额/%	2023 年占该区域市场份额/%	2022 年占该区域市场份额/%
流向西南	3956.06	–8.96	75.25	73.78	69.58
流向中南	178.82	10.02	1.26	1.11	1.37
流向华东	113.87	–8.58	0.36	0.38	0.51
流向西北	17.89	–21.91	0.57	0.66	0.62
流向华北	17.70	8.66	0.12	0.11	0.11
流向东北	2.66	26.78	0.09	0.07	0.06
合计	4287.01	–8.28			

数据来源：中国钢铁工业协会。

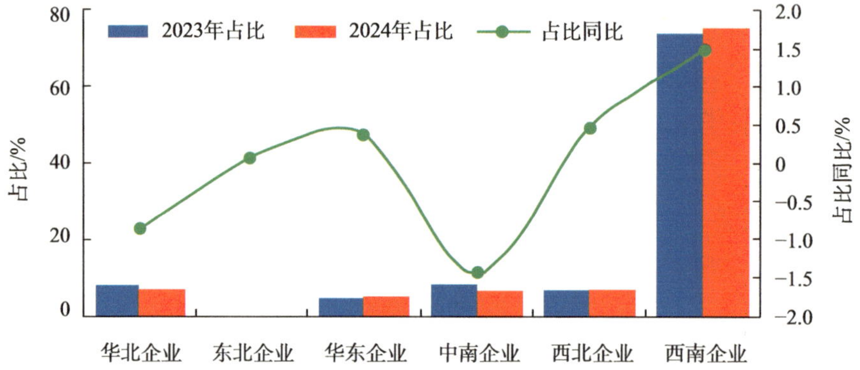

图 7-22　西南地区钢材市场份额占比情况
（数据来源：中国钢铁工业协会）

（七）小结

综合来看，各地区钢铁企业钢材销售流向呈现鲜明的区域特征。多数企业依赖本地市场，同时积极拓展外部市场，但面临的机遇与挑战各异。从政策影响趋势看，随着“双碳”战略的深入推进，钢铁企业绿色转型的步伐将加快，绿色钢材产品的市场竞争力将进一步增强，这将影响各地区钢铁企业在不同市场的份额。在全国统一大市场战略持续实施的背景下，跨区域间产业协同与经济合作将更加密切，钢铁企业应抓住机遇，加强跨区域合作，优化产能布局和销售渠道。

未来，钢铁企业需关注市场需求的动态变化，尤其是新兴产业如新能源汽车、高端装备制造等对特种钢材的需求增长。在拓展市场方面，企业应加强技术创新，提升产品质量和附加值，同时优化物流配送体系，降低运输成本。对于市场份额下降的区域，企业需深入分析原因，制定针对性的营销策略。此外，钢铁企业还应积极应对国际贸易摩擦和全球经济形势变化带来的不确定性，通过多元化市场布局，降低市场风险，在激烈的市场竞争中谋求可持续发展。

（本章撰写人：焦响，李嵩，孙宁，刘行，中国钢铁工业协会）

第8章 钢材市场价格走势

2024年，国民经济总体运行平稳，给钢铁市场的平稳运行提供了良好的外部环境。从钢材需求来看，以房地产为代表的建筑用钢行业消费需求继续下降，与此同时，在“两新”“两重”的带动下，制造业对钢材消费支撑作用继续增强。2024年全年粗钢产量较上年有所下降，与此同时，钢材出口大幅增加，粗钢表观消费量降幅显著，全年粗钢产量降幅明显小于表观消费量降幅，供大于求矛盾依然突出。从全年运行情况看，除9月底受政策扰动短期出现大幅快速上涨外，钢材价格全年呈震荡下行走势，整体低于2023年。

一、国内钢材市场价格总体走势

（一）国内市场钢材价格先降后升，总体水平低于上年

2024年，中国钢材价格指数（CSPI）平均值为102.47点，同比下降9.37点，降幅为8.38%（表8-1）。分月情况看，1—3月，钢材价格呈持续下行走势，4—5月反弹企稳，6—8月又开始单边快速下行，9月底在宏观政策的刺激下短期快速上涨，但持续上行动力不足，10—11月快速回调，12月小幅震荡（图8-1）。

从品种情况看，2024年CSPI长材指数平均值为105.22点，同比下降10.20点，降幅为8.84%；板材指数平均值为100.58点，同比下降11.29点，降幅为10.09%。长材价格降幅比板材低1.25个百分点（图8-2和图8-3），“长强板弱”的特征明显。

表 8-1　2024 年 CSPI 中国钢材价格平均指数变化情况　　%

项　目	2024 年平均	2023 年平均	同比变化量	同比变化率
综合指数	102.47	111.84	–9.37	–8.38
长材	105.22	115.42	–10.20	–8.84
板材	100.58	111.87	–11.29	–10.09

数据来源：中国钢铁工业协会。

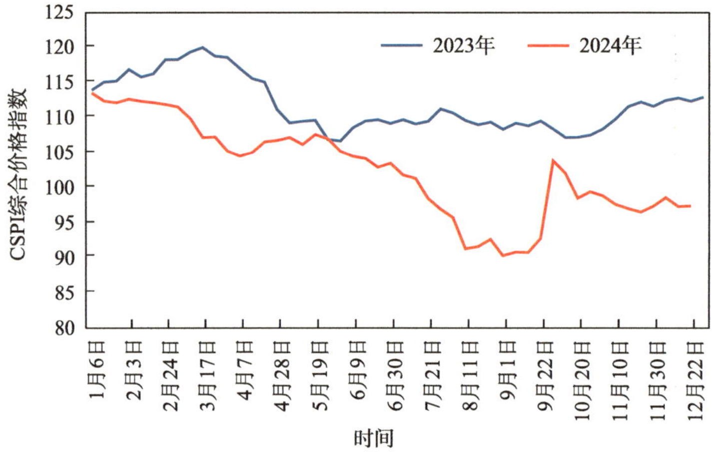

图 8-1　中国钢材价格指数（CSPI）走势图
（数据来源：中国钢铁工业协会）

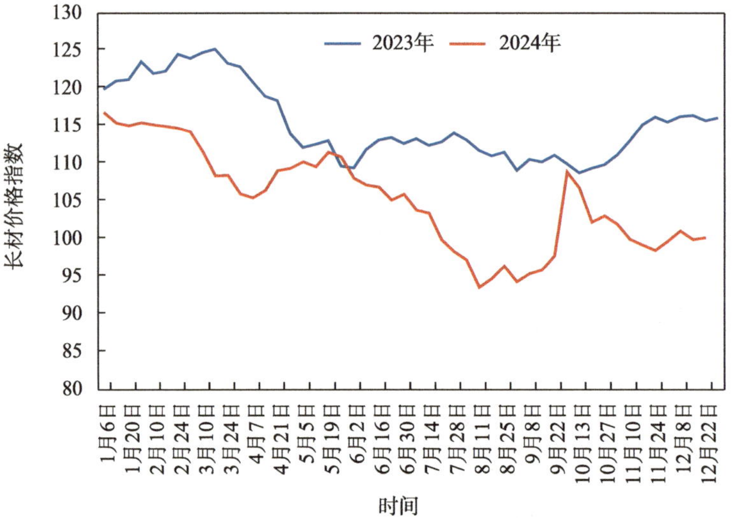

图 8-2　CSPI 长材价格指数走势图
（数据来源：中国钢铁工业协会）

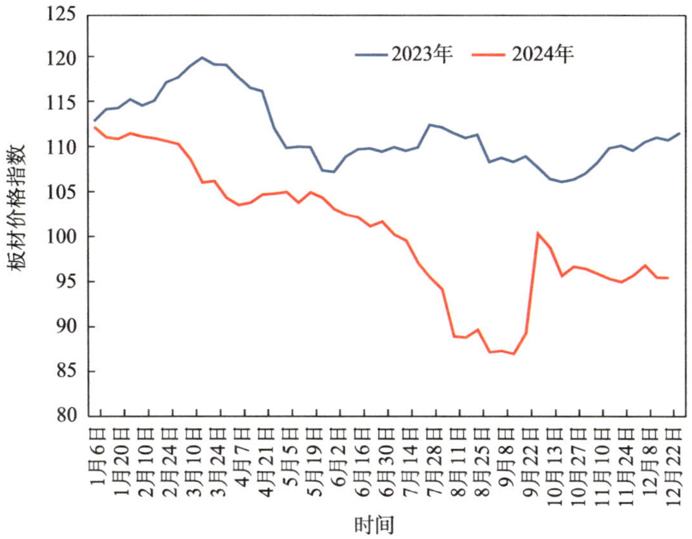

图 8-3　CSPI 板材价格指数走势图

（数据来源：中国钢铁工业协会）

1. 主要钢材品种价格变动情况

2024 年，钢协监测的八大钢材品种价格均有一定幅度下降。长材品种中，角钢价格降幅较大，下降 384 元/吨，降幅 9.30%；板材品种中，中厚板和热轧卷板价格降幅较大，分别下降 431 元/吨和 357 元/吨，降幅分别为 10.34%和 8.68%（表 8-2）。

表 8-2　2024 年主要钢材品种平均价格变化情况　　元/吨

项　目	2024 年平均	2023 年平均	同比增长	增幅/%
高线 6.0 毫米	3790	4130	–340	–8.23
钢筋（螺纹钢）16 毫米	3546	3875	–329	–8.49
角钢 5 号	3746	4130	–384	–9.30
中厚板 20 毫米	3739	4170	–431	–10.34
热轧卷板 3.0 毫米	3755	4112	–357	–8.68
冷轧薄板 1.0 毫米	4323	4711	–388	–8.24
镀锌板 1.0 毫米	4732	5044	–312	–6.19
热轧无缝管 219 毫米 × 10 毫米	4635	4976	–341	–6.85

数据来源：中国钢铁工业协会。

2. 主要区域市场钢材价格变化情况

2024 年，各地区钢材价格平均指数均有所下降，降幅差距较小。其中，华东地区降幅相对较大，同比下降 8.64%；东北地区降幅相对较小，降幅为 7.36%；西北、中南、华北、西南地区指数分别下降 8.60%、8.25%、8.15%、7.99%（表 8-3）。

表 8-3　CSPI 分地区钢材价格指数变化情况

CSPI 地区指数	2024 年平均	2023 年平均	升降	升降幅度/%
华北地区	101.17	110.15	–8.98	–8.15
东北地区	101.56	109.63	–8.07	–7.36
华东地区	103.13	112.88	–9.75	–8.64
中南地区	104.74	114.16	–9.42	–8.25
西南地区	102.31	111.20	–8.89	–7.99
西北地区	103.67	113.42	–9.75	–8.60

数据来源：中国钢铁工业协会。

（二）国际市场钢材价格震荡下行

2024 年，CRU 国际钢材价格指数平均值为 197.5 点，同比下降 22.5 点，降幅为 10.21%。国际钢材指数降幅大于国内钢材指数降幅 1.83 个百分点。2024 年，CRU 长材指数平均值为 205.8 点，同比下降 19.1 点，降幅为 8.48%；CRU 板材指数平均值为 193.4 点，同比下降 22.2 点，降幅为 10.31%。国际价格指数变化情况分别见图 8-4 和表 8-4。

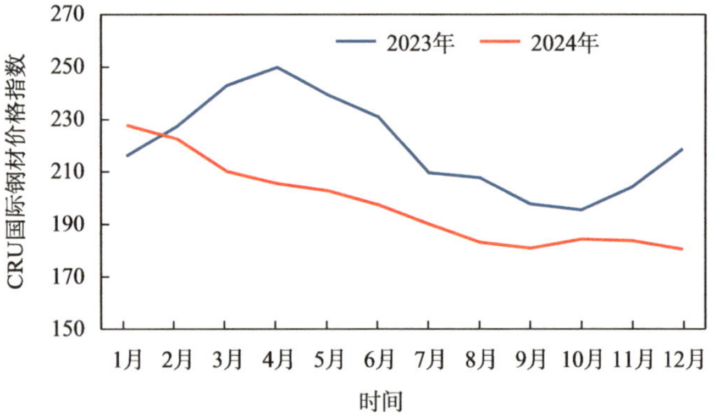

图 8-4　CRU 国际钢材价格指数走势
（数据来源：CRU）

表 8-4　2024 年 CRU 国际钢材价格平均指数变化情况

项目	2024 年平均	2023 年平均	同比增长	同比增幅/%
钢材综合	197.5	220.0	–22.5	–10.21
长材	205.8	224.8	–19.1	–8.48
板材	193.4	215.6	–22.2	–10.31
北美市场	229.5	251.8	–22.3	–8.87
欧洲市场	217.8	242.5	–24.7	–10.20
亚洲市场	167.5	188.8	–21.3	–11.27

数据来源：CRU。

（三）中国钢材进出口价格变化情况

据海关总署发布的数据，2024 年，中国出口钢材 11071.6 万吨，同比增加 2045.2 万吨，增长 22.7%，出口均价 755.4 美元/吨，同比下降 19.3%。中国进口钢材 681.5 万吨，同比减少 83.0 万吨，下降 10.9%，进口均价 1688.5 美元/吨，同比上升 1.8%。

二、国内钢材市场分析

2024 年是实现“十四五”规划目标任务的关键一年，中国经济运行总体平稳、稳中有进。2024 年 9 月 26 日中央政治局会议召开之后，一揽子增量政策有效地激发了发展活力、扩大了市场需求、拉动了企业生产、提升了市场活跃度、增强了发展信心，对四季度经济回升和全年目标顺利实现起到了决定性作用，为钢铁行业平稳运行提供了良好的外部环境。与此同时，中国钢铁行业全年生产保持平稳，出口保持增长，为中国经济平稳向好作出了重要贡献。

（一）国民经济运行平稳为钢铁市场良好运行提供坚实基础

2024 年，中国宏观经济总体呈稳中有进的运行态势。2024 年，中国国内生产总值（GDP）突破 130 万亿元，达到 1349084 亿元，按不变价格计算，比上年增长 5.0%。分产业看，第一产业增加值 91414 亿元，增长 3.5%；第二产业增加值 492087 亿元，增长 5.3%；第三产业增加值 765583 亿元，增长 5.0%。三次产业增加值占 GDP 的比重分别为 6.8%、36.5%和 56.7%，对经济增长的贡献率分别为 5.2%、38.6%和 56.2%，三次产业协同发力推动中国经济平稳运行。

投资增长总体平稳。随着“两重”“两新”等政策落地，有效投资稳步扩大，投资结构继续优化，有力助推经济高质量发展。2024 年，资本形成总额对经济增长贡献率为 25.2%，拉动 GDP 增长 1.3 个百分点。“两重”建设和大规模设备更新带动下，2024 年基础设施投资增长 4.4%，比前三季度加快 0.3 个百分点，设备、工具、器具投资增长 15.7%，比上年加快 9.1 个百分点，拉动全部投资增长 2.2 个百分点，制造业投资比上年增长 9.2%，增速比全部投资高 6.0 个百分点。其中，装备制造业投资增长 9.0%，制造业技改投资增长 8.0%，增速高于全部投资 4.8 个百分点。

工业生产稳步加快。2024 年，全国规模以上工业增加值较上年增长 5.8%，增速较上年加快 1.2 个百分点。超九成行业、六成产品实现增长。2024 年，在工业 41 个大类行业中，39 个行业增加值较上年实现增长，增长面为 95.1%，比上年大幅提高 26.8 个百分点；在统计的 619 种主要工业产品中，395 种产品产量实现增长，增长面为 63.8%，比上年提高 3.6 个百分点。2024 年，规模以上装备制造业增加值较上年增长 7.7%，增速高于全部规模以上工业 1.9 个百分点；增加值占全部规模以上工业比重达 34.6%，较上年提升 1.0 个百分点。主要行业中，电子、铁路、船舶、航空航天、汽车行业较快增长，增速分别为 11.8%、10.9%、9.1%。工业经济的稳步向好为钢铁行业的平稳运行提供了支撑。

（二）房地产业支撑作用继续减弱，钢材总体消费同比下降

从房地产业来看，据国家统计局数据，2024 年房地产开发投资累计同比下降 10.6%，房屋新开工面积下降 23.0%，但 12 月国房景气指数为 92.78，连续 8 个月小幅回升。在各项政策作用下，房地产市场积极变化增多，市场成交趋于活跃、价格回稳带来了市场预期好转，止跌回稳动能在增强，后期走势有望继续改善。从总体情况看，基建和制造业的平稳增长难以抵消房地产行业下行带来的需求下降，全年折合粗钢表观消费量 89277 万吨，同比减少 4398 万吨，同比下降 4.7%。2024 年粗钢产量同比降幅明显小于表观消费量降幅，供大于求矛盾依然突出。

（三）原燃料价格均下降，对钢材价格支撑作用减弱

根据海关总署的数据，2024 年中国累计进口铁矿石 123654.6 万吨，同

比增加 5815.3 万吨，增长 4.9%；进口均价 106.9 美元/吨，较上年同期下降 8.2 美元/吨，降幅为 7.12%。根据钢协监测的数据，2024 年国产铁精矿价格 952 元/吨，同比下降 25 元/吨，降幅为 2.56%；炼焦煤、冶金焦价格同比下降 257 元/吨和 355 元/吨，降幅分别为 11.85%和 15.67%；废钢价格同比下降 294 元/吨，降幅为 9.78%。

2024 年原燃料不同品种价格均下降。全年整体来看，铁矿石价格主要呈震荡下跌走势。1 月初至 4 月初，普氏指数开启单边下跌走势，铁矿石价格从年初的 143.2 美元/吨一路下跌至 98.5 美元/吨，跌幅达 44.7 美元/吨。4 月至 6 月，铁矿石价格开启超跌反弹模式，震荡区间在 100－120 美元/吨。6 月底至 9 月底，铁矿石价格一度跌至 90 美元/吨附近。9 月底至年末，铁矿石价格窄幅震荡。从全年情况看，2024 年原燃料价格均有所下移，全年均价低于 2023 年（表 8-5）。

表 8-5　2024 年主要原燃材料市场价格变动情况

项目	单位	2024 年平均	2023 年平均	同比增长	同比增幅/%
国产铁精矿	元/吨	952	977	–25	–2.56
进口矿	美元/吨	106.9	115.1	–8.2	–7.12
炼焦煤	元/吨	1912	2169	–257	–11.85
冶金焦	元/吨	1910	2265	–355	–15.67
废钢	元/吨	2711	3005	–294	–9.78

数据来源：中国钢铁工业协会。

（本章撰写人：朱晓波，尹东玲，中国钢铁工业协会；
付静，林缇，伍文，冶金工业信息中心）

延伸阅读：世界钢铁生产与市场情况

2024 年，全球经济在多重压力下呈现显着分化态势，美国经济保持较好增长，欧盟经济走势低迷，新兴市场和发展中经济体增速虽略有下滑，但仍然保持高增长。但 2024 年整体上全球经济增长继续放缓，而这种疲软的经济环境直接抑制了钢铁需求，尤其是传统用钢领域的收缩更为明显。

2024 年全球主要经济体面临家庭购买力下降、高通胀压力以及央行持续加息导致的融资成本上升问题。美联储等央行的货币紧缩政策，大大削弱了企业投资信心，直接减少了钢铁的消费。全球制造业在 2024 年面临高成本、融资收紧和经济不确定性的挑战，企业投资意愿降低。制造业活动的疲软，减少了对钢铁的需求，使得钢铁企业订单减少。由于经济增速放缓，消费者购买力下降，对钢铁制品的消费减少。同时，建筑用钢需求增长也较为缓慢，房地产市场的调控政策以及市场饱和度的增加，使得建筑用钢需求难以提升。此外，经济低迷也促使贸易保护主义抬头以及各国贸易政策的不确定性，给钢材出口带来一定压力。一些国家为了保护本国钢铁产业，采取了加征关税、设置贸易壁垒等措施，限制了钢材的国际贸易，使得钢铁企业的出口市场受到挤压。

总之，2024 年全球经济走势从多个方面对全球钢铁生产和消费产生了负面影响，给钢铁行业带来了诸多挑战。

一、全球钢铁产量

（一）全球粗钢生产概况

据世界钢铁协会 2025 年 6 月发布的初步统计数据，2024 年世界粗钢产量在连续两年增长后出现下滑，降到 18.85 亿吨，相比上年 19.04 亿吨减少 1900 万吨，降幅为 0.99%，与新冠疫情暴发的 2020 年水平——18.83 亿吨相当，见图 8A-1。

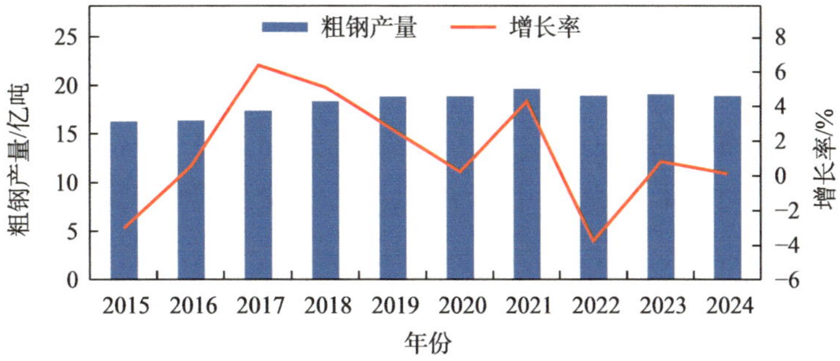

图 8A-1　世界粗钢产量及增长率

（数据来源：世界钢铁协会）

分月度产量看，2024 年全球粗钢产量从年初的月度产量不到 15000 万吨波动上行，在 5 月达到全年最高的月度产量 16510 万吨，然后呈现下滑走势，在 9 月降至年内最低月度产量 14360 万吨，其后在 10 月短暂回升到 15000 万吨以上，达到 15210 万吨，再其后的 11 月和 12 月粗钢产量连续两月下滑，并在 12 月降到年内月度粗钢产量次低点 14450 万吨。2024 年，全球粗钢月度产量最高月度产量与最低月度产量相差 2150 万吨，即 9 月最低产量只有 5 月最高产量的 86.98%。

从地区层面看，2024 年非洲地区粗钢产量为 2230 万吨，同比增长 1.0%；2024 年亚洲和大洋洲地区粗钢产量达到 13.58 亿吨，同比下降 1.0%；2024 年欧盟（27 国）粗钢产量为 1.29 亿吨，同比增长 2.6%；2024 年其他欧洲国家粗钢产量为 4320 万吨，同比增长 3.4%；2024 年中东地区粗钢产量为 5410 万吨，同比增长 0.5%；2024 年北美地区粗钢产量达到 1.06 亿吨，同比下滑 4.2%；2024 年俄罗斯和其他独联体国家+乌克兰地区粗钢产量为 8480 万吨，同比下滑 4.2%；2024 年南美地区粗钢产量为 4190 万吨，同比增长 0.6%。

从国家层面看，2024 年全球十大粗钢生产国仍为中国、印度、日本、美国、俄罗斯、韩国、德国、土耳其、巴西和伊朗，且排序与 2023 年一样。2024 年全球十大粗钢生产国合计粗钢产量达到 15.92 亿吨，比上年的 16.13 亿吨减少 2070 万吨，下降 1.28%。2024 年全球十大粗钢生产国粗钢产量占全球粗钢产量份额为 84.47%，而 2023 年份额为 84.71%，同比降低 0.24 个百分点。

2024 年全球十大粗钢生产国中有 5 个国家粗钢产量同比增产，有 5 个国家粗钢产量同比减产，其中印度、德国、土耳其、巴西和伊朗 2024 年粗钢产量同比均有增长，增幅分别为 6.11%、5.08%、9.49%、5.62%和2.28%。同时，2024 年全球十大粗钢生产国同比减产的分别是中国、日本、美国、俄罗斯和韩国，粗钢产量降幅分别为 2.31%、3.45%、2.33%、6.58%和 4.65%。2024 年全球十大粗钢生产国粗钢增产国家合计增产粗钢1610 万吨，减产国家合计减产粗钢 3680 万吨，粗钢减产数量比增产数量高出 2070 万吨（表 8A-1）。

表 8A-1　2024 年全球十大粗钢生产国粗钢产量及增幅　　万吨

国家	2024 年排名	2023 年排名	2024 年粗钢产量	2023 年粗钢产量	同比增幅/%
中国	1	1	100510	102890	–2.31
印度	2	2	14940	14080	6.11
日本	3	3	8400	8700	–3.45
美国	4	4	7950	8140	–2.33
俄罗斯	5	5	7100	7600	–6.58
韩国	6	6	6360	6670	–4.65
德国	7	7	3720	3540	5.08
土耳其	8	8	3690	3370	9.49
巴西	9	9	3380	3200	5.62
伊朗	10	10	3140	3070	2.28

数据来源：世界钢铁协会。

从企业层面看，2024 年全球粗钢产量排名前 10 大公司中有中国企业 6 家，占比 60%，前 20 大公司中有 12 家中国企业，比 2023 年多一家，占比 60%，这与中国粗钢产量占全球份额基本相应，显示出中国钢铁产业对全球钢铁产业的影响力不容小觑。在前 10 大钢铁企业中除中国钢铁企业外，还有总部位于卢森堡的安赛乐米塔尔公司、日本制铁公司、POSCO 控股公司和印度塔塔钢铁集团。在粗钢产量排名前 20 大的钢铁企业中，除中国钢铁企业外，印度有 3 家钢铁企业（与上年持平），日本有两家钢铁企业，韩国有一家钢铁企业（比上年减少一家），美国和欧洲各有一家企业进入前 20。

2024 年前 10 大粗钢生产企业合计粗钢产量为 5.22 亿吨，高于 2023 年的 5.19 亿吨，增长 0.58%。2024 年前 10 大粗钢生产企业合计粗钢产量占全球粗钢产量比重为 27.68%，比 2023 年的 27.27%高出 0.41 个百分点。2024 年全球 10 大粗钢生产企业粗钢最低的产量达到 3000 万吨，而 2023 年的最低粗钢产量不到 3000 万吨，为 2950 万吨，相差 152 万吨。在 2024 年前 10 大钢铁企业中，粗钢产量同比增长的有 5 家，同比减产的有 5 家。其中增幅在 5.00%以上的有两家，分别是鞍钢集团的 6.55%和塔塔钢铁集团的 5.15%。降幅最大的是首钢集团，降幅为 5.98%，有 3 家企业粗钢产量降幅不到 1.00%（表 8A-2）。

表 8A-2　2023—2024 年世界粗钢产量前 10 名钢铁企业粗钢产量和排名

百万吨

2024 年排名	2023 年排名	公司	注册地	2024 年产量	2023 年产量	同比增幅/%
1	1	中国宝武	中国	130.09	130.77	–0.52
2	2	安赛乐米塔尔①	卢森堡	65.00	68.52	–5.13
3	3	鞍钢集团	中国	59.55	55.89	6.55
4	4	日本制铁②	日本	43.64	43.66	–0.04
5	5	河钢集团	中国	43.28	41.34	4.69
6	6	沙钢集团	中国	40.22	40.54	–0.79
7	8	建龙重工集团	中国	39.37	38.44	2.42
8	7	POSCO 控股公司	韩国	37.97	36.99	2.65
9	9	首钢集团	中国	31.57	33.58	–5.98
10	10	塔塔钢铁集团	印度	31.02	29.5	5.15

① 包括 AM/NS 印度公司（前 Essar 钢铁公司）60%的粗钢产量；

② 包括新日铁不锈钢公司、三洋特钢、Ovako 公司、AM/NS 印度公司（前 Essar 钢铁公司）40%和米纳斯吉拉斯公司 22%的粗钢产量。

数据来源：世界钢铁协会。

从生产工艺角度看(表 8A-3)，全球电炉钢比最高的地区是中东地区，2024 年达到 95.40%（转炉钢比为 4.60%），比上年降低 0.1 个百分点；其次是非洲地区，电炉钢比为 87.30%（转炉钢比为 12.70%），比 2023 年提升 0.5 个百分点；第三是北美地区，电炉钢比为 71.80%（转炉钢比为 28.20%），比 2023 年提升 2.6 个百分点；第四是其他欧洲国家的 65.30%（转炉钢比为 34.70%），比上年的 63.80%高出 1.5 个百分点；第五是欧盟 27 国，电炉钢比为 44.40%（转炉钢比为 55.60%），比 2023 年的 44.80%降低 0.4 个百分点。除欧盟地区外，其他地区 2024 年电炉钢比均有所提升。因此，2024 年全球电炉钢比为 29.10%，比上年的 28.60%提高 0.5 个百分点。在全球 10 大粗钢生产国中，2024 年电炉钢比较低的国家是中国、日本、俄罗斯、韩国、德国和巴西，均不到 35%，其中最低的是中国，2024 年电炉钢比仅有 10.20%。在全球钢铁行业采用碳排放更低的电炉生产流程的绿色转型发展中，未来上述国家电炉钢比有很大的提升空间。作为脱碳重要途径的电炉钢炼钢流程，未来全球主要产钢国的电炉钢产能和产量将会发生很大变化，特别是短期内欧美地区许多企业正在积极建设电炉产能和宣布计划建设电炉产能（与新建直接还原铁产能配套），因而未来欧美国家电炉钢比会有不小提升，特别是欧洲国家。

表 8A-3　2023 年世界分地区和主要产钢国粗钢生产工艺占比

国家和地区	粗钢/百万吨	转炉钢占比/%	电炉钢占比/%	其他工艺占比/%
中东地区	54.80	4.60	95.40	
非洲地区	28.10	12.70	7.30	
北美地区	106.10	28.20	71.80	
其他欧洲国家地区	45.00	34.70	65.30	
欧盟 27 国	129.70	55.60	44.40	
南美地区	41.90	66.60	32.40	
俄罗斯和其他独联体国家+乌克兰	87.00	60.90	33.80	5.30
亚洲地区	1386.80	80.60	19.10	0.30
中国	1005.10	89.80	10.20	
印度	149.40	41.20	58.80	
日本	84.00	73.80	26.20	
美国	79.50	28.20	71.80	
俄罗斯	71.00	63.60	34.20	2.20
韩国	63.60	72.30	27.70	
德国	37.20	70.90	29.10	
土耳其	36.90	30.00	70.00	
巴西	33.80	75.50	23.20	1.20
伊朗	31.40	8.00	92.00	

数据来源：世界钢铁协会。

（二）全球生铁和直接还原铁生产概况

2024 年全球生铁产量达到 12.93 亿吨，比上年的 13.11 亿吨下降 1.33%。2024 年全球最大的生铁生产国仍是中国，2024 年的产量达到 8.52 亿吨，同比上年的 8.72 亿吨减少 2000 万吨，降幅为 2.29%；其次是印度，2024 年印度生铁产量达到 9000 万吨，同比上年的 8630 万吨增加 370 万吨，增幅为 4.29%；第三是日本，2024 年日本生铁产量达到 6100 万吨，比 2023 年减少 200 万吨，同比降幅为 3.17%；第四是俄罗斯，2024 年俄罗斯生铁产量为 5120 万吨，比上年的 5460 万吨减少 340 万吨，同比降幅为 6.23%；第五为韩国，2024 年韩国生铁产量为 4420 万吨，比上年的 4520 万吨减少 100 万吨，同比降幅为 2.21%（表 8A-4）。

表 8A-4　2023 年和 2024 年全球主要生铁生产地区和生产国产量

百万吨

国家和地区	2023 年产量	2024 年产量	同比增幅/%
欧盟 27 国	63.40	65.80	3.78
其他欧洲国家	14.80	14.70	–0.68
俄罗斯和其他独联体国家+乌克兰	63.30	61.20	–3.32
北美地区	29.30	26.90	–8.19
南美地区	28.50	28.80	1.05
非洲	3.20	3.00	–6.25
中东地区	3.50	3.60	2.86
亚洲地区	1099.80	1086.10	–1.24
中国	872.10	851.70	–2.29
印度	86.30	90.00	4.29
日本	63.00	61.00	–3.17
俄罗斯	54.60	51.20	–6.23
韩国	45.20	44.20	–2.21
巴西	25.70	26.50	3.11
德国	23.60	24.30	2.97
美国	22.50	20.60	–8.44

数据来源：世界钢铁协会。

直接还原铁是非常重要的一种炼钢原料，主要生产方式包括气基方式和煤基方式。因此，目前世界直接还原铁产能主要建在天然气、煤和铁矿石资源丰富的国家和地区。2024 年全球直接还原铁产量继续增长，达到 1.44 亿吨，同比上年增加 540 万吨，增幅达到 3.89%，但比上年的增幅下降了 5.32 个百分点。2024 年全球最大的直接还原铁生产国仍是印度，其直接还原铁产量达到 5480 万吨，同比增长 10.48%；其次是伊朗，2024 年直接还原铁产量达到 3410 万吨，同比增长 2.09%；第三位是俄罗斯，2024 年直接还原铁产量达到 800 万吨，同比增长 2.56%；第四位是埃及，2024 年直接还原铁产量达到 710 万吨，同比下滑 1.39%；第五位是沙特阿拉伯，2024 年直接还原铁产量达到 690 万吨，同比增长 1.47%。未来，随着欧美地区，特别是欧洲地区钢铁企业转型发展，更多地配套直接还原铁+电炉，以寻求降低碳排放，可以预见全球直接还原铁产量将有明显增长（表 8A-5）。

表 8A-5　2023 年和 2024 年主要地区和国家直接还原铁产量

百万吨

国家和地区	2023 年产量	2024 年产量	同比增幅/%
欧盟 27 国	0.1	0.1	0
北美地区	14.3	13.2	–8
南美地区	2.2	1.4	–36
非洲地区	14.8	14.8	0
中东地区	48.8	49.9	2.25
亚洲地区	50.8	56.8	11.81
印度	49.6	54.8	10.48
伊朗	33.4	34.1	2.09
俄罗斯	7.8	8	2.56
埃及	7.2	7.1	–1.39
沙特阿拉伯	6.8	6.9	1.47
美国	5.5	5.5	0
墨西哥	5.9	4.7	–20.34
阿尔及利亚	4.2	4.2	0
阿联酋	3.6	3.5	–2.78
卡塔尔	1.7	2	17.65

数据来源：世界钢铁协会。

二、全球钢材贸易

钢材作为基础工业原材料，在建筑、机械制造、汽车、造船及基础设施建设等众多行业有广泛应用。2024 年全球钢材贸易在低碳转型、地缘冲突与政策重塑中进入深度调整期，传统贸易流向被打破，绿色技术与区域合作成为竞争核心。在此背景下，2024 年全球钢材贸易量同比增长 5.07%，连续两年同比增长，达到 4.492 亿吨。同时，2024 全球钢材贸易量占钢材产量的比重为 25.45%，同比上年的 23.97%高出 1.48 个百分点。全球钢材产量及出口量占比见图 8A-2。

图 8A-2　全球钢材产量及出口量占比
（数据来源：世界钢铁协会）

从单一经济体钢材出口量看，世界钢铁协会发布的数据显示，2024 年全球最大的钢材出口国（包括成品钢材和半成品钢材）是中国。2024 年出口钢材 11710 万吨（中国海关数据 2024 年中国累计出口钢材 1.11 亿吨，同比增长 22.7%，折合粗钢净出口约 1.13 亿吨），占全球钢材出口量的 22.70%；第二是日本，2024 年出口钢材 3120 万吨，占全球钢材出口量的 7.38%；第三是韩国，2024 年出口钢材 2800 万吨，占全球钢材出口量的 6.62%；第四是欧盟 27 国，2024 年出口钢材 2780 万吨，占全球钢材出口量的 6.57%；第五是德国，2024 年出口钢材 2260 万吨，占全球钢材出口量的 5.34%。2024 年全球钢材出口十大经济体合计出口钢材 29980 万吨，占全球钢材出口量 70.92%。在全球十大钢材出口经济体中来自亚洲的经济体合计出口钢材 18970 万吨，占全球钢材出口的 44.88%。由此表明亚洲不仅是全球钢材最重要的生产地区，也是全球最大的钢材出口地区。

从钢材进口看，尽管一些地区继续实施进口限制政策，包括提高进口关税、实施配额制度，以及一些国家开始实施进口限制政策，但主要进口地区或国家的钢材进口仍处于较高水平。例如，2024 年全球钢材进口最大的经济体是欧盟地区，钢材进口总量达到 4280 万吨；第二是美国，2024 年进口钢材 2730 万吨；第三是土耳其，2024 年进口钢材 1970 万吨；第四是意大利，2024 年进口钢材 1850 万吨；第五是德国，2024 年进口钢材 1830 万吨。

从钢材净出口看，2024 年最大的钢材净出口国是中国，2024 年钢材净出口量为 10840 万吨；第二是日本，2024 年钢材净出口 2500 万吨；第三是韩国，2024 年钢材净出口 1380 万吨；第四是俄罗斯，2024 年钢材净出口 980 万吨；第五是伊朗，2024 年钢材净出口 900 万吨。

此外，2024 年既是钢材出口大国和地区，也是钢材进口大国和地区，而且进口量和出口量均在 1000 万吨以上的经济体包括欧盟地区、日本、韩国、德国、土耳其、意大利、越南、印度尼西亚以及比利时等。

从钢材出口分品种看，2024 年出口量最大的品种是热轧薄板和带卷，达到 8200 万吨，比上年的 7560 万吨高出 640 万吨，增幅为 8.46%，同时占 2024 年全球钢材出口量的 19.40%，高于 2023 年的 18.77%和高于 2022 年的 17.97%，呈现连续提升态势。此外，2024 年全球钢材出口量比较大的品种还包括钢锭和半成品钢材，达到 5460 万吨；镀锌板出口量达到 4320 万吨；钢管和管件出口量达到 3720 万吨；中厚板出口量达到 3550 万吨；冷轧薄板和带卷出口量达到 3120 万吨；线材出口量达到 2380 万吨；角钢、型钢出口量达到 2170 万吨；钢筋出口量达到 1770 万吨（表 8A-6）。

表 8A-6 2020—2024 年世界钢材分品种出口量 百万吨

品 种	2020 年	2021 年	2022 年	2023 年	2024 年
钢锭和半成品	55.7	61.1	44.6	53.1	54.6
钢轨	2.6	2.8	2.6	3.1	3.2
角钢和型钢	19.6	20.3	19.0	20.3	21.7
钢筋	19.2	22.0	15.4	15.5	17.7
热轧棒材和条材	12.8	15.3	12.7	12.3	12.0
盘条	25.2	29.0	25.5	22.8	23.8

续表 8A-6

品　种	2020 年	2021 年	2022 年	2023 年	2024 年
冷拉钢丝	8.7	9.6	8.6	9.9	8.9
其他棒材和条材	4.5	6.1	7.4	8.4	7.7
热轧带钢	2.8	3.4	3.0	3.1	3.2
冷轧带钢	3.7	4.8	4.1	4.0	3.9
热轧薄板和带卷	74.6	79.3	68.0	76.0	82.0
中厚板	29.4	30.9	32.2	34.6	35.5
冷轧薄板和带卷	19.0	36.7	30.8	30.1	31.9
电工薄板材和带材	3.9	5.1	5.2	4.5	4.6
镀锡产品	7.0	6.8	6.9	5.9	6.9
镀锌产品	37.0	45.3	38.4	41.0	43.2
其他镀层板	18.1	20.2	16.5	18.3	21.2
钢管和管件	32.3	34.3	34.2	36.5	37.2
轮毂（锻造和轧制）和轮轴	0.7	0.9	0.8	1.0	1.3
铸件	1.1	1.4	1.5	1.4	1.4
锻件	0.9	1.0	1.1	1.1	0.9
合计	378.8	436.3	378.4	402.8	422.7

数据来源：世界钢铁协会。

三、全球表观钢材消费量

2024 年全球表观钢材消费量达到 17.424 亿吨，显示出自 2021 年以来持续呈下滑态势，且同比上年的 17.781 亿吨减少 3570 万吨，降幅为 2.01%。2024 年全球最大的表观钢材消费国是中国，达到 8.566 亿吨，同比减少 4850 万吨，降幅为 5.36%；第二是印度的 1.479 亿吨，同比上年增加 1510 万吨，增幅为 11.37%；第三是美国，2024 年美国表观钢材消费量达到 8910 万吨，同比上年的 9050 万吨减少 140 万吨，降幅为 15.47%；第四是日本，2024 年表观钢材消费量为 5140 万吨，同比上年减少 200 万吨，降幅为 3.74%；

第五是韩国，2024 年韩国表观钢材消费量为 4780 万吨，同比上年的 5240 万吨减少 460 万吨，降幅为 8.78%。

四、全球钢材价格走势

2024 年全球经济增长率较新冠疫情前二十年平均 3.8%的水平显着下降，标志着全球经济进入中低速增长“新常态”。2024 年，全球经济增长动能呈现显着分化：美国受益于消费韧性和生产率提升实现 2.8%增长，欧元区受能源危机余波、地缘冲突及制造业疲软拖累仅增长 0.9%，日本在政策刺激下恢复至 1.5%。新兴市场虽维持 4.2%增速，但增速较上年下降 0.2 个百分点。2024 年全球不同地区的经济发展呈现不同态势，因而对钢材的需求也有差异，进而在钢材价格上有所体现。

从全球层面看，与 2023 年价格波动下行呈 S 曲线走势不同，2024 年全球钢材价格整体上呈现一路下滑走势。2024 年 CRU 全球钢材价格指数平均为 197.5，比上年的 218.9 低 21.4，降幅为 9.77%。从 2024 年各月 CRU 钢材价格指数看，最高点出现在 1 月，达到 227.9，其后一路下滑至 9 月的 181.0，10 月稍有回升至 184.5%，然后再次下滑，至 12 月降至 2024 年全年最低点 180.6。CRU 2024 年全球钢材价格指数最高点与最低点之差在 47.3，小于上年二者差的 54.5。

从大品种看，2024 年全球长材价格呈现一路下滑走势。CRU 2024 年全球长材价格指数平均为 205.8，比上年的 213.8 低 8.0，降幅为 3.74%。CRU 2024 年各月全球长材价格指数变化显示，长材价格指数从 1 月的全年最高点 218.8 一路下滑到 9 月的 196.7，然后在 10 月和 11 月稍有回升，分别回升至 201.1 和 201.5，12 月再次下滑，降至全年的最低点 196.2，CRU 2024 年全球长材价格指数最高点与最低点相差 22.6。从板卷价格指数看，CRU 2024 年全球板卷价格指数平均为 193.4，比上年的 216.0 下降 22.6，降幅为 10.46%（2024 年板卷价格指数降幅大于长材价格指数降幅）。CRU 2024 年各月全球板卷价格指数变化显示，板卷价格指数从 1 月的全年最高点 232.3 一路波动下行至 9 月的 173.1，只在 10 月稍有回升至 176.2，其后再次下滑至 12 月的全年最低点 172.8。CRU 2024 年全球板卷价格指数最高点与最低点相差 59.5，小于上年的 65.0（图 8A-3）。

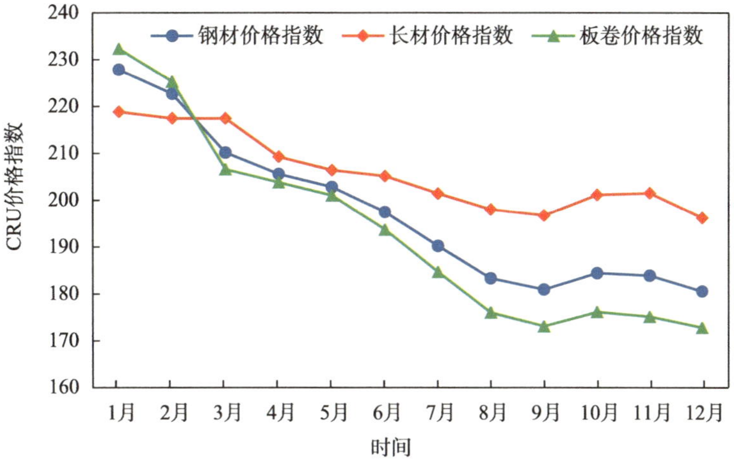

图 8A-3　CRU 2024 年钢材、长材和板卷价格指数变化
（数据来源：CRU）

分地区来看，CRU 2024 年北美地区钢材价格指数平均为 229.4，比上年的 250.1 低 20.7。从全年北美地区钢材价格指数走势看，从 1 月的 289.6 开始下滑，降至 8 月的 204.5，降幅为 29.38%，其后几个月比较平稳，波动幅度不大，最终在 12 月降至 203.0。2024 年北美地区钢材价格指数最高点与最低点之差为 86.6，由此表明年初到年末北美地区钢材大幅下滑了 29.9%。其中，对北美钢材价格指数下跌贡献最大的是美国热轧带卷价格的下滑，价格从 1 月的 1208 美元/吨降至 12 月的 736 美元/吨，下降 39.07%；其次是中厚板，价格从年初的 1498 美元/吨降至 12 月的 961 美元，下降了 537 美元/吨，降幅为 35.85%；第三是热浸镀锌带卷，价格从 1 月的 1567 美元/吨降至 12 月的 1047 美元/吨，降幅为 33.18%。

2024 年欧洲地区钢材价格指数平均为 217.8，比 2023 年的 241.2 降低 23.4，降幅为 10.74%。从 2024 年全年欧洲钢材价格指数走势看，基本上也是一路下滑，最高点是 2024 年 2 月的 246.2，最低点是 10 月的 199.4，二者之差为 46.8。此外，1 月（236.3）与 12 月（201.7）相差 34.6。欧洲钢材价格是以德国钢材价格为代表，其价格变化对欧洲钢材价格指数的影响最大。2024 年德国钢材价格总体高点是 2 月的价格，最低点是 12 月的价格，降幅最大的是热轧带卷，价格从 2 月的 824 美元/吨降至 12 月的 611 美元/吨，降幅为 25.85%；其次热浸镀锌带卷，价格从 2 月的 973 美元/吨降至 12 月的 754 美元/吨，降幅为 22.51%；第三是冷轧带卷，价格从 2 月的

889 美元/吨降至 12 月的 706 美元/吨，降幅为 20.58%。总体看，欧洲钢材价格的跌幅要小于北美地区。

2024 年亚洲地区钢材价格指数平均为 167.5，比上年的 188.4 降低 20.9，降幅为 11.09%。2024 年亚洲钢材价格指数呈现波动下行走势，从年内最高点 1 月的 186.9 一路下滑到 9 月的 148.4 年内最低点，然后 10 月回升到 162.2，11 月和 12 月再次下滑，最终降至 12 月的 155.7。2024 年亚洲钢材价格指数最高点与最低点相差 20.60。从全年看，亚洲钢材价格指数的降幅低于北美地区和欧洲地区（图 8A-4）。

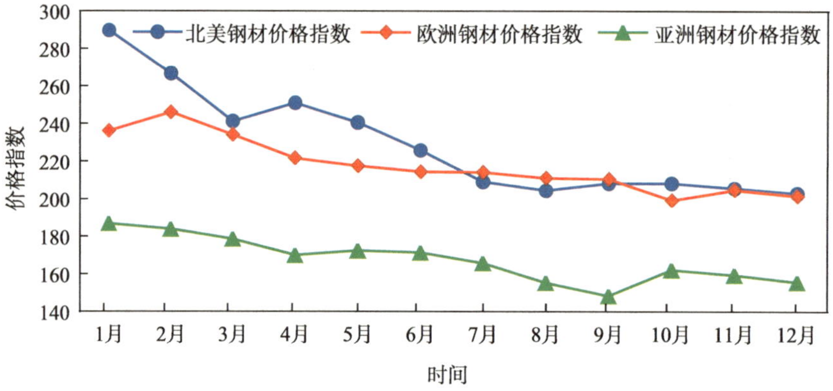

图 8A-4　CRU 2024 年全球三个主要地区钢材价格指数

（数据来源：CRU）

推动钢材价格下滑的核心驱动因素包括：

一是房地产与基建投资双放缓。2024 年全球房地产行业持续低迷，项目开工率不足，导致建筑钢材需求锐减，螺纹钢、线材等品种需求受到明显抑制。欧美市场受加息周期影响，住宅建设投资同比下滑 5%－8%，进一步压缩全球钢材消费空间。

二是制造业复苏动能不足。2024 年全球制造业整体呈现恢复态势，但增长动力仍显不足。根据中国物流与采购联合会的数据，2024 年全球制造业采购经理指数（PMI）均值为 49.3%，仍处于收缩区间。各区域制造业恢复存在分化。亚洲制造业 PMI 均值为 50.9%，较上年小幅上升 0.2 个百分点，恢复力度最强；美洲和欧洲的恢复态势相对较弱，PMI 均值在 49%以下。代表性的汽车、家电等耐用消费品行业受全球通胀压力影响，终端需求疲软。

三是全球粗钢产量小幅下滑。2024 年全球粗钢产量达 18.85 亿吨，同比下降 0.10%。中国粗钢产量 10.05 亿吨，同比小幅下降；印度、土耳其等新兴产钢国产能释放加速（印度粗钢产量同比增 6.11%）。供需错配导致全球钢材库存总量较 2023 年增长，达到近五年最高水平。总之，2024 年全球钢价下行是多重周期叠加的结果——既有房地产长周期下行、全球贸易保护主义抬头等结构性矛盾，也包含产能释放节奏错配、成本支撑坍塌等中短期因素。

从区域市场分化特征看，亚洲市场主要是政策主导价格弹性。在中国市场，一季度受“万亿国债”基建项目刺激，螺纹钢表观消费量同比增长 15%，推动价格快速反弹，但房地产新开工面积同比大幅下滑 27.8%，导致下半年建筑钢材库存积压，钢厂被迫降价去库。在东南亚市场，越南台塑河静钢厂 4 月提价事件引发连锁反应，热轧带卷本地报价单月跳涨 11%，但受中国低价资源冲击，价差在 2 个月内回吐涨幅。印度通过 15%出口关税调节机制，使得国内热带卷价格常年低于国际均价 20－30 美元/吨。欧洲市场呈现能源成本重塑价格体系。德国电炉钢厂吨钢电力成本从年初的 180 欧元降至 12 月的 120 欧元（德国可再生能源占比提升至 58%），但天然气价格仍高于北美 2.3 倍，导致长流程钢厂冷轧带卷成本居高不下。北美市场则是贸易保护支撑区域溢价。美国热轧带卷本土价格较进口资源溢价 35%，主要受益于 232 条款下 25%进口关税保护。巴西市场受中国资源冲击明显，热轧带卷进口价从 2 月 725 美元/吨跌至 12 月 580 美元/吨，触发政府启动最低限价机制。

五、全球粗钢产能

目前，全球钢产能过剩显示出令人高度担忧的趋势，并给钢材价格带来下行压力。经济合作与发展组织（OECD）最新发布的报告（2025 年 2 月）显示，全球钢产能持续快速扩张，预计 2024 年将达到 25.17 亿吨，由此表明 2024 年估计新增 6000 万吨钢产能，相当于一个主要钢铁生产经济体的产能。这与钢材市场面临的不确定性形成鲜明对比。

近年来，一些地区的钢产能继续迅速扩大，特别是东盟地区。在 2019—2024 年，全球钢产能估计增加了 1.04 亿吨，增长 4.3%，其中大部分增量(9800 万吨)发生在以东盟为首的伙伴经济体，特别是在印度尼西亚和越南。这些经济体的钢产能扩张是基于出口导向的方式，而不是由国内需求的驱动。而出口驱动的钢产能增长引发进口国担忧。最近许多国家和地区采取的贸易措施突显出全球越来越多地使用贸易措施来应对与钢铁产能过剩相关的贸易政策。

目前的产能投资计划相当于到2027年全球钢产能增加1.46亿吨。其中，3800万吨钢产能正在建设中，另外10800万吨产能正处于规划阶段，所有这些产能都有望在2025—2027年之间投产。预计在亚洲，尤其是印度钢产能将有明显增长，并将占该地区新增产能的很大比例。到2027年，全球新增钢产能的40%属于碳排放密集型产能，即采用氧气顶吹转炉流程，且对该技术的投资主要集中在亚洲。

钢产能的跨境投资对于支撑全球供应链和推动经济增长至关重要。然而，挑战依然存在，特别是来自低于预期的钢材需求。目前，跨境钢产能投资占钢铁行业新产能投资的20%，其中60%来自中国公司，主要集中在亚洲。中国企业在全球钢铁行业的跨境投资中，约90%投向了依赖转炉技术的生产路线。

（一）全球钢产能最新概况

根据OECD钢铁委员会秘书处关于全球钢产能的最新信息（截至2024年6月底），全球钢产能自2018年触底以来已连续六年增长，2024年将达到25.17亿吨。这意味着与2023年相比，估计将增加6000万吨，且这一数字代表的是净增加，并考虑了新增产能和关闭产能。

2019—2024年非洲地区钢产能增幅较高，达到13.8%；亚洲地区钢产能适度增长，增幅为3.4%，但亚洲内部钢产能变化有很大不同，其中东盟地区钢产能增加2960万吨，增幅为39.6%。同时，2019—2024年间印度钢产能有大幅增长，增加了3730万吨，增幅高达26.2%，且自2021年以来，印度钢需求持续增长，且预计未来需求仍十分强劲，钢产能也会强劲提升。反观作为全球重要的产钢国，在此期间中国和日本钢产能均有所下滑；2019—2024年间中东地区钢产能增加2290万吨，增幅为28.4%；2019—2024年间独联体+乌克兰钢产能有小幅增长，增幅为1.8%；期间，欧洲地区钢产能增幅不大，为1.4%，但欧盟钢产能下降1.2%；2019年至2024年拉美地区钢产能仅有1.9%的增长，而北美地区的增幅较高，达到7.9%。此外，2019年至2024年OECD成员国钢铁产能增加600万吨，增长0.9%（表8A-7）。

表 8A-7　按地区分钢产能变化　　百万吨

年份	2019	2020	2021	2022	2023	2024	增幅/%
非洲	44.6	44.7	43.5	45.8	46.9	50.8	13.8
亚洲	1630.0	1636.1	1632.7	1646.2	1643.1	1685.3	3.4
中国	1148.3	1147.9	1146.5	1149.9	1141.5	1141.6	–0.6
印度	142.2	142.3	143.9	154.0	161.3	179.5	26.2
日本	128.5	128.5	122.4	122.4	117.8	118.5	–7.8
东盟	74.6	78.7	80.4	80.4	82.9	104.2	39.6
独联体+乌克兰	143.4	142.6	143.9	145.0	145.0	146.0	1.8
欧洲	279.6	279.7	280.3	281.5	283.7	283.3	1.4
欧盟	208.2	205.6	205.6	205.6	205.7	205.7	–1.2
其他欧洲	71.4	74.1	74.7	75.9	78.1	77.7	8.8
拉美地区	73.9	73.4	73.9	73.9	74.2	75.3	1.9
中东地区	80.7	84.1	89.0	92.3	93.9	103.6	28.4
北美地区	154.2	157.5	157.7	162.8	163.3	164.4	7.9
大洋洲	6.4	6.4	6.4	6.4	6.4	6.4	0
OECD 成员国	641.9	645.3	640.0	646.3	644.4	647.9	0.9
伙伴经济体	1770.8	1779.1	1787.4	1807.5	1811.9	1869.1	5.6
世界	2412.7	2424.4	2427.4	2453.8	2456.4	2517.0	4.3

数据来源：OECD 报告。

钢铁行业作为一个难以削减碳排放的行业，具有高能耗和大量资本投资的特点，一旦建设产能，就必须长期运营。因此，解决潜在的钢铁产能过剩不仅需要关注经济因素，还需要更广泛的考虑，包括气候变化、劳动条件和其他社会经济影响。

（二）钢材出口驱动钢产能扩张

相比 2016 年出现钢铁危机，当时钢产能和产量之间的差距显著扩大，导致市场低迷，钢材反倾销调查数量创下纪录，但近年来这一差距略有缩小。近期全球钢产能平均开工率也有所提高。然而，就各经济体而言，有些钢产能开工率上升不是因为国内需求增加，而是因为钢材出口增加。这种钢材出口是受到非市场因素和政策的推动，从而可能降低进口国高效钢铁厂的开工率。

此外，与十年前相比，钢铁企业现在面临着双重挑战，既要为脱碳融资，又要与外国生产商和其他材料竞争。由此使得钢厂实现盈利比以往任何时候都更加困难，尤其是当市场呈下降趋势时。尽管与10年前相比，反倾销调查的数量有所减少，但任何一家公司决定申请反倾销救济时会考虑一系列广泛的因素。截至2024年9月底，已发起31起贸易诉讼。值得注意的是，沙特阿拉伯发起了有史以来首次涉及钢铁产品的反倾销调查，这是中东经济体首次在国家层面发起此类调查。此外，与十年前不同，反规避调查已经开始出现。仅在2022年，就发起了10多起新的调查，加剧了人们对钢铁行业日益增长的贸易摩擦的担忧。

（三）未来钢铁产能扩张概况

在考虑未来的钢产能增加时，将投资项目分为“进行中”，即正在进行的项目是指那些已经在建设中的项目，或者已经授予设备合同并做出重大财政或国家承诺的项目。不过，计划中的项目不确定，它们要么处于可行性研究阶段或早期规划阶段，尚未获得财政或政府支持，要么没有计划在特定日期完成。

钢铁企业已宣布的投资项目信息表明，目前全球正在进行3830万吨钢产能建设，因此预计将在2025—2027年的未来3年内投产。另外有1.076亿吨钢产能目前正处于规划阶段，可能在同一时期投产。

假设所有正在进行的项目都得以实现，且不会被关闭项目抵消，预计未来3年亚洲的钢产能将大幅增加。该地区目前共有1910万吨的新增产能正在进行建设中，将于2025—2027年投产，另外还有7630万吨钢产能处于规划阶段。预计中国和印度合计将占亚洲新增钢产能的78.8%。

在其他地区，正在建设且预计未来3年增加的钢产能如下：非洲增加320万吨（增长6.3%），独联体+乌克兰增加260万吨（增长1.8%），欧盟增加1750万吨（增长8.5%），中东地区增加1660万吨（增长16.0%），北美地区增加910万吨（增长5.5%），大洋洲地区增加150万吨（增长23.5%）。在拉丁美洲，目前没有具体的正在进行建设的项目。世界粗钢产能发展变化情况见表8A-8。

表 8A-8　世界粗钢产能发展变化情况　　百万吨

国家和地区	目前产能		2025—2027 年钢产能增加潜力		2027 年钢产能	
	2023 年	2024 年（A）	在建（B）	规划（C）	低（A+B）	高（A+B+C）
非洲	46.9	50.8	1.0	2.2	51.8	54.0
亚洲	1643.1	1685.3	19.1	76.3	1704.4	1780.7
东盟	82.9	104.2	0.5	14.1	104.7	118.8
印度	161.3	179.5	0.7	27.2	180.2	207.4
独联体+乌克兰	145.0	146.0	1.8	0.8	147.8	148.6
欧洲	283.7	283.3	5.3	12.2	288.6	300.8
欧盟	205.7	205.7	5.3	12.2	211.0	223.2
其他欧洲国家	78.1	77.7	0.0	0.0	77.7	77.7
拉美地区	74.2	75.3	0.0	0.0	75.3	75.3
中东地区	93.9	103.6	4.3	12.3	107.9	120.2
北美地区	163.3	166.4	5.3	3.8	171.7	175.5
大洋洲地区	6.4	6.4	1.5	0	7.9	7.9
OECD 成员国	644.4	647.9	14.6	19.0	662.5	681.5
伙伴经济体	1811.9	1869.1	23.7	88.6	1892.8	1981.4
世界合计	2456.4	2517.0	38.3	107.6	2555.3	2662.9

数据来源：OECD 报告；数据月截至 2024 年 6 月。

在目前正在进行建设或计划并在未来 3 年内完成建设的世界总新增钢产能 1.459 亿吨中，转炉项目占新增总产能的 38.6%，而电炉项目占新增总产能的 58.0%。其余技术未知的项目占总数的 3.4%。

从地区来看，钢铁企业对新产能选择转炉和电炉有明显的区别。新增转炉产能主要集中在亚洲（中国、印度、印度尼西亚、菲律宾和越南）和独联体的哈萨克斯坦，而其他地区在未来 3 年内没有新增转炉产能计划。

鉴于新增转炉产能集中在中国、印度和东南亚等经济体，很明显，如果不向低排放技术转型，如基于废钢和基于直接还原铁+电炉，或在高炉中使用氢气，碳捕获、利用和封存（CCUS）技术和其他突破性技术，实现长期全球气候目标将是困难的。

影响钢厂炼钢设备类型选择的因素因经济和地区而异。这些因素包括经济发展水平、钢需求预测、法规、生产成本和效率，以及原材料(如废钢)和能源的采购和定价差异。

实现钢铁行业的低碳排放和解决产能过剩需要从发展战略方面考量，特别是考虑到 2050 年的设备类型。单靠基于废钢的电炉可能不足以满足钢需求；剩余的 50%可能将继续通过传统路线生产，如转炉（目前占全球钢产量的 70%）和直接还原铁+电炉路线。因此，制定反映不同生产路线在满足钢需求方面的战略越来越重要。此外，为了促进绿色钢材市场的建立和扩大，正确评价二氧化碳减排，迅速实施监管和建立制度措施至关重要。

（四）跨境投资炼钢项目

钢铁企业的跨境投资可以强化全球供应链、刺激经济增长和支持基础设施发展。但是，他们也面临着诸如政策风险、监管差异和环境合规性等挑战。

跨境投资约占投资总额的 20%，其中一半涉及中国公司或与中国公司的合资企业。从地区来看，这些投资的 90%以上集中在亚洲，其余投资流向非洲。就设备类型而言，大约 90%的中国投资(独资和合资企业)集中在转炉上。

自 2009 年以来，东盟的炼钢产能建设出现了大规模的跨境投资，要么来自中国公司，要么来自中国企业与当地公司的合资企业。由此使得印度尼西亚、马来西亚、泰国和越南的钢产能增加了 2740 万吨。展望未来，菲律宾首座转炉的引入(完全由中国公司的跨境投资驱动)以及马来西亚、印度尼西亚和越南的进一步扩张，预计将增加 5600 万吨的区域钢产能，预计这些产能在 2024 年及以后开始运营。因此，预计到 2030 年，整个东盟的钢产能将超过需求。为了防止钢产能过剩，有必要进行持续的监控。此外，这些产能扩张必须与每个经济体的净零目标相一致，确保钢铁行业的增长支持长期可持续性。

总之，在钢材市场相对疲软的背景下，全球炼钢产能预计将在未来几年继续快速增长。在 2025—2027 年的 3 年间，全球钢铁行业将新增 3830 万吨钢产能，根据钢铁企业宣布的计划，还有可能新增 1.076 亿吨产能。

产能过剩是一个结构性问题，继续笼罩着全球钢铁行业的前景。产能过剩及其影响威胁着以市场为导向的钢铁行业的长期生存能力。政府和行业利益攸关方应确保产能投资由市场因素驱动。此外，随着钢铁行业向低碳排放钢铁生产转型，密切监控投资的性质将非常重要。

六、全球铁矿石贸易

世界钢铁协会发布的数据显示，2024 年全球铁矿石供给延续增长态势，全年出口量达到 17.37 亿吨，同比增长 1.87%。其中大洋洲（主要是澳大利亚）出口铁矿石 8.80 亿吨，比上年减少 2100 万吨，同比下降 2.33%；南美地区（主要是巴西）出口铁矿石 4.59 亿吨，同比增加 3020 万吨，增长 6.99%；非洲和中东地区出口铁矿石 1.41 亿吨，同比上年增加 2620 万吨，增长 22.88%；亚洲地区出口铁矿石 1.05 亿吨，同比增加 570 万吨，增长 5.75%；北美地区出口铁矿石 7670 万吨，同比增加 560 万吨，增长 7.87%；欧盟 27 国出口铁矿石 2140 万吨，同比减少 3170 万吨，下降 61.79%；俄罗斯和其他独联体国家+乌克兰出口铁矿石 4940 万吨，同比增加 1590 万吨，增长 47.46%。2024 年全球最大的铁矿石出口国澳大利亚铁矿石出口减少，主要原因是受到一些突发事件和自然因素的影响。如 2023 年底 FMG 的火车脱轨事件影响了一季度的产销，2024 年年初热带气旋天气干扰铁矿石发运，导致一季度出口量减少。8 月淡季时，铁矿石价格下跌，部分非主流矿山进行检修，进一步减少了供应。此外，澳大利亚新旧产能置换、品种切换进程缓慢，也在一定程度上影响了该国铁矿石整体出口表现。但与此同时，巴西 2024 年铁矿石出口表现良好，出口量增加。这得益于矿山企业的积极运营，CSN 等企业的积极贡献，淡水河谷公司在年中上调发运目标并有效执行，其生产运营逐渐恢复且达到较好水平。同时，为了拓展市场份额，巴西矿山公司在价格、服务等方面提供了更有竞争力的条件，吸引了包括中国在内的更多买家。而且巴西加大了对矿山的投资和开发，提高了生产和运输能力，保障了出口量的增长。

2024 年，全球铁矿石进口最大的国家和地区是中国，进口铁矿石 12.38 亿吨，同比增加 5790 万吨，增幅为 4.90%；其次是其他亚洲国家，进口铁矿石 2.01 亿吨，同比增加 3610 万吨，增幅为 21.81%；第三是日本，进口铁矿石 9640 万吨，同比减少 580 万吨，降幅为 5.67%；第四是欧盟 27 国，进口铁矿石 9500 万吨，同比减少 880 万吨，降幅为 8.48%；第五是非洲中东地区，2024 年进口铁矿石 6330 万吨，同比减少 4080 万吨，降幅为 39.19%。

中国是全球最大的铁矿石消费国，也是全球最大的铁矿石进口国。因此，中国的铁矿石进口价格代表了全球铁矿石价格的走势。从普氏公司给出的品位 62%中国华北地区海运铁矿石（粉矿）平均价格（CFR 价格）表现看，1—9 月铁矿石价格呈现波动下行态势，其后价格有所回升。2024 年，普氏公司给出的品位 62%中国华北地区海运铁矿石（粉矿）月平均价格全年最高点为 1 月的 135.13 美元/千吨，最低点为 9 月的 93.83 美元/千吨，二者相差 41.30 美元/千吨，降幅高达 30.56%。此外，1 月的价格与 12 月的价格相差 31.52 美元/千吨（图 8A-5）。

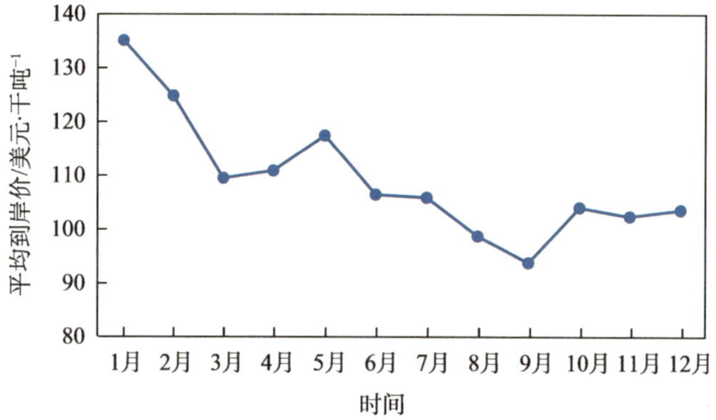

图 8A-5　普氏 2024 年中国华北地区铁矿石平均到岸价
（数据来源：S&P Global《Steel Raw Materials Monthly》）

七、全球废钢贸易

据世界钢铁协会发布的数据，2024 年全球废钢出口和进口与上年相比变化不大，但均呈现下滑态势。2024 年全球废钢出口量为 9580 万吨，比上年的 9950 万吨减少 370 万吨，降幅为 3.72%；2024 年全球废钢进口量为 9670 万吨，同比上年的 9740 万吨减少 70 万吨，降幅为 0.72%。

废钢出口分地区看，2024 年，全球最大的废钢出口地区是欧盟 27 国，合计出口废钢 4260 万吨，同比下滑 4.91%；其次是北美地区，2024 年出口废钢 2210 万吨，同比下滑 4.33%；第三是亚洲地区，出口废钢 1080 万吨，同比下滑 3.57%。

废钢出口分国家来看，2024 年全球最大的废钢出口国是美国，出口废钢 1490 万吨，同比下滑 8.59%；其次是英国，2024 年出口废钢 760 万吨，同比增长 5.56%；第三是德国，2024 年出口废钢 700 万吨，同比下降 6.67%；第四是日本，2024 年出口废钢 650 万吨，同比下滑 5.80%；第五是法国，2024 年出口废钢 620 万吨，同比下滑 1.59%。

废钢进口分地区看，2024 年全球最大的废钢进口地区是欧盟 27 国，进口废钢 3170 万吨，同比增长 5.31%；其次是亚洲地区，2024 年进口废钢 3040

万吨，同比下滑 13.64%；第三是其他欧洲国家，2024 年进口废钢 2320 万吨，同比增长 15.42%；第四是北美地区，2024 年进口废钢 800 万吨，同比下滑 9.09%；第五是非洲地区，2024 年进口废钢 160 万吨，同比增长 14.28%。

废钢进口分国家看，2024 年全球最大的废钢进口国是土耳其，进口废钢 2160 万吨，同比增长 14.89%；第二是意大利，2024 年进口废钢 590 万吨，同比增长 1.72%；第三是美国，2024 年进口废钢 470 万吨，同比下滑 7.84%；第四是德国，2024 年进口废钢 430 万吨，同比增长 34.37%；第五是比利时，2024 年进口废钢 420 万吨，同比增长 2.38%（表 8A-9）。

表 8A-9　2024 年全球主要地区和国家废钢进出口量　　百万吨

国家和地区	废钢出口		废钢进口	
	2023 年	2024 年	2023 年	2024 年
欧盟 27 国	44.8	42.6	30.1	31.7
其他欧洲国家	9.4	9.9	20.1	23.2
俄罗斯和其他独联体国家+乌克兰	1.2	1.4	0.2	0.3
北美地区	23.1	22.1	8.8	8.0
南美地区	2.6	2.2	0.9	1.1
非洲地区	1.6	1.1	1.4	1.6
亚洲地区	11.2	10.8	35.2	30.4
大洋洲地区	2.2	2.8	0.1	0.0
土耳其	0.2	0.2	18.8	21.6
意大利	0.9	0.8	5.8	5.9
美国	16.3	14.9	5.1	4.7
德国	7.5	7.0	3.2	4.3
英国	7.2	7.6	0.3	0.3
比利时	3.8	3.5	4.0	4.2
法国	6.3	6.2	1.2	1.4
日本	6.9	6.5	0.1	0.1
加拿大	4.8	4.9	0.8	0.8

注：本章数据来源于世界钢铁协会、经济合作与发展组织、CRU 以及 S&P Global《Steel Raw Materials Monthly》。

数据来源：世界钢铁协会。

（本章撰写人：苏长永，张明，袁伟刚，中国钢铁工业协会）

第 3 篇

原燃辅料篇

第9章
主要原燃料供需情况

钢铁行业主要原燃料包括铁矿石、废钢、焦炭、煤炭和铁合金等，这些原燃料在钢铁生产中起着至关重要的作用，并且其成本、供应稳定性和质量直接影响钢铁生产效率、成本和产品质量。铁矿石是钢铁生产中最关键的原料之一，其品质和品位直接影响钢铁质量和产量，高品位铁矿石能有效提高炼铁效率。废钢是一种可循环利用的钢铁原料，随着环保意识增强和资源回收技术发展，废钢在钢铁生产中的应用比例逐渐增加，同时使用废钢能够减少对铁矿石依赖，降低能源消耗和污染物排放。焦炭是高炉炼铁的主要燃料和还原剂，高质量的焦炭具有良好的热强度和反应性，能够作为骨架支撑料柱，并提供足够的热量和还原气体，保证炼铁过程顺利进行。铁合金在钢铁生产中的核心作用是作为脱氧剂和合金添加剂，通过调整钢的成分来改善性能，同时脱除杂质，可以显著改善钢材硬度、抗拉强度、耐磨性以及耐腐蚀性，从而适应不同的应用场景。本章主要分析铁矿石、废钢、焦炭和铁合金市场供需情况。

一、铁矿石供需情况分析

（一）供应情况

1. 国产矿

图 9-1 为 2017—2024 年中国铁矿石原矿产量及同比变化。2024 年，中国铁矿石原矿产量达到 10.42 亿吨，同比增长 1.2%，但增速较上年下降 5.9 个百分点。这是自 2018 年以来，中国铁矿石原矿产量再次回到 10 亿吨以

上水平，资源保障能力稳步提升，为保障中国钢铁产业链供应链资源安全奠定了基础。

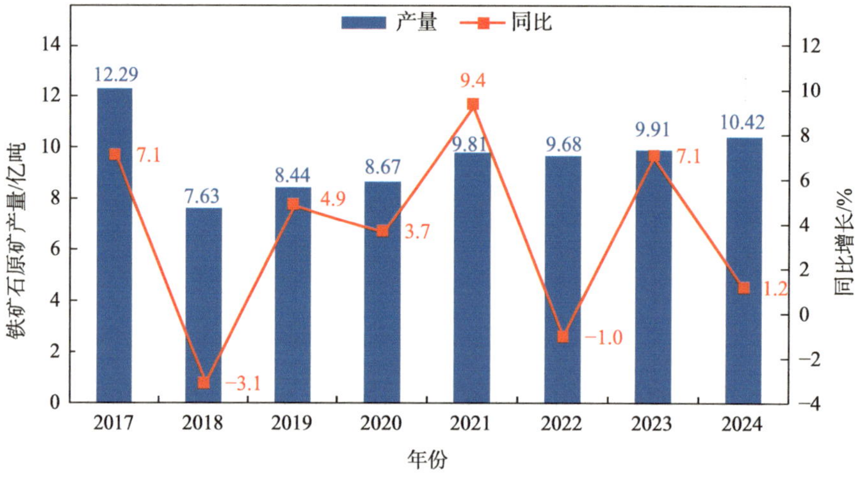

图 9-1　2017—2024 年中国铁矿石原矿产量及同比变化
（数据来源：国家统计局）

从 2024 年全国各省区市铁矿石产量来看，中国铁矿石生产较为集中，排名前十省区市合计产量占全国总产量的 93.4%；排名前三的省份分别是河北、辽宁和四川，三省合计产量占全国总产量的比重达到 74.2%；河北省是全国最大的铁矿石生产地区，铁矿石原矿产量将近 5 亿吨，占全国总产量的比重达到 47.5%，较上年提高 3.1 个百分点（图 9-2）。

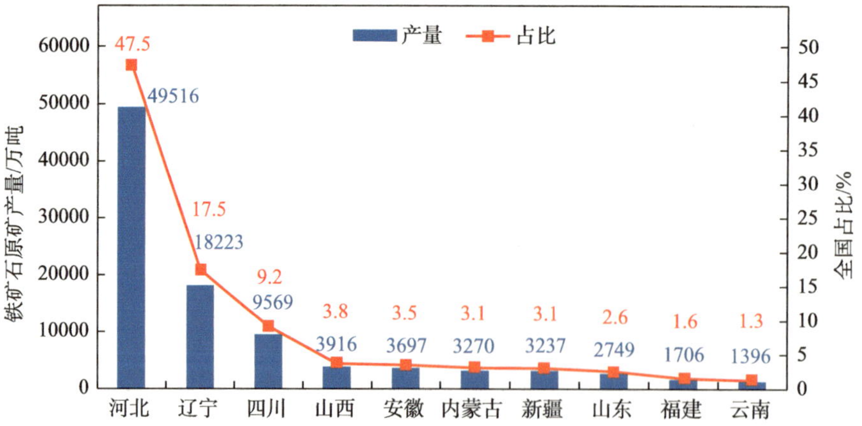

图 9-2　2024 年全国前十大省区市铁矿石原矿产量及占比
（数据来源：国家统计局）

2. 进口矿

图 9-3 为 2017—2024 年中国铁矿石进口量及同比变化。2020 年以来，中国铁矿石进口量虽然有所波动，但均保持在 11 亿吨以上水平。2021—2022 年，中国铁矿石进口量连续两年出现下滑，但 2023 年和 2024 年出现明显反弹，2024 年达到 12.37 亿吨的历史新高，同比增长 4.9%。

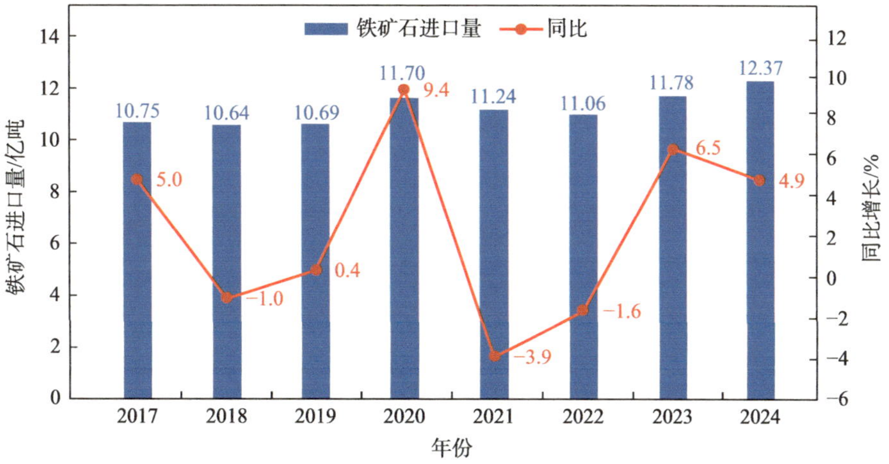

图 9-3　2017—2024 年中国铁矿石进口量及同比变化
（数据来源：海关总署）

按进口来源地分，2024 年中国铁矿石进口前十大国家合计进口量 11.81 亿吨，占中国进口总量的 94.9%，较上年下降 1.4 个百分点。2024 年中国铁矿石进口结构性变化主要表现为：澳大利亚和巴西两国对中国铁矿石出口均保持增长，但占中国进口铁矿石总量的比重有所下降，两国合计占中国铁矿石进口总量的 82.2%，较上年下降 1.4 个百分点；中国铁矿石进口量达到 100 万吨以上的国家有 24 个，与上年相比增加 3 个，表明中国铁矿石进口来源更为广泛；来自乌克兰铁矿石进口量显著增长，增幅超过 18 倍。表 9-1 为 2024 年中国铁矿石十大进口来源国，图 9-4 为 2024 年中国铁矿石主要来源国进口量占比。

（二）消费情况

2024 年中国生铁产量为 8.52 亿吨，根据铁精矿需求量与生铁产量之比约 1.6∶1 折算，2024 年中国铁矿石消费量（铁精矿）估计约 13.63 亿吨，铁矿石消费量在 2020 年创历史最高水平后处于波动下行趋势。图 9-5 为

表 9-1　2024 年中国铁矿石十大进口来源国　　万吨

序号	国　家	2024 年	2023 年	同比/%
1	澳大利亚	74275	73707	0.8
2	巴西	27318	24856	10.0
3	南非	3824	3653	6.8
4	印度	3656	3582	0.2
5	秘鲁	2239	1973	13.6
6	加拿大	1637	1643	–0.4
7	乌克兰	1276	66	1834.9
8	智利	1208	1252	–3.4
9	毛里塔尼亚	948	753	26.0
10	伊朗	930	1005	–7.4

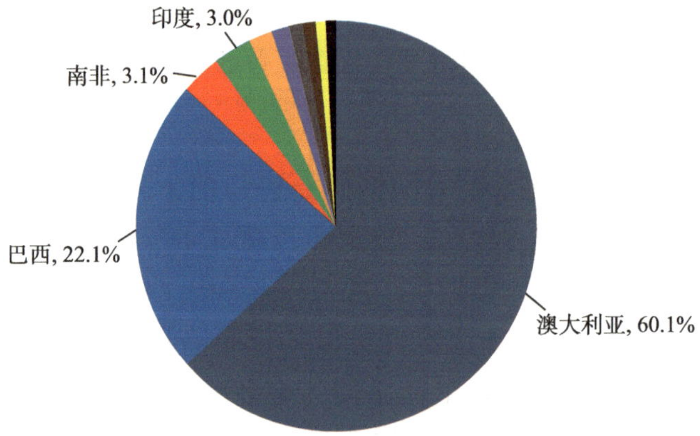

图 9-4　2024 年中国铁矿石主要来源国进口量占比
（数据来源：海关总署）

2017—2024 年中国铁矿石消费量变化。

总体来看，中国国产铁矿石原矿产量和铁矿石进口量均保持增长，共同推动铁矿石供应持续增加，而生铁产量下滑导致铁矿石需求小幅下降，中国铁矿石市场总体呈现供强需弱格局，基本面进一步宽松，推动铁矿石价格呈震荡下行走势。

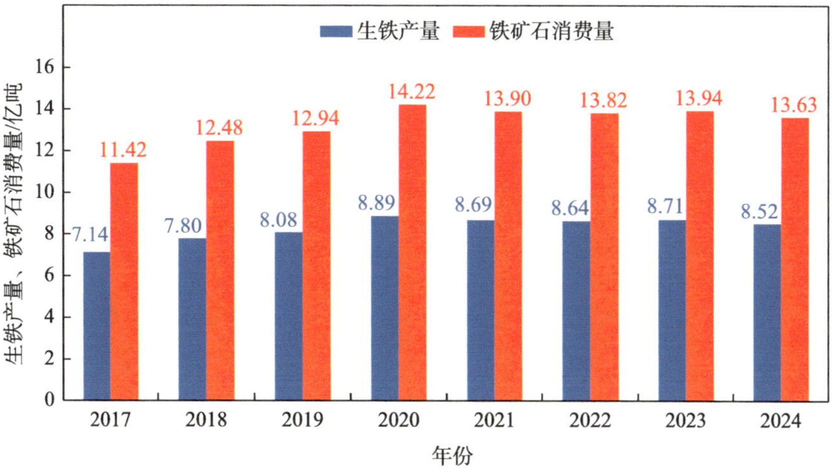

图 9-5　2017—2024 年中国铁矿石消费量变化

（数据来源：国家统计局、冶金工业经济发展研究中心）

二、废钢供需情况分析

（一）供应情况

中国是全球最大的废钢铁资源产生和消费国，基本建立了完善的废钢铁加工配送体系，初步形成了废钢铁“回收—加工—利用”产业链。截至 2024 年底，全国规范运营的废钢加工企业达 910 家，年加工能力 1.8 亿吨，2024 年回收利用废钢约 1.1 亿吨，约占社会废钢资源总量的 60%，为钢铁行业供应了大量合格的废钢资源。

受废钢价格震荡下跌等因素影响，中国废钢资源产出量有所减少。据上海钢联调研，2024 年全国废钢铁资源总量 2.51 亿吨，同比下降 1.8%。其中：社会废钢资源量 2.07 亿吨，占资源总量的 82.4%；钢厂自产废钢 4412 万吨，占资源总量 17.5%。

图 9-6 为 2017—2024 年中国废钢（再生钢铁原料）进口情况。自 2021 年发布再生钢铁原料国家标准并放开进口后，2021—2023 年期间中国再生钢铁原料进口量保持在 50 万吨以上水平。2024 年国内外废钢价格持续处于倒挂区间，导致中国废钢进口量在进口条件有所放宽的情况下仍较 2021—2023 年明显下降。根据海关总署数据，2024 年中国再生钢铁原料进口量 24.8 万吨，同比下降 53.5%。

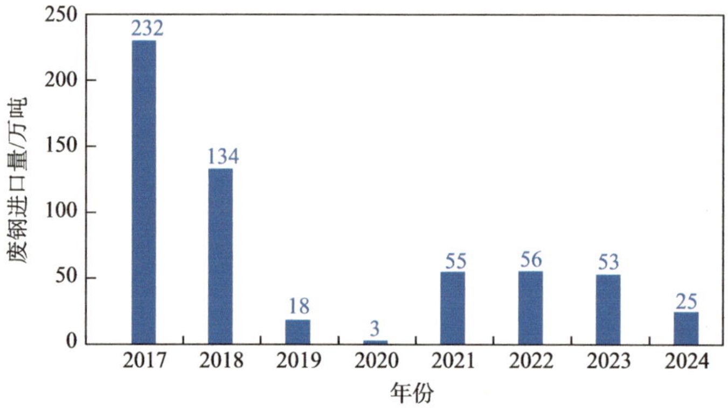

图 9-6　2017—2024 年中国废钢（再生钢铁原料）进口情况
（数据来源：海关总署）

（二）消费情况

受粗钢产量自 2020 年达峰以来波动下降等因素影响，中国钢铁行业废钢铁消耗总量持续下滑。图 9-7 为 2017—2024 年中国钢铁行业废钢消耗量及同比变化，图 9-8 为 2017—2024 年中国转炉和电炉废钢消耗量变化。据中国废钢铁应用协会统计测算，2024 年中国钢铁行业废钢铁消耗总量 2.10 亿吨，同比下降 1.9%。其中：转炉废钢消耗量 1.52 亿吨，占废钢铁消耗总量的 72.3%；电炉废钢消耗量 5805 万吨，占废钢铁消耗总量的 27.7%。总体而言，2024 年中国废钢市场呈现“供需双弱”格局，推动废钢价格呈现震荡下跌走势。

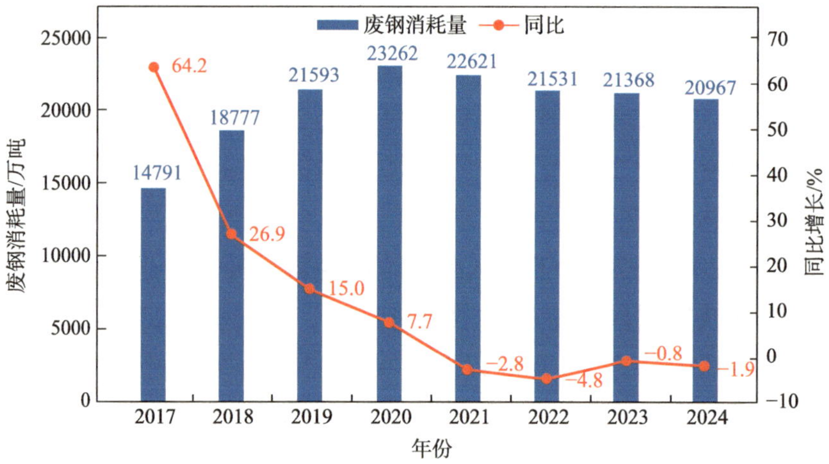

图 9-7　2017—2024 年中国钢铁行业废钢消耗量及同比变化
（数据来源：中国废钢铁应用协会）

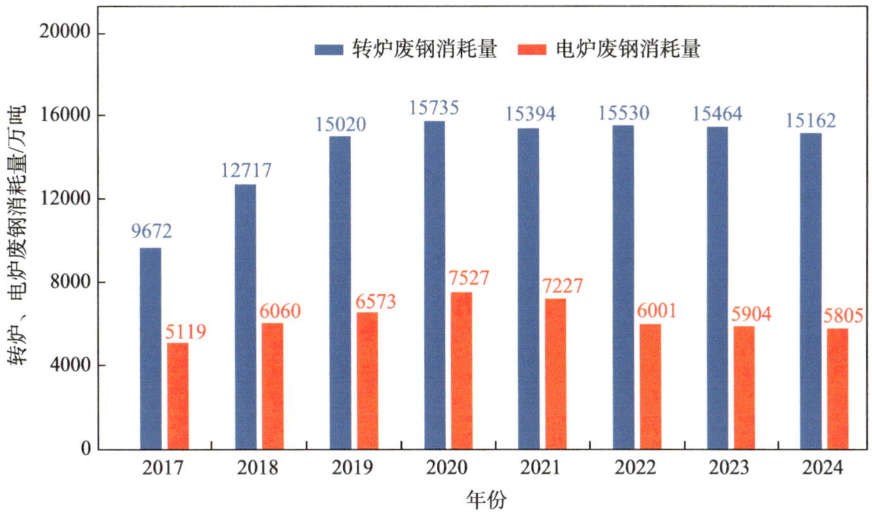

图 9-8　2017—2024 年中国转炉和电炉废钢消耗量变化

（数据来源：中国废钢铁应用协会）

三、焦炭供需情况分析

（一）供应情况

2024 年，中国焦炭市场整体呈现出供需两弱、价格跌多涨少态势。由于终端需求疲软，尤其是地产和基建市场表现低迷，钢材需求下降，导致钢材价格下滑，钢厂利润收缩，高炉开工率降低，生铁产量同比下滑，进而影响焦炭需求量。尽管有部分焦炭产能退出，但由于置换产能投产，整体供应能力并未减少。由于上半年焦化利润偏低，开工率低，全年供应量略有下降。2024 年，中国焦炭产量为 4.89 亿吨，较上年峰值水平略有下滑，同比下降 0.7%（图 9-9）。

目前中国焦炭产能过剩的基本面没有改变，仍处于供过于求局面。2024 年中国焦炭产能 6.5 亿吨，产能利用率不足 80%。2024 年，中国钢铁联合企业焦化厂产能利用率波动较小且处于高位，平均 86.8%，高于独立焦化企业；焦炭主要产区独立焦化企业平均产能利用率 64.7%，紧靠市场的焦炭产区产能利用率较高，如华中地区产能利用率最高，平均 84.7%，华东地区产能利用率 77.8%；远离市场的东北、西北、西南地区产能利用率相对较低，如东北产能利用率 45.0%，西南地区 48.7%。

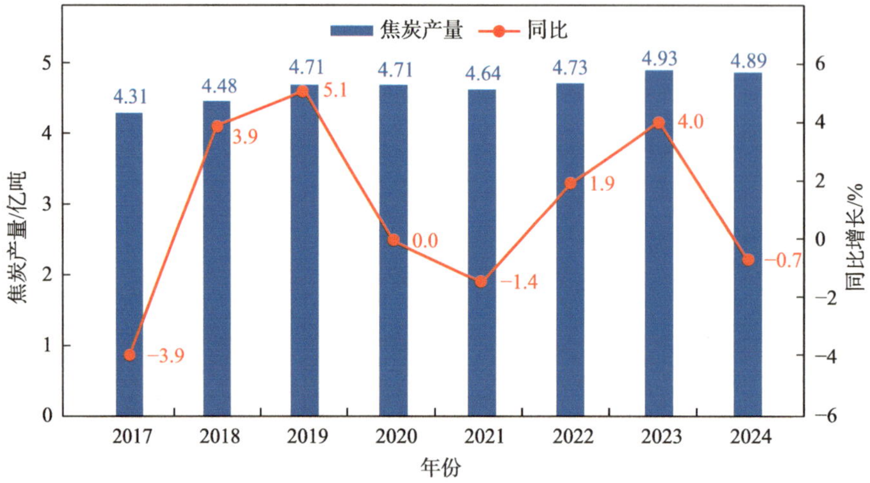

图 9-9　2017—2024 年中国焦炭产量及同比变化
（数据来源：国家统计局）

从 2024 年全国各省区市焦炭产量来看，中国焦炭生产分布在全国 27 个省区市，排名前十省区市合计产量占全国总产量的 77.3%；排名前三的省区市是煤炭大省山西、内蒙古、陕西，三省合计产量占全国总产量的比重达到 38.4%；山西省是全国最大的焦炭生产地区，2024 年焦炭产量达到 9200 万吨，同比下降 3.8%，占全国总产量的比重为 18.8%。图 9-10 为 2024 年前十大省区市焦炭产量及占比。

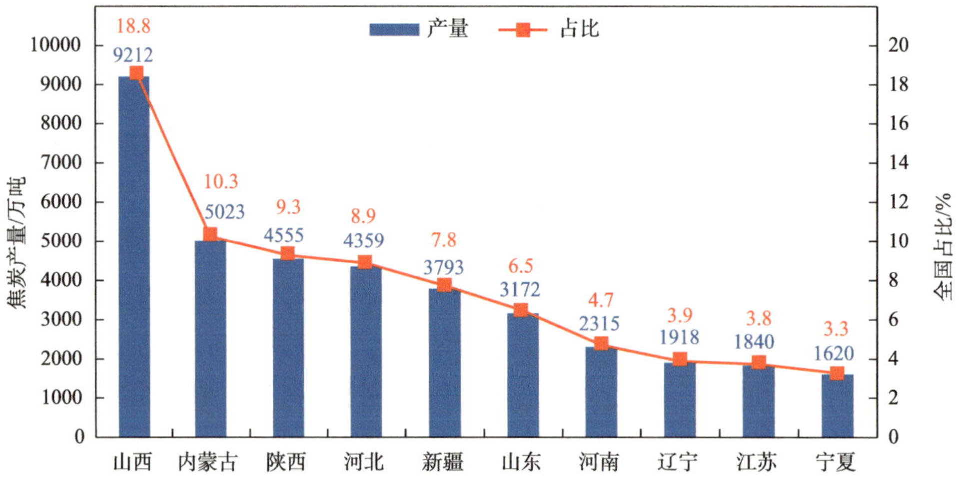

图 9-10　2024 年全国前十大省区市焦炭产量及占比
（数据来源：国家统计局）

（二）消费情况

钢铁是焦炭最主要的下游消费行业，其消费量可以用焦比（单位生铁消耗量和绝对消费量来衡量。焦比受技术水平（尤其是喷煤量）、原料质量等因素影响呈下降趋势，但在可预见的未来焦炭仍是高炉炼铁不可或缺的原料，其绝对消费量主要由生铁产量决定。图 9-11 为 2017—2024 年中国焦炭出口量、表观消费量变化。

从出口看，2017 年以来中国焦炭出口量总体维持在 600 万吨以上水平，仅 2020 年降至 350 万吨左右，尤其是近三年都保持在 800 万吨以上水平，但同比出现连续小幅下滑。2024 年中国出口焦炭 832 万吨，同比下降 5.3%。从进口看，2020 年中国焦炭进口量达到 300 万吨的峰值水平，此后持续下滑，2024 年进口量仅约 13 万吨，同比下降 46.0%。

2017 年以来，中国焦炭表观消费量总体呈波动上升趋势，并且近两年均保持在 4.8 亿吨以上水平。2024 年，中国焦炭表观消费量达到 4.81 亿吨，同比下降 0.6%，为历史次高水平。

图 9-11　2017—2024 年中国焦炭出口量、表观消费量变化
（数据来源：国家统计局、海关总署、冶金工业经济发展研究中心）

四、铁合金供需情况分析

（一）供应情况

2024 年，中国铁合金产量受到多方面因素影响。一方面，矿山供应的不稳定性导致原材料价格波动，进而影响生产成本；另一方面，国家政策

调控对铁合金产量也产生显著影响。国家统计局数据显示，2024 年中国铁合金产量达到 3624 万吨，创历史次高水平，同比增长 2.8%，增速较上年略有加快（图 9-12）。

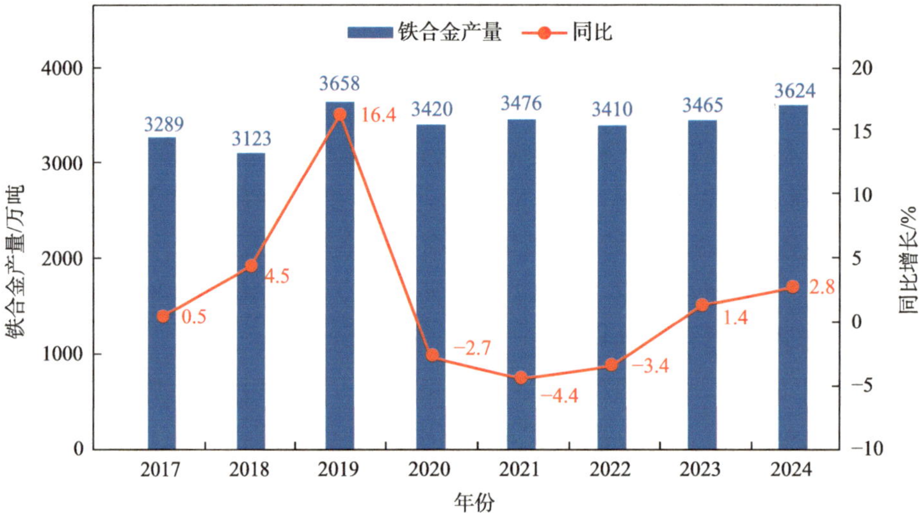

图 9-12　2017—2024 年中国铁合金产量及同比变化
（数据来源：国家统计局）

中国铁合金生产主要分布在内蒙古、宁夏、山西、广西等资源丰富地区，其中内蒙古凭借资源和产能优势位居全国首位。2024 年，全国排名前十省区市铁合金合计产量占比达 85%，但中小企业数量仍占行业主体的 80%，铁合金市场呈现“区域集中、主体分散”的特征。

（二）消费情况

图 9-13 为 2020—2024 年中国铁合金出口量、进口量、表观消费量变化。2020 年以来，中国铁合金进口总体保持增长态势，而出口基本维持在 100 万吨以下水平。2024 年，中国铁合金进口量达 1291 万吨，同比增长 8.6%，其中高碳铬铁（南非占比 58%）、镍铁（印度尼西亚占比 94%）占主导；铁合金出口量 88 万吨，同比增长 30.1%，主要流向日本、韩国市场。

2020 年以来，中国铁合金表观消费量总体呈上升趋势，并且近两年增速相对较高。2024 年，中国铁合金表观消费量达到 4828 万吨，同比增长 5.5%，再创历史新高。

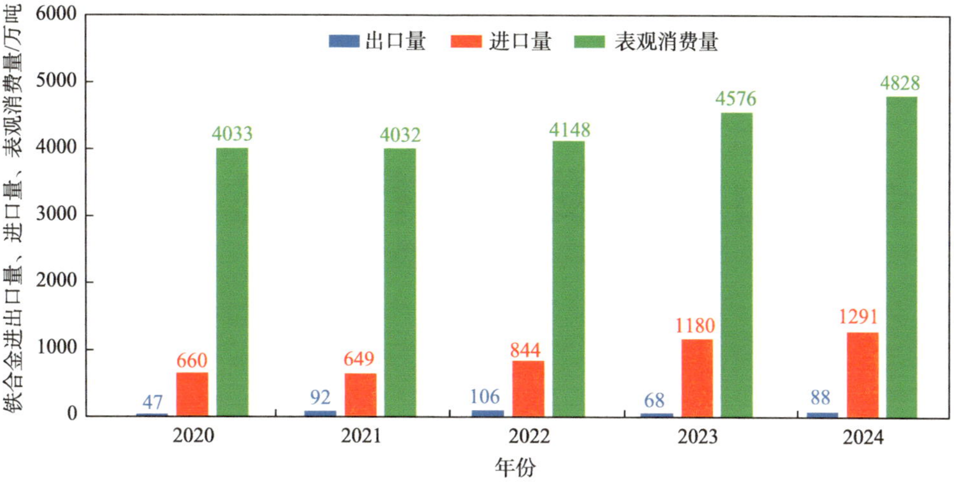

图 9-13　2020—2024 年中国铁合金出口量、进口量、表观消费量变化

（数据来源：国家统计局、海关总署、冶金工业经济发展研究中心）

（本章撰写人：赵磊，冶金工业经济发展研究中心；
邹昆昆，中国钢铁工业协会）

第 10 章

冶金矿山行业发展运行情况

2024 年，是新中国成立 75 周年，是实现“十四五”规划目标任务的关键一年。面对外部压力加大、内部困难增多的复杂严峻形势，全行业坚持以资源安全战略为引领，铁资源保障工作继续得到国家有关部门的高度重视，政策支持力度不断加大。行业上下统筹高质量发展和高水平保护、高水平安全、高效率供给，扎扎实实做好各项工作，找矿增储取得重大突破，自给保障能力持续提升，经营管控能力全面增强，新质生产力稳步发展，绿色矿山建设深入推进，安全管理基础进一步夯实，生产经营实现稳定增长，推动冶金矿山高质量发展再上新台阶。

一、行业运行基本情况

（一）铁矿石产量持续增长，资源保障能力稳步提升

铁矿石原矿产量 104193.5 万吨，同比增长 1.2%；铁精矿产量 30011.6 万吨，同比增长 0.6%。时隔 7 年中国铁矿石原矿产量重返 10 亿吨以上，资源保障能力稳步提升，为促进钢铁产业链供应链资源安全奠定了基础。

中国铁矿石主要产矿省份有河北、辽宁、山西、内蒙古、四川、安徽、新疆、山东等八省区，2024 年八省区生产铁矿石 94177 万吨，占铁矿石总产量的 90.4%，比上年同期增加产量 4719 万吨，增长 5.3%；其中河北、辽宁、安徽、新疆等四省铁矿石产量呈不同程度的增长，山西、内蒙古、四川、山东等四省铁矿石产量均呈两位数以上的不同程度下降。全年八省区生产铁精粉产量 24551 万吨，同比增加 273 万吨，增长 1.1%；八省产量占铁精矿总产量的 81.8%，河北、辽宁、新疆三省铁精矿产量呈不同程度的增

长，山西、内蒙古、安徽、四川、山东等五省铁精矿产量呈不同程度的下降，尤以山西省下降幅度较大，同比下降 11.8%。

铁矿重点开发项目占比较大的河北、辽宁、安徽等三省铁矿产量增长明显。2024 年，河北省铁矿石产量 49516.3 万吨，同比增长 12.7%；辽宁省铁矿石产量 18222.7 万吨，同比增长 6.4%；安徽省铁矿石产量 3697 万吨，同比增长 2.0%；“铁资源开发计划”的扎实推进有力保障了中国战略资源供给能力的稳步提升。图 10-1 为 2022—2024 年逐月铁矿石产量及增长情况。

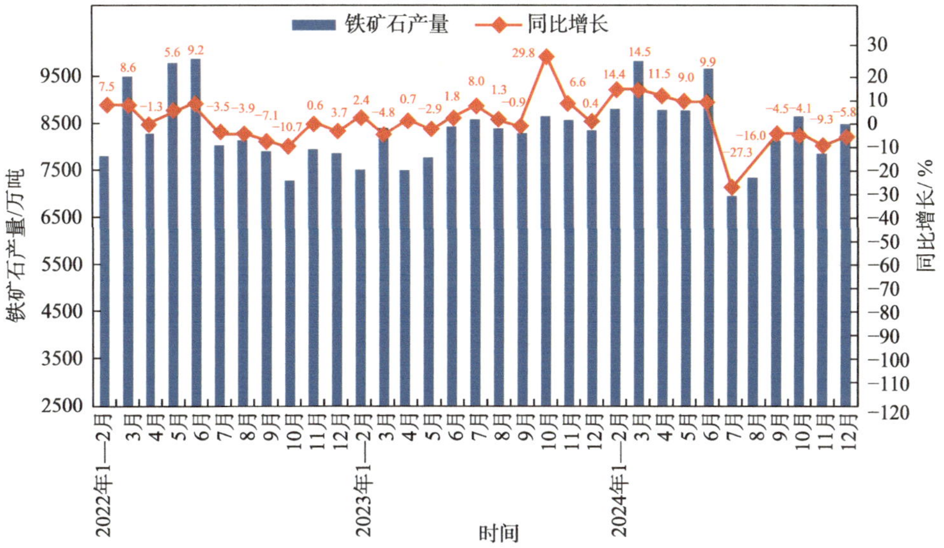

图 10-1　2022—2024 年逐月铁矿石产量及增长情况
（数据来源：国家统计局）

（二）民间投资大幅回升，重点项目加快推进

随着中国资源战略的稳步推进，国内铁矿资源保障能力不断提升，国内铁矿项目开发建设的各项工作扎实推进，取得了积极进展。2024 年 1—12 月，全国采矿业固定资产投资额累计增长 10.5%，其中黑色金属矿采选业投资额由负转正、累计增长 6.9%。主要受民间投资大幅回升，2024 年 1—12 月，黑色金属矿采矿业民间投资增速大幅回升，由上年同期下降 25.5%、回升至增长 24.7%，大型矿山建设项目投资继续保持较大幅度增长，正在建设的 20 个大型特大型项目有望提前投产（图 10-2）。

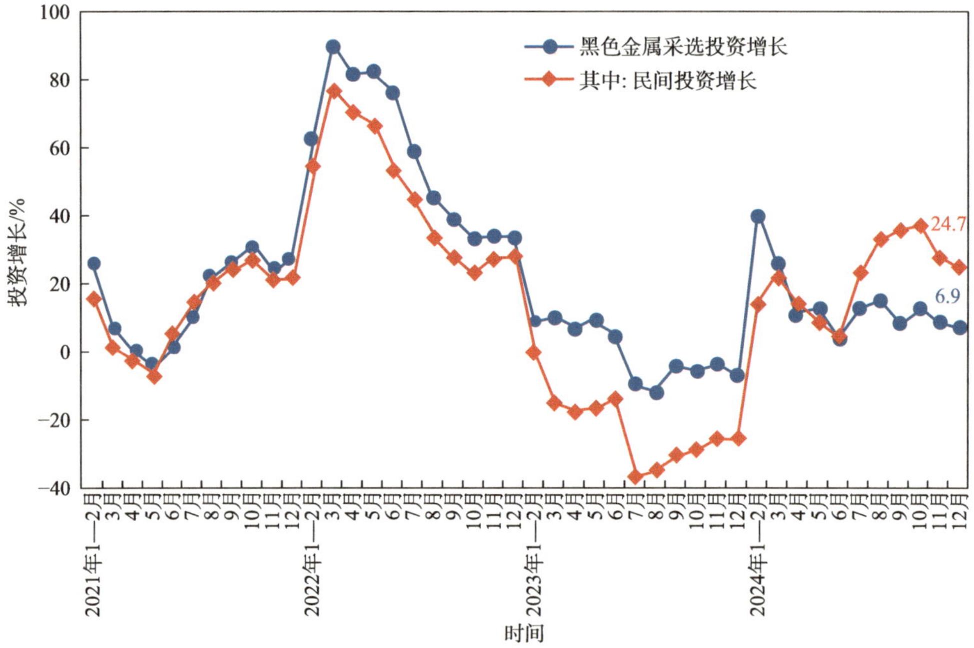

图 10-2　2021—2024 年国内矿逐月固定资产投资变化情况
（数据来源：国家统计局）

大型项目投资保持高增长，民间投资意愿明显回升，反映出政策协调力度继续加大、投资环境持续改善、市场预期进一步明确，提振了市场主体的投资信心，带动一批重点新建大型矿山项目加快推进、资源接续工程和矿山技改项目快速落地，矿山产能稳定释放，安全、绿色、智能改造步伐继续加快。

（三）铁矿石供需基本面进一步宽松，铁矿石价格震荡下行

2024 年进口铁矿石 12.37 亿吨，增加 5776 万吨，增长 4.9%，进口铁矿石创历史新高；国产铁精矿实际增量 177 万吨；年末港口库存 14904 万吨，较年初增加 3197 万吨，增长 25.2%；钢厂库存 9510 万吨，较年初减少 17 万吨，下降 0.2%；钢厂和港口合计铁矿石库存 25374 万吨，较年初增加 3050 万吨，增长 31.5%。国内生铁产量 8.52 亿吨，下降 2.3%，累计消费铁矿石同比减少约 3300 万吨，铁矿石供给量大于需求量。总体来看，铁矿石供应持续增加，需求持续小幅下降，铁矿石市场呈现供强需弱格局，基本面进一步宽松。

从价格趋势来看（图 10-3），2024 年呈震荡下行走势，波动幅度进一

步加大，年初至 4 月初，宏观乐观预期落空叠加基本面转差，铁矿石价格单边下行；4 月初到 5 月下旬，宏观预期升温和钢厂复产逻辑影响下，铁矿石价格反弹；5 月下旬至 9 月下旬，铁矿石价格再度下行，此后受国家重要会议的召开，一系列宏观利好政策出台影响，市场信心得以提振，叠加钢厂利润出现明显修复后对铁水复产预期加强，铁矿石价格触底大幅反弹。2024 年进口铁矿石平均到岸价格 106.93 美元/吨，同比下降 5.9%；钢厂采购国产铁精矿折算成 62%品位的平均价格 844.38 元/吨，同比下降 1.7%。

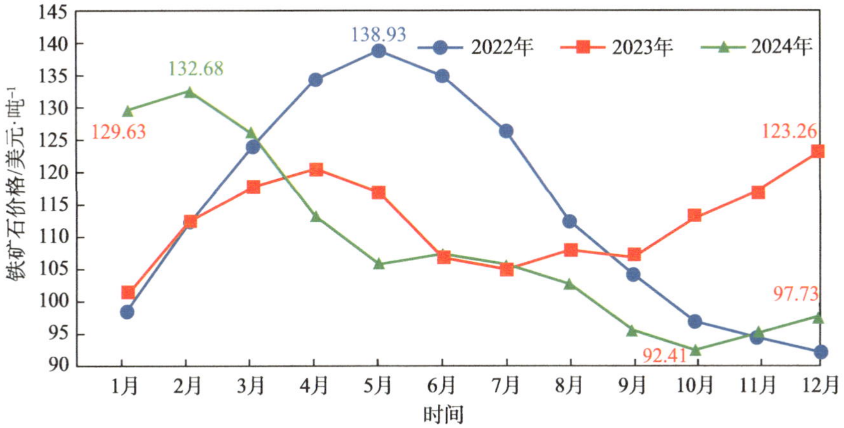

图 10-3　2022—2024 年 62%铁矿石普氏价格走势

（数据来源：国家统计局）

（四）企业盈利略有回升，运营质量持续改善

根据国统局数据，2024 年黑色金属采选业实现营业收入 4963.5 亿元，同比增长 2.6%，增幅高于全国采矿业 7.8 个百分点；利润总额同比下降 2.9%，营业收入利润率 10.9%，同比下降 0.8 个百分点。重点企业实现主营业务收入同比下降 3.8%，实现利润同比下降 5.3%，营业收入利润率 26.8%。图 10-4 为 2022—2024 年矿山企业实现利润增长情况。

矿山企业加大降本增效力度，在安全环保排碳治理投入继续加大情况下，铁矿石价格同比下降的基础上，国产铁精矿在质量提升、刚性成本上升的情况下，财务费用、管理费用、销售费用等费用同比继续下降，分别下降 10.9%、1.3%、17.9%，资产负债率同比大幅下降 4.46 个百分点，铁精矿完全成本，同比下降 0.4%，运营效率、发展质量持续提升。

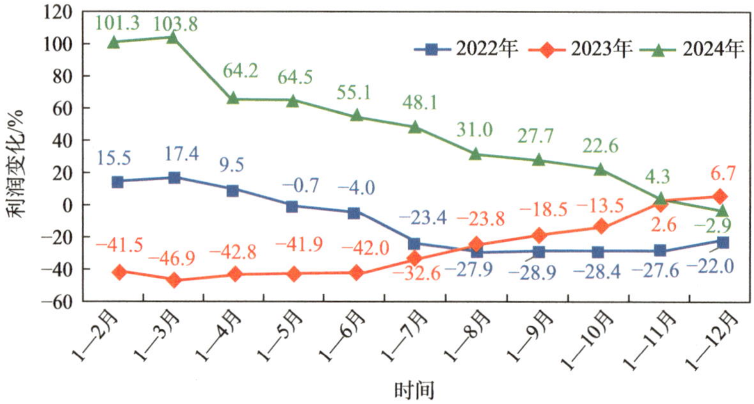

图 10-4　2022—2024 年矿山企业实现利润增长情况
（数据来源：国家统计局）

（五）绿色矿山建设持续推进，环保指标继续优化

矿山企业加快实施绿色矿山建设，积极节能、降碳、减污、扩绿，取得明显成效；2024 年，重点统计企业吨精矿能耗同比下降 5.3%；吨精矿耗新水同比下降 8.5%；排水量同比下降 2.1%，废水中化学需氧量、氨氮、悬浮物排放量同比分别下降 1.8%、4.5%、3.9%；绿色矿山建设加快推进，绿化覆盖率 78.3%，同比提高 6.9 个百分点；土地复垦率 67.3%，同比提高 5.5 个百分点；积极开展资源综合利用，铁尾矿综合利用率同比提高 2.25 个百分点，废石综合利用率同比提高 2 个百分点。矿山生态环境持续改善，公园式矿区继续升级扩面。

二、2024 年矿山行业重点工作进展

（一）资源保障能力持续提升

找矿增储取得重要进展。全力推进新一轮找矿突破战略行动，冀东、鞍本、西天山等地区取得一批重要找矿进展，鞍本地区新增资源量 17 亿吨，哈密尾亚–牛毛泉新增十亿吨级铁矿和千万吨级钛矿；河北、山东、新疆等地新发现一批富铁矿，山东齐河–禹城地区已成为亿吨级富铁矿勘查开发基地；贵州铜仁发现富厚锰矿体，新增锰矿资源量 5000 万吨；白云鄂博铁矿等企业探边摸底钻探累计超 20 余万米，为平面和深部扩界开采提供精准地质数据。

多措并举实现稳产保供。通过合理布局、优化设计、产线升级、装备更新、技术攻关、综合回收、组织协同等措施，极限挖掘采选系统潜能，实现了国产铁矿石产量稳定增长，在满足钢铁生产需求的同时，对稳定铁矿价格发挥重要作用。实施提质降杂、产品延伸、柔性化生产等措施，提高铁精矿质量和生产效率，增加超级铁精矿、碱性球团矿等绿色原料炉料产量，铁精矿品位提高 0.5 个百分点，二氧化硅含量同比降低 0.2 个百分点，生产效率提升了 6.5 个百分点，在增加企业经济效益的同时，为高炉稳顺提供了优质绿色原料保障。

持续攻坚重点开发项目。资源接续项目前期手续办理取得新进展，企业通过多渠道积极与政府部门协调，逐环节疏通办理堵点，袁家村铁矿能力提升工程、水厂铁矿露天转地采项目、齐大山矿露天深部扩界、朱兰铁矿扩界、高村三期技改项目等大型特大型项目完成采矿权变更、项目核准、安设审查等合规性审批手续；“铁资源开发计划”“三个一批”重点项目投产、投运和启动 27 项，思山岭铁矿、马城铁矿项目进入试生产阶段，西鞍山铁矿、陈台沟项目竖井陆续掘进到底，转入平巷掘进阶段，中国最大钒钛磁铁矿红格南矿开发启动。

（二）经营管控能力全面增强

强化公司治理，管控模式持续优化。首钢矿业制定公司及法人公司决策事项“多单一表”，修订党委会前置审议重大事项清单，落实董事会会前请示程序，科学决策机制更加高效规范； 鞍钢矿业坚持一流公司治理，打通三项制度改革难点，全面推行“271”岗位绩效考核模式，管理人员退出占比达 13.4%；攀钢矿业扎实落实改革深化提升行动实施方案，全年 55 项任务完成率 100%，在 22 条产线差异化推行“操维检合一”运维模式；马钢矿业推进业务整合变革，强化关键业务流程自主化，全年协力人员优化率 20.9%，全口径人员优化率 10.4%。

聚焦精益管理，管控体系不断完善。攀钢矿业坚持以“三大基础管理平台”为载体，全力推进管理提升；马钢矿业完善制度规程建设，全年修订发布 62 项管理制度，完成了 220 个岗位规程发布与培训；首钢矿业深化“1+1+N”管控，强化投资管控，优化工效挂钩体系，制定 23 个主项业务管理标准，量化职责体系，提升专业管理能力；本钢矿业组织查摆“七大浪费”等各类问题 1.91 万项，收集改善提案 7120 项。

管理创新赋能，对标行动深入开展。通过对标世界一流企业和行业先进企业，聚焦自身存在的突出问题，进一步加强管理体系和管理能力建设，尽快补齐短板和弱项，全面打造和提升市场竞争力。马城、唐首马铁矿制修订制度 26 项、建立 118 个对标点位，形成可复制的“五步法”系统对标经验。太钢矿业推行招标及采购一体化管理模式，招标比例达 75%。攀钢矿业完善公司 324 项一级对标指标体系，深化成本精细管理，钛精矿完全成本同比降低 7.59%。中钢矿业通过制定实施《对标挖潜指标表》，深入开展系统内部和外部的成本对标找差活动。

资金资产质量提高，成本管控取得实效。五矿矿业开展了无死角、零盲区资产大盘点，摸清家底、找准症结，盘活处置低效无效资产净值 1.9 亿元。鞍钢矿业以国际四大矿山为标杆，深化系统降本，成本连续三年递降 3 美元/吨，牵头实施 140 余种物资集中协同采购，采购金额同比降低 30.8%；太钢矿业全方位推进协同降本，铁精矿粉综合成本比上年降低 31.53 元/吨；攀钢矿业积极推进关键进口设备备件“国产化”改造，实施国产备件替代 20 项，采购金额降低 47.31%。

（三）绿色低碳发展取得积极成效

坚持一流生态建设，深入开展污染防治攻坚战，有组织排放全部达到超低排放标准，主要污染物排放量创历史新低。环保风险问题整改持续推进，本钢矿业梳理环境风险 57 项，完成 45 项风险问题整改。“双碳”工作扎实推进，发布 EPD 报告 25 份，形成生态修复增汇与固废利用碳减排核算方法。能源结构不断优化，水厂铁矿尹庄尾矿库、东鞍山铁矿、马钢矿业下属矿山等一批光伏项目并网发电，绿电量同比提高 46%。实施节能环保升级改造项目 340 余项，批量投入新能源电卡，高耗能设备更换率达到 53%，单位能耗同比下降 5.3%，节能 18940 吨标煤。探索节水新技术，利用矿井疏干水、回收雨水代替新水水源，节约新水 4128 万吨。固废资源综合利用效能不断增强，鞍钢矿业外销岩石 2400 万立方米，首钢矿业全年销售建材产品 2746 万吨，马钢矿业综合利用的产品产量 2440 万吨，均创历史最好水平，鞍钢矿业成立全国首个冶金矿山铁尾砂改良盐碱地工程技术研究中心，尾矿固废资源综合利用示范项目入选全国首批绿色低碳先进技术示范项目清单。持续深化绿色矿山建设，开展生态恢复治理，绿化、硬化、美化一体推进，完成生态修复面积 20000 余亩，大孤山铁矿生态修复经验入选自然资源部首批典型案例，齐大山铁矿花园式工厂美景在全国两会期间入镜央视《新闻联播》。

（四）科技创新实现新的突破

坚持创新是第一动力，强化创新制度、创新平台建设，深化产学研用融合，加大科研投入，汇聚创新资源，深入创新实践，一批重大科技研发课题取得新突破。2024 年，战略性矿产资源开发利用”“矿山安全风险智能监测预警和防控技术与装备”等国家重点研发计划启动。“地下金属矿智能开采关键技术与装备”“战略金属氧化矿高效浮选分离多维度精准调控创新技术及应用”“地下工程安全精准爆破技术创新与应用”“岩石动静组合加载破裂理论与方法”等多项科技成果获国家科技进步奖二等奖和国家自然科学二等奖，“细粒级金属尾矿高质化利用关键技术与产业化”“地下金属矿山采掘工程安全高效爆破技术创新与应用”“典型关键矿产资源高效能浮选药剂设计开发与应用”“微细粒战略资源浮选全流程流体动力学强化关键技术及应用”等 51 项科技成果获省部级科技进步奖一等奖。企业组织实施了近千项科研项目，超过 100 项科技成果实现转化应用，46 项科技成果达到国际先进及以上水平。申请专利超过 500 余项、软件著作权 40 余项，获批 5 项国家标准、12 项行业标准，发布 15 项团体标准、35 项企业标准。25 家企业完成国家高新技术企业认定。“揭榜挂帅”项目数量同比提升 72%。发挥资本市场作用，鞍钢矿业成功发行两期合计 10 亿元科创公司债券。

（五）智能化转型达到新水平

聚焦数字化、智能化、无人化目标，加快智能矿山建设迭代升级，冶金矿山全年开展智慧制造项目 300 余项，90%的企业将数字化转型战略融入企业发展战略中，75%的企业已经建立了智能管控中心，多数企业探索开展大数据模型应用，管理智慧化、现场无人化、操控集约化、安全预警智能化水平达到新高度，能源管理、安全管理、物流仓储、生产过程等创新场景应用大幅增加。马城铁矿、弓长岭井下矿等矿山建成智能管控平台；李楼铁矿、罗河铁矿、攀枝花铁矿、南芬露天矿等矿山实现井下铲运机、井下电机车、凿岩台车、露天矿卡、牙轮钻机无人操控；太钢矿业各基地智慧矿山综合能力指数达到 69.55%；弓长岭球团二线完成“黑灯工厂”整体升级优化；关宝山公司智慧选矿实践获评"全国企业数字化建设优秀案例"，眼矿数智转型实践入选《智能化矿山数据融合共享规范》创新应用企业名单，被央视《东方时空》报道。

（六）安全管理基础进一步夯实

坚持高质量发展和高水平安全良性互动，把防范化解重大隐患摆在突出位置。强化安全治本攻坚，推动重大事故隐患动态清零和双重预防机制信息化管理；组织开展矿山隐蔽致灾因素普查治理、尾矿库隐蔽工程等专项整治工作；持续深化安全生产标准化建设，进一步夯实安全管理基础；全面提升从业人员素质，推进全员安全履职有效落实；开展应急救援预案演练，应急处置和避险能力进一步提升；大力发展新质生产力，机器人、人工智能、5G 等新技术典型应用场景不断拓展，推进"无视频不作业"，搭建安全风险监测预警平台，构建矿山安全生产长效机制。全年累计实施安措项目 700 余项，首钢矿业全年新辨识风险 883 项，完成本质安全项目 645 个，实现矿区 627 个安全关键参数实时监控、智能预警；马钢矿业无人化指数达到 68.22%；太钢矿业全年整治各类事故隐患 7281 项，安全生产重大风险监控平台建成，具备了接入政府监管平台的能力；攀钢矿业全年排查整改隐患 2117 项，动态清零重大事故隐患 15 项；本钢矿业全年排查整改隐患问题 1.33 万项，完成 33 项重大事故隐患动态清零。

三、2025 年铁矿石市场展望

（一）全球铁矿石供给继续保持增长

四大矿山增量约 2500 万吨，其中 FMG 铁桥项目（Iron Bridge），2025 年预计新增 700 万吨，是四大矿中最大增量来源。力拓（Rio Tinto）预计贡献约 600 万吨增量。必和必拓（BHP）的南坡项目（South Flank）预计增量约 500 万吨。淡水河谷（Vale）的巴西卡拉加斯矿区扩建（如 S11D 项目）推动增量约 700 万吨，但部分被老矿区衰减抵消，净增量或低于预期。非主流矿供应增量约 3000 万吨，主要有澳大利亚、印度、非洲、俄罗斯与独联体等带来的增量，以及西芒的项目投产预期的增量。

（二）国产矿产量将继续保持增长

在铁矿资源开发计划的增长引导下，预计 2025 年国产铁矿石总体产量持续增加，增量仍以旧矿山产能复产为主，以及少量的新矿山项目产能投产，2024 年国内矿山企业铁精粉产量相较上年增量约 200 万吨，如果市场好于预期，国内铁精矿产量有望增加。

（三）全球铁矿石需求小幅增加，中国需求减少

展望 2025 年，从需求总量上看，预计全球铁矿石需求同比变化方向由减转增，印度、东盟和中东铁矿石需求增量集中，得益于钢材需求增长、资源优势和新钢铁项目投产，仍将是主要的铁矿石需求增量来源。国内方面，由于需求持续下滑，中国钢铁产能和产量处于出清期。对于 2025 年中国生铁产量的预测，基于粗钢供需基本面和废钢挤出效应两个方面的分析。预测认为 2025 年中国粗钢产量将同比减少约 960 万吨。预计 2025 年废钢将挤出生铁产量 50 万 – 100 万吨，全年生铁产量同比减少约 1000 万 – 8.76 亿吨。

（四）2025 年铁矿石市场将呈现“总量宽松、品质分化”格局

2025 年全球及中国供需宽松程度将进一步加大。一是四大矿与非主流矿增量叠加，缓解供应链紧张；二是西芒杜投产标志高品位矿竞争升级，绿色溢价凸显；三是中国企业需调整采购策略，平衡成本与低碳转型需求。预计 2025 年铁矿石价格高点难以超过 2024 年下半年反弹高点；同时，供需宽松程度加大，预计价格低点将沿全球矿山成本曲线进一步向下运行。

综合价格运行高低点及供需形势，预计 2025 年铁矿石均价将下移至 90 – 95 美元/吨区间，高品位矿结构性短缺可能支撑溢价。

（本章撰写人：雷平喜，姜圣才，马增风，陈辉，许文耀，中国冶金矿山企业协会）

第 11 章

废钢行业发展运行情况

一、行业运行基本情况

（一）钢铁行业废钢铁利用情况

据中国废钢铁应用协会统计测算，2024 年全国炼钢用废钢铁消耗总量 20967 万吨，同比减少 401 万吨，降幅 1.9%；综合废钢单耗 208.6 千克/吨，同比减少 1.1 千克/吨，降幅 0.5%，其中：转炉废钢单耗 167.1 千克/吨，同比减少 0.9 千克/吨，降幅 0.5%；电炉废钢单耗 594.0 千克/吨，同比减少 5.78 千克/吨，降幅 1.0%；全国炼钢综合废钢比 20.86%，同比减少 0.11 个百分点。近十年钢铁行业废钢消耗情况见表 11-1。

表 11-1　近十年钢铁行业废钢消耗情况　　万吨

年份	粗钢产量	其中转炉钢		其中电炉钢		废钢消耗合计
		产量	废钢消耗量	产量	废钢消耗量	
2015	80383	74522	4930	5861	3400	8330
2016	80837	74993	5404	5844	3606	9010
2017	83173	75424	9672	7749	5119	14791
2018	92826	83683	12717	9143	6060	18777
2019	99634	89488	15020	10146	6573	21593
2020	106477	95431	15735	11046	7527	23262
2021	103279	92228	15394	11051	7227	22621
2022	101796	91908	15530	9888	6001	21531
2023	101908	92066	15464	9842	5904	21368
2024	100509	90737	15162	9772	5805	20967

数据来源：中国废钢铁应用协会、国家统计局。

（二）废钢铁加工配送体系建设情况

2012 年出台《废钢铁加工行业准入条件》，从企业布局、工艺装备、产品质量、能源环保、安全生产等方面对废钢铁加工企业提出要求，培育一批骨干企业。2016 年结合行业发展需求，将废不锈钢和特种钢加工企业纳入准入管理，进一步完善各项要求，以市场化管理手段提升废钢铁加工利用水平。截至 2024 年底，累计培育准入条件企业 910 家，覆盖 29 个省（区、市），年加工能力 1.8 亿吨，2024 年回收利用废钢 1.1 亿吨，约占社会废钢回收量的 60%，前十名准入条件企业加工能力达 6000 万吨，行业集中度逐步提升，为钢铁行业供应了大量合格的废钢资源，2024 年全国炼钢废钢比达到 20.86%，较 2012 年的 11.65%提高了 9.21 个百分点。

（三）再生钢铁原料进口情况

2020 年 12 月 31 日，生态环境部等五部委联合发布公告，根据 2020 年 12 月 14 日国家市场监督管理总局（国家标准化管理委员会）批准发布的《再生钢铁原料》（GB/T 39733—2020）国家标准，自 2021 年 1 月 1 日起，合标再生钢铁原料不属于固体废物，可自由进口。进口放开以来，2021—2023 年三年进口量均为 55 万吨左右,2024 年进口量仅为 20 多万吨。

2024 年再生钢铁原料累计进口 24.81 万吨，同比下降 53.45%。其中，从日本进口 13.92 万吨，占总进口量的 56.12%；从韩国进口 3.64 万吨，占总进口量的 14.68%；从马来西亚进口 2.77 万吨，占总进口量的 11.16%。

从进口品类分析，进口其他合金碎料类再生钢铁原料 11.04 万吨，较 2023 年减少 1.92 万吨；进口不锈碎料类再生钢铁原料 9.73 万吨，较 2023 年减少 22.67 万吨；进口其他粉碎料类再生钢铁原料约 3.69 万吨，较 2023 年减少 2.96 万吨；进口铸铁碎料类再生钢铁原料约 0.25 万吨，较 2023 年减少 0.17 万吨；进口粉状废料类再生钢铁原料 0.11 万吨，较 2023 年减少 0.77 万吨。

从进口价格来看，进口价格高、价差倒挂等特点仍然存在。将进口比例占一半以上的日本废钢进口价格与国内主流市场重废价格进行对比（图 11-1），综合来看，2024 年再生钢铁原料进口价格整体震荡下滑，全年核心矛盾为需求不振与成本支撑的拉锯，价差倒挂和季节性因素是价格波动的关键推手。

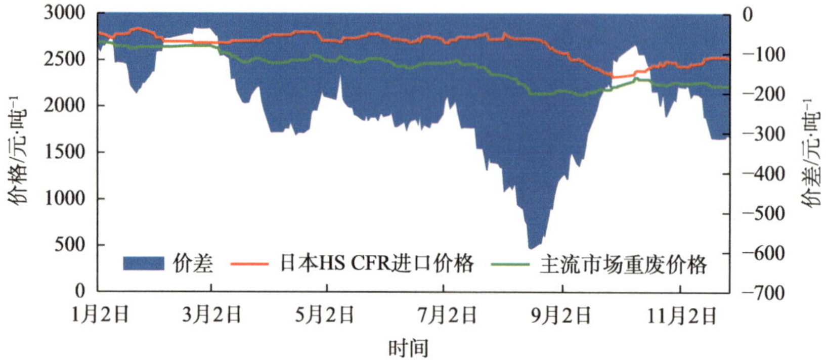

图 11-1　2024 年日本废钢进口价格与国内主流市场价差

（数据来源：上海钢联）

（四）废钢价格与回收加工企业效益情况

2024 年国内废钢市场价格呈现震荡下跌的态势（图 11-2）。以重废价格为例，截至 2024 年底，重废不含税均价为 2185 元/吨，较年初价格下跌 433 元/吨，跌幅 16.54%。1—2 月，在春节效应的影响下，废钢市场整体资源偏少，钢厂冬储库存虽较去年下滑，但整体收货难度较大，废钢价格保持偏强运行。但进入 3 月后，成品钢材需求释放始终不及预期，钢厂生产积极性逐步降低，废钢价格大幅下行。后逐步修复震荡运行，6—8 月钢材现货进入消费淡季，叠加 9 月 25 日螺纹钢新旧国标交替的消息不断发酵，市场悲观情绪加重，导致钢价大幅回落，电弧炉钢厂亏损严重，集中减产甚至停产，废钢价格再度进入下行通道。随着钢厂减产、钢材库存持续下降，

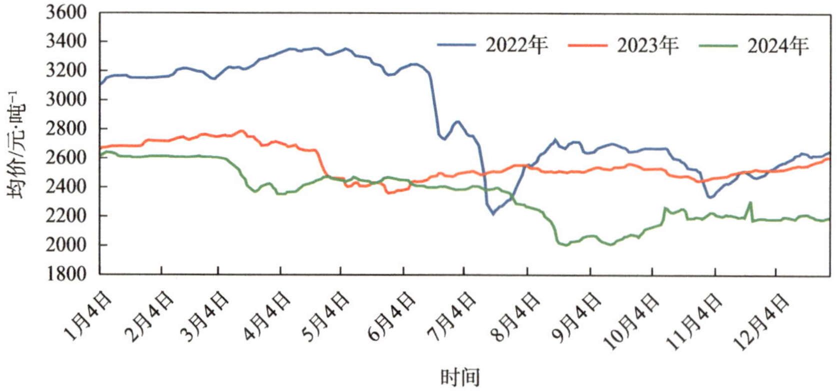

图 11-2　2022—2024 年废钢重废均价走势图

（数据来源：上海钢联）

至 9 月，在财政利好消息叠加刺激的局面下，市场情绪有所好转，钢材价格逐步抬升，电弧炉钢厂积极复产，高炉钢厂废钢消耗量也大幅增加，废钢整体需求明显回升，带动废钢价格修复性上涨。进入四季度，市场始终处于强预期与弱现实的博弈之下，废钢价格以区间震荡为主，整体波动幅度有限。

2024 年废钢回收加工企业整体利润水平下滑，部分企业出现亏损情况。根据对 62 家废钢铁回收加工企业的调研情况可知（图 11-3），2024 年平均利润 17 元/吨，较 2023 年下降 5 元/吨。其中，最低利润水平出现在 3 月，仅为 1 元/吨，主要原因在于春节后，钢材现货价格大幅走低，废钢价格随之下移，导致节前囤货的企业出现亏损。2024 年在国内废钢供需同步缩减的状态下，废钢回收加工企业收货难度较大，资源竞争较为激烈，多数企业存在牺牲利润、以价换量的操作；尤其在前三季度废钢价格整体下跌的情况下，废钢回收加工企业整体维持低利润水平。9 月起，随着利好消息的刺激，预期升温带动钢材价格低位抬升，钢厂利润增加，废钢需求开始明显恢复，由此带动废钢回收加工企业的利润情况有所好转；但年内最高利润水平也仅恢复至 27 元/吨（2024 年 11 月）。

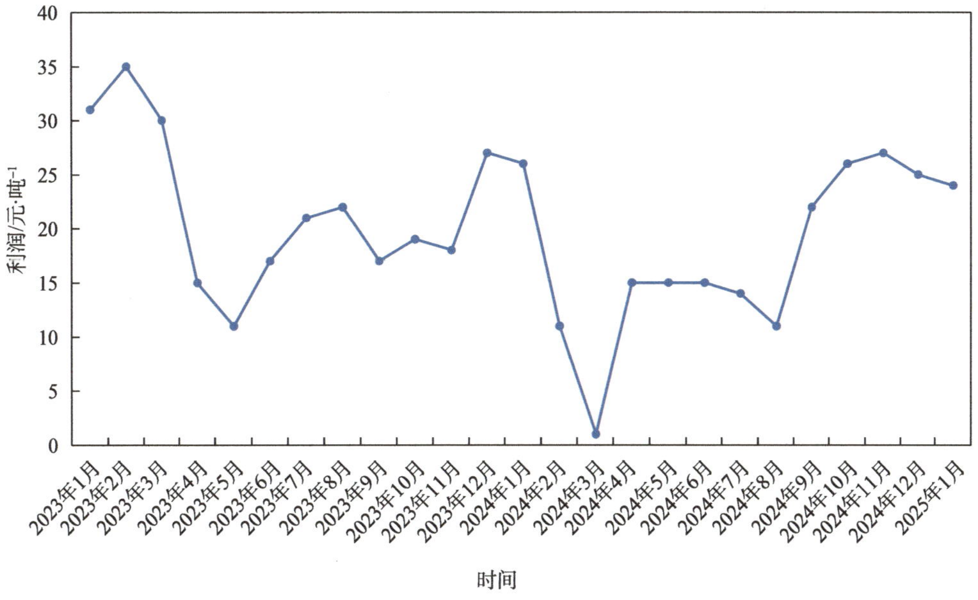

图 11-3　62 家废钢铁回收加工企业利润情况

（数据来源：上海钢联）

（五）废钢行业数字化、智能化发展情况

2024 年，废钢行业数字化转型加速推进，技术应用覆盖从资源回收到供应链管理的全产业链环节，成为提升效率、支撑绿色低碳发展的创新驱动力。

1. 废钢产业区域化平台建设初见成效

2024 年，为深入贯彻落实《钢铁行业稳增长工作方案》，搭建重点领域产业联盟，促进河北省废钢铁和短流程电炉钢产业高质量发展，在河北省工信厅支持下，由河钢集团石钢公司等单位联合发起成立了“河北省废钢铁与短流程电炉钢产业联盟”，并发布了依托冀中能源集团建立的以废钢铁为主要产品的再生资源与互联网大数据平台“河北省再生资源智慧服务平台”，全面整合废钢铁上下游产业链，为废钢铁回收加工利用相关企业提供智慧服务和决策支持，推动废钢产业一体化建设。此前，辽宁省工信厅已支持建设“辽宁省再生资源产业数字化平台”，以废钢为切入点，数字化赋能再生资源产业，助力产业数字化信息化发展，完善行业监督监管，创新再生资源产业发展新模式。

2. 行业智能化水平显著提升

为解决废钢检验过程中人为主观因素多、判别标准不统一等问题，多家企业自主研发了废钢智能检判系统，部分企业实现了无人判级，此项技术在全球处于领先水平，也得以推广应用到国外钢厂和加工企业；一些废钢铁加工基地建成了智慧工厂，实现关键加工环节的少人化甚至无人化，提高了基地的本质安全和本质环保。

二、废钢行业发展展望

（一）废钢行业面临的形势

在“十五五”时期甚至更长一段时间内，随着钢铁行业纳入全国碳排放权交易市场，以及后续碳配额管理机制逐渐完善，中国钢铁行业对废钢铁资源的需求将增大，但通过国外进口优质铁素资源的难度也在加大。

1. 钢铁行业节能降碳势在必行

碳排放引起气候异常，严重影响着全球人类的生存和发展。同时，碳达峰、碳中和事关中国的发展战略。钢铁行业作为能源消耗密集型行业，

其碳排放量占全国碳排放总量的 15%左右，位居制造业 31 个门类首位，是节能降碳的主战场之一，面临着绿色低碳转型的压力，需要通过技术创新和工艺改进来降低能耗和排放，而废钢铁作为绿色载能铁素资源，提高废钢的回收和利用率，不仅是资源的高效利用，更是响应国家绿色经济政策的体现。

2025 年 3 月 20 日，生态环境部发布《全国碳排放权交易市场覆盖钢铁、水泥、铝冶炼行业工作方案》，将钢铁行业纳入碳排放交易体系，长流程钢铁企业首先作为重点排放单位纳入交易，势必引导钢铁企业提高废钢铁利用水平。

2. 欧盟碳关税等外部政策冲击中国钢铁行业

欧盟碳边境调节机制（简称“CBAM”）是全球首个“碳关税”，已于 2023 年 10 月 1 日开始实施，初期涉及六大行业，即钢铁、水泥、电力、化肥、铝、氢以及特定条件下的间接排放。这些产品的进口商必须支付生产国碳价格与欧盟碳排放交易体系中碳配额价格之间的差价。尽管中国向欧盟出口钢材占比较小，短期影响不大，但长期来看，碳关税的实施对中国钢铁出口企业的影响会越来越大。对此，中国钢铁行业要加快推动绿色低碳转型，而提高废钢铁利用量和电炉短流程炼钢占比是其中重要的途径。

3. 国际废钢铁资源约束加剧

多年来国际废钢年贸易量在 1 亿吨左右，但近年国际废钢的流动变得越来越多样化。不仅发达国家进出口量大，不少发展中国家也通过利用进口废钢铁资源，在本国建立新兴的炼钢产能，其中土耳其、印度、越南在 2023 年进口量位居前三，总进口废钢约占世界废钢进口量的 1/3 左右。土耳其是世界上最大的废钢进口国，每年进口的废钢量逾 2000 万吨，但受到印度、越南对进口废钢的冲击，2023 年进口量减少 210 万吨。随着炼钢产能的扩张，印度和越南都将是中国废钢进口的竞争对手。此外，作为世界公认的绿色炼钢铁素资源，当前多个国家（地区）已经禁止或正在禁止废钢铁出口，全球废钢铁资源供应将更加紧缺。

（二）废钢铁资源量和回收利用量预测

废钢铁资源按来源分为自产废钢、社会废钢、进口废钢三类，未来某年的废钢铁资源量是根据过往年份钢铁产品的生产和消费情况，按照“钢铁产品生命周期法”等方法进行测算从而得出的理论值。废钢铁回收利用量是指某年通过回收体系实际完成回收拆解并进入到利废环节循环使用的废钢铁消耗量，除主要用于钢铁行业外，目前每年有2000万吨左右废钢用于铸造行业，部分未作为熔炼原料的废钢直接用于生产五金、农具等产品，除钢铁行业外，其他渠道的消耗量缺乏统计数据，一般由相关机构对各行业进行调研并根据结果测算得出。

根据预测，到2030年，中国粗钢产量将下降到9亿－9.5亿吨，相应的废钢铁资源量约为3.3亿－3.6亿吨；到2035年，中国粗钢产量将下降至8亿－8.5亿吨，相应的废钢铁资源量约为3.8亿－4.1亿吨。按照近几年的实际回收利用水平，预计2030年废钢铁回收利用量约为2.8亿吨，2035年废钢铁回收利用量约为3.2亿吨。

三、其他

（一）主要企业案例研究

1. 钢厂延伸、产业一体化模式：沙钢集团

大型钢铁企业成立独立法人的废钢公司，在一定程度上负责钢厂使用废钢的保供工作，也可以作为社会化经营的废钢基地，利用钢厂自身的影响力实现对资源和客户的掌握，形成比较优势。

沙钢集团是国内最大的民营钢铁企业，也是国内最大的电炉钢生产基地。在废钢铁应用方面，目前废钢年消耗量近700万吨，居国内钢厂前列；另一方面，沙钢高度重视废钢铁资源的开发利用，积极参与废钢加工配送，积极引进国内外先进的废钢加工、分选技术与设备，大力提升废钢利用效率。张家港市沙钢废钢加工供应有限公司作为沙钢集团从事废钢加工、贸易的企业，投资年产200万吨的废钢加工项目，年总运输量约为500万吨。

2. 基地+平台模式：欧冶链金

作为中国宝武旗下专业从事金属再生资源综合利用的平台化公司，欧冶链金主营业务为废旧金属（废钢）回收、加工、销售、仓储、配送等。欧冶链金创新的“基地+平台”战略模式使其成为废钢行业的“阿里巴巴”。该运营模式主要是在推进集团内部资源整合的同时，加速对外并购重组，形成资源端的网络化布局，有效掌控上游资源，提高市场话语权，形成“一总部、多基地、网络化、辐射状”的布局。

3. 政府主导+事业部制模式：陶庄城矿

陶庄废钢产业园地处浙江嘉兴，得天独厚的地理位置使其在产销两端都拥有巨大的竞争优势。在政府的大力支持推进下，整合了零乱分散的 800 多家废钢堆场及加工点，建设集交易、堆放、整理、加工、运输及综合服务于一体的产业园。

2017 年，按照“集中管理、封闭运行、分散经营、统一开票”的运营模式设立市场管委会，成立嘉兴陶庄城市矿产资源有限公司（以下简称陶庄城矿），内部实行事业部制，7 个事业部独立回收、加工废钢，但对外销售废钢需由城矿公司开具统一抬头的票据，并采用独立第三方废钢价格指数作为结算依据。该套模式重点解决了废钢回收加工的场地、设备、仓储、物流、销售、管理、税务等方面的问题，以政府信誉作为背书，推动了废钢交易规范化、规模化升级发展，利于企业对外形象的提升，也提高了企业废钢交易的话语权。

目前，陶庄城矿已实现年加工、分选、配送废旧金属 200 万吨，2023 年营收超 40 亿元。

（二）2024 年废钢行业大事记

1. 国务院发布《国务院办公厅关于加快构建废弃物循环利用体系的意见》

2 月 9 日，国务院发布《国务院办公厅关于加快构建废弃物循环利用体系的意见》。其中指出，加强再生资源高效利用，鼓励废钢铁、废有色金属、废纸、废塑料等再生资源精深加工产业链合理延伸，支持现有再生资源加工利用项目绿色化、机械化、智能化提质改造。鼓励企业和科研机构加强技术装备研发，支持先进技术推广应用。到 2025 年，初步建成覆盖各领域、各环节的废弃物循环利用体系，主要废弃物循环利用取得积极进展。废钢铁、废铜、废铝、废铅、废锌、废纸、废塑料、废橡胶、废玻璃等主要再生资源年利用量达到 4.5 亿吨。资源循环利用产业年产值达到 5 万亿元。

2. 国务院发布《推动大规模设备更新和消费品以旧换新行动方案》

3 月 13 日，国务院印发《推动大规模设备更新和消费品以旧换新行动方案》。方案提出：坚持市场为主、政府引导，鼓励先进、淘汰落后，标准引领、有序提升，实施设备更新、消费品以旧换新、回收循环利用、标准提升四大行动。方案的实施将加快废钢铁的资源的产出和循环利用，推动行业可持续发展。

3. 国家税务总局印发《关于资源回收企业向自然人报废产品出售者“反向开票”有关事项的公告》

4 月 24 日，国家税务总局印发《关于资源回收企业向自然人报废产品出售者“反向开票”有关事项的公告》，明确指出，自 2024 年 4 月 29 日起，自然人报废产品出售者向资源回收企业销售报废产品，符合条件的资源回收企业可以向出售者开具发票。解决了再生资源行业“第一张票”问题，对行业发展具有积极的作用。

4. 国务院印发《2024—2025 年节能降碳行动方案》

5 月 23 日，国务院印发《2024—2025 年节能降碳行动方案》，该方案提出了节能降碳的总体要求和重点任务，并指出要大力推进废钢循环利用，支持发展电炉短流程炼钢，截至 2025 年底，电炉钢产量占粗钢总产量比例力争提升至 15%，废钢利用量达到 3 亿吨；且 2024 年继续实施粗钢产量调控。

5. 国务院公布《公平竞争审查条例》

6 月 13 日，国务院公布《公平竞争审查条例》（以下简称《条例》），自 2024 年 8 月 1 日起施行。《条例》指出不得给予特定经营者税收优惠；不得给予特定经营者选择性、差异化的财政奖励或者补贴。

6. 新央企中国资源循环集团有限公司成立

10 月 18 日，国务院国资委发布关于组建中国资源循环集团有限公司的公告称，经国务院批准，组建中国资源循环集团，由国务院国有资产监督管理委员会代表国务院履行出资人职责，列入国务院国有资产监督管理委员会履行出资人职责的企业名单。同日，中国资源循环集团成立大会在天津举行，中共中央政治局委员、国务院副总理张国清在会上传达了习近平重要指示和李强批示并讲话。

7. “中国废钢铁应用协会七届四次会员大会暨中国废钢铁应用协会成立三十周年大会”在北京顺利召开

10 月 23—25 日，“中国废钢铁应用协会七届四次会员大会暨中国废钢铁应用协会成立三十周年大会”在北京召开，与会嘉宾和代表千余人。本次会议是认真学习党的二十届三中全会精神，贯彻落实习近平总书记关于“双碳”目标要求与“大规模设备更新和消费品以旧换新”实施方案，大力推进废钢循环利用，着力打造和建立废钢铁加工配送工业化体系进程中召开的一次重要会议。

8. 新版《再生钢铁原料》国家标准助力更多铁素资源高效利用

11 月 28 日，国家市场监督管理总局、国家标准化管理委员会批准发布《再生钢铁原料》（GB/T 39733—2024）国家标准。该版国家标准通过增加再生钢铁原料的种类、改进混料分类技术要求、完善组批运输规则、明确夹杂物定义与钢铁实物量等指标，优化成分与尺寸规定等要求，修改后的标准技术内容与国际通用的贸易规则更加契合，新国标将能够对更多优质再生钢铁原料的进口起到重要的标准技术支撑和推动作用。

9. 第十二批废钢铁加工准入企业名单正式公布，名单动态调整

12 月 20 日，根据《废钢铁加工行业准入条件》等规范条件及相关公告管理办法规定，工业和信息化部发布公告 2024 年第 43 号，正式公布符合《废钢铁加工行业准入条件》企业名单（第十二批），共 111 家废钢加工企业进入公告名单；同时撤销 26 家、更名 6 家、扩大产能 20 家。到 2024 年末，符合准入条件的公告企业达到 910 家，加工能力达到 1.8 亿吨。

（本章撰写人：冯鹤林，王方杰，王新月，中国废钢铁应用协会；
顾敏华，金雄林，上海钢联电子商务股份有限公司）

第12章 焦化行业发展运行情况

一、行业运行基本情况

焦化行业立足新发展阶段，全面贯彻习近平生态文明思想，焦炭生产工艺、技术、装备、环保治理水平得到较大提高。主要表现在：产业政策不断规范；生产技术经济指标不断提升，部分指标达到或接近国际先进水平；焦炭生产设备大型化、高效化、自动化、信息化、长寿化，生产过程规范化、精细化和清洁化取得了明显成效。

（一）产量情况

2024年，中国焦炭产量48927.2万吨，同比下降0.8%。按地区统计，全国共有19个省区焦炭产量同比下降，9个省区焦炭产量同比增加。远离焦炭需求地区产量下降明显，其中黑龙江省2024年焦炭产量662万吨，减产25.6%，降幅居全国之首，云南省产量1036万吨，减产15.8%；焦炭生产大省焦炭产量基本保持平稳，如山西省焦炭产量9212万吨，减产3.8%，河北省焦炭产量4359万吨，增产1%，内蒙古自治区焦炭产量5023万吨，减产1%；部分省区由于焦炭产能小，因新建项目投产，增幅较大，如贵州省焦炭产量403万吨，增幅28.7%，甘肃省焦炭产量670万吨，增幅22.6%，福建省焦炭产量294万吨，增幅20.9%。分省焦炭产量见图12-1，分月产量情况见图12-2。

2015—2024年，中国（不含台湾省）和世界焦炭产量见表12-1。从表中可以看出，中国近十年焦炭产量占世界焦炭产量在70%左右。从2017年开始，焦炭产量呈逐年上升趋势（2021 年略有下降），2023 年达到最高（4.93 亿吨），2024 年略有下降。

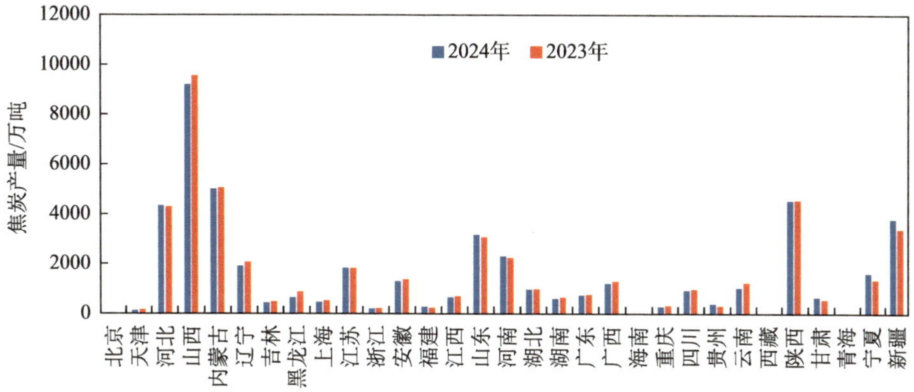

图 12-1　中国分省焦炭产量

（数据来源：国家统计局）

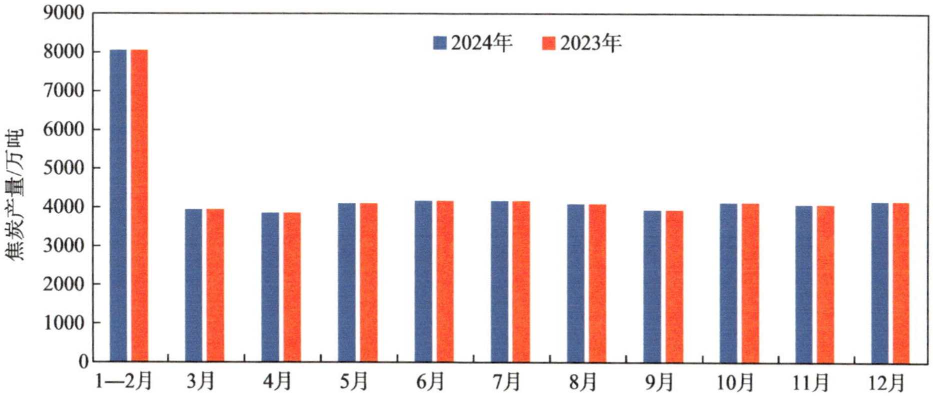

图 12-2　2024 年分月产量情况

（数据来源：国家统计局）

表 12-1　中国及世界焦炭产量

年份	2015	2016	2017	2018	2019	2020	2021	2022	2023	2024
中国/亿吨	4.47	4.49	4.31	4.38	4.71	4.71	4.64	4.73	4.93	4.89
世界/亿吨	6.54	6.54	6.39	6.48	6.79	6.66	6.72	6.66	6.79	6.79
中国占比/%	68.35	68.65	67.45	67.59	69.37	70.72	69.04	71.02	72.60	72.03

数据来源：中国焦炭产量数据来源于国家统计局，世界焦炭产量数据来源于 Andrew Jones Resource-Net。

（二）焦炭进出口情况

1. 焦炭出口情况

2024 年，中国焦炭出口 833.06 万吨，同比下降 6.03%，出口平均价格 230.59 美元/吨，同比下降 18.48%，从中国进口焦炭前三名的国家是印度尼西亚、马来西亚和印度，共进口中国焦炭 445.39 万吨，占中国出口总量的 53.46%。2024 年中国出口焦炭总量占全国焦炭产量 1.7%。2015 年以来中国焦炭出口情况见表 12-2。

表 12-2　2015 年以来焦炭出口情况

年份	2015	2016	2017	2018	2019	2020	2021	2022	2023	2024
出口量/万吨	986	1021	810	986	653	349	645	895	886	833
单价/美元·吨$^{-1}$	156.2	141.3	266.8	305.0	275.8	221.5	366.6	450.7	283.9	230.5

数据来源：海关总署。

2. 焦炭进口情况

2024 年，中国累计进口焦炭 12.84 万吨,同比下降 45.89%,进口焦炭平均价格 182.72 美元/吨，同比下降 35.91%，向中国出口焦炭前三名的国家是俄罗斯、印度尼西亚和蒙古国，合计向中国出口焦炭 12.72 万吨，占中国进口总量的 99.07%。

（三）炼焦煤进口情况

2024 年，中国共进口炼焦煤 12225.11 万吨，同比增长 19.26%，进口炼焦煤平均价格 151.85 美元/吨，同比下降 9.61%，向中国出口炼焦煤前三名的国家是蒙古国、俄罗斯和美国，合计向中国出口 9797.17 万吨，占中国进口总量的 80.14%。第 4 名至第 6 名为加拿大、澳大利亚和印度尼西亚，前六名合计向中国出口炼焦煤 12015.25 万吨，占总量的 98.28%。炼焦煤进口国来源格局与以往有明显变化，由过去的“澳煤+蒙煤”向“蒙煤+俄煤”再向“蒙古国+俄罗斯+加拿大+美国+澳大利亚”转变。炼焦煤进口来源格局变化主要受地理位置条件、进口煤价格、国际贸易关系等多因素影响。2024 年炼焦煤进口量为历史最高水平。

（四）焦化行业运行情况

2024 年，焦炭市场整体呈现出供需两弱、价格跌多涨少的态势。由于终端需求疲软，尤其是地产和基建市场的低迷，钢材需求下降，导致钢材价格下滑，钢厂利润收缩，高炉开工率降低，进而影响了焦炭的需求量。供应方面，尽管有部分产能退出，但由于置换产能的投产，整体供应能力并未减少，且由于上半年焦化利润偏低，开工率低，全年供应量略有下降。

1. 焦炭价格先抑后扬

2024 年焦炭市场受终端需求欠佳影响，整体呈现出震荡偏弱的走势。虽然焦炭价格在旺季及利好政策的带动下出现阶段性反弹，但由于焦炭产能长期处于过剩局面，供应弹性较强，加之国内需求持续低迷，政策力度不及预期，交易逐渐回归现实，焦炭价格重回下跌趋势。重点地区冶金焦价格（出厂价）走势见图 12-3。从图中可以看出，邯郸、唐山、徐州等靠近市场地区价格相对坚挺，乌海等远离市场地区价格相对较低，不同地区焦炭价格走势趋同。

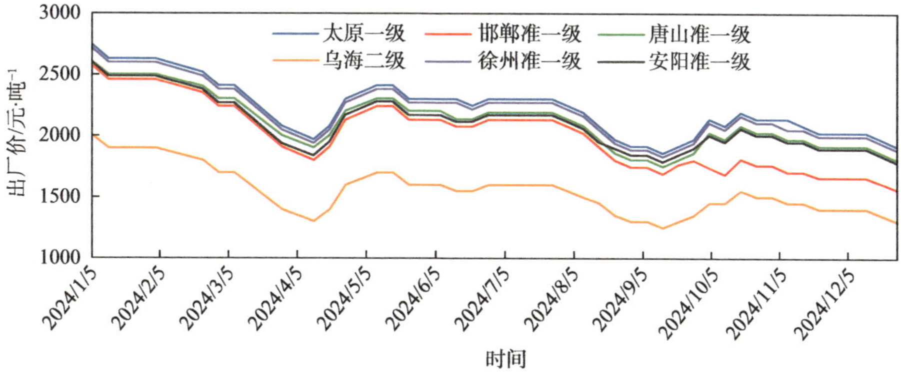

图 12-3　重点地区冶金焦价格（出厂价）走势

（数据来源：我的钢铁网）

具体表现为：

一季度煤炭价格持续下跌，焦炭成本支撑不足，叠加前期钢材市场淡季特征明显，后期终端复工进程缓慢，钢厂盈利能力受到抑制，生产积极性不足，高炉开工始终处于低位，对焦炭采购较为谨慎，焦炭上下游均趋弱，焦炭价格承压下行，主流地区焦炭价格累跌八轮，幅度 800–880 元/吨。

二季度下游负反馈作用逐渐减退，原料煤价格率先上涨，焦炭成本支撑开始显现；但由于入炉成本的持续增加，焦炉开工未出现大幅提升，焦炭资源开始紧俏，而钢厂在需求释放的背景下利润逐渐修复，铁水产量逐日回升，焦炭日耗随之提高，焦炭市场向供不应求发展，焦价触底反弹。

2024 年下半年，焦炭市场震荡走弱。三季度利好预期落空，焦炭在成本与需求均无有力支撑的背景下连续落地八轮提降，但随着终端需求逐渐释放，钢厂盈利能力好转，对原料控量行为减少，同时焦煤价格快速反弹，焦炭底部支撑增强，市场止跌回涨。

四季度前期政府集中出台宏观利好政策影响延续，加之十一假期前后钢厂补库需求释放，推动焦炭价格继续上涨；但随着市场预期走弱，钢材价格回落，市场的落脚点重新回到实际需求上，在钢厂利润收窄的趋势下，焦炭截至 2024 年底已经出现 5 轮提降，但因炼焦煤大幅降价，对焦企利润影响不大。

2. 产能过剩的基本面没有得到根本改变

焦炭产能过剩的基本面没有得到根本改变，仍处于供过于求的局面。2024 年焦炭产能 6.5 亿吨，焦炭产量 4.9 亿吨，产能利用率不足 80%。短期内中国焦化产品市场的供需状况仍将在波动调整中运行，企业盈利能力下降。Mysteel 统计不同区域独立焦化企业 2024 年产能利用率情况见图 12-4，从图中可以看出，焦炭主要产区独立焦化企业 2024 年平均产能利用率 64.70%，紧靠市场的焦炭产区产能利用率稍高，如华中地区产能利用率最高，平均 84.7%，华东地区排名第二，产能利用率 77.84%；远离市场的东北、西北、西南地区产能利用率相对较低，如东北产能利用率 44.98%，西南地区 48.68%；钢铁联合企业焦化厂生产统一调度，产量、质量更能满足用户需求，产能利用率波动较小且处于高位，全年平均 86.8%，高于独立焦化企业。Mysteel 统计 2024 年钢铁企业焦化厂产能利用率见图 12-5。产能利用率低于正常水平会对企业经营产生造成多维度负面影响，如生产成本攀升，利润空间被压缩，设备老化、管理不善等问题会进一步加剧资源浪费，使企业在市场竞争中处于劣势。

但也应注意到，焦炭产能虽然过剩，并不意味着焦炭产量也会过剩，焦企会根据利润情况自主调节生产节奏，整体产量会与钢厂高炉消费相匹配。2024 年，外部因素对企业生产影响明显降低，企业的生产负荷基本由自身利润决定，受下游需求以及利润影响，焦炭整体产量始终保持平稳。首先，焦炭需求依然保持高位，即使在焦炭降价过程中，其实际的需求量也相对保持稳定，较高需求维持了焦炭的高供应水平。其次，焦炭产能总

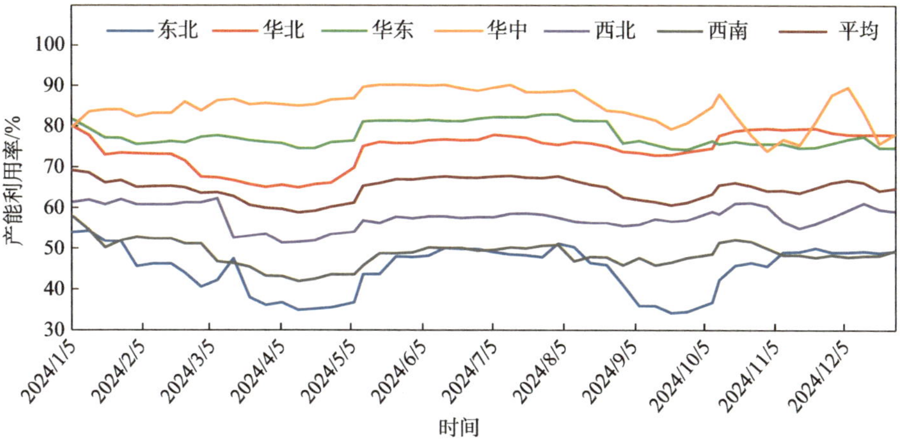

图 12-4　2024 年独立焦化企业产能利用率
（数据来源：我的钢铁网）

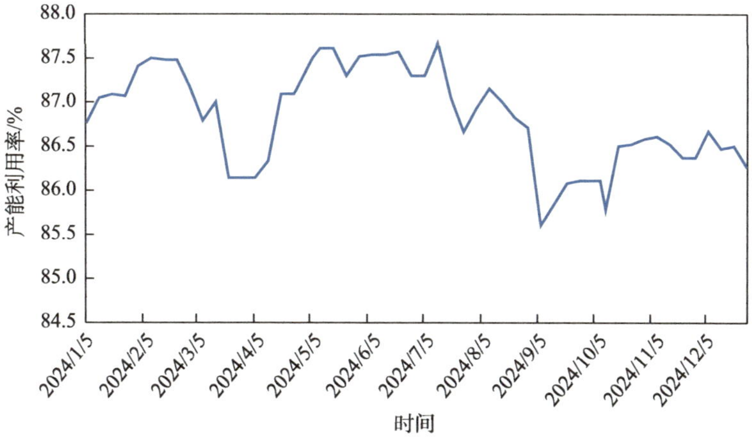

图 12-5　2024 年钢铁联合企业焦化厂产能利用率
（数据来源：我的钢铁网）

体是过剩的，在生产受边际利润影响更大的背景下，只要给到焦企足够的利润，焦炭就会过剩，过剩就注定不会有高利润。

3. 盈利水平低

2024 年在产能过剩背景下，作为话语权最弱环节，独立焦化企业吨焦利润围绕零轴小幅波动，企业亏损面进一步扩大。

焦化企业产能过剩必然导致盈利水平下降，短期内中国焦化产品市场的供需状况仍将在波动调整中运行，企业盈利能力下降，行业亏损面扩大。Mysteel 统计焦炭主产区独立焦化企业吨焦盈利情况见图 12-6，2024 年独立焦化企业经历连续三年的亏损后，焦化企业生产策略逐渐变得灵活，能更快地根据价格和利润变化主动调节生产节奏，从而降低亏损幅度，吨焦平均亏损 18.9 元。上半年亏损严重，且波动较大；下半年盈亏平衡或小幅盈利。其中，捣固焦炉企业盈利水平普遍高于顶装焦炉企业；远离市场需求的内蒙古、江西、陕西盈利能力弱，平均处于亏损状态，而贴近市场的河北、江苏、山东微利；山西省焦炭产能、产量位于全国第一，本省焦炭消费量有限，平均处于微亏状态。

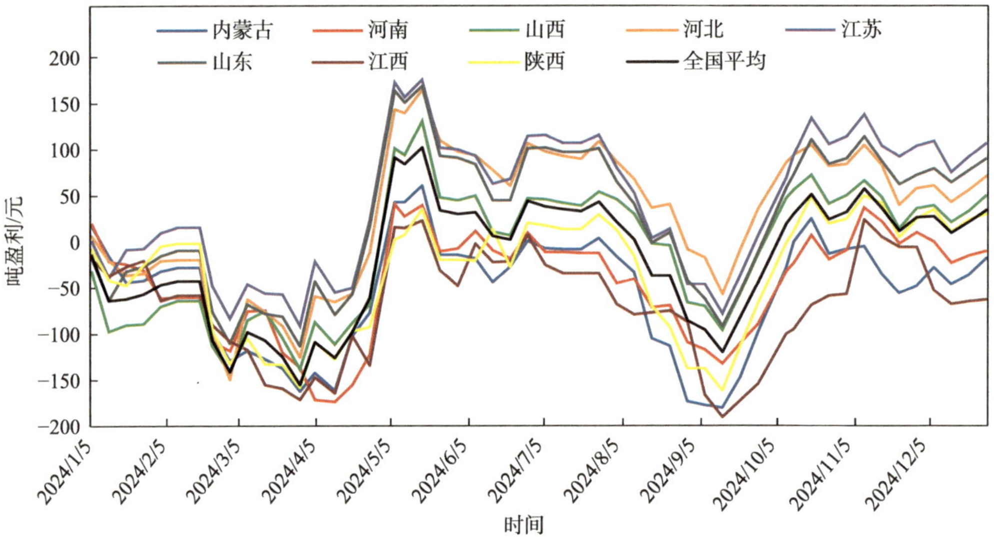

图 12-6　2024 年部分省区独立焦化企业吨焦盈利情况
（数据来源：我的钢铁网）

（五）技术创新取得突破

近几年焦化行业新一代节能降耗工艺技术陆续开发成功并得到广泛应用，焦化废水深度处理技术，焦炉装煤、出焦、干熄焦脱硫及除尘技术，焦炉烟囱烟气脱硫脱硝技术日趋成熟，在焦化企业得到普及，有效降低了能耗、物耗、水耗和污染物排放；焦炉煤气脱硫废液制酸和提盐等生产废弃物资源化利用技术在行业得到广泛推广应用；焦炉煤气湿式氧化法脱硫粗硫磺精制技术取得突破；焦化生产企业环保装备水平得到有效提高，基本实现了“天上无烟羽、地面无粉尘、厂区无异味”，推动焦化行业安全发展、绿色发展、高质量发展，行业总体面貌发生了本质性变化。

（六）坚持绿色发展 减污降碳取得新突破

为贯彻落实党中央、国务院的重要决策部署，坚持精准治污、科学治污、依法治污，提升焦化行业全工序、全流程污染治理水平，促进结构优化调整和空气质量持续改善，2024 年 1 月 15 日生态环境部等部委印发了《关于推进实施焦化行业超低排放的意见》（环大气〔2024〕5 号）。焦化行业积极响应国家号召，将超低排放改造作为行业转型升级的首要任务，各地政府及焦化企业根据要求，制定了详细的超低排放改造计划和实施方案，明确了改造的时间表、路线图和目标任务。未来，焦化行业将继续深化超低排放改造，推动行业向高质量、低排放方向发展。

（七）数字技术与焦化传统工业深度融合取得突破

2024 年，焦化行业积极推动数据赋能全产业链协同转型，深化研发设计、生产制造、经营管理、市场服务等环节的数字化应用，实现企业信息流、物资流、资金流的顺畅可控、信息资源共享，提升资源优化配置、科学决策、全流程优化再造，生产经营、环保治理有序、高效、稳定运行的管理水平。创新商业模式，积极利用电子商务交易和期货交易等现代化手段，提高了企业焦化产品交易的规范性和效率。

二、发展展望

（一）国内外经济形势对行业的影响

1. 国际形势

（1）经济格局调整：全球经济增长格局可能发生变化，新兴经济体在全球经济中的地位将进一步提升，国际经济秩序和规则面临调整与重塑。同时，贸易保护主义、单边主义仍可能存在，对全球产业链和供应链的稳定构成威胁，国际市场竞争更加激烈。

（2）科技竞争加剧：新一轮科技革命和产业变革深入发展，人工智能、量子计算、生物科技、新能源等领域的创新成果不断涌现，各国在关键核心技术领域的竞争将更加白热化，技术封锁与反封锁的斗争可能持续。

（3）地缘政治复杂：国际地缘政治局势错综复杂，地区冲突和不稳定因素增多，如中东、东欧等地区的局势变化，可能影响全球能源供应和贸易通道安全，对世界经济和各国发展带来不确定性。

（4）气候合作迫切：全球气候变化问题日益严峻，《巴黎协定》的落实需要各国共同努力，在减少温室气体排放、推动绿色发展等方面承担责任，国际在气候治理领域的合作与博弈将更加凸显。

2. 国内形势

（1）经济发展将更加注重高质量和可持续性，加快构建以国内大循环为主体、国内国际双循环相互促进的新发展格局。产业结构持续优化升级，战略性新兴产业蓬勃发展，传统产业加速数字化、智能化改造，但经济增长也面临着需求结构调整等带来的压力。

（2）经济结构深度调整：国内经济结构的深度调整，大国博弈的广度和烈度不断上升，中国经济逐步进入到了产业结构性调整、供给侧结构性过剩、预期增长可能减缓的阵痛期。

（3）发展机遇与挑战并存：今后一段时期，中国既迎来国际合作深化、国内市场升级等机遇，也面临全球经济波动、产业转型压力等挑战。

（4）生态建设文明是中华民族永续发展的根本大计，是一项长期的战略性任务。生态文明建设进入关键时期，中国将持续加强环境污染治理和生态保护修复，实现经济社会发展全面绿色转型。产业结构调整、污染治理、生态保护、应对气候变化，协同推进降碳、减污、扩绿、增长，推进生态优先、节约集约、绿色低碳发展，对焦化行业的环境治理、低碳发展提出新的更高要求，焦化行业减污降碳任务依然艰巨。

（5）随着钢铁出口预期及消费量下降，以及电炉钢的发展、氢冶炼等新技术应用，焦炭消费将呈逐渐下降趋势，行业面临高供应、高成本、低价格、低效益、低需求的“两高三低”局面，企业经济效益下降，市场竞争进入存量竞争并有进一步加剧趋势。

（二）行业发展趋势

面对日趋严格的环保政策、残酷的市场竞争，焦化企业唯有通过转变发展方式，提升创新能力，提高全要素生产效率，降低生产成本，才能提高市场竞争力。

（1）调整产业结构，优化焦化行业布局，推动企业兼并重组，提高劳动生产率和市场竞争力。

（2）通过引入先进的控制系统和智能化设备，实现生产过程的精准控制和优化管理，提高生产效率和资源利用率，全面提升污染治理和环境管理水平，落实《关于推进实施焦化行业超低排放的意见》，通过技术改造，全面达到《炼焦化学工业大气污染物排放标准》（GB 16171.1—2024）要求。

（3）焦化行业面临碳减排压力日趋加大的严峻挑战，在“双碳”背景下，焦化下游的钢铁企业对焦炭的需求量会显著下降，随着《高耗能行业重点领域能效标杆水平和基准水平》的发布，对焦化行业节能降碳水平提出更高要求。未来中国焦化企业将存在产能压缩与适者生存的竞争。

（4）焦化企业要在新的市场环境下求得生存和发展，必须努力提高综合竞争力，积极推进转型升级，优化管理体系与工艺，提高全要素生产率，实现生产经营全过程安全稳定、低消耗、低排放、高效率运行，提高发展质量和效益，推动焦化行业实现超低排放，从本质上解决经济发展与人民对美好生活向往之间的矛盾。

（三）行业发展思路

（1）认真贯彻《中共中央关于制定国民经济和社会发展第十四个五年规划和二〇三五年远景目标的建议》精神，牢固树立“创新、协调、绿色、开放、共享”五大发展理念，转变发展方式，提升创新能力，提高全要素生产效率。

（2）深化供给侧结构性改革。结合环境治理和碳减排政策化解过剩产能，优化产业布局和调整产业结构；积极推动行业资产整合，通过企业兼并重组，提高产业集中度，加强集约化发展，提高技术装备水平。开拓焦炭、焦炉煤气、煤焦油深加工产品应用的新领域，充分发挥焦炉煤气制氢优势，实现与现代煤化工、冶金、化肥、石化、建材等行业的深度产业融合。建立焦化生产企业与上下游企业战略合作机制，真正形成煤–焦–钢（化、氢）企业利益共同体，实现互利共赢发展。

（3）转换增长动力，依靠创新推动产业转型升级发展。抓住新一轮科技革命和产业变革机遇，有效激发生产要素的内生动力，推进企业安全、环保和综合效益再上新台阶。以全流程系统优化为抓手，以科技创新、商业模式创新补齐焦化行业高效运行的短板，通过焦化示范企业引领，全面提升行业科学化、规范化、标准化管理水平，提高可持续发展能力。

（4）进一步加强行业关键技术、工艺、装备研发和推广应用。有效降低能耗、物耗、水耗和污染物排放量。重点提高余热回收利用、水循环利用、固废资源化利用效率；注重源头控制、过程管理和末端治理的有机结合；适应高炉大型化发展加强高炉用焦性质研究、炼焦用煤研究，尤其要从可持续发展角度研究焦炭质量提高对炼焦煤资源的需求等问题；充分发挥中国炼焦行业协会专家委员会和各专业委员会的协调指导作用，以及国家级、省级、市级技术中心、实验室、优秀企业的行业引领作用、示范作用，坚持产学研用相结合的创新机制，切实解决行业企业生存发展中的关键技术及配套装备难题。

（5）推进安全生产标准化建设，坚持安全生产工作以人为本，坚持安全发展，坚持安全第一、预防为主、综合治理的方针，明确安全生产的重要地位、主体任务和实现安全生产的根本途径。要把安全生产规范化管理责任、标准化作业责任落实到生产经营的每一个环节、每一个岗位。要进一步健全完善安全生产的规章制度，建立有效的突发事件应急救援预案并定期培训演练。切实做到杜绝重大特大人身伤亡和设备事故的发生，避免和降低一般事故，全面提升安全生产管理水平。

（6）持续推进数据赋能全产业链协同转型。开发焦化工艺流程信息化与智能化技术，提高智能制造水平；推广自动化、信息化管控技术在焦化行业生产组织与经营管理中的应用，并及时总结先进技术成果和先进管理经验，求真务实，提高投入产出效果。

（7）以先进标准促进行业实现高质量发展。推进《焦化示范企业评价规范》在更多焦化企业实施；制定并执行《焦化工艺技术规程》等系列团体标准，标准制定坚持前瞻性、科学性、适用性、先进性，充分参考吸收国际上先进的管理理念，使之达到先进、适用、科学、规范的要求，使团体标准成为焦化行业相关人员适用的工作指南，成为促进行业高质量发展的促进剂。

（8）加快人才队伍建设。培养企业改革创新、转型升级急需的不同层次专业技术与管理人才和高素质的岗位操作人员队伍，打造一支技术业务素质高、具有共同核心价值观、强大凝聚力的和谐团队。

（四）2025 年市场预测

2025 年，焦化利润预计维持在 2024 年水平以下，焦企利润不会明显好转。主要有以下几个原因：

（1）焦炭长期处于产能过剩格局，如果炼焦利润过高，产能利用率会迅速提升，弥补市场空缺，形成新的过剩，因此从平衡和博弈的角度看利润不会明显改善。

（2）下游钢铁产业处于去产能格局，钢厂和焦企虽然经常处于博弈状态，都想各自获取互相利润，但两者的利润基本是同向波动。明年的粗钢大概率也是处于下行状态，因此焦企的利润空间也会跟随下游钢厂承压。

（3）产能改造升级，由于新改造的产能对于入炉煤的品质要求更高，主焦煤用量增加，成本有所抬升，导致焦化利润压缩，不过这也要结合焦煤的价格来综合判断。

（4）综合来看，预计 2025 年及今后一段时期，焦企的利润会被进一步压缩，维持低利润运行，阶段性亏损状态，在利润调节下，焦炭产量将被动跟随钢铁产量做动态调整，焦化企业间的竞争会更加激烈。

三、2024 年产业政策制修订情况

2024 年，生态环境部等相关部委制修订相关政策和标准如下：

（一）《关于推进实施焦化行业超低排放的意见》

2024 年 1 月，生态环境部会同有关部门印发《关于推进实施焦化行业超低排放的意见》（环大气〔2024〕5 号）。《关于推进实施焦化行业超低排放的意见》的实施是落实党中央、国务院的重要决策部署，为坚持精准治污、科学治污、依法治污，提升焦化行业全工序、全流程大气污染治理水平，促进结构优化调整和空气质量持续改善，为深入打好污染防治攻坚战提供有力支撑；为中国焦化企业超低排放改造提供了统一标准。

按照生态环境部关于“鼓励行业协会发挥桥梁纽带作用，指导企业开展超低排放改造和评估监测工作”要求，协会印发《关于做好焦化企业超低排放改造和评估监测进展情况公示的通知》（中焦协〔2024〕16 号），并在生产企业中广泛宣传。

（二）《炼焦化学工业大气污染物排放标准》

2024 年 12 月 26 日，生态环境部印发《炼焦化学工业大气污染物排放标准》（GB 16171.1—2024），新标准在现行标准基础上增加了焦炉烟囱非甲烷总烃排放限值及烟气含氧量 8%的折算要求，新增 VOCs（挥发性有机物）燃烧装置（RTO）二氧化硫、氮氧化物排放限值，补充了无组织排

放控制要求，明确现有企业自 2027 年 1 月 1 日起，新建企业 2025 年 4 月 1 日起，其大气污染物排放控制按该标准的规定执行。

（三）《国家危险废物名录（2025 年版）》

2024 年 11 月 26 日，生态环境部等部委印发《国家危险废物名录（2025 年版）》（部令 第 36 号），正式将煤焦油从危废名录中移除。

（四）《焦化安全规程》

2024 年 12 月 31 日，国家市场监督管理总局印发《焦化安全规程》（GB 12710—2024），2025 年 7 月 1 日实施。新标准增加了焦化企业主要生产装置(设备)火灾危险性分类，主要室外爆炸危险环境区域划分，中央控制室布置的要求，以及 VOCs 回收与处理装置的安全要求等。

（本章撰写人：石岩峰，曹红彬，胥俊峰，中国炼焦行业协会）

第13章 铁合金行业发展运行情况

铁合金行业作为钢铁产业链中的重要一环，对整体工业链的发展起着关键作用。2024年中国铁合金行业经历了过山车般的行情，受矿山、电力、供需、期货和政策等多重因素影响，市场波动较大。全年表现可以总结为产量稳定增长，区域集中度高，但市场分散；技术进步明显，但存在新产品研发和环保压力。行业将趋向集中化、大型化，技术升级和绿色低碳是工作重点。

一、行业运行基本情况

（一）铁合金产品产量

2024年中国铁合金的产量受到多方面因素的影响。一方面，矿山供应的不稳定性导致了原材料价格的波动，进而影响生产成本；另一方面，国家政策的调控对铁合金的产量也产生了显著影响。据国家统计局数据显示，2024年中国铁合金产量达到3624.30万吨，同比增长2.75%，继续保持增长，但增速较2023年下降1.4个百分点，显示出产能扩张趋缓。主要分布在内蒙古、宁夏、山西、广西等资源丰富地区，其中内蒙古凭借资源和产能优势居全国首位，同比增长18.78%。全国前十省区合计占比达85%，但中小企业数量仍占行业主体的80%，市场呈现“区域集中、主体分散”特征。

全国及主要省份的产量数据显示，区域集中度较高，但行业整体产能分散，中低端产能占比较大。详见图13-1。

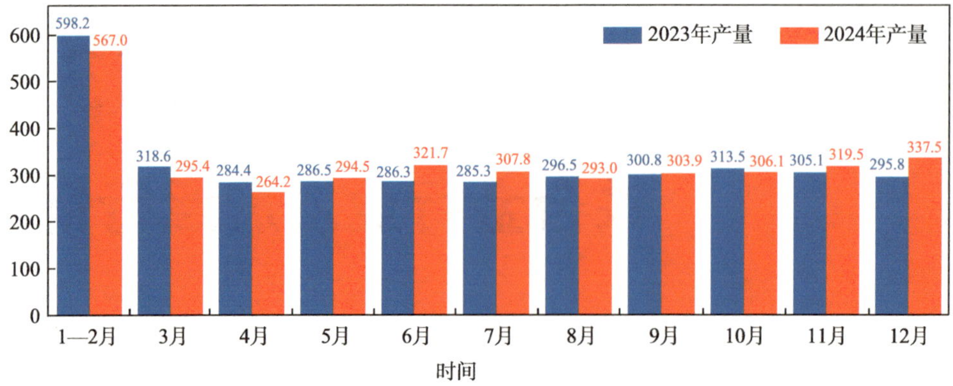

图 13-1　中国铁合金产量分月（当月值）统计图
（数据来源：国家统计局）

由于锰矿供应短缺和生产成本上升，硅锰产量在年初有所减少。然而，随着锰矿供应逐渐恢复和价格上涨，硅锰产量在下半年有所回升。硅铁的产量波动相对较小，但仍受到成本和政策因素的影响。随着国家对节能降碳的重视程度提高，硅铁的生产也逐步向绿色、高效方向发展。

分品种来看，硅铁产量同比降 13.2%（361.35 万吨），而高碳铬铁逆势增长 2.1%（517.14 万吨），反映出不锈钢等高端领域需求韧性。

如图 13-2 所示，锰系合金包括锰铁、硅锰、电解锰等约占铁合金总产量的 39%，铬系合金约占 26%，硅铁约占 15%，镍铁和稀土合金分别约占 1%，其他品种铁合金包括钼铁、钒铁、钨铁、钛铁、硅钙、硅钡及复合合金等约占 18%。

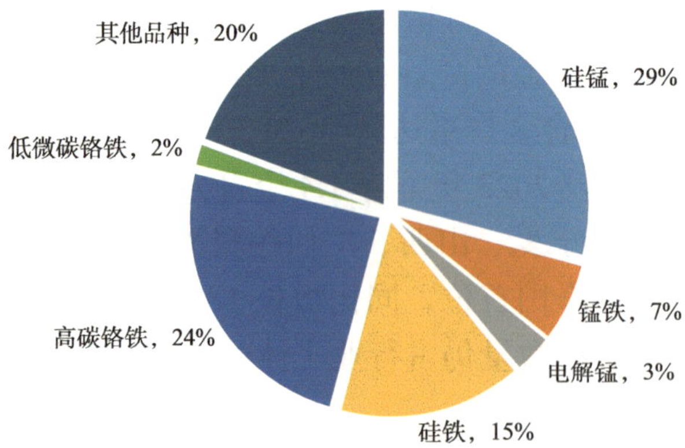

图 13-2　2024 年全国主要铁合金产品产量占比情况
（数据来源：中国铁合金在线网）

（二）铁合金原料及产品进出口情况

2024 年，中国铁合金的进出口情况呈现出一定的波动。全年铁合金进口量达 1291.06 万吨，同比增长 8.6%，其中高碳铬铁（南非占比 58%）、镍铁（印尼占比 94%）占主导；出口量 87.40 万吨，同比增长 30.1%，主要流向日韩市场。值得关注的是，锰矿进口量同比下降，南非、澳大利亚仍是主要来源，但非主流矿源占比提升至 40%，显示供应链多元化趋势。

1. 铁合金原料进口情况

2024 年锰矿进口量 2928.87 万吨，同比下降 6.57%，进口金额同比下降 10.3%。单价下跌明显，2023 年锰矿均价为 156.8 美元/吨，2024 年降至 150.6 美元/吨，降幅 4%。主要原因是全球锰矿供应过剩叠加国内钢铁行业需求增速放缓，进口量价同步收缩。

2024 年铬矿进口显著增长，进口量达 2089.50 万吨，同比上升 14.2%，进口金额增长 19.2%。单价逆势上涨，从 275.3 美元/吨提高到 287.2 美元/吨，增幅 4.3%。中国不锈钢产能扩张驱动铬矿需求，叠加南非供应链波动导致价格上涨。

2024 年镍矿进口量价双降，进口量 3793.92 万吨，同比下降 14.7%，进口金额下滑 23.4%。主要原因是印度尼西亚镍矿出口政策趋严，叠加电解镍替代效应增强。

2. 铁合金产品进出口情况

（1）一般铁合金进出口情况。锰铁类产品进出口分化。高碳锰铁（含碳>2%）出口量 2460.81 吨，同比激增 108.0%，但均价下跌 21.0%，反映国际低端市场竞争加剧。进口高碳锰铁 5134.50 吨，同比减少 65.3%，显示国内产能替代效应增强。

硅铁出口优势突出。含硅>55%的硅铁出口量 40.51 万吨，同比增长 6.8%，出口金额上升 4.9%，巩固全球最大硅铁出口国地位。

铬铁进口依赖度下降。高碳铬铁进口量 365.87 万吨，同比增长 13.0%，但进口单价从 2023 年 1225 美元/吨降至 1209 美元/吨，反映国内不锈钢企业对进口铬铁的议价能力提升。

镍铁进口均价暴跌。镍铁进口量 892.97 万吨，同比增长 5.5%，但进口价格暴跌 21.6%，因印尼镍铁产能释放冲击全球定价体系。

（2）工业硅贸易格局重构。2024 年工业硅出口量 76.46 万吨，同比增长 33.6%，出口金额增长 10.8%。低纯度硅（含硅<99.99%）出口 72.46 万吨，同比激增 28.5%，支撑光伏产业链全球化布局；高纯度硅（含硅≥99.99%）进口减少 36.6%，体现国内半导体级硅料技术突破。

（3）电解锰出口创历史新高。2024 年电解锰出口量突破 40.76 万吨，同比增长 7.6%，出口金额增长 6.2%。锻轧锰制品出口量达 4.57 万吨，同比增长 11.1%，欧美新能源汽车电池材料需求成为主要拉动力。

2024 年铁合金原料及产品进出口贸易结构得到进一步优化。（1）进口依存度降低：铁合金进口额占大宗商品总进口比重从 0.88%降至 0.79%；（2）部分特种合金出口量增加：含钒≥75%的钒铁出口量增长 17.5%，单价从 2473 美元/吨跌至 1976 美元/吨，呈现“以量换价”策略；（3）进口战略调整：减少低附加值原料进口（锰矿降 6.6%），聚焦高纯度产品进口（如铌铁进口增长 9.6%），反映产业结构升级需求；（4）出口竞争力提升：工业硅出口额占全球份额突破 38%，电解锰深加工产品出口增速达 11%，印证“中国智造”升级成效；（5）价格博弈加剧：国际大宗商品市场定价权争夺白热化，中国铁合金企业需加强供应链整合与技术创新以应对波动。

（三）市场波动与驱动因素

2024 年，中国铁合金市场呈现出先涨后跌的走势，呈现倒“U”形。受三月末 South32 事件影响，锰系合金价格一度暴涨。然而，随着锰系合金生产企业入炉原料结构及时调整和下游需求疲软，价格逐渐回落。一季度延续去年的下跌趋势，市场偏弱运行；二季度供给端锰矿扰动导致价格大幅冲高后回落；三季度国内需求不足叠加前期供给压力累积，价格继续下行；四季度政策利好提振市场情绪，叠加矿端价格震荡偏强，市场转为盘整震荡。回顾全年价格走势，供给扰动终究只是短期驱动因素，年末铁合金价格再次回归到年初水平，年中的宽幅波动不过是“南柯一梦”，双硅“需求趋弱，产能过剩”的主要逻辑并未改变。

从基本面来看，2024 年硅锰供给较去年同比明显减少，硅铁供给小幅减产，但在需求端创下新低的背景下，双硅市场整体仍处于产能过剩的态势之中，硅锰库存一度创下五年内的同期新高位，硅铁库存也维持在同期高位运行。

1. 价格剧烈震荡，成本支撑显著

硅锰期货年振幅达 4104 元/吨（5886－9990 元/吨），硅铁振幅 2220 元/吨（6014－8234 元/吨），均远超黑色系其他品种。硅铁 72 号现货年均价 6375 元/吨同比下降 10.59%；工业硅天津港最大跌幅 3700－4000 元/吨；硅锰受锰矿成本影响，价格波幅达 2300 元/吨。成本端，锰矿价格受南非飓风等不确定因素扰动上涨 23%，电力成本因煤价企稳维持 0.4－0.6 元/千瓦时区间，共同构筑价格底部支撑。

2. 供需矛盾深化，结构性过剩凸显

需求端，房地产用钢量较 2021 年峰值萎缩 80%，但新能源装备、汽车用钢量增长 15%，推动高碳铬铁等特种合金需求提升。供给端行业产能利用率仅 58%，硅锰库存创五年新高，低端产品过剩与高端产品短缺并存。

产能扩张与过剩：2024 年多个品种新增产能集中释放，如硅铁（甘肃、内蒙古新增 6.88 万吨）、锰铁（广西、贵州新增产能）、铬铁（内蒙古产能占比达 69.21%）。但多数品种面临供应过剩，如硅锰全年产量 1053 万吨，同比下降 11.78%，但需求更为疲软；锰铁总产量 235 万吨，同比增长 10.8%，年末库存积压。

进口冲击：高碳铬铁进口量同比增长 13.0%，铬矿进口量同比增长 14.2%，加剧国内供需失衡。

钢铁行业拖累：粗钢产量减少导致硅铁、硅锰、锰铁等炼钢需求下滑，如硅铁炼钢需求同比下降，锰铁钢厂采购价年末跌至 5300－5400 元/吨。

非钢需求分化：金属镁、多晶硅需求好转支撑硅铁；工业硅下游多晶硅需求减半，但出口增量（电解锰出口 33.37 万吨，同比增长 6.78%）部分缓解压力。

3. 利润持续承压，处于盈亏边缘

硅铁因电价差异仅内蒙古、新疆有微利；铬铁四季度跌破成本线，工厂亏损面扩大至 70%；电解锰年均价 12501 元/吨，成本倒逼广西工厂减产。

（四）政策环境，投资动向，绿色低碳及数字化

1. 政策环境与投资动向

（1）政策驱动低碳化。2024 年，中国政府继续实施一系列针对铁合金行业的政策措施，旨在推动行业绿色发展、提高产业竞争力。国务院印发

的《2024—2025 年节能降碳行动方案》要求加强钢铁产能产量调控，严禁以机械加工、铸造、铁合金等名义新增钢铁产能，推动铁合金行业向绿色、低碳方向发展。“双碳”目标下，6300 千伏安及以下矿热炉淘汰进程加速，2024 年关停产能超 300 万吨。

（2）产能布局集中化。新增产能向资源富集区倾斜，如硅铁、铬铁集中于内蒙古、青海（电价低、政策支持）；锰矿依赖进口（南非占比 49.76%），但国内新增项目多配套港口（如钦州港）。

（3）产能置换与淘汰。内蒙古硅铁以产能置换为主，淘汰小炉子；工业硅淘汰湖南、贵州等劣势产区，向新疆、云南转移。

（4）技术创新工艺优化。硅铁企业通过调节矿热炉容量（如甘肃 4×40500 千伏安炉型）降低电耗；电解锰联盟推动次品熔炼技术，减少浪费。

2. 绿色低碳与数字化转型

全行业投入超 600 亿元完成超低排放改造，宁夏、内蒙古试点项目实现吨合金综合能耗下降 12%，碳排放强度降低 18%。

近年来全球铁合金行业经历着下游行业结构调整的周期性压力，在全球贸易政策影响之下，产业链供应链的全球冲击性也在深度调整，铁合金行业同时面对上、下游行业的市场变化，均为工厂可持续稳定性生产带来挑战与压力。而数字化转型将推动铁合金工厂标准化，信息化，智能化，数字化，系统化，结构化，可视化，效率化等多方面变革，进一步推动中国铁合金工业数据产业化。

2024 年年初工信部等 9 部门联合印发《钢铁行业数字化转型实施指南》显示数字化是加速钢铁工业高质量发展的重要引擎。近年来，钢铁行业数字化发展成效显著，反观目前中国铁合金工业发展之路，整体数字化水平较低，因此当下铁合金工业的数字化转型是必然选择。

重庆鹏程研发的《铁合金工艺智能核算系统》实现生产成本动态优化，单厂降本达 8%；5G+工业互联网在鄂尔多斯、宁夏等地应用，设备联网率突破 60%，故障停机时间减少 40%。

二、铁合金行业发展展望（2025 年及中长期）

（一）2025 年行业趋势

展望2025年，中国铁合金行业将面临更加复杂的市场环境和政策挑战，铁合金的下游需求有望得到改善。然而，制造业转型升级和新能源汽车等新兴领域的发展将对铁合金的品质和性能提出更高要求。

在政策的引导下，铁合金行业将继续向绿色、高效、智能化方向发展。落后产能将逐步被淘汰，市场集中度有望进一步提高。具有创新能力和技术优势的企业将脱颖而出，成为行业发展的引领者。

供需再平衡：硅铁、工业硅产能增速放缓（预计增速 3%–5%），需求侧金属镁、新能源汽车轻量化（硅铝合金）成为新增长点；锰系合金受螺纹钢新标（2024 年 9 月实施）短期压制，但基建发力或带动市场反弹。

成本分化加剧：低电价区（新疆、内蒙古）进一步虹吸产能；锰矿进口依存度维持 80%以上，人民币汇率波动放大利润风险。

价格走势：受供需关系、成本因素和政策调控的共同影响，预计 2025 年铁合金价格将呈现“有底无高”的震荡形态。成本端价格大幅下行可能性较小，但需求端的好转将为价格提供支撑。

行业整合加速：CR10 集中度提升，如铬铁 TOP5 企业（新太、远大、万泰）控制约 80%产能；中小厂转向代加工或退出。

2024 年铁合金行业在产能过剩与需求疲软中艰难调整，2025 年将进入“量减质升”新周期，政策驱动下的绿色化、集中化、数字化成为破局关键，具备技术、资源与资金优势的企业有望主导新一轮行业洗牌。

（二）中长期展望（2026—2030 年）

技术突破：氢能还原冶炼（实验阶段）或颠覆传统电炉工艺，降低硅铁、铬铁电耗 30%；区块链技术实现锰矿溯源，减少贸易纠纷。

绿色转型深化：零碳产业园模式（风光储 + 铁合金）推广，内蒙古、青海先行试点；铬铁渣综合利用（制水泥、建材）产值占比提升至 20%。

全球化布局：头部企业海外建厂（如东南亚布局硅锰、南非投资铬矿），规避贸易壁垒；多晶硅-工业硅-光伏产业链一体化成为主流。

预计 2030 年市场规模突破 7000 亿元，年均复合增长率 4.5%，其中稀土合金、纳米合金等高端产品占比将达 30%；氢冶金、3D 打印定制化生产进入商业化阶段，数字化工厂覆盖率超 70%；碳排放交易全面覆盖铁合金行业，绿电使用强制比例提至 40%，推动行业洗牌。

受宏观经济特别是房地产调控政策及制造业转型升级等因素影响，钢铁需求增长放缓，中国钢材消费已达峰值，下降是必然趋势，目前正在从数量到质量、从总量到品种的转化，相关机构预测，预计 2030 年中国粗钢产量约 9 亿吨，2035 年 8.5 亿吨。铁合金下游钢材消费结构不断优化，房地产用钢需求下降，汽车、造船、家电等制造业钢材消费持续提升，用钢需求不断增长。

（1）铁合金行业产能相对过剩，新上铁合金项目将陆续投产，有比较优势的区域计划继续推进新上项目且产能较大，行业布局将发生较大变化。

（2）能源、矿产资源消耗巨大，锰矿、铬矿高度依靠国外资源，随着全球资源的日益紧缺，原材料价格波动以及能源供应稳定性给企业的生产成本带来较大不确定性。提高资源利用效率，充分利用多种资源的依赖是行业未来需要解决的重要问题。

（3）作为炼钢脱氧剂的普通合金需求下降，作为钢材合金剂及调整钢材性能的铁合金等特种合金、复合合金需求将持续增长。

（4）铁合金供需处于基本的动态平衡。在保障有效供给，满足有效需求情况下，科学把握生产节奏，切实加快转型升级、结构调整、提质增效。要着力提升供给质量和保障能力，形成需求牵引供给、供给创造需求的更高水平动态平衡。

（5）铁合金产品成本继续维持高位，降本增效将是企业主要工作。市场竞争将更加激烈，节能降碳、绿色环保、综合利用任务繁重等因素对铁合金行业提出了更加复杂严峻挑战。

铁合金行业在未来将面临着机遇与挑战并存的发展环境。我们需要充分认识到行业转型升级的重要性，抓住绿色发展和技术创新的机遇，积极应对环保、资源等方面的挑战，完整、准确、全面贯彻新发展理念，加快构建新发展格局，着力推动高质量发展，更大力度激发市场活力和内生动力，促进铁合金行业持续健康发展。

三、主要铁合金企业案例研究

（一）内蒙古新太实业集团有限公司（铬铁龙头企业）

概况：中国最大的高碳铬铁生产商，2024 年铬矿消耗量 514.71 万吨，占全国总消耗量的 27%，产能 150 万吨/年。

核心优势：与南非、津巴布韦矿山签订长协，锁定低成本铬矿供应（南非矿占比 80%）。自建风光储一体化项目，绿电比例达 40%，吨铬铁电耗低于 2800 度。采用全封闭矿热炉和尾气回收技术，碳排放强度较行业平均低 30%。

市场策略：绑定宝钢、太钢等不锈钢巨头，2024 年长协订单占比 70%，抵御价格波动风险。

（二）重庆市博赛矿业（集团）有限公司（锰系合金代表企业）

概况：博赛集团创立于 1994 年 8 月，现总资产达 35 亿美元，2024 年销售收入突破 80 亿美元。博赛集团是中国“走出去”发展最早、最成功的企业之一，在重庆、四川以及德国、南美洲圭亚那等地拥有十余家大型生产企业和分公司。

核心产品：铝系和铁合金系产品，博赛集团旗下重庆大朗冶金新材料有限公司拥有 8 台 36MVA 全封闭矿热炉，硅锰合金产能为 60 万吨，目前该企业正在进行二期扩建，截至 2025 年底，该企业硅锰合金年产量将达 110 万吨。

产业布局：大朗冶金走节能环保，循环利用的发展道路，合金渣用于生产水泥，电炉煤气回收用于发电。除此，博赛集团今年刚投产的 150 万吨焦化厂采用热回收焦炉，焦炭用于硅锰生产，并利用余热发电并向大朗冶金供电。110 万吨合金冶炼过程中，自发电占比约 50%，实现循环经济产业链。

（三）甘肃宝镁科技股份有限公司（硅铁新兴势力）

扩产计划：2024 年投产 4 台 40500 千伏安矿热炉，硅铁产能达 16 万吨/年，目标成为西北第二大硅铁基地。

绿色转型：配套 50MW 光伏电站，绿电比例 30%，获地方政府电价补贴 0.05 元/度。兰炭替代焦炭工艺，吨硅铁成本降低 500 元。

市场定位：专攻高端金属镁用硅铁（75 号硅铁占比 60%），与宁夏东方钽业签订独家供应协议。

（四）贵州万盛锰业（电解锰技术革新者）

技术突破：全球首创“锰矿直接电解”技术，省去焙烧环节，能耗降低 40%。2024 年电解锰产能 8 万吨，单吨成本低于行业平均 2000 元。

出口导向：2024 年出口量占产量 65%，主攻日韩锂电池市场，供应三星 SDI 高纯电解锰。

总之，2024 年中国铁合金行业经历了过山车般的行情，受多重因素影响市场波动较大。然而，在行业政策的引导和市场需求的推动下，铁合金行业正逐步向绿色、高效、智能化方向发展。未来，随着供需结构的逐步改善和环保政策的深入实施，铁合金行业将迎来更加广阔的发展前景。2024 年铁合金行业在震荡中孕育新机，产能优化、技术跃迁与绿色革命交织推进。在“成本重塑、政策倒逼、技术革命”三重冲击下加速洗牌，头部企业通过资源绑定（如新太）、技术突破（如万盛锰业）、绿电转型（如甘肃宝镁）构建护城河，而中小企业在价格战和环保压力下生存空间持续收窄。未来行业将呈现“寡头主导、区域集聚、跨界融合”的新格局。面向 2030 年，行业将加速从“规模扩张”向“质量优先”转型，企业需把握高端化、智能化、低碳化三大战略方向，在产业变革中构建核心竞争力。

四、中国铁合金行业大事记

（一）2024 年 5—12 月深度参与国家部委重大课题研究

内容：承接工信部《铁合金行业结构调整及优化升级研究》课题，完成全国产能调研、能耗数据分析及政策建议（5 月立项、8 月草案、11 月结题），研究成果纳入“十五五”行业规划；同步配合生态环境部制定《铁合金工业大气污染物排放标准》，主导碳排放核算规则修订，强化协会在产业政策制定中的智库作用。

（二）2024 年 11 月《温室气体产品碳足迹量化方法与要求　铁合金》团体标准正式发布

内容：历经全年多轮研讨（1 月低碳团标启动、5 月数据试算、8 月草案完善、10 月函审），协会牵头完成《温室气体产品碳足迹量化方法与要求　铁合金》团体标准制定工作，并于 11 月签发发布公告。该标准为铁合金行业低碳转型提供核心依据，推动行业绿色化、国际化进程。

（三）2024 年 12 月 26 日甘肃酒湖零碳硅铁基地的投运

内容：2023 年 3 月甘肃省发改委批复《酒湖特高压配套铁合金零碳园区规划》，计划总投资 120 亿元，一期建成 8 台 45000 千伏安全封闭矿热炉，年产硅铁 30 万吨，占全国硅铁产能的 4.5%。定位为全球首个“风光储＋硅铁”一体化基地。2024 年 6 月完成 1.2 吉瓦风电、0.8 吉瓦光伏及 400 兆瓦时储能系统建设；12 月 26 日在甘肃酒泉瓜州县举行投产仪式，年产 30 万吨零碳硅铁，绿电占比 100%，碳排放强度为 0 吨 CO_2/吨。甘肃酒湖零碳硅铁基地从规划到投运，以“技术突破-政策赋能-市场扩张”为主线，重新定义了铁合金行业的可持续发展路径。其里程碑事件不仅加速了国内高耗能产业脱碳进程，更在全球绿色贸易体系中为中国抢占战略制高点。

（本章撰写人：史万利，罗凯，中国铁合金工业协会）

第 14 章

耐火材料行业发展运行情况

一、行业运行基本情况

（一）生产运行情况

据中国耐火材料行业协会统计，2024 年，全国耐火材料制品产量 2207.11 万吨，同比降低 3.73%。其中致密定形耐火制品 1131.63 万吨，同比降低 6.07%；保温隔热耐火制品 83.77 万吨，同比增长 11.17%；不定形耐火制品 991.71 万吨，同比降低 2.07%。主要品种产量见图 14-1。

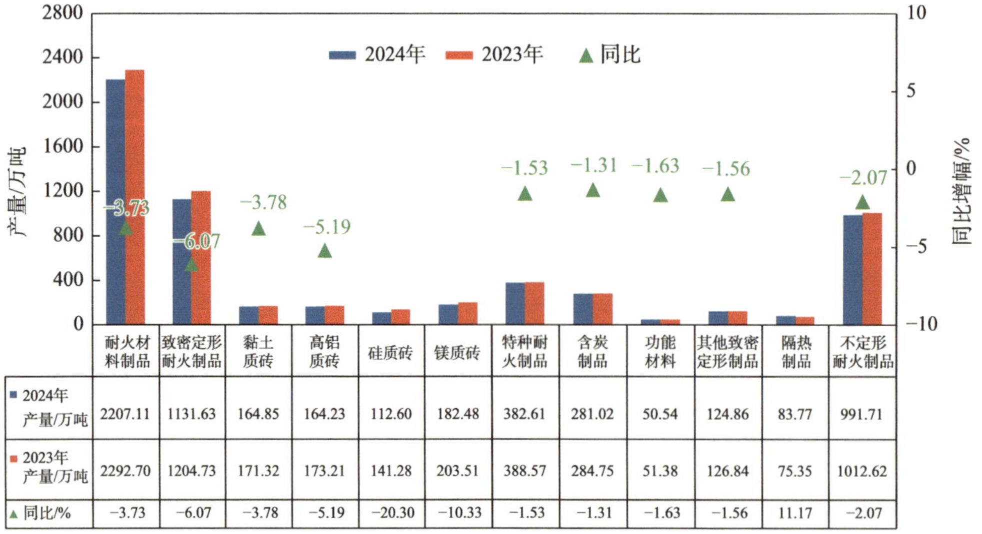

	耐火材料制品	致密定形耐火制品	黏土质砖	高铝质砖	硅质砖	镁质砖	特种耐火制品	含炭制品	功能材料	其他致密定形制品	隔热制品	不定形耐火制品
■ 2024年产量/万吨	2207.11	1131.63	164.85	164.23	112.60	182.48	382.61	281.02	50.54	124.86	83.77	991.71
■ 2023年产量/万吨	2292.70	1204.73	171.32	173.21	141.28	203.51	388.57	284.75	51.38	126.84	75.35	1012.62
▲ 同比/%	−3.73	−6.07	−3.78	−5.19	−20.30	−10.33	−1.53	−1.31	−1.63	−1.56	11.17	−2.07

图 14-1　2024 年耐火材料主要品种产量及同比增幅情况

（数据来源：中国耐火材料行业协会）

从需求端看，2024 年钢铁等高温工业对耐火材料的总需求是相对稳定的。据国家统计局数据，2024 年全国生铁产量为 8.52 亿吨，同比下降 2.3%；全国粗钢产量 10.05 亿吨，同比下降 1.7%；钢材产量 14 亿吨，同比增长 1.1%。虽然钢铁市场“供强需弱”的态势未改，但全国粗钢和钢材产量仍在高位运行，考虑到目前的工艺技术，吨钢用耐火材料消费量基本稳定在 10–12 kg/t 粗钢这一水平，钢铁行业的总量对耐火材料需求形成了基本支撑。

耐火材料服务的第二大产业是建筑材料，主要是水泥、玻璃和陶瓷工业。2024 年，全国水泥产量 18.25 亿吨，同比降低 9.5%；平板玻璃产量 10.00 亿重量箱，同比增长 2.9%。陶瓷砖总产量 59.1 亿平方米，同比下降 12.18%①，建材行业虽然受房地产业影响，下降幅度较大，但总的体量仍然庞大，也对耐火材料需求形成基本支撑。

有色金属、化工、电力、铸造和铁合金等工业也是耐火材料的主要用户，据国家统计局数据，2024 年十种有色金属产量 7919 万吨，比上年增长 4.3%。十种有色金属产量在 2023 年增长的基础上继续增长，其他化工、电力、铸造和铁合金等下游高温工业的总量也在高位运行，上述行业对耐火材料的需求基本面也是稳定的。

从供给侧看，中国耐火材料行业协会统计的 2024 年耐火材料主产区耐火材料（制品+原料）总产量 2809 万吨，同比下降 5.89%；其中制品产量 1617.96 万吨，同比下降 2.86%；总的销售收入 977.96 亿元，同比下降 5.66% 左右，上缴税金 45. 61 亿元，同比下降 11.09%。从数据上看，耐火材料总产量是下降的，销售收入下降的幅度更大一些，但第四季度数据好于预期，销售收入和利润均有见底迹象。

再来看看耐火原料，2024 年耐火原料供需情况总体相对稳定。2024 年原料价格唯一波动较大的是氧化铝。受物流因素和期货炒作的影响，2024 年上半年氧化铝价格被推动至近年来的高位，受成本推动导致 11 月白刚玉段砂出厂含税价格达到 7000–7200 元/吨，烧结刚玉段砂出厂含税价格在 6900–7300 元/吨，但需求端表现出较强的“畏高情绪”，市场以刚需采购为主。2025 年初，氧化铝的价格明显回落，氧化铝和刚玉系耐火原料价格已回归至较为合理的水平，其他原料价格特别是镁质原料价格，一直低位运行，镁砂市场在 2024 年仍处于高库存消化的最后阶段。

① 数据来源于中国建筑卫生陶瓷协会。

2025 年 2 月底，受电价政策调整影响，辽南地区电熔镁涨幅在 300–500 元/吨左右，由于市场需求较弱，镁质原料大幅涨价的基础不存在。碳化硅和石墨价格，处于下跌的通道，近期碳化硅价格有一定的上涨幅度，大涨的基础也不存在。

总体上讲，2025 年耐火原料价格，总的基调是以稳定和小幅上涨为主，大幅涨价的可能性较小。

（二）耐火原材料进出口贸易情况

2024 年耐火材料出口效益不及 2023 年同期，总体上表现出量增价跌的态势。以价换量明显。

据海关统计，2024 年全国耐火原材料进出口贸易总额 39.44 亿美元，比上年同期降低 13.61%。其中出口贸易额 37.84 亿美元，同比降低 12.31%；进口贸易额 1.60 亿美元，同比降低 35.96%；全国耐火原材料出口总量 720.93 万吨，同比增长 4.09%。其中耐火原料出口量 506.28 万吨，同比增长 6.03%；耐火制品出口量 214.64 万吨，同比降低 0.23%。相较 2023 年，出口量略有增长，而出口贸易额和出口平均价格大幅度下降分别为 12.31%和 15.76%。

1. 耐火原料出口情况

耐火原料出口量增长 6.03%，出口贸易额和出口平均价格大幅降低，出口贸易额降低 14.68%，比出口量降幅高出 20.71 个百分点，综合平均价格同比降低 19.53%。从平均出口价格看，原料品种中除轻烧镁砂同比增长 2.94%外，其他均有不同程度的降低，耐火黏土、电熔镁砂、烧结镁砂、棕刚玉、白刚玉和碳化硅同比降低幅度较大分别 11.44%、13.62%、12.74%、31%、13.66%和 24.24%。主要品种出口情况见表 14-1。

表 14-1　2024 年耐火原料出口情况

品　种	石墨	膨润土	耐火铝黏土	电熔镁砂	烧结镁砂	轻烧镁砂	棕刚玉	白刚玉	碳化硅
出口量/万吨	6.40	30.74	73.31	51.50	114.93	102.81	47.41	44.57	34.62
出口量同比增幅/%	–29.20	–18.81	0.07	15.34	6.61	20.26	9.95	8.49	–1.62
出口贸易额同比增幅/%	–31.43	–57.29	–11.38	–0.37	–6.97	23.80	–24.13	–6.32	–25.47
出口平均价格同比增幅/%	–3.16	–47.40	–11.44	–13.62	–12.74	2.94	–31.00	–13.66	–24.24

数据来源：海关统计，中国耐火材料行业协会整理。

2. 耐火制品出口情况

耐火制品出口量同比降低 0.23%，碱性耐火制品和其他耐火制品出口量同比分别增长 1.93%和 1.30%；铝硅质制品出口量同比降低 2.54%。耐火制品出口贸易额降幅高于出口量降幅 9.18 个百分点，出口平均价格同比降低 9.20%，碱性耐火制品和铝硅质耐火制品出口平均价格同比分别降低 7.47% 和 11.56%。各种出口情况见表 14-2。

表 14-2　2024 年耐火制品出口情况

品　种	碱性耐火制品	铝硅质耐火制品	其他耐火制品
出口量/万吨	99.65	99.11	15.88
出口量同比增幅/%	1.93	–2.54	1.30
出口贸易额同比增幅/%	–5.68	–13.81	–7.62
出口平均价格同比增幅/%	–7.47	–11.56	–8.81

数据来源：海关统计，中国耐火材料行业协会整理。

（三）重点企业经营情况

通过对 117 家重点耐火材料企业 2024 年经营情况调研显示，耐火材料产量 1395.84 万吨（含部分耐火原料），同比降低 5.09%；117 家企业耐火制品产量 957.90 万吨，同比降低 4.32%。耐火材料销售总收入 650.68 亿元，同比降低 4.55 %；剔除原料，其中耐火制品销售总收入 563.13 亿元，同比降低 4.81%。117 家企业实现利润 29.48 亿元，同比降低 10.17%；上缴税金 32.75 亿元，同比降低 8.18%。

2024 年，销售收入超过 10 亿元的企业 13 家，超 20 亿的企业 7 家，超过 30 亿元的 5 家，超过 40 亿元的 4 家，超过 50 亿元的 3 家。

排名前 10 家企业销售收入 322.08 亿元，比上年同期减少 25.65 亿元，同比降低 7.38%。

重点企业纳税额 32.75 亿元，排名前 15 家企业纳税额 15.55 亿元，占重点企业纳税总额的 47.49 %。

2024 年，117 家重点企业销售收入利润率 4.53 %，比上年同期降低 0.28 个百分点，低于全国规模以上工业企业营业收入利润率 0.86 个百分点。

2024 年，重点企业中亏损企业 23 家，亏损面 19.66%。重点企业应收账款总额 245.50 亿元，同比降低 4.56%，应收账款上升的企业 60 家，上升面 51.28%。其中上升 20%以上的企业 23 家，上升面 19.66%。更严重的是有 10 家生产企业应收账款同比上升 50%以上，耐火材料企业的资金压力较大，推动财务成本上升。

二、2024 年耐火材料行业的科技进步

（一）科技创新力明显提升，新技术新产品研发成果显著

2024 年耐火材料行业认真贯彻新发展理念，企业结合自身的条件，因地制宜发展新质生产力，各项创新活动空前活跃，一批新技术新成果成功涌现并助力行业发展。2024 年中国耐火材料行业专利授权总数达 2716 件，其中发明专利 718 件，实用新型专利 1998 件。

中钢洛耐在第二十七届全国发明展览会·“一带一路”暨金砖国家技能发展与技术创新大赛中，申报的“重有色金属及其再生资源综合利用装置炉衬长寿集成技术与应用”和“垃圾焚烧发电用先进碳化硅材料”两个项目斩获金奖。由中钢洛耐院牵头申报的国家重点研发计划项目“重型燃气轮机关键隔热陶瓷材料研究”成功获得科技部立项支持，这是中钢洛耐院首次牵头承担的国家重点研发计划项目。瑞泰科技针对核废料高放废液玻璃固化焦耳炉炉衬，成功研发出拥有自主知识产权的高性能熔铸耐火材料。北京利尔公司的“一种高性能低成本钢包渣线砖及其制备方法”和“一种中间包镁质无磷涂抹料”获得第七届中国（上海）国际发明创新展览会金奖；濮耐集团“微晶菱镁矿制备高品质氧化镁关键技术及产业化”项目针对目前市场对高品质氧化镁的需求，以西藏微晶菱镁矿为初始原料，研制出无氯、低铁、高性价比的高品质氧化镁，并实现了水的循环利用，整个工艺无固体和液体废弃物，这是一项材料和工艺流程创新的技术。

金隅通达耐火公司与郑州大学建立研究生联合培养基地，与山西工程技术学院共建山西省工业固废耦合制备先进硅铝系耐火材料工程技术研究中心、实习实训基地，申报了省级教科研课题、省级产教融合教改项目 3 项，为科技成果的转化落地夯实了基础。中冶焦耐（大连）工程技术有限公司多项公司技术写入了国际标准，建设了双碳专题标准体系，获批智能制造标准应用试点单位；辽宁省揭榜挂帅重大项目“新一代数字化智能焦炉研制与应用”通过验收，2024 年申报的“焦炉智能设计与运行优化软件

平台”获大连市“揭榜挂帅”项目立项支持。山东耐材集团“镁还原炉用抗 CO 侵蚀莫来石红柱石砖的研制”项目成功入选 2024 年第二批山东省企业技术创新项目。

（二）推进资产重组、优化产业结构、加快转型升级

面对外部环境复杂多变，国内有效需求依然不足，行业经济持续回升态势面临诸多困难与挑战，业内重点企业扎实推进稳增长、调结构、促升级，巩固和增强耐火材料行业回升向好态势，更好推动行业高质量发展。

中钢洛耐科技股份公司积极响应国家“一带一路”政策，坚持合作共赢理念，由中钢洛耐在印度尼西亚承建的第 100 条镍铁回转窑耐材工程顺利竣工交付，标志着公司在世界镍铁耐材工程领域的领先地位进一步巩固。瑞泰科技注重全球化战略，2024 年瑞泰科技南方中心玻璃事业部同河南瑞泰签订战略合作协议，在玻璃窑用碱性耐火材料领域迈出了国际化深度合作的重要一步。北京利尔高温材料股份有限公司不断完善公司产业布局与产品结构，持续推进资产重组与并购，收购湖北冶晶新材料有限公司，接管内蒙古包钢利尔高温材料有限公司经营管理工作，加快转型升级。

（三）加快推进智能制造、践行绿色低碳发展

2024 年行业积极“推动制造业高端化、智能化、绿色化发展”。推进数字经济与实体经济深度融合，在智能制造、绿色低碳方面也取得了显著成绩。

中钢洛耐联合洛阳移动申报的“耐火材料行业 5G+智慧工厂”项目成功入选河南省重点产业链 5G 规模化应用典型解决方案名单。中钢洛耐在洛新基地分两期建设分布式光伏发电项目，10 兆瓦分布式光伏发电项目于 2024 年完成建设并全部完成并网发电，预计年均发电量约 1000 万千瓦时，折 1229 吨标准煤，可减少 6850 吨二氧化碳排放。

瑞泰科技股份有限公司湘潭分公司把新投产的“焦耳炉用高性能耐火材料数字化生产线”取名为‘灯塔工厂’，意指要把该生产线作为行业示范标杆，引领行业数字化改造进程。该生产线承担了国内某军工项目的研发与制作，解决了“卡脖子”问题，打破了国外垄断，目前产品已成功交付。北京利尔在数字、能碳管理方面再创新高。“海城利尔投资 3.5 亿元、年产 25 万吨不烧砖智能生产线项目正在高效运行”。该生产线具备 WMS 智能立

库、智能配料系统、生产线智能化运行等“高精尖”优势，将智能制造和技术创新应用于产品生产核心领域，实现了生产数字化、信息化、智能化、绿色化，代表了耐火材料行业智能制造的较高水平。

（四）科技奖励情况

2024 年中国耐火材料行业在科技创新方面成绩显著，多项获得国家、省部级奖项。其中由中钢集团洛阳耐火材料研究院有限公司牵头申报的“耐火材料功能化与绿色化设计、制备及其对钢铁绿色制造的支撑”项目荣获国家科学技术进步奖二等奖；中钢洛耐院牵头完成的“洁净钢用低碳绿色新型高性能系列滑板的研究与应用”项目获 2023 年度河南省科技进步奖一等奖；北京利尔联合洛阳功能、马鞍山利尔、海城利尔等子公司共同申报的“特种钢冶炼用关键耐火材料绿色智能制造技术集成与应用”项目获河南省科学技术进步二等奖；由金隅通达公司、北京科技大学和金隅通达巩义公司共同完成的《长寿型高炉用 Al-Al_2O_3复合材料研发》项目获评 2024 年度河南省建材行业技术革新奖技术开发类一等奖；安耐克研发的“高效低碳高风温热风炉关键技术研究与创新”项目获 2024 年度冶金科学技术奖一等奖。

三、2025 年耐火材料行业市场展望

（一）2025 年耐火材料市场有见底企稳的迹象

根据协会统计，2024 年前三季度重点企业的销售利润数据与 2024 年全年数据几乎一致，第四季度利润数据不再下降。虽然目前钢厂招标压价力度没有松懈的迹象，但也许多因素表明，2025 年可能不会比 2024 年更差。从两会政府工作报告透露出的宏观经济形势看，国家稳住宏观经济基本盘的各项措施会逐步落地，下游高温工业对耐火材料需求的实物量存在，市场需求和价格会温和上涨，总体上客户进一步压价的空间不存在，行业利润预期会有一定程度的改善。当然我们应该看到，行业低水平的产能出清过程较为缓慢，2025 年的供给与需求之间的矛盾依然存在，同业竞争仍将激烈。

预测 2025 年耐火材料市场见底企稳，2025 年耐火原料市场相对稳定。判断 2025 年原料价格总体上相对稳定，硅铝系原料的价格将逐步回归正常，

镁质原料价格有一定的涨幅，但幅度不会大。总供给与总需求之间的再平衡是 2025 年主要挑战。

（二）强化行业自律对 2025 年行业的运行效益至关重要

现在的耐火材料市场，同业竞争进入了减量发展和存量优化新阶段。“供给大于需求”可能会是一个较长时期存在的矛盾，达到新的平衡需要时间。耐火材料行业要坚决贯彻党中央的各项重大战略部署，坚持“高端化、智能化、绿色化”的转型方向，并结合企业自身的特点，把握独特的市场定位，做好服务下游工作，这是耐火材料企业目前的生存之道。“压价保市场、亏本保市场”的惯性思维不解决任何问题。要加强行业自律，鼓励以联合重组方式逐步调整市场格局，促进供需新的平衡。对于企业来讲，应以技术创新为抓手，研发切合需求的高质量低成本产品，加快推动企业数字化转型，因地制宜发展新质生产力，做好差异化竞争，在激烈的市场竞争中找到自身的优势。

（本章撰写人：李永全，陈贺芹，刘紫萍，中国耐火材料行业协会）

第15章

炭素行业发展运行情况

2024年，由于受国际、国内经济大环境影响，供需失衡，需求疲软。炭素行业各大品种产品市场价格均有不同程度下滑，各生产企业经济效益普遍下降，有的产品生产企业呈现大面积亏损。各企业在逆境中迎难而上，控产保效、提质降耗、节能减排、创新发展，取得一定成果。

一、行业运行基本情况

（一）控产保效，产量略增

2024年全国炭素制品总产量2601.04万吨，同比增长0.95%。其中：石墨电极95.76万吨，同比增长4.45%；碳阳极2277.32万吨，同比增长3.43%；锂电池负极材料214万吨，同比增长23.00%；炭块类14.21万吨，同比减少4.29%；碳电极22.67万吨，同比增长3.25%；特种炭材料15.13万吨，同比减少8.80%；炭糊类60.95万吨，同比减少2.28%；增碳剂120万吨，同比增长13.82%。

（二）需求萎缩，价格下滑

由于需求萎缩，供需矛盾加大，炭素行业的各种产品价格也随着市场形势普遍下降。几种主要品种产品平均价格和下降幅度如下：

石墨电极2023年均价19654元/吨，同比下降17.17%；2024年均价15608元/吨，同比下降20.59%。

铝用预焙阳极2023年均价5178元/吨，同比下降25.97%；2024年均价4017元/吨，同比下降22.43%。

负极材料 2023 年均价 37348.61 元/吨，同比下降 26.89%；2024 年均价 30660.98 元/吨，同比下降 17.91%。

特种炭材料 2023 年价格与上年相比差别不大，但 2024 年大幅下滑，均价仅为 30100 元/吨，同比下降 29.01%。

（三）产量增长，效益下降

2024 年炭素行业各类产品，除个别品种产品产量略有下降，大多数产品产量均有不同幅度增长，但是，各类经济指标却普遍下滑。

从中国炭素行业协会会员企业统计报表中可以看出：2024 年会员企业销售收入 3230345 万元，同比下降 19.61%；利税总额 166509 万元，同比下降 47.88%；利润总额 100323 万元，同比下降 54.65%。

（四）个别产品，亏损严重

炭素行业各类产品都出现了亏损企业，但是由于多种原因，中国电炉炼钢开工率处于低位，炼钢用石墨电极生产企业亏损最严重，而且是大面积亏损，2024 年石墨电极生产企业亏损面已达到 77.27%。

（五）出口量增长，创汇额减少

2024 年，炭素制品出口总量 252.38 万吨，同比增长 16.61%。其中：石墨电极出口 30.32 万吨；碳阳极出口 217 万吨；锂电池负极材料 19 万吨；炭块出口 0.54 万吨；炭电极出口量 0.48 万吨；炭糊出口 0.60 万吨；增碳剂出口 3.05 万吨；石墨新材料出口 0.39 万吨。出口量是增长的，但出口创汇额却同比下降了 15.36%。可见，国际市场炭素产品价格也在下滑。

（六）供需失衡，内卷严重

目前，炭素行业各类主要产品的产能都是远远大于需求的。由于经济大环境影响，需求疲软，下游客户压价招标，有些企业为了保持客户关系，暂时的资金周转，忍痛降价抢市场，“内卷”严重。各大品种产品都不同程度有这类问题。因此导致有的品种产品价格大幅下滑，企业经济效益锐减，经营严重亏损。在供需失衡、需求疲软的形势下，这种恶性竞争有蔓延之势，强化以企业为主体的市场自律并加以遏制，势在必行。

（七）科技创新，成果卓著

虽然近几年受国际、国内经济大环境影响，炭素行业经济运行举步维艰，但炭素行业及各骨干企业科技创新、自立自强，向炭素强国挺进的决心没减，步子在加快，成效卓著。

1. 传统产品质量进入世界前列

炼钢用石墨电极、矿热炉用炭石墨电极、电解铝用预焙阳极和阴极、炭砖类、炭糊类产品，是中国传统的主导产品。产品质量已经进入世界前列，不但满足了国内需求，而且出口到世界 90 多个国家和地区，包括美国、德国、日本、韩国、俄罗斯等发达国家。

2. 原料短板基本解决

作为曾经的原料短板，生产聚丙烯腈基碳纤维的原料聚丙烯晴原丝和生产超高功率石墨电极及接头用的针状焦质量均有大幅度的提升，已经接近或达到国际先进水平，基本满足了国内需求，不但实现了国产化，还出口到国外。只是各企业产品质量水平参差不齐，需要以点带面，迅速、全面、稳定提高。

3. 核石墨材料全部实现国产化

曾经全部依赖进口的核反应堆用炭材料、石墨材料，包括中子减速剂、反射剂、核反应石墨球等，已经全部实现国产化替代。

4. 军工用石墨材料的原料不再依赖进口

部分军工用石墨材料，过去必须要用进口某发达国家的针状石油焦。近几年，中国骨干针状焦生产企业刻苦攻关、潜心研制，自主生产的优质石油系针状焦试生产某军工产品，所有理化指标全部达到进口原料生产的产品水平，实现了军工产品原料的国产化替代。

5. 半导体用三高石墨全部实现国产化指日可待

曾经全部依赖进口的半导体用高纯、高强、高密石墨，目前，国产化替代率已经超过 80%。行业内骨干企业正在科技创新、奋力赶超，预计在 2028 年前全部实现国产化。

二、发展与展望

（一）国际变局加速演进，对外贸易在逆境中前行

由于国际政治经济形势错综复杂，前所未有之大变局加速演进，在个别国家强权政治、霸权主义、单边主义的鼓动及带领下，美国、欧盟、日

本均对中国炭素产品实施高额关税，使得中国炭素产品出口贸易举步维艰，经济效益大幅下滑。面对困境与挑战，炭素行业深入贯彻中央大政方针，紧跟国家步伐，迎难而上，广泛开拓国际市场，在逆境中奋力推动出口贸易。

（二）炭材料性能优异，发展前景广阔

炭素产品生产所用主要原料是石油化工、煤化工行业生产过程中的余渣，即石油焦和沥青焦。炭素产品生产就是用石油焦或沥青焦、沥青等作为主要原料经过多工序的复杂深加工，历经较长工艺流程生产出各种炭素制品，广泛应用于冶金、有色、化工、机械、电子、航空航天、核工业、新能源、军事工业、体育器材、生物医疗等诸多领域。随着航空航天、军事工业、核工业、电子、新能源等行业的飞速发展，炭素产品的用途将越来越广泛。炭素材料生产是能源的二次利用，是典型的循环经济产业、新材料类朝阳行业。

（三）创新引领补短板，向炭素强国挺进

要清醒地认识到中国炭素行业与发达国家相比的短板，目前我们的短板主要是碳纤维及其复合材料，虽然高端碳纤维研制成功，但是，要抓紧解决大工业化生产中质量不够稳定、生产成本高、国际市场竞争力不强的弱点。

其他产品也要从量的增加转为质的提升和结构的优化，要保证优质原料的供应，不断改进和提升技术装备水平，突出质量品牌效应，提高企业的核心竞争力和可持续发展能力；不断提升供、产、销各环节的智能化水平，以优质的产品适应钢铁、有色、化工、机械等行业的技术进步；加大科技投入，满足航空、航天、电子、军工以及太阳能、风能、核能等新能源产业化进程对高端炭素材料和碳纤维复合材料的需求；加快向炭素强国挺进的步伐，为高端制造业和国民经济发展作出新贡献。

（四）立足长远，开展前瞻性炭素新材料研发与生产

当前，作为全球正在研制、开发和应用试验的前瞻性炭素新材料，富勒碳、纳米碳、石墨烯的应用领域将更加广泛。近几年在全球掀起的石墨烯研发热潮，被称为 21 世纪的新材料工业革命。中国研制的中低端石墨烯已经在工业、医疗卫生等领域得到广泛应用。尽管高端且低成本石墨烯的

应用研究任重而道远，但是我们必须坚持科技创新，抓紧研发，在全球市场抢占新材料技术成果和商业先机。

（五）实施标准化引领，打造高质量发展新引擎

要建立健全炭素行业各类国家标准、行业标准和团体标准，与国际标准接轨，提高产品的通用性和互换性。随着形势和科技的发展，要不断提升和完善炭素行业绿色低碳标准体系，包括生产过程中的能耗、污染物排放以及生产过程中的碳排放、碳足迹、绿色标识等标准，引导企业规范生产和经营，提高行业绿色发展水平。

要加强产学研的结合，推进产业补链、强链，向“专、精、特、强”转变，形成中国企业独特的核心技术。实施人才战略，充分发挥炭素材料的专家、学者、科技工作者在各自领域内的专业优势，加强学术和信息交流，把握炭素材料和炭素行业的发展趋势，发挥引领作用，拓展战略视野。办好炭素学术会议，要围绕行业热点难点，精心组织，不断提升会议质量，通过学术交流会搭建“产、学、研、用”深度融合的服务平台，搭建共建、共享、共赢的合作平台，提速科技成果转化，培育行业发展新动能，打造中国炭素技术和炭素行业高质量发展新引擎。

（六）坚持绿色发展，节能减排降碳

必须坚持绿色发展战略，把节能减排当成头等大事并扎实推进。坚持“技术创新型、资源节约型、环境友好型”的新理念，加大环保投入，加速环保装备升级换代。要逐步推行绿色工厂建设，实现用地集约化、原料无害化、生产洁净化、废物资源化、能源低碳化。在节能减排的同时，寻求炭素材料生产过程的最佳减碳路径。为落实和推进国家“碳达峰”“碳中和”目标作出行业贡献。

要推动炭素行业与上下游产业的协同发展，建立绿色供应链体系，推广清洁生产技术，共同开展节能减排研发，降低产业链整体碳排放。

（七）提升自动化水平，实施产、供、销全流程智能化

要把握大数据和智能化的大趋势，把智能装备、智能产品、智能物流、智能服务等全流程智能化作为企业升级的重要任务，贯穿到企业供、产、销全过程。

（八）推动整合重组，提高产业集中度

由于炭素行业国有企业占比非常少，只占团体会员的 7%，推动整合重组提高产业集中度是炭素行业的痛点，也是难点。要着力推动和鼓励大型骨干企业在不增加国内产能的情况下利用自身产品质量优势、品牌优势、规模经济优势、人才优势、管理优势和科技创新优势，通过参股、控股、兼并或收购等形式对炭素企业进行整合重组。

（九）强化行业自律，遏制“内卷”

根据市场情况，遵循市场经济规律，及时研究制定维护行业发展的市场自律行规与约束机制，大力推动行业诚信建设，通过建立完善的行业自律性管理约束机制，规范会员企业行为，协调会员企业关系，强化以企业为主体的诚信和自律，维护公平竞争的市场环境和规范行业健康发展的市场秩序。在供需失衡、“内卷”严重的情况下，中国炭素行业协会提倡和引领各企业要从大局和长远利益着想，自觉自律。发挥骨干企业自律主导推动作用。全行业大、中、小企业都要自觉抵制低价抢市场的“内卷”，实现抱团取暖，合作共赢，摆脱困境。中国炭素行业协会积极为行业自律提供服务，尽力维护健康有序的市场秩序和企业健康可持续发展。

（十）淘汰落后产能，缩小供需矛盾

由于 2017 年、2018 年两年炭素材料市场的突然火爆，炭素企业经济效益大幅提升，引来了投资热潮。低水平重复建设蔓延，新建扩建炭素企业遍布全国。2020 年开始，产能严重过剩的局面开始显现。由于供大于求矛盾突出，“内卷”式恶性竞争越来越严重。在这样的经济环境中，要加大落后产能淘汰力度，必要时，配合政府部门实施产品标准、装备标准、能耗标准、碳排放标准的强制推行与优胜劣汰。把一批产品质量较差、生产设备和环保设施落后、不符合国家相关产业政策的企业淘汰出市场。

（本章撰写人：秦松，孙庆，中国炭素行业协会）

第 4 篇

产业发展篇

第16章 钢铁工业产业布局和产能置换情况

近年来，钢铁工业结构调整持续推进，以产能置换促进装备技术水平升级，以跨省产能转移促进产业布局优化，以兼并重组促进产业集中度提升，以工艺流程改造促进绿色低碳发展，以推进“铁资源开发计划”夯实资源保障能力，以推动国际化发展优化全球资源配置，全行业发展质量和发展水平不断提高。2024 年，钢铁行业继续苦练内功，诸多工作取得新的进展，同时也展现出一些新的动向。

一、中国钢铁工业产业布局现状

（一）钢铁企业布局

2024 年度，工业和信息化部未公告符合《钢铁行业规范条件》的企业名单。工业和信息化部已公告的前六批符合《钢铁行业规范条件》的企业名单，共涉及钢铁企业 289 家，分布在 28 个省（自治区、直辖市），其中，华东、华北地区分别有 92 家和 88 家上榜，企业数量分别占全国的 32%和 30%；河北、江苏是规范钢铁企业最多的省份，各有 54 家、28 家企业上榜。前六批规范钢铁企业分布情况如图 16-1 所示。

（二）生产消费布局

2024 年，中国累计生产粗钢 10.05 亿吨，出口钢材 1.11 亿吨，出口钢坯 634 万吨，进口钢材 681 万吨，进口钢坯 181.5 万吨，折合粗钢表观消费量为 8.93 亿吨，折合粗钢净出口量约占粗钢总产量的 11%，同比增长了 3 个百分点，钢铁产品仍以满足内需为主。分地区看，华东、华北、中南等地区是中国主要的钢材消费市场，总消费量占国内的 84%，比上年增加 1 个百分点。与此同时，华北、华东作为国内主要产钢地区，分别是全国最大的钢材净流出地区和最大的钢材净流入地区。各地区的钢材生产和消费结构如图 16-2 所示。

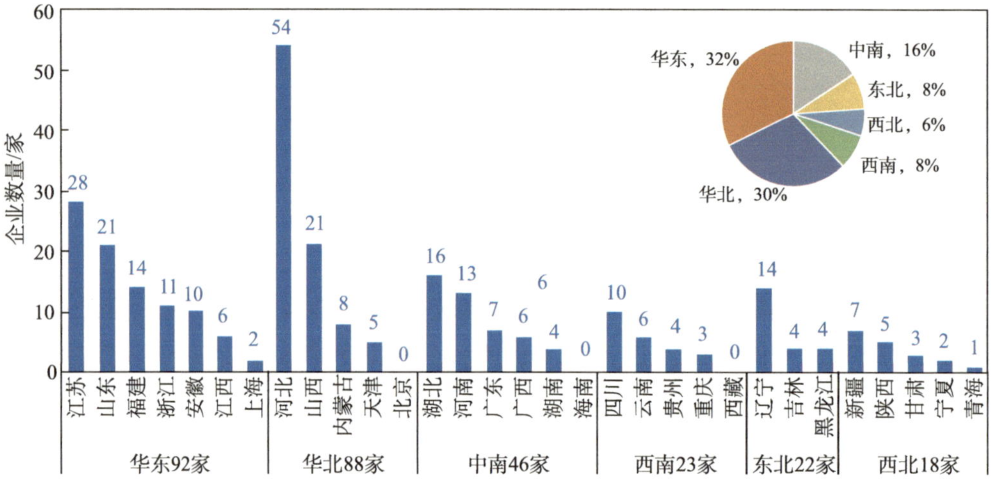

图 16-1　前六批符合《钢铁行业规范条件》的企业分布图

（数据来源：工业和信息化部）

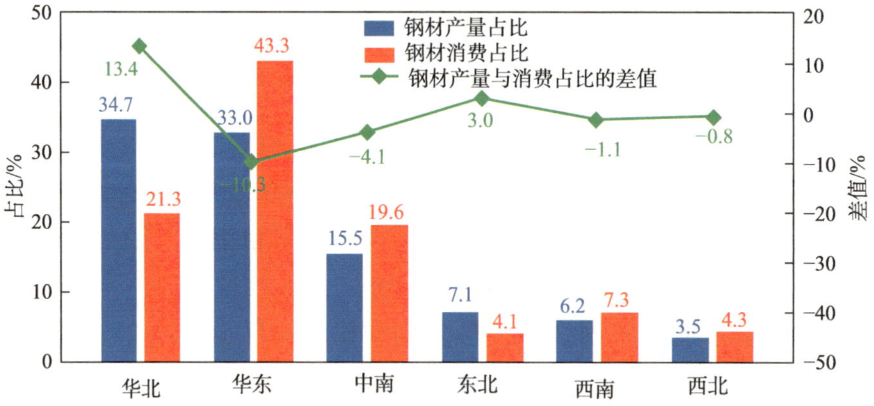

图 16-2　2024 年各地区的钢材生产和消费结构

（数据来源：国家统计局、中国钢铁工业协会、上海钢联）

（三）铁矿资源布局

长期以来，中国钢铁企业以高炉-转炉长流程为主要生产流程，因此中国钢铁行业的生产力布局与铁矿资源布局高度相关，一方面是依托国内铁矿资源布局，另一方面是依托进口铁矿运输条件更为便利的沿海地区布局。据有关统计数据，2024 年中国 56%的铁矿石产量集中在华北地区，河北省以 4.95 亿吨的铁矿石原矿产量位列第一。进口铁矿石方面，华东地区凭借铁矿石港口优势，占据了约 58%的铁矿石进口量。2024 年全国吞吐量排名前十的港口中，舟山、上海、青岛、日照、苏州、烟台等 6 个集中在华东地区。2024 年中国铁矿石生产、进口、消费分布如图 16-3 所示。

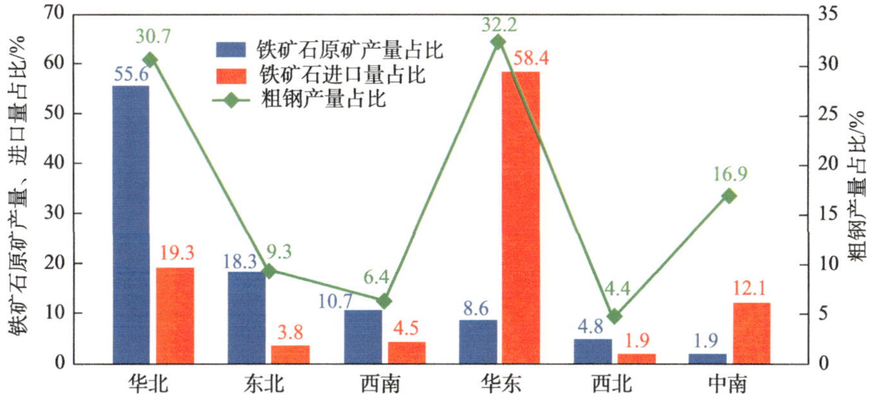

图 16-3　2024 年中国铁矿石生产、进口、消费分布图

（数据来源：国家统计局、中国钢铁工业协会、上海钢联）

（四）国有资本布局

2024 年，中国国有钢铁企业生产基地分布在 25 个省（自治区、直辖市）。据钢协统计数据计算，2024 年中国国有钢铁企业产量 4.1 亿吨，占全国总产量的 41%左右，民营企业占 59%。2020 年以来中国国有企业和民营企业粗钢产量结构如图 16-4 所示。近年来，民营企业和国有企业共同发力，在压减产量、联合重组、环保技改、装备升级等方面均取得了显著的进展，为钢铁行业高质量发展奠定了良好基础。

二、中国钢铁工业产能置换情况

（一）钢铁产能置换总体情况

根据钢铁产能置换项目公开信息整理，2016—2024 年，各地计划建设炼钢产能累计 4.3 亿吨、炼铁产能 3.8 亿吨，相应退出炼钢产能 4.8 亿吨、炼铁产能 4.3 亿吨，共涉及钢铁产能置换项目 277 个。据调研，截至 2024 年底，以上产能置换项目中，67%炼钢产能已建成、涉及炼钢产能 2.88 亿吨，其中长流程炼钢产能 2.14 亿吨、短流程炼钢产能 0.74 亿吨。按长流程吨钢投资 4000 元、短流程吨钢投资 2000 元估算，跨企业（集团）钢铁产能指标交易额按 1000 亿元估算，以上项目总投资额预计为 1.2 万亿元。根据《工业和信息化部办公厅关于暂停钢铁产能置换工作的通知》有关要求，各地区自 2024 年 8 月 23 日起已暂停公示、公告新的钢铁产能置换方案。

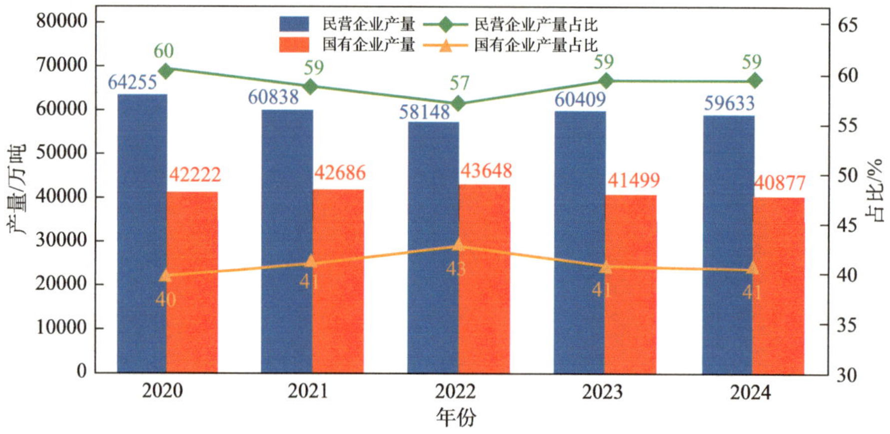

图 16-4　2020—2024 年国有企业和民营企业粗钢产量结构
（数据来源：国家统计局、中国钢铁工业协会）

（二）钢铁产能置换项目分布情况

全国共有 25 个省（自治区、直辖市）公告了钢铁产能置换方案，河北、广西、山东计划建设产能总量位列前三。其中，河北计划建设炼钢产能 1.04 亿吨、炼铁产能 1.02 亿吨，广西计划建设炼钢产能 0.48 亿吨、炼铁产能 0.37 亿吨，山东计划建设炼钢产能 0.40 亿吨、炼铁产能 0.41 亿吨。此外，江苏、福建、云南、山西、辽宁拟建的炼钢产能均超过 2000 万吨。“十三五”时期以来，钢铁产能置换规模之大、分布之广，在中国钢铁产业发展历程中前所未有。各地公示公告的钢铁产能置换项目分布情况如图 16-5 所示。

（三）钢铁产能跨省转移情况

全国累计跨省转移炼钢产能 4545 万吨、炼铁产能 3737 万吨，涉及 53 个产能置换项目。产能出让方主要为河北、天津、上海、河南等环境相对敏感

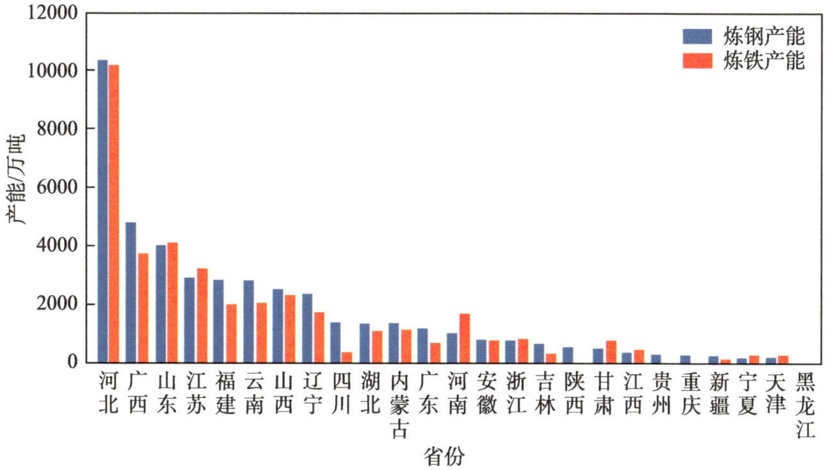

图 16-5　2016—2024 年全国钢铁产能置换项目分布情况
（数据来源：钢协根据各有关地区工业和信息化主管部门官网公开信息整理）

的地区，产能受让地主要为福建、广东、广西等沿海地区。从产量数据看，2016 年以来福建、广西、广东 3 省（区）粗钢产量总体保持较高增速，累计分别增长 148%、106%、77%，高于全国粗钢产量同期增幅 24%（图 16-6）。显然，跨省转移产能已经形成了实际产量，国内产业格局正在加速重构。

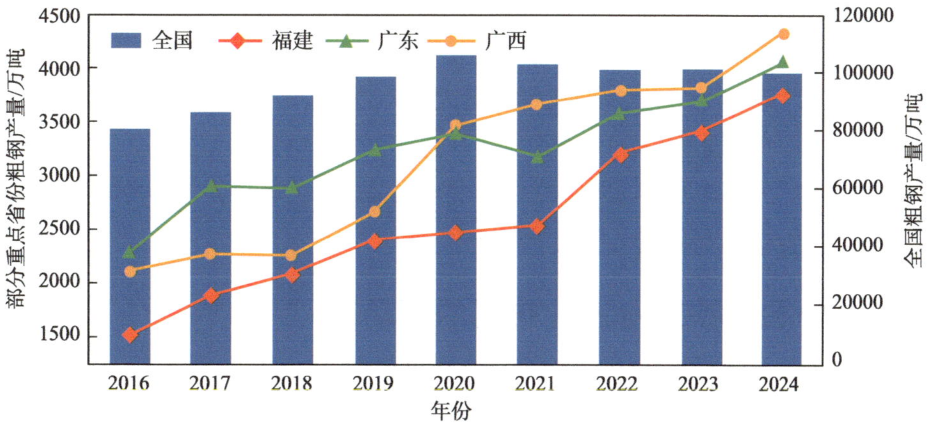

图 16-6　2016—2024 年钢铁产能主要受让地区的粗钢产量变化情况
（数据来源：钢协根据各有关地区工业和信息化主管部门官网公开信息整理）

（四）沿海钢铁产能布局情况

以海岸线 100 公里以内为沿海地区进行粗略测算，“十三五”时期以来，中国沿海地区计划建设的炼钢产能、炼铁产能均为 1.6 亿吨左右；计划退出的产能中，5622 万吨炼钢产能、6054 万吨炼铁产能计划由非沿海地区向沿海地区转移。按同口径测算，目前中国已建成沿海钢铁产能约 4 亿吨，未来还有缓慢增长趋势，主要基于现有沿海基地扩大规模。2021 年 4 月，国家发展改革委印发《关于钢铁冶炼项目备案管理的意见》（发改产业〔2021〕594 号），对确有必要新选址的沿海地区（指拥有海岸线的设区市）钢铁项目，要求其产能规模不低于 2000 万吨/年（允许分两期建设，5 年内全部建成，一期不低于 1000 万吨/年），进一步提高了新建沿海钢铁基地的要求。对照国家部委历次发布的有关沿海钢铁布局的要求，中国沿海钢铁生产基地布局调整任务已经完成。

（五）产能置换建设装备情况

截至 2024 年末，中国钢铁企业通过产能置换计划建设转炉 209 座（含已建成装备，下同），其中 100 吨以下 6 座、100－199 吨的 178 座、200 吨及以上 25 座，产能占比分别为 1.5%、79.8%、18.7%；计划建设电炉 161 座，其中 50 吨以下 1 座，50－99 吨 64 座，100 吨及以上 94 座，产能占比分别为 0.3%、27.6%、72.1%；计划建设高炉 238 座，其中 1000 立方米以下高炉 6 座，1000－1999 立方米高炉 170 座，2000 立方米及以上高炉 67 座，产能占比分别为 1.0%、57.0%、42.0%。装备大型化趋势明显，尤其是沿海地区，计划建设的高炉中，容积大于 2000 立方米的高炉产能占比约 62.7%。此外，计划建设的炼钢产能中，转炉、电炉、AOD 炉产能分别占比 69.7%、27.2%、3.1%；退出炼钢产能中，转炉、电炉产能分别占比 82%、18%，长流程向短流程转型的趋势显现。

三、中国钢铁工业产业布局的新动向

（一）钢铁行业专业化整合、战略性重组取得新进展

近几年，中国钢铁行业在推进联合重组方面卓有成效，产业集中度稳步提升。一方面，国有企业持续推进联合重组，鞍钢集团于 2023 年收购凌源钢铁集团有限责任公司 49%股权后，2024 年度合并报表；中信泰富特钢于 2023 年通过收购上电钢管 60%股权，实现对天津钢管制造有限公司的控股，2024 年度合并报表。另一方面，民营企业与国有企业的跨所有制联合

重组取得新进展，2023 年建龙集团通过旗下天津建龙钢铁实业有限公司收购西宁特钢，2024 年度合并报表。由于以上变化，2024 年度中国国内大中型国有钢铁企业集团数量由 2023 年度的 19 个降低至 16 个。据统计，2024 年国内钢产量排名前 10 位的企业合计产量为 4.2 亿吨，占全国钢产量的 41.99%，同比增长 0.6 个百分点。

（二）建筑业和制造业钢材消费结构已基本持平

2020 年以来，中国建筑行业总体呈现下行趋势，对中国钢铁消费结构产生明显影响。据统计，2024 年中国钢材产量同比增加 1.1%，而钢筋产量同比下降 13.6%，钢筋产量比 2020 年减少 7133 万吨、降幅 27%。据钢协研究数据，2024 年中国建筑业与制造业用钢占比基本持平，均为 50%左右，建筑业用钢占比已经连续四年回落。从发达国家建筑行业发展历程看，当工业化进入后期、城镇化率超过 70%时，建筑用钢需求开始下降或波动调整，降幅 40%以上。2024 年，中国城镇化率已经达到 67%，接近 70%的水平，中国建筑用钢需求已经进入波动调整周期。为适应钢铁下游需求结构持续变化、建筑领域用钢回落的新常态，钢协启动了钢结构推广应用和建筑领域用钢需求调研工作，努力开拓钢材应用新场景，2024 年 9 月在上海成功举办了首届钢结构建筑产业链展览会和论坛。

（三）钢铁行业改造升级工作正在加快推进

习近平总书记指出：“传统产业改造升级，也能发展新质生产力。”2024 年 12 月，中央经济工作会议提出，积极运用数字技术、绿色技术改造提升传统产业。2024 年 1 月，工业和信息化部等九部门印发《原材料工业数字化转型工作方案（2024—2026 年）》《钢铁行业数字化转型实施指南》，提出到 2026 年，钢铁行业数字化整体水平显著提升，新一代信息技术与钢铁工业深度融合，行业数字生态体系持续完善，基本实现由单点突破、局部应用向系统性、全局性的数字化发展转变。2024 年 5 月，工业和信息化部办公厅印发《工业重点行业领域设备更新和技术改造指南》（工信厅规〔2024〕33 号），对钢铁行业设备更新提出任务目标，以限制类装备升级改造和老旧设备更新改造为重点，推进主体设备大型化、智能化、绿色化改造；积极运用数字技术、绿色技术改造提升传统产业。未来一段时期，钢铁行业改造升级工作还将继续推进。

（四）钢铁行业国际化发展逐渐受到更多关注

近年来，中国钢铁行业在努力实现自身发展的同时，积极探索国际合作之路，发展对外投资，引进合作伙伴，涌现出一批国际化发展成效较为显著的企业。2024 年 4 月 29 日，习近平总书记在对河钢集团斯梅戴雷沃钢厂 30 名塞尔维亚籍职工代表致信的回信中表示，斯梅戴雷沃钢厂的良好发展，是中塞高质量共建“一带一路”的生动实践，也是两国互利合作的成功典范。据不完全统计，中国已建成海外权益铁矿产能约 1.5 亿吨、钢铁冶炼产能约 3000 万吨。越来越多的中国企业开始重视国际化、启动国际化、发展国际化。为了更好地为钢铁企业服务，更全面地提供世界钢铁行业发展现状，为钢铁企业“走出去”拓展国际化发展视野，钢协于 2024 年首次编制完成《世界钢铁发展报告（2024）》，将其作为持续推进钢铁产业国际化进程的一项重要内容，希望将其打造成为全面、系统、专业反映全球钢铁行业年度发展情况的权威报告，逐渐成为国内钢铁企业了解全球钢铁行业现状趋势的重要工具书，以及开展国际化合作的重要指南和参考。

（本章撰写人：佘璐，王滨，中国钢铁工业协会）

第17章 钢铁工业固定资产投资情况

钢铁工业涵盖黑色金属矿采选业（以下简称“黑色采选业”）、黑色金属冶炼和压延加工业（以下简称“黑色金属业”）。国家统计局发布的黑色金属矿采选业固定资产投资（不含农户）比上年增长（以下简称“黑色采选业投资增速”）、黑色金属冶炼和压延加工业固定资产投资（不含农户）比上年增长（以下简称“黑色金属业投资增速”）都是基于同口径比较，同口径增速反映的是本年度参与固定资产投资统计的企业本年投资与上年同期投资之间的增减情况。从 2018 年 2 月起，国家统计局仅发布按行业分固定资产投资增速，不再发布各大类工业行业固定资产投资具体金额。本章将重点分析黑色采选业投资增速、黑色金属业投资增速变化情况，并对相关影响因素进行探究。

一、黑色采选业投资增速及相关影响因素分析

黑色金属矿采选活动是指对铁矿石、锰矿、铬矿等钢铁工业黑色金属原料矿的采矿、选矿活动，其主体活动是铁矿采选，因此黑色采选业投资的主体是铁矿采选业。

（一）2024 年黑色采选业投资重回增长

2024 年黑色采选业投资同比增长 6.9%，由降转增，为近七年第三高水平，仅低于 2021 年和 2022 年增速。2024 年全国固定资产投资增速为 3.2%，黑色采选业投资增速较全国平均值高 3.7 个百分点，表明黑色采选业投资意愿相对较高。2024 年黑色采选业民间投资同比增长 24.7%，同样由降转增，

并创近七年次高水平，仅低于 2022 年增速（27.9%）。

通过对比近七年黑色采选业投资增速、黑色采选业民间投资增速可知：2018—2019 年期间，黑色采选业民间投资增速均高于黑色采选业投资增速；2020—2023 年期间，黑色采选业民间投资增速均低于黑色采选业投资增速；2024 年，黑色采选业民间投资增速则明显高于黑色采选业投资增速，表明黑色采选业民间投资热情再次高涨，对于提高国内铁矿石资源对钢铁工业的保障力度具有重大意义。

在国家将铁矿列为战略性矿产以及国内找矿行动主攻矿种的背景下，结合“铁资源开发计划”，国内铁矿投资在 2021—2022 年全面提速，黑色采选业固定资产投资同比增速分别为 26.9%和 33.3%。2023 年铁矿石供给增速（国内铁矿石原矿产量同比增长 7.1%，铁矿石进口量同比增长 6.5%）大幅高于需求增速（生铁产量同比增长 0.7%）。随着铁矿石市场供需紧张得到缓解，投资意愿出现减退，2023 年黑色金属矿采选业固定资产投资同比下降 6.8%，但利润总额同比增长 6.7%，进而带动 2024 年黑色金属矿采选业固定资产投资由降转增（图 17-1）。

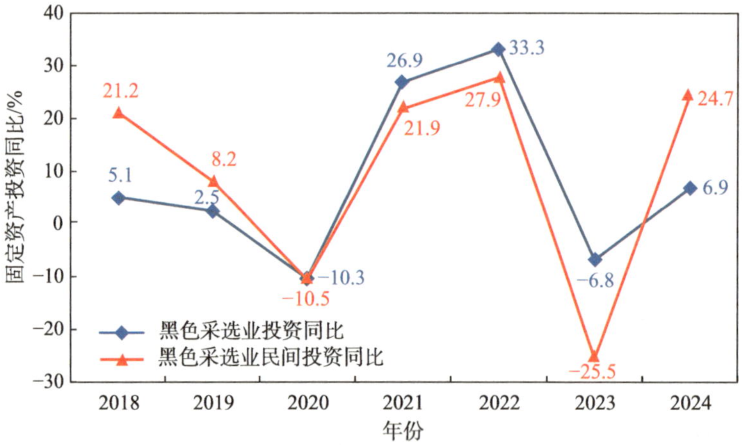

图 17-1　2018—2024 年黑色采选业投资增速及民间投资增速
（数据来源：国家统计局）

大型铁矿项目投资保持高增长，民间投资意愿明显回升，反映出政策协调力度继续加大、投资环境改善、市场预期进一步明确，提振了市场主体的投资信心，带动一批重点新建大型铁矿山项目加快推进、资源接续工程和矿山技改项目快速落地，铁矿产能稳定释放，安全、绿色、智能改造步伐继续加快。

（二）对 2024 年黑色采选业投资额的评估

假定 2017—2024 年黑色采选业投资额的统计口径保持一致，以 2017 年投资额为基数“1”，根据各年黑色采选业投资增速，推算出 2018—2024 年各年黑色采选业投资额与 2017 年的比值。从投资额比值角度看，2018—2020 年黑色采选业投资额与 2017 年的比值基本保持在 1 倍左右。国家统计局发布的 2017 年黑色采选业投资额为 751 亿元，据此判断在此期间投资规模基本保持在 700 亿–800 亿元范围内，维持在一个相对较低的水平。2021—2024 年黑色采选业投资额出现明显增长，与 2017 年的比值分别达到 1.23、1.63、1.52、1.63（图 17-2），据此判断 2021—2024 年黑色采选业投资额分别在 900 亿元、1200 亿元、1100 亿元、1200 亿元以上，但与 2014 年的峰值水平 1661 亿元相比依然存在较大差距，其中 2024 年相差 400 亿元以上。在 2023 年短暂下滑后，2024 年黑色采选业投资重回增长，投资额基本与 2022 年相当，为近七年次高水平。

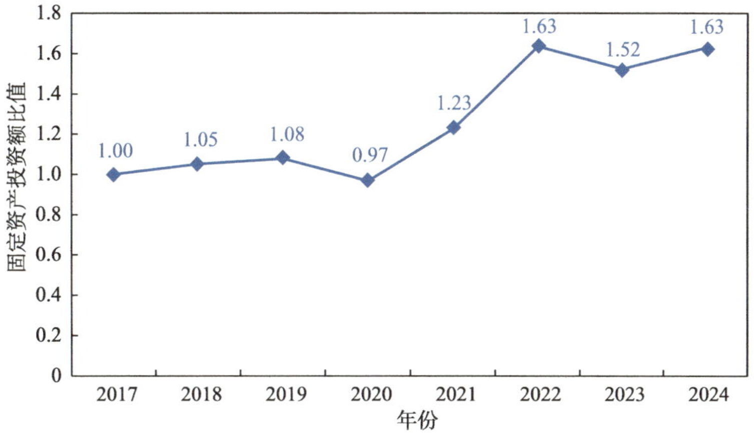

图 17-2　2017—2024 年黑色采选业投资额与 2017 年的比值

（数据来源：国家统计局，冶金工业经济发展研究中心）

持续提升国内铁矿山开发投资规模，是加强中国铁矿石资源保障力度、增加国内铁矿石资源供应的重要基础。未来，中国黑色采选业投资额规模要达到 2014 年峰值水平，需要国家相关部门简化国内铁矿资源开发项目审批流程，缩短审批时间，强化中央部门和地方政府政策协同，解决安全、环保等执法“一刀切”问题，切实降低矿山企业税费负担，提升企业成本竞争力，推动国内铁矿项目投资开发积极性，稳步增加国内铁矿供给。

（三）关于黑色采选业投资增速的相关性分析

1. 黑色采选业投资增速与国产铁矿石原矿产量增速的相关性分析

对比 2018—2024 年黑色采选业投资增速与国产铁矿石原矿产量增速可知，两者正相关性相对较低，主要存在两方面原因：一是铁矿山投资与产出具有一定的时间滞后性；二是国内铁矿石产量受铁矿石价格水平、铁矿石进口量等直接影响。2021—2022 年黑色采选业投资的高增速（26.9%、33.3%）并没有很快带来铁矿石原矿产量的大幅增长，2022 年铁矿石原矿产量同比下降 1.0%，2023 年增长 7.1%。

2. 黑色采选业投资增速与利润总额增速的相关性分析

对比 2018—2024 年黑色采选业投资增速与利润总额增速可知（图 17-3、图 17-4），两者正相关性相对较高，但同样存在一定的时间滞后性，即黑色采选业利润总额增速高往往推动下一年黑色采选业投资增长，但同时也受到铁矿石进口量影响，反之亦然。2019 年黑色采选业利润总额同比增长近四倍，但 2020 年该行业投资仍同比下降 10.3%，主要是受同期铁矿石进口量同比增长 9.4%的影响；2020—2021 年黑色采选业利润总额增速分别达到 74.9%、113.5%，对应着 2021—2022 年该行业投资增速高达 30%左右；2022 年黑色采选业利润总额同比大幅下滑，导致 2023 年该行业投资同比下降 6.8%；2023 年黑色采选业利润总额同比由降转增，推动 2024 年该行业投资同比增长 6.9%。

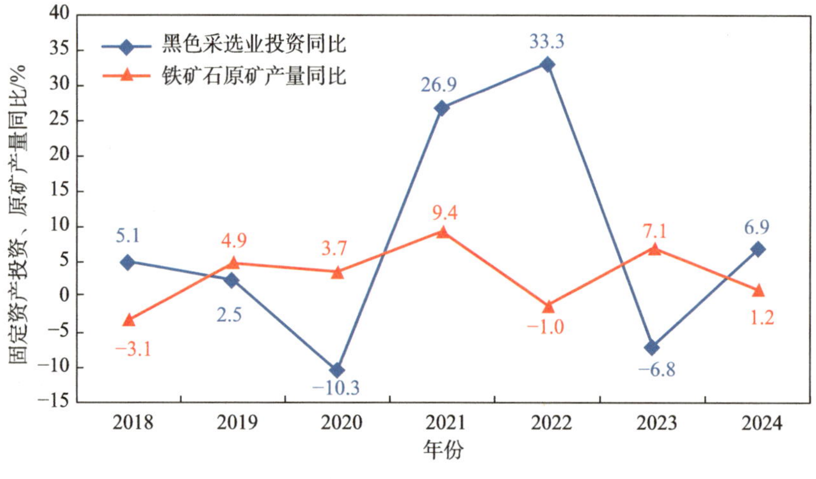

图 17-3　2018—2024 年黑色采选业投资增速与铁矿石原矿产量增速
（数据来源：国家统计局）

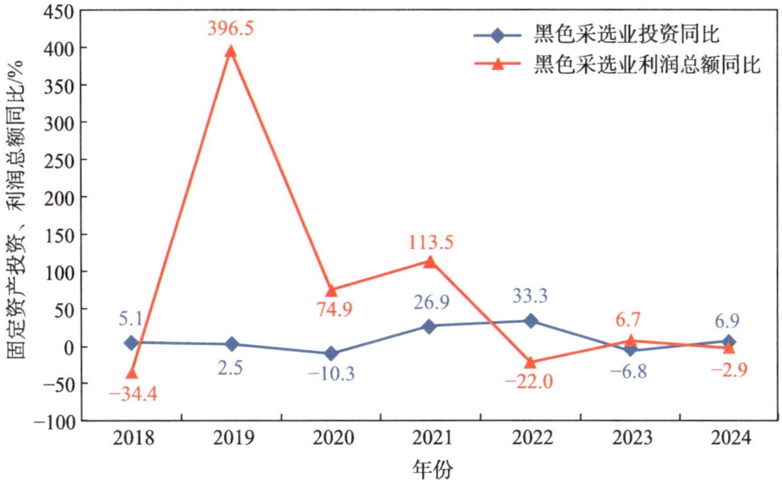

图 17-4　2018—2024 年黑色采选业投资增速与利润总额增速
（数据来源：国家统计局）

3. 黑色采选业投资增速与铁矿石进口量增速的相关性分析

对比 2018—2024 年黑色采选业投资增速与铁矿石进口量增速可知，两者负相关性非常高，即铁矿石进口量增长往往会明显抑制黑色采选业投资。2021—2022 年铁矿石进口量连续两年出现下滑，对应着黑色采选业投资保持高增长；2023 年铁矿石进口量同比增长 6.5%，达到 11.78 亿吨的高点，导致黑色采选业投资同比下降 6.8%，为近七年次低水平；2024 年铁矿石进口量同比增速降至 4.9%，推动黑色采选业投资增速回升至 6.9%（图 17-5）。

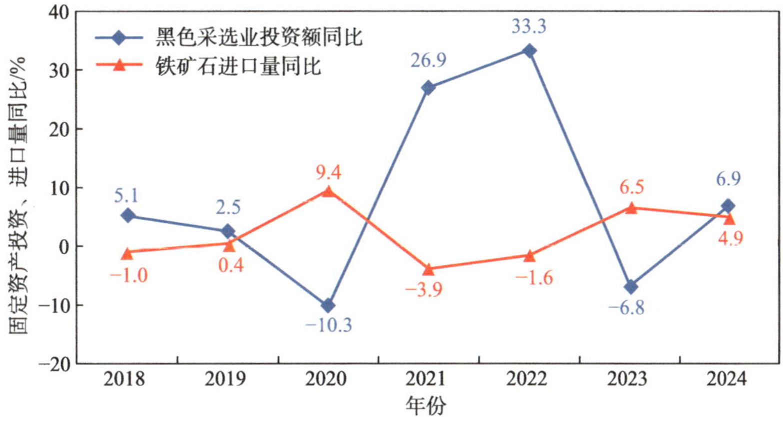

图 17-5　2018—2024 年黑色采选业投资增速与铁矿石进口量增速
（数据来源：国家统计局，海关总署）

二、黑色金属业投资增速及相关影响因素分析

（一）2024 年黑色金属业投资增速持续低位

2024 年黑色金属业投资同比增长 1.8%，较上年加快 1.6 个百分点，连续两年回升，但仍处于近年低位。2024 年全国固定资产投资增速为 3.2%，黑色金属业投资增速较全国平均水平低 1.4 个百分点，并且明显低于黑色采选业投资增速。

2018—2021 年期间，黑色金属业投资和黑色金属业民间投资增速连续四年超过 10%，这是黑色金属业在以往年度中从未出现过的投资现象，表明在此期间钢铁行业盈利水平转好并保持在较高水平的背景下，全国对钢铁行业的投资有较大幅度增长。2022—2024 年期间，黑色金属业投资和黑色金属业民间投资增速持续保持在低位，说明整个钢铁行业盈利持续下滑影响到行业投资增长。2024 年黑色金属业民间投资同比增长 7.8%，较上年回升 6.7 个百分点，并较黑色金属业投资增速高 6 个百分点，表明黑色金属业民间投资出现较为明显回升（图 17-6）。

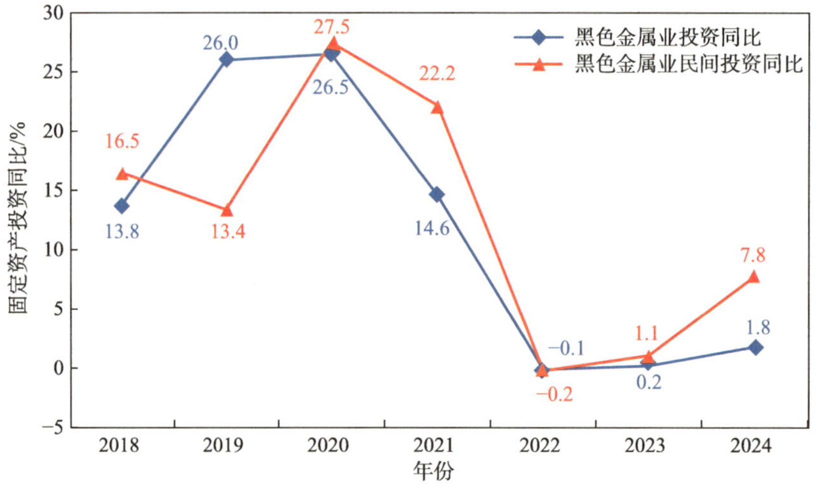

图 17-6　2018—2024 年黑色金属业投资增速及民间投资增速
（数据来源：国家统计局）

（二）对 2024 年黑色金属业投资额的评估

2018 年，国家统计局将黑色金属铸造业归入金属制品业，即从 2018 年起黑色金属铸造业不再是黑色金属业的子行业，因此 2017 年纳入黑色金

属业投资的企业统计范围要大于此后年度。但鉴于在数据可获得性方面存在实际困难，本章忽略了 2017 年与其他年度在统计口径方面的差异性。

假定 2017—2024 年黑色金属业投资的统计口径保持一致，以 2017 年投资额为基数“1”，根据各年黑色金属业投资增速，推算出 2018—2024 年各年黑色金属业投资额与 2017 年的比值。依据统计数据测算出 2021 年投资额是 2017 年 2.08 倍，即历经四年时间，黑色金属业投资规模增长了一倍多，表明在此期间黑色金属业投资非常活跃。2022—2024 年黑色金属业投资额基本与 2021 年持平，与 2017 年的比值仍保持在两倍以上（图 17-7）。国家统计局发布的 2017 年黑色金属业投资额为 3804 亿元，据此判断 2024 年投资规模约在 8000 亿元，保持在一个相当高的水平。

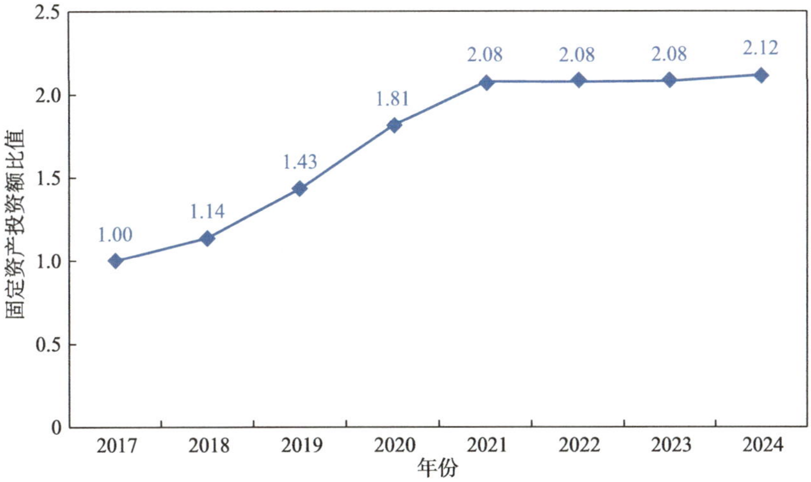

图 17-7　2017—2024 年黑色金属业投资额与 2017 年的比值
（数据来源：国家统计局，冶金工业经济发展研究中心）

（三）关于黑色金属业投资增速的相关性分析

1. 黑色金属业投资增速与钢材产量增速的相关性分析

通过对比 2018—2024 年黑色金属业投资增速与钢材产量增速可以发现，两者正相关性较高，并且黑色金属业投资增速总体高于钢材产量增速。在国家严控钢铁新增产能、严格执行新建产能减量置换的大背景下，黑色金属业投资额保持在高位意味着钢铁企业将资金主要用于主体装备和产线更新升级换代、超低排放改造、智能工厂建设等方面，推动现有钢铁产能优化升级，并实现绿色低碳可持续发展。

2. 黑色金属业投资增速与利润总额增速的相关性分析

对比 2018—2024 年黑色金属业投资增速与利润总额增速可知（图 17-8、图 17-9），两者正相关性较高，但存在一定的时间滞后性，即黑色金属业利润总额增速高往往推动下一年黑色金属业投资增长，反之亦然。2021 年黑色金属业利润总额同比增长 75.5%，成为中国钢铁行业盈利最好的一年，推动 2022 年该行业投资增速高达 30%以上；2022 年黑色金属业利润总额同比降幅超过 90%，导致 2023 年该行业投资同比下降 6.8%；2023 年黑色金属业利润总额同比显著回升（157.3%），带动 2024 年该行业投资恢复增长（6.9%）。

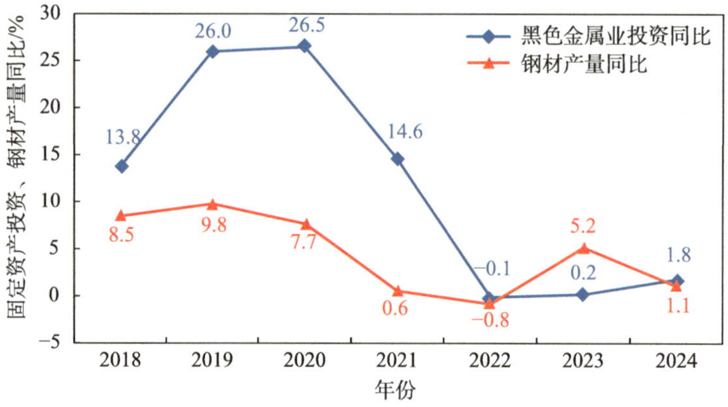

图 17-8　2018—2024 年黑色金属业投资增速与钢材产量增速
（数据来源：国家统计局）

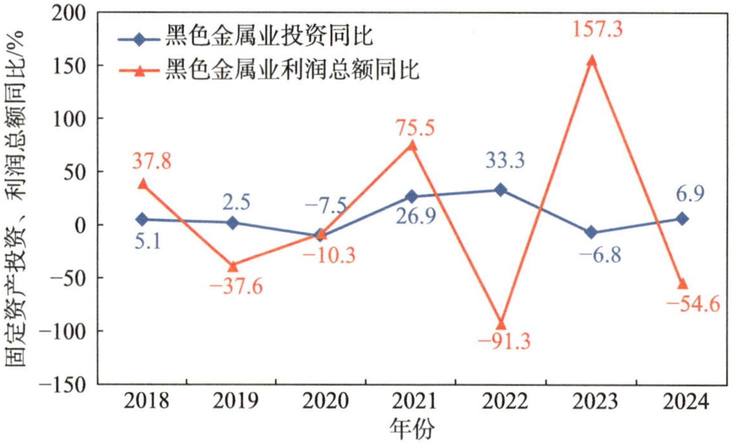

图 17-9　2018—2024 年黑色金属业投资增速与利润总额增速
（数据来源：国家统计局）

（本章撰写人：赵磊，高雨萌，冶金工业经济发展研究中心）

第 18 章
钢铁工业科技创新发展情况

2024 年，钢铁行业面对需求不振带来的市场冲击、原材料价格易涨难跌的成本压力、行业绿色低碳转型的不断深化及纳入全国碳市场压力，认真贯彻落实国家创新驱动发展战略，不断强化产业链协同创新能力，扎实推进绿色化和智能化，全面持续提升创新发展自立自强水平，努力打造现代化钢铁产业发展体系，取得了系列成就。

一、创新投入情况

2024 年是钢铁行业深度调整的一年，行业运行持续呈现高产量、高成本、高出口、低需求、低价格、低效益的“三高三低”局面，进入“存量优化”阶段的特征日益明显。面对严峻发展形势，钢铁行业坚持深化供给侧结构性改革，加快产品结构转型，坚持创新引领高质量发展之路，提升创新研发投入。本章重点调研的 28 家钢铁企业（上市公司口径）研发经费总额达 779 亿元；总体研发投入强度达到 4.3%（图 18-1），较 2023 年上升 0.8 个百分点。

二、重点生产工序技术指标变化情况

2024 年，钢铁行业持续深入推进极致能效工程，宝钢湛江钢铁、首钢京唐、河钢石钢、宁波钢铁、宝钢宝山基地、鞍钢鲅鱼圈、首钢迁安、武钢、山钢日照、马钢 10 家企业已进行极致能效标杆示范公示，已有 9 家企业完成全流程能效标杆示范，6 家企业完成工序/设备能效标杆示范公示。86 家参与极致能效培育企业的数据显示，2024 年，企业极致能效投资 419

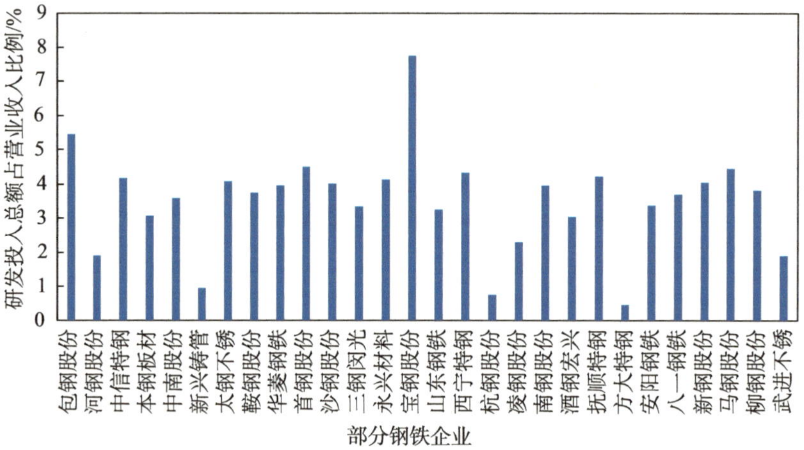

图 18-1　2024 年部分钢铁企业研发投入强度情况

（数据来源：wind、上市公司年报）

亿元，建成 615 个项目，总节能量约 574 万吨标准煤；2020—2024 年，企业累计投入 1262 亿元，建成 1867 个项目，总节能量约 1431 万吨标准煤。据不完全统计，通过实施极致能效工程，钢铁企业吨钢降本 50－100 元，超过 70%的项目两年内收回成本，为钢铁企业节能降耗减碳、提升竞争力提供了有力支撑。在行业、企业的共同努力下，重点工序技术指标稳步提升。

据国家统计局公布的数据，2024 年全国生铁产量 8.52 亿吨，同比下降 2.3%；钢协会员企业生铁产量 7.39 亿吨，同比下降 2.56%。从主要指标上看（表 18-1），高炉炼铁劳动生产率有所提升，利用系数保持稳定，焦比和燃料比进一步降低，煤比和风温有所升高，休风率降低。

表 18-1　2024 年钢协会员企业炼铁工序主要指标

年份	系数/吨铁·(立方米·天)$^{-1}$	焦比/千克·吨铁$^{-1}$	煤比/千克·吨铁$^{-1}$	燃料比/千克·吨铁$^{-1}$	风温/℃	休风率/%	劳动生产率/吨铁·人$^{-1}$
2023	2.66	343.97	152.73	525.92	1174.85	2.50	9314.14
2024	2.65	337.81	155.80	523.77	1182.18	2.06	9678.37

数据来源：中国钢铁工业统计月报。

2024 年，全国粗钢产量为 10.05 亿吨，同比下降 1.7%；钢协会员企业粗钢产量 8.26 亿吨，同比下降 1.4%，其中转炉钢产量为 78034 万吨，较 2023 年下降 1.4%；电炉钢产量为 4248.8 万吨，较 2023 年下降 1.16%。

受行业下行和产量下降影响，钢铁企业废钢消耗量有所下降。从整体技术经济指标上看(表 18-2),2024 年转炉炼钢钢铁料消耗与上年基本持平，废钢消耗减少，氧气消耗减少，出钢时间略有增加，劳动生产率有所提升。

表 18-2　2024 年钢协会员企业转炉炼钢工序主要技术经济指标

年份	钢铁料消耗/千克·吨$^{-1}$	废钢消耗/千克·吨$^{-1}$	氧气消耗/立方米·吨$^{-1}$	实物劳动生产率/吨·人$^{-1}$	利用系数/吨·(吨·天)$^{-1}$	出钢时间/min
2023	1060.73	141.81	50.36	6086.44	30.77	31.21
2024	1058.19	138.19	50.14	6325.16	29.74	31.58

数据来源：中国钢铁工业统计月报。

电炉钢产量略有减少，金属料消耗降低，钢铁料、电极消耗以及综合电耗有所上升，利用系数均有所降低，劳动生产率降低(表 18-3)。

表 18-3　2024 年钢协会员企业电炉炼钢工序主要技术经济指标

年份	金属料消耗/千克·吨$^{-1}$	钢铁料消耗/千克·吨$^{-1}$	电极消耗/千克·吨$^{-1}$	综合电耗/千瓦时·吨$^{-1}$	实物劳动生产率/吨·人$^{-1}$	利用系数/吨·(吨·天)$^{-1}$	出钢时间/小时
2023	1110.45	996.60	1.53	330.51	2348.30	23.74	0.94
2024	1108.28	1009.15	1.59	352.72	2117.22	22.06	0.93

数据来源：中国钢铁工业统计月报。

三、关键钢材品种研发和生产情况

2024 年，钢铁行业进入深度调整期，传统用钢行业下行压力加大，原材料价格易涨难跌，钢铁企业继续加大新产品开发攻关力度，保障新质生产力发展对钢铁材料的需求，加快材料供应商向材料服务商的转变，努力提升高质量发展水平，22 大类钢铁产品自给率全部超过 100%，多个产品创新结出硕果。宝钢股份首发 B23P080、B20HS070、B18HS075 以及 B18HS070 等服务变压器新能效标准的顶级取向硅钢产品，首发 U68CuCr 耐蚀钢轨并纳入国铁集团采购目录；宝武特冶首发商业化高温气冷堆用镍基焊材；太钢首发 1300MPa 级温成型汽车车轮钢，以及高效高强快速自黏结硅钢产品 30TWV1500Y；鞍钢 350 千米每小时标准动车组转向架用钢成功应用于“复兴号”中国标准动车组、全球最快商用高速列车 CR450 动车组样车，首发海洋建筑结构用耐蚀钢板并实现工业化生产，首发 1.2 毫米×50 毫米管线钢、大型 H 型钢专用高强复绕包装用钢带；首钢集团首发 20SW1100Z、ESW1025R 新能源汽车用软磁材料，以及自黏结铁芯新技术。一系列产品实现全球首发，中国钢铁行业在关键产品创新方面已走在世界前列。

四、加快绿色低碳发展步伐

2024 年，钢铁行业积极贯彻党中央决策部署，持续完善绿色低碳发展顶层设计，不断夯实绿色低碳发展基础设施，绿色低碳转型步伐不断加快。在钢协的领导和组织下，低碳委组织行业对钢铁行业低碳技术路线图进行了修订，重点围绕技术清单更新、CBAM 应对、低碳排放钢、碳市场、金融赋能低碳转型等方面对低碳技术路线图进行了全面完善。7 月 8—9 日，钢铁行业低碳工作推进委员会在山东日照组织召开了 2024 年年会暨钢铁工业绿色低碳发展研讨会，会上阶段性总结了行业低碳工作，研讨部署低碳发展工作计划，进一步交流探讨钢铁行业低碳技术，推进钢铁企业节能降碳改造。同时，由毛新平院士发布了修订后的钢铁行业低碳技术路线图，并发布了由钢协指导建设、中冶赛迪等单位研发的钢铁低碳服务平台，助力行业低碳发展。积极配合生态环境部等国家部委，参与碳配额分配方案、碳排放核算指南和碳核查技术指南制修订工作，为钢铁进入碳市场奠定基础。

10 月 18 日，钢铁行业 44 家企业和机构、逾百位专家参与，基于中国国内近 3.3 亿吨粗钢碳排放数据，研制并发布了《低碳排放钢评价方法》标准，并发布了首批 8 个低碳排放钢产品，提出了钢铁绿色低碳发展的“中国方案”，受到全球钢铁行业的广泛关注；钢铁行业与下游行业积极合作开展了碳排放方法学研究、平台建设和互认工作，碳排放数据已被家电行业碳足迹核算标准采信，已与中国工业碳排放信息管理系统数据互认，与中汽中心达成汽车用钢碳排放核算方法互认。

11 月 29 日，在中国钢铁工业协会、世界钢铁协会和城市土地学会共同倡议下，国内外 7 家钢铁企业、13 家房地产企业、6 家院所和协会共同启动了房地产低碳排放钢合作倡议，承诺自愿推广低碳排放钢的使用；宝武、奔驰、沃尔沃等汽车企业多年来持续布局绿色钢材供应链；核电等重大技术装备出海也面临着低碳排放钢应用的要求，低碳属性已成为全球钢铁产业链竞争的核心指标。

为推动钢铁产业链共同构建现代绿色高质量供应链，钢协于 12 月 21 日组织召开“绿色低碳钢铁采购应用研讨会”，邀请中石油、中石化、国家管网、中交建、中国船舶、中国三峡、北京兵工、中国五矿等重点用钢企业，以及宝钢、鞍钢、首钢、河钢、沙钢、中信泰富、湖南钢铁、普阳钢铁等钢铁企业开展深入探讨，推动下游重点用钢行业积极将钢铁行业低碳发展成果纳入采购评估体系，共创共享绿色低碳发展成效。

在钢铁产业链上下游的共同努力下，钢铁全产业链 EPD 平台不断迭代升级。截至 2024 年底，钢铁全产业链 EPD（环境产品声明）平台注册单位超过 6100 家，发布 EPD 报告 210 份、PCR14 份，下载 5.1 万余次，招募国际和国内知名第三方机构 24 家，成为全球发布 EPD 报告最多的专业平台。推动与日本、意大利、瑞典、澳大利亚、德国、美国、奥地利及爱尔兰等国家EPD平台的相互采信，与爱尔兰 EPD 平台达成了发布英文版EPD意向。

超低排放改造方面，截至 2024 年底，共有 171 家钢铁企业（包括 1 家球团企业）完成或部分完成超低排放改造和评估监测。其中，126 家企业全过程完成超低排放改造，涉及钢产能约 5.53 亿吨，吨钢超低排放改造投资约 474.94 元，吨钢平均环保运行成本约 224.26 元；45 家钢铁企业部分完成超低排放改造，涉及钢产能约 1.68 亿吨。实施超低排放改造让钢铁企业同步实现环境治理水平提升与经济社会效益改善“双赢”。“工厂变公园”“厂区变景区”，中国钢企在环境方面的努力和改善得到国际同行的肯定和称赞。

在低碳冶金新技术开发和示范方面，宝武、鞍钢、河钢、首钢和建龙等大型钢铁企业持续深耕富氢碳循环高炉、氢基竖炉、绿氢流化床炼铁等世界前沿低碳技术示范项目，不断取得重大突破，形成了中国钢铁工业的绿色低碳发展优势，受到全球的广泛关注。宝武富氢碳循环氧气高炉取得了减少碳排放 23%的阶段性成果，2500 立方米富氢碳循环氧气高炉项目开展了脱碳系统能力提升研究和技术改造，脱碳能力达到设计指标，工序能耗降到了 1.67 吉焦/吨二氧化碳。中国钢研“富氢碳循环高炉技术”在晋南钢铁完成了 3 座 1860 立方米高炉风口喷吹乙二醇副产氢气的设计、建设和工业化应用。湛江钢铁零碳工厂百万吨级氢基竖炉开展了天然气、焦炉煤气、氢气三种气体不同配比的工业试验，并生产出优质的 DRI 产品；其中高氢气比还原工业试验，还原气中 H_2 比例从 58%提升到 67%，氢元素比例从 76%提高到 80%，正逐步迈向全氢生产。河钢张宣高科“120 万吨氢冶金示范项目”实现安全连续生产，DRI 产品金属化率达到 94.5%，与同等生产规模的传统高炉长流程相比，可实现碳减排 70%以上，同时二氧化硫、氮氧化物和烟粉尘排放分别减少 30%、70%和 80%以上。鞍钢“流化床氢气直接还原炼铁技术”已完成工程建设，进入设备调试阶段，制氢工段成功实现出氢出氧，氢气产量大于 1200 立方米（标态）每小时，氢气纯度大于 99%；开展中试装置热负荷试车，验证了纯氢流化床冶炼技术路线的可行性，生产出绿氢直接还原铁，金属化率达 95%。钢铁行业正在围绕低碳转型顶层设计、公共服务能力建设、污染物减排和前沿低碳技术研发示范等领域系统稳步推进相关工作，确保行业在全球绿色低碳竞争中保持优势地位。

五、科技奖励情况

2024 年共有 110 个项目获得冶金科学技术奖，其中，“MCCR 多模式全连续铸轧一体化技术集成与创新”“信息物理系统融合的钢铁制造流程智能化研发与应用”“南钢全要素数字化生产运营与智能制造核心关键技术创新”3 个项目获得特等奖，“滨海金属矿 1500 米深竖井工程高效建造关键技术与配套装备”等 21 个项目获得一等奖，“复杂条件超大超深竖井建设关键技术与应用”等 29 个项目获得二等奖，“基于多环境友好共存的安全绿色高效开采关键技术研究与应用”等 57 个项目获得三等奖。

（本章撰写人：毛明涛，刘斌，李煜，中国钢铁工业协会）

第19章 钢铁工业绿色低碳转型情况

一、钢铁行业节能减排成效显著

2024年，在钢铁企业大面积亏损，经营形势低迷的情况下，各企业仍将节能降碳、降本增效和污染物减排治理作为转型发展的重中之重，积极采取各种节能减排措施。在全行业和各企业的持续努力下，钢铁工业绿色转型取得了显著的效果。

（一）能源利用效率继续提升

2024年，重点统计钢铁企业总能耗34982.8万吨标准煤，同比下降3.3%。吨钢综合能耗549.7千克标准煤/吨，同比下降0.6%。吨钢可比能耗481.0千克标准煤/吨，同比下降1.7%。在工序能耗方面，球团、炼铁、转炉炼钢和电炉炼钢等主要工序能耗同比下降，分别下降1.9%、1.1%、5.5%、7.2%。水资源利用方面，重点统计钢铁企业取水量同比下降1.4%，吨钢取水量2.3立方米/吨，同比下降0.8%。水重复利用率98.3%，同比提高0.1个百分点。（表19-1）。

表19-1　2020—2024年重点统计企业能耗指标变化情况　　%

指标名称		2020年	2021年	2022年	2023年	2024年
综合指标	总能耗同比增长率	2.9	–1.4	–2.5	2.4	–3.3
	吨钢综合能耗同比增长率	–1.2	0.2	0.2	1.2	–0.6
	吨钢耗电同比增长率	–1.0	2.8	0.3	1.6	–0.3
	吨钢取水量同比增长率	–4.3	–0.4	–0.7	–1.0	–0.8

续表 19-1

指标名称		2020 年	2021 年	2022 年	2023 年	2024 年
工序能耗指标	烧结工序同比增长率	–0.5	0.4	–0.7	–0.5	0.3
	球团工序同比增长率	1.8	3.0	–3.2	–4.5	–1.9
	焦化工序同比增长率	–2.2	2.7	–2.5	–1.4	2.5
	炼铁工序同比增长率	–0.7	0.1	–0.1	–0.1	–1.1
	转炉炼钢工序同比增长率	–9.7	–3.9	–15.3	–9.7	–5.5
	电炉炼钢工序同比增长率	–0.3	0.9	0.3	–0.4	–7.2
	钢加工工序同比增长率	0.9	–0.3	–1.5	0.3	1.3

数据来源：中国钢铁工业协会。

（二）污染物治理成效显著

在废水处理方面，2024 年，重点统计企业外排废水 21482.5 万立方米，比上年减少 2490.8 万立方米，同比下降 10.4%，外排废水达标率 100%。吨钢外排废水量同比下降 5.1%。外排废水中，化学需氧量排放量同比下降 16.9%，氨氮排放量同比下降 19.5%，挥发酚排放量同比下降 5.5%，总氰化物排放量同比下降 10.3%，悬浮物排放量同比下降 7.6%，石油类污染物排放量同比下降 33.1%（表 19-2）。

表 19-2　2020—2024 年重点统计企业废水及其主要污染物排放量变化情况

%

指标名称	2020 年	2021 年	2022 年	2023 年	2024 年
外排废水总量同比增长率	–3.9	–7.6	–23.0	–12.4	–10.4
化学需氧量同比增长率	–10.1	–6.9	–26.0	–17.7	–17.0
氨氮同比增长率	–24.1	–0.1	–14.8	–14.8	–19.5
挥发酚同比增长率	–44.4	–10.7	5.1	–22.1	–5.5
总氰化物同比增长率	7.1	–30.6	–50.4	–28.1	–10.3
悬浮物同比增长率	–12.9	–11.3	–21.8	–2.9	–7.6
石油类同比增长率	–6.8	–8.1	–26.8	–12.6	–33.1

数据来源：中国钢铁工业协会。

大气污染治理方面，重点统计企业加快落实钢铁行业超低排放改造要求，持续保持环保资金投入力度，实施环保改造工程，努力降低污染物排放浓度，减少污染物排放量。据统计，重点统计会员生产企业二氧化硫、颗粒物和氮氧化物排放量继续降低。2024 年，重点统计企业外排废气总量 196649.2 亿立方米，同比增长 4.1%。外排废气中二氧化硫排放量同比下降 12.2%；颗粒物排放量同比下降 9.8%，氮氧化物排放量同比下降 10.2%（表 19-3）。

表 19-3　2020—2024 年重点统计企业废气中主要污染物排放情况　　%

指标名称	2020 年	2021 年	2022 年	2023 年	2024 年
废气排放总量同比增长率	5.4	3.4	3.9	7.8	4.1
二氧化硫排放量同比增长率	–14.4	–22.2	–19.5	–9.1	–12.2
颗粒物排放量同比增长率	–13.3	–15.2	–18.6	–10.5	–9.8
氮氧化物排放量同比增长率	–13.3	–13.8	–9.3	–8.1	–10.2

数据来源：中国钢铁工业协会。

（三）资源综合利用水平继续提升

在固体废物综合利用方面，2024 年，重点统计企业共产生钢渣 8454.9 万吨，同比下降 1.9%；钢渣综合利用率 99.0%，同比增加 0.2 个百分点。产生高炉渣 23356.0 万吨，同比增长 0.2%；高炉渣综合利用率 99.4%，同比下降 0.1 个百分点。产生含铁尘泥 4017.3 万吨，同比下降 1.7%；含铁尘泥综合利用率 99.8%，同比增加 0.2 个百分点（表 19-4）。

表 19-4　2020—2024 年重点统计企业主要固体废物利用情况　　%

指标名称	2020 年	2021 年	2022 年	2023 年	2024 年
钢渣产生量同比增长率	3.4	2.8	–2.0	0.4	–1.9
高炉渣产生量同比增长率	4.2	–0.8	–1.1	2.6	0.2
含铁尘泥产生量同比增长率	3.5	4.6	–1.0	1.5	–1.7
钢渣利用率	99.1	99.2	98.6	98.9	99.0
高炉渣利用率	98.9	99.4	99.3	99.4	99.4
含铁尘泥利用率	99.8	99.9	99.5	99.7	99.8

数据来源：中国钢铁工业协会。

二、钢铁行业超低排放改造和极致能效工程进展情况

超低排放和极致能效两大工程，是钢铁行业推动绿色低碳转型的重要举措。2024 年，钢协组织行业专业技术团队、领域专家、优秀企业开展政策解读、标准引领、数据治理、平台搭建、技术应用、培育支撑、专班推进等系列措施，实现行业超低排放改造再创佳绩、炉窑能效水平显著提高，两大工程取得了积极进展。

超低排放方面，截至 2024 年 12 月 31 日，共有 171 家钢铁企业（包括 1 家球团企业）完成或部分完成了超低排放改造和评估监测公示。其中，126 家钢铁企业全过程完成超低排放改造（包括 1 家球团厂），涉及粗钢产能约 5.53 亿吨。

极致能效方面，截至 2024 年 12 月 31 日，共有 117 家优秀钢铁企业参与“双碳最佳实践能效标杆示范厂”培育，累计涉及产能 6.6 亿吨。通过开展极致能效工程，与 2023 年相比，117 家参与“双碳最佳实践能效标杆示范厂”培育的企业，2024 年高炉工序能耗平均下降 1.08%，转炉工序能耗平均下降 5.45%。

（一）钢铁行业超低排放改造进展情况

1. 超低排放改造相关政策及要求

在推进钢铁行业绿色发展、实现碳达峰碳中和目标的进程中，钢铁行业超低排放至关重要。2024 年，国家出台了多项与之相关的文件，旨在推动钢铁行业绿色低碳转型，减少污染物排放。对钢铁行业超低排放工作的开展、规范和标准制定等方面进行明确要求和指导。这些政策主要从节能降碳、标准规范等角度，推动钢铁行业朝着绿色低碳方向转型。在改造目标、产能调控、技术规范、监督管理和激励措施等方面作出规定，对钢铁行业的可持续发展意义重大。

2024 年 3 月，工业和信息化部等七部门印发了《推动工业领域设备更新实施方案》（工信部联规〔2024〕53 号），旨在钢铁行业加快对现有高炉、转炉、电炉等工序全流程开展超低排放改造，争创环保绩效 A 级。激励钢铁企业加大环保改造力度，提升环保管理水平，增强企业市场竞争力。

2024 年 5 月，国务院印发了《2024—2025 年节能降碳行动方案》，

为钢铁行业节能降碳和超低排放改造设定明确量化目标，对产能调控、项目建设标准提出要求，推动钢铁行业朝着绿色低碳方向转型，有助于实现碳达峰碳中和目标。从能源消耗、碳排放、产能调控等多方面进行规范，为钢铁企业的生产经营和改造升级提供指引，促进钢铁行业可持续发展。

2024 年 9 月，工业和信息化部发布《工业重点行业领域设备更新和技术改造指南实施方案》，提出到 2027 年，技术装备水平再上新台阶，80%以上钢铁产能完成超低排放改造，30%以上钢铁产能达到能效标杆水平，关键工序数控化率达到 80%。推动企业加大技术改造投入，提升技术装备水平，以满足超低排放和能效标杆要求。

2024 年 11 月，工业和信息化部发布《钢铁行业规范条件（2024 年修订）（征求意见稿）》，所有冶炼设备须具备完备的项目建设手续，现有主体工艺技术及装备须符合《产业结构调整指导目录》要求。2025 年底前主要生产工序能效指标达到基准水平，2026 年起须完成全流程超低排放改造并公示。提高钢铁行业准入门槛，加强规范管理，推动企业技术升级和绿色发展，引导企业向高端化、智能化、绿色化、高效化和安全化方向发展。

2024 年 12 月，生态环境部发布了《关于发布国家生态环境标准〈钢铁工业烧结废气超低排放治理工程技术规范〉的公告》（HJ 1408—2024），自 2025 年 4 月 1 日起实施。该标准旨在贯彻相关环保法律，落实钢铁行业超低排放意见，指导钢铁工业超低排放改造工作，对钢铁工业烧结废气超低排放治理工程的设计、施工、验收和运行管理等方面进行规范。为钢铁工业烧结废气超低排放治理提供技术规范和标准依据，确保钢铁企业在烧结废气处理过程中有章可循，有助于提升钢铁行业废气治理水平，减少污染物排放，改善大气环境质量。统一的技术规范能促进钢铁企业采用更科学、有效的治理技术和工艺，推动钢铁行业环保技术进步。

2. 超低排放改造和评估监测进展公示情况

钢铁超低排放从有组织源头减排、工艺过程优化控制、治理设施提标升级、无组织精准管控与交通运输结构调整等全过程发力，有力促进空气质量改善，促进污染治理水平提升、厂区环境改善，促进钢铁行业产业结构优化，促进环保科学技术进步和环保产业发展，促进钢铁工业运输物流体系绿色转型。在生态环境部大气司的指导下，钢铁企业超低排放改造公示工作稳步推进。

2024 年，钢铁企业超低排放改造步伐明显加快，全年完成公示 124 份，同比 2023 年 93 份增加 33.3%；已全过程公示的产能 1.27 亿吨，同比 2023 年 0.75 亿吨增加 69.3%；超低排放公示正逐步由大企业向全行业更多区域和更多企业延伸。为彰显超低排放公示工作的示范性、引领性和严肃性，秉承超低排放公示工作继续实行动态调整原则，出现环保违法问题的 1 家已完成超低公示的企业被撤销，1 家企业的公示评审被中止。企业在完成超低排放改造及评估公示后，还须确保治理、监测设施长期连续稳定运行，避免出现不规范或环境违法问题。

从超低排放改造公示进度来看，钢铁行业超低排放改造成绩卓著，重点区域钢铁企业超低排放改造取得明显进展。聚焦重点管控区域，京津冀及周边地区堪称绿色先锋行业表率；长三角地区展现扎实稳步持续加力；汾渭平原紧抓慢赶筑牢根基。大型骨干企业凭借深厚的技术与管理底蕴，不仅自身成为绿色典范，更为同行提供了许多可借鉴的经验与典范。

从区域层面看，大气污染防治重点区域钢铁企业超低排放改造投资运行区域性差别明显，重点区域钢铁企业超低排放改造取得明显进展，171 家已公示企业中，137 家位于重点区域省份。其中，京津冀及周边 81 家（天津 5 家、河北 51 家、河南 10 家、山东 15 家），长三角 47 家（上海 1 家、江苏 30 家、浙江 10 家、安徽 6 家），汾渭平原 9 家（山西 6 家、陕西 3 家），超低排放改造公示产能约 5.19 亿吨，占行业已公示企业约 7.20 亿吨的 72.1%。非重点区域明显加快，内蒙古、辽宁、浙江、湖北、广东、四川均有企业完成全流程改造，其中，湖北、内蒙古过半产能完成公示。

从企业层面看，除鞍钢集团、建龙集团企业多位于非重点区域外，央企、国企及大型民营企业改造相对较快，发挥了一定的示范引领作用。宝武集团已有 9 家子公司 9262 万吨产能完成改造并公示，占集团总产能 68%；鞍钢集团 2 家子公司 1050 万吨产能完成改造并公示，6 家子公司 5236 万吨产能完成部分超低排放改造并公示；新兴际华 1 家子公司 192 万吨产能完成改造，占集团总产能的 56%；首钢集团已有 3 家子公司 2530 万吨产能完成改造并公示，完成产能超过集团的 75%。民营企业中，沙钢集团已有 2 家子公司 2502 万吨产能完成改造并公示，占集团总产能 80%；德龙集团 5 家子公司 1595 万吨产能全部完成改造并公示；建龙集团 2 家子公司 875 万吨产能完成改造并公示，占集团总产能 24%。

随着环保政策的日益严格，钢铁超低排放改造是企业满足环保法规和政策要求的必然选择，它是守护生态环境的关键举措，能显著削减二氧化硫、氮氧化物与颗粒物排放，减轻空气污染，还能借节能技术与能源结构优化助力“双碳”目标达成；对企业而言，既塑造良好形象、契合政策合规要求，又能借先进工艺设备降本增效；从行业视角出发，有力推动技术革新，加速淘汰落后产能以优化产业结构；在社会经济层面，保障钢铁稳定供应、支撑经济可持续，拉动环保、节能等关联产业，形成经济新引擎，全方位推动钢铁行业与社会迈向绿色、高质量发展道路。

（二）钢铁行业极致能效工程进展情况

1. 极致能效相关政策与要求

《中华人民共和国国民经济和社会发展第十四个五年规划和 2035 年远景目标纲要》（简称《“十四五”规划》）提出：能源资源配置更加合理、利用效率大幅提高，单位国内生产总值能源消耗和二氧化碳排放分别降低 13.5%、18%。国家制定能耗强度目标就是要有计划地提高资源利用效率、倒逼产业结构调整、大力发展新质生产力。因新冠疫情影响，“十四五”前三年中国能耗强度没有达到预期目标，国家提出要在“十四五”后两年把降低能耗强度目标进度赶回来，力争完成“十四五”能耗目标，其中 2024 年单位国内生产总值能耗目标定为下降 2.5%左右。钢铁行业作为重要载能行业，其能耗约占全国总能耗的 12%，钢铁行业的节能降碳工作进展直接关系到国家总体目标能否顺利实现。

为此《2024—2025 年节能降碳行动方案》（国发〔2024〕12 号）文，《钢铁行业节能降碳专项行动（2024—2025）》（发改环资〔2024〕730 号）文等，对钢铁行业节能降碳提出明确要求，到 2025 年底，钢铁行业达标杆产能要达到 30%，基准值水平以下基本清零。吨钢综合能耗比 2023 年降低 2%以上，余热余压余能自发电率比 2023 年提高 3 个百分点以上。2024—2025 年通过实施钢铁行业节能降碳改造和用能设备更新形成节能量约 2000 万吨标准煤、减排二氧化碳约 5300 万吨；到 2030 年底，钢铁行业主要工序能效进一步提升，主要用能设备能效基本达到先进水平。

这些目标为钢铁企业设定了清晰的节能降碳任务，促使企业加大技术改造和创新投入，提升能源利用效率，降低碳排放。

《钢铁行业节能降碳专项行动计划（2024—2025）》明确提出支持“能效达到标杆水平且环保绩效达到 A 级水平的钢铁企业产能发挥，加快能效基准水平以下企业改造升级”。《钢铁行业规范条件（2024 年修订）（征求意见稿）》中，明确提出将主要生产工序能效指标 2025 年底前须达到《工业重点领域能效标杆水平和基准水平》规定的“基准水平”作为“规范企业”必须满足的基础指标，将能否达到能效标杆作为引领型规范企业申报重要得分项。

《关于深入开展重点用能单位能效诊断的通知》（发改办环资〔2024〕395 号）明确：到 2024 年底，各地区建立年综合能耗 1 万吨标准煤及以上重点用能单位节能管理档案，完成 60%以上重点用能单位节能监察，摸清重点用能单位及其主要用能设备能效水平，滚动更新节能降碳改造和用能设备更新项目储备清单；到 2025 年底，各地区建立年综合能耗 5000 吨标准煤及以上重点用能单位节能管理档案，实现重点用能单位节能监察全覆盖，持续完善节能降碳改造和用能设备更新项目储备清单。

从 2024 年密集出台的国家政策看，国家对于工业领域节能降碳工作非常重视。2022 年启动的钢铁行业极致能效工程，旨在通过政策宣贯，标准制（修）订，工序能效数据分析与治理，数据系统平台搭建，成熟技术推广应用，共性技术难题协同研发等措施，引领和推动钢铁企业能效进一步提升。

2. 行业极致能效进展

自钢铁极致能效工程启动以来，依托“双碳最佳实践能效标杆示范厂”培育，以“三清单两标准一数据系统”为主线，夯实钢铁极致能效工程基础，推动企业节能降碳。目前，参与“双碳最佳实践能效标杆示范厂”培育企业共计 117 家，涉及粗钢产能从 2.1 亿吨增加到 6.6 亿吨。

为进一步支撑企业节能技术改造，提升能效，发布了《钢铁极致能效能力清单》，并更新发布《钢铁行业极致能效技术清单 2024 版（T80）》；技术清单和能力清单的发布，对领先成熟技术快速推广应用、节能降碳技术成果快速产业化发挥显著作用。为更有力地推动钢铁企业能耗达标杆，行业开展了能效标杆示范验收工作，并配套制定和发布了《钢铁“双碳最佳实践能效标杆示范”验收办法（试行）》和《钢铁企业重点工序能效标杆评估规范》，作为指导性文件规范引导各钢铁企业有序开展能效标杆示范评估和验收。同时，基于极致能效工程和国际能效对标需要，成立了极致能效标准化工作组，系统推进能效数据治理、技术经济评价、能源绩效持续改进等领域的标准研制工作，着力构建覆盖钢铁行业极致能效工程深度实施、科学评估实施成效、国内外标准衔接转化的标准化支撑体系。

截至 2024 年底，9 家企业完成全流程能效标杆示范，3 家企业完成工序/设备能效标杆示范公示。湛江钢铁、首钢京唐、河钢石钢、宁波钢铁、宝钢股份宝山基地、鞍钢股份鲅鱼圈分公司、首钢迁钢、武钢有限、山钢日照 9 家企业为全流程能效标杆示范公示；马钢股份、梅山钢铁、太钢不锈 3 家企业为工序/设备能效标杆示范公示；新余钢铁、南京钢铁、沙钢股份完成现场验收。通过培育、创建与验收，逐步推进能效标杆示范企业全流程闭环管理。

2024 年重点统计钢铁企业炼铁工序能耗、转炉冶炼工序能耗、电炉冶炼工序能耗分别同比下降 1.08%、5.45%和 7.16%，与《钢铁行业节能降碳专项行动计划》中所提到的行业目标相比，三大工序能耗完成进度均超过目标任务进度。综合能效标杆培育企业所报送的节能量和生产规模，平均每千万吨钢铁产能过去一年内完成节能量为 10.5 万吨标准煤，全行业过去一年完成的节能量约 1050 万吨标准煤。极致能效工程在推动行业节能降碳方面取得了显著的成效。

（本章撰写人：贾建廷，曹曲泉，苏迎彬，隋洪宇，中国钢铁工业协会）

第 20 章 钢铁工业数字化转型发展情况

一、钢铁行业数字化转型基本情况

随着钢铁行业整体加速推进数智化升级，企业通过优化管理模式、创新经营机制所取得的成效正逐步释放。2024 年，钢铁企业在持续夯实数字化转型基础前提下，不断加强系统间综合集成能力和产业链集成能力，工业互联网平台、垂直领域人工智能小模型技术的开发应用逐渐成为行业新趋势，钢铁行业数智化发展水平持续提升，涌现出一批卓越级智能工厂和典型数字化场景。

（一）基础建设方面

“十四五”中期，主要钢铁企业都在大力推进数字化转型、智能化升级相关工作，项目统筹实施能力持续增强，对规划编制及组织落实越发重视，随着产线集中、智能化以及 5G+物联网技术应用的逐渐普及，相关设备设施的建设规模逐年增长；同时，企业也进一步强化了数字化与专业化人才队伍的培养和综合能力提升。

根据钢协统计（以下统计数据均来源中国钢铁工业协会，数据截至 2023 年底），95.1%的企业将数字化转型相关的发展战略纳入企业总体发展进程，分别有78%和 73%的企业设置了专职两化融合和数字化转型管理、信息安全管理组织（图 20-1）。

受行业前期已完成较高水平数智化转型项目投资，以及本年度行业整体利润率显著降低双重因素影响，2023 年度钢铁企业实施数智化改造升级项目共投入 111.6 亿元，平均 28.6 元/吨，较上年降低 25.7%（图 20-2）。

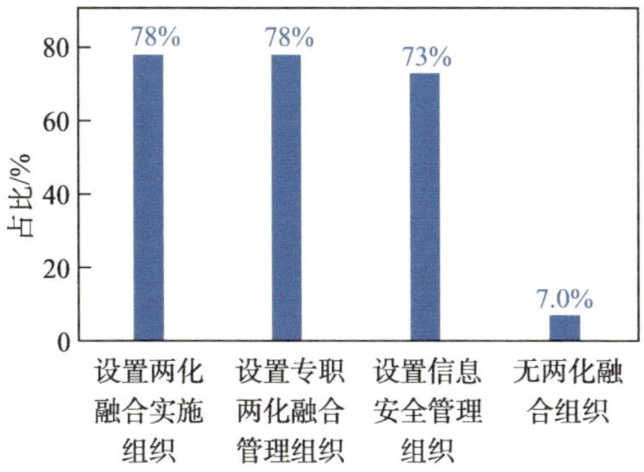

图 20-1　数字化转型相关组织设置情况

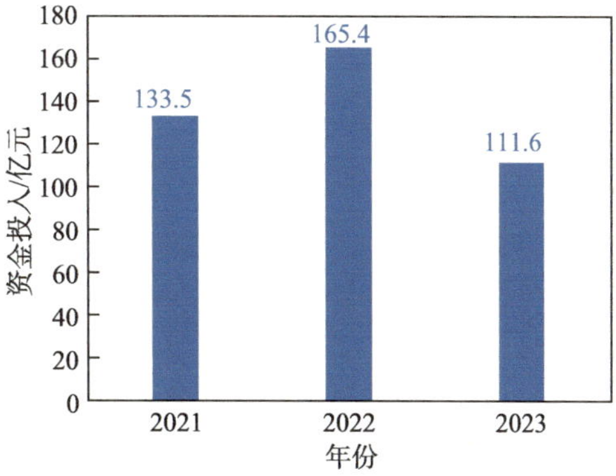

图 20-2　企业数智化建设资金投入情况

企业在网络安全、信息安全、应急预案等方面的机制和手段进一步健全。在信息安全方面，78%的企业通过了国家信息安全等级保护评测，较上年提高 18.8 个百分点；在数据治理方面，75.6%的企业建立了专门的数据治理组织和专职队伍开展工作，61%的企业实施了数据入湖和集中统一治理，48.8%的企业建立了企业级数据治理工具，较上年分别提高 12.3、12.0 和 12.1 个百分点（图 20-3）。

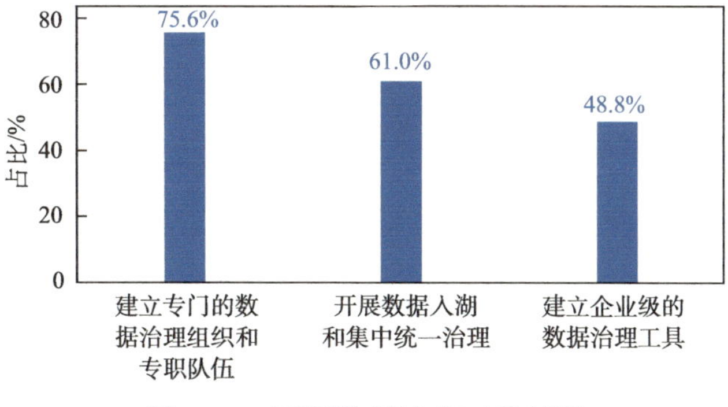

图 20-3　开展数据治理工作情况

（二）单项应用方面

随着行业企业对数字化转型重要性认知的持续加强，数据显示，覆盖生产计划、质量、物料、仓储、设备等领域的车间级制造执行管理信息系统在已全部普及，较上年提高 2.1 个百分点。其中，发货作业管理和工艺数据采集的占比分别为 97.6%和 100%，仓库管理和生产计划执行的占比均为 97.6%（图 20-4）。

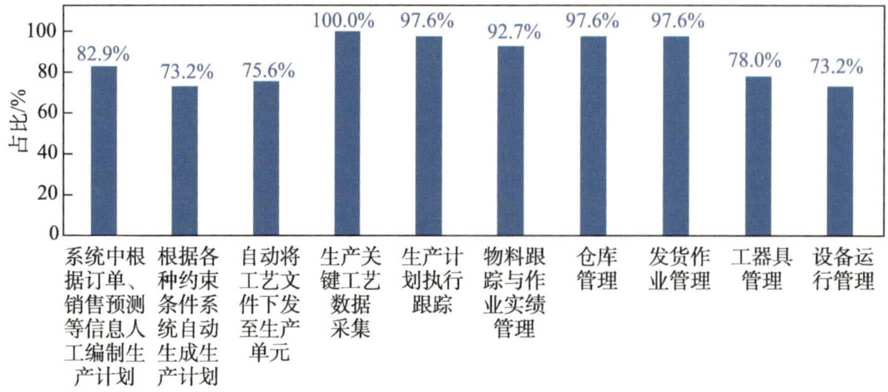

图 20-4　车间级制造执行管理线上化业务情况

工业机器人在行业内应用数量持续增长，并不断挖掘新场景，机器人（含无人化装备）应用密度平均达 65 台（套）/万人，较上年 54 台（套）/万人提升 20.4%（图 20-5）。

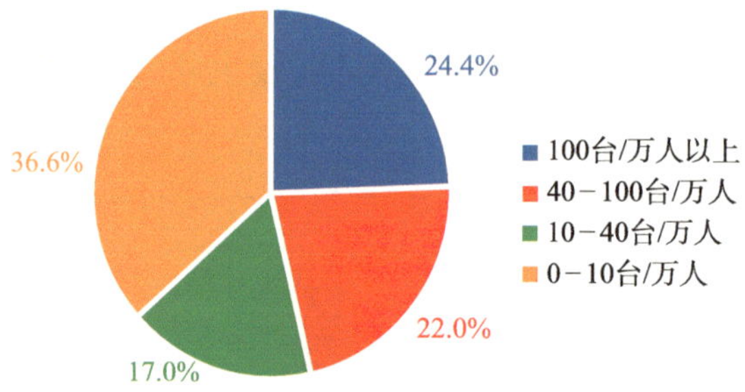

图 20-5　钢铁企业工业机器人应用密度

财务管理方面，企业基本都建设了统一的公司级财务管理系统，业务覆盖应付、应收、存货等板块，占比高达 100%；总账和固定资产板块占比均为 97.6%。78%的企业建设了财务共享中心，业务环节主要涉及报表共享、费用共享、核算共享、应收应付共享、资产共享和出纳共享等方面（图 20-6）。

生产管理方面，在能源管理、环保监测、安全管控、物流仓储、设备监控、生产过程优化等环节均有不同程度的信息技术融合与创新应用；产品研发方面，企业更多偏向于专业软件单个领域应用或软件的云端部署，未建立数据驱动的研发范式；在生产制造方面，多数企业已实现与上层系统联网，但控制模型智能化还有较大提升空间。

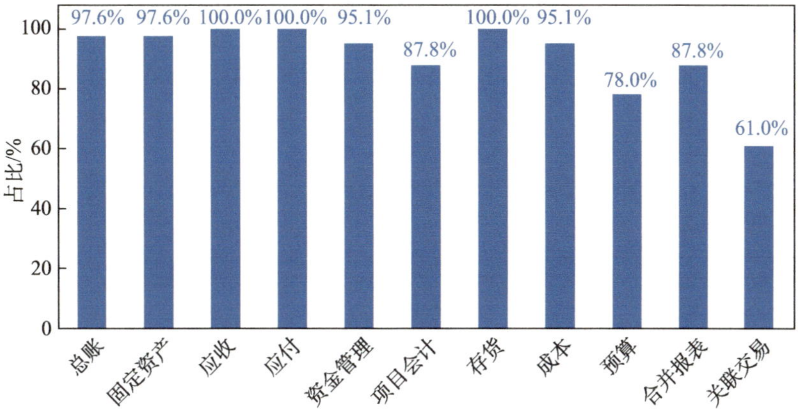

图 20-6　财务管理业务应用情况

（三）综合集成方面

通过信息系统支撑，行业内 500 万吨规模以上企业已实现管控衔接、产销一体和业财无缝。其中，82.9%的企业实现了企业资源计划系统与制造执行系统的集成，较上年提高 9.4 个百分点，可结合现场实际情况，通过“自动+人工辅助”方式生成或调整作业指令；78.7%的企业实现订单排产与优化，与上年持平；产销一体方面，93.6%的企业实现了系统动态调度支撑和自动制定发运计划，91.5%的企业已实现从合同订立、生产到发货、结案为止的全程跟踪（图 20-7）。

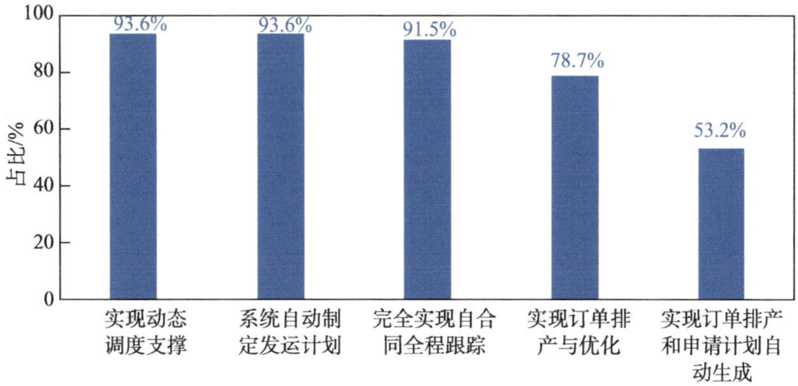

图 20-7　产销一体化业务情况

融合三维可视化仿真技术建设智能工厂和智能集控中心已成为行业发展趋势。数据显示，63.4%的企业运用三维可视化仿真系统建设数字化工厂，较上年提高 23.4 个百分点；82.9%的企业建设了一体化监控与调度中心，较上年提高 1.3 个百分点，集控业务主要分布在铁前、炼钢、轧钢生产以及公辅等工序（图 20-8）。

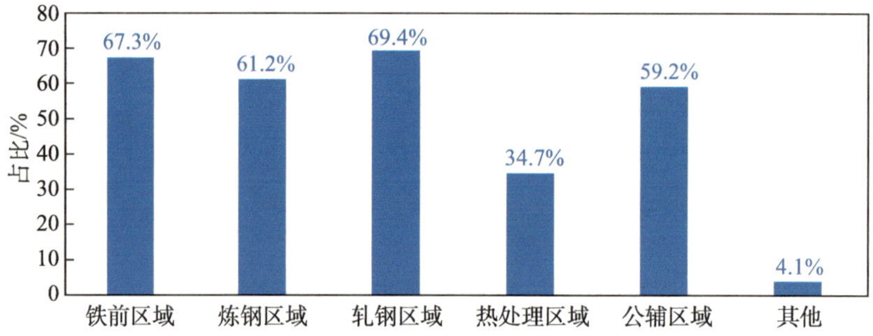

图 20-8　智能集控中心一体化管控范围情况

（四）协同创新方面

钢铁企业制造服务化持续推进，制造、服务全周期管控方面的应用程度不断上升，大数据和人工智能已成为钢铁行业走向智能制造的重要技术支撑。在产业链协同创新方面，越来越多的钢铁企业加大力度构建与上下游客商紧密衔接的生态圈，68%的企业与上游供应商在物流仓储方面实现协同，较上年提高 4.7 个百分点；56%的企业与下游客户实现订单业务协同和物流仓储协同，钢铁企业的运营模式正在积极从生产制造型向生态服务型转变（图 20-9）。

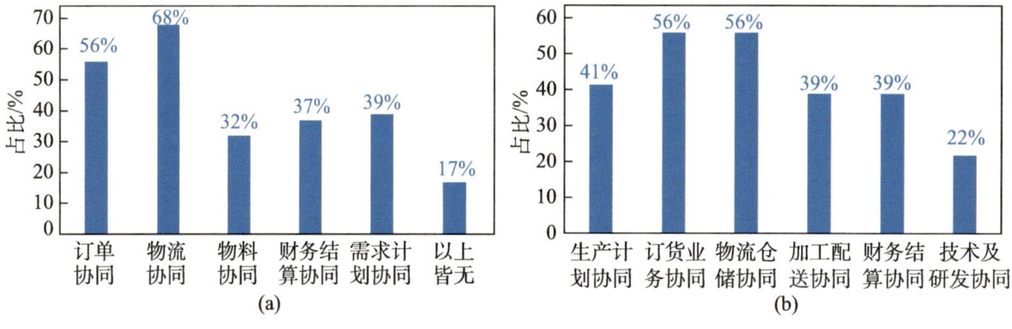

图 20-9　钢铁企业与上游供应商（a）和下游客户（b）协同情况

82.9%的企业开始探索应用大数据模型，主要场景在工艺过程优化和产品质量性能预测方面，较上年提高 3.3 个百分点。95.1%的企业开展了工业互联网平台建设与应用，与上年相比有小幅增长，以生产过程管控领域为主，占比 88%；精益化管理和智慧化运营管理领域占比分别为 59%和 54%。产业链集成方面，由于产品结构和运营模式的不同，总体水平仍需加强。

二、钢铁行业数字化转型纲领性文件出台

2023 年 8 月 21 日，工业和信息化部等七部门联合印发了《钢铁行业稳增长工作方案》，提出了 2023—2024 年钢铁行业稳增长的主要目标，其中提出开展钢铁行业数字化转型三年行动，促进钢铁企业数字化、网络化、智能化改造升级，建设一批智能制造示范工厂，打造一批制造业数字化转型标杆，形成一批可复制可推广的典型案例。2023 年 9 月 27 日，工信部科技司发布了《钢铁行业智能制造标准体系建设指南（2023 版）》，文件旨在深入贯彻“十四五”规划关于完善智能制造标准体系的工作部署，进一步加快钢铁行业智能制造标准体系建设。

2024 年 1 月 16 日，工业和信息化部等九部门联合印发了《原材料工业数字化转型工作方案（2024—2026 年）》，提出到 2026 年，钢铁行业数字化整体水平显著提升，新一代信息技术与钢铁工业深度融合，行业数字生态体系持续完善，基本实现由单点、局部向系统性、全局性的数字化发展转变。数字基础不断夯实，数字赋能显著提升，示范效应明显增强，建成一批数字领航企业，遴选 30 个以上数字化转型典型场景，遴选 15 家左右数字化转型标杆工厂。

为落实《“十四五”智能制造发展规划》《原材料工业数字化转型工作方案（2024—2026 年）》文件要求及工作部署，钢协 2024 年 4 月发布了《钢铁行业数字化转型工程三年行动方案（2024—2026 年）》及《钢铁行业数字化转型工程建设指南》，旨在明确钢铁行业数字化转型内涵及方向，为钢铁行业在设计、研发、生产、管控、运营、产业链协同以及企业文化、组织管理、生态建设等方面推进数字化转型提供指导。

三、行业各方力量积极落实国家数字化转型发展规划

“十四五”期间，5G、大数据、人工智能、云计算、工业互联网、工业机器人等新一代信息技术与钢铁生产运营业务加速融合，钢铁行业数字化转型、智能化升级的步伐逐渐加快，行业企业纷纷探索将新技术、新装

备、新理念融入生产管控、工艺革新、经营管理等关键业务领域，“人工智能+钢铁”不断实现创新，典型应用场景接连涌现，为行业高质量发展持续赋能。

（一）中国宝武

宝武以“技术—平台—生态”三位一体推进数字化转型，通过大力实施智慧制造，加大新一代信息技术、人工智能、工业互联网在企业的推广应用力度，并将“人工智能重新定义钢铁”提升为公司战略。2023 年起，宝武与 ICT（信息通信技术）顶尖企业开展合作，按照“数实融合、同题共答”原则攻关行业难题。宝山和湛江基地入选工信部首批卓越级智能工厂。宝钢股份将 2024 年定义为 AI 元年，制订了以“AI+”为标志的新一轮数智化转型战略，推动钢铁业数字化转型和智能化升级，促进实体经济做强做优做大，建成了 100 余个“AI+钢铁”应用场景，计划建设 1000 个 AI 应用。马钢股份构建了“1 个管控中心+10 个智控中心”的“一厂一中心”智慧模式，流程化高效化智控炼铁、冷轧智控等“智造”项目各具特色，成为区域数智赋能转型升级示范标杆。马钢 H 型钢智能制造示范工厂入选国家级智能制造示范工厂，马钢股份入选工信部“智能制造揭榜单位”。马钢重型 H 型钢分厂通过运用云计算、大数据、AI 智能识别和机器人等核心智能技术，打通了热轧型钢产线数字化、网络化及智能化的关键环节，关键工序全面实现数控化，设备联网率也达 100%。太钢集团依托宝武的 i-CE 智慧经营系统、ePlat 平台架构和低代码平台，以业务系统数据为源头，构建经营决策支持系统，应用架构设计为综合决策、经营分析和制造分析三个层次，实现跨系统数据共享和数据资源整合；太钢基于 MES 系统开发的全工序智能导航系统，实现炼钢过程实时监控与优化，系统整合钢种、炉号等 9 类数据，提供风险预警、动态工艺优化及知识图谱应用，提升操作工效 30% 以上，大幅降低质量波动和工艺违规次数。

（二）鞍钢集团

鞍钢通过“人工智能+数据要素”的创新组合，持续推进全流程、全场景、全链条数字化转型，重构业务流程与组织形态，努力实现由“鞍钢制造”向“鞍钢智造”的跨越式转变，为发展新质生产力、推进新型工业化注入强劲动力。鞍山钢铁提出“1+1+4+N”规划，计划至 2026 年实现“千模百业”场景布局，让 1000 个模型应用于 100 个业务场景，推动 AI 与产业技术、企业管理深度融合，以适应科技变革和产业发展新要求。2024 年鞍钢集团组建鞍钢数科公司，正式发布鞍钢羽嘉工业互联网平台 V3.0 和 10 个核心产品。鞍山钢铁在集团内率先将 AI 工具应用于精益改进。在炼铁环节，打造了智慧炼铁大数据平台可实时监控高炉运行参数，替代传统依赖人工经验的判断模式，使生产效率提升 5%以上。在质检计量领域，虚拟数字员工“智纪星”能自动生成设备运行报告、处理数据分析任务，覆盖 27 个业务场景，大幅降低人力成本并提升决策精准度。融合 5G 云化 PLC 系统，实现相距 150 公里的鞍山与鲅鱼圈厂区间跨地域远程控制和实时协同作业。2024 年鞍山钢铁“钢铁流程大数据体系建设”成功入围首批数字中国建设典型案例。

攀钢集团聚焦“智慧管理、智慧供应链、智能生产及数据治理”，加快推进产业数字化、数字产业化、数据价值化取得明显成效，“智能协同作业”纳入国家 2023 年度智能制造优秀场景培育名单，建成轨梁数字工厂、钒氮合金智能生产线等数字化产线 20 余条，打造“5G+智慧矿山”等省级及以上试点示范项目和典型案例 10 余个，成为四川省智能制造领域标杆示范。2024 年攀钢累计完成 35 条智能化产线改造并投用，消除产线自动化断点 43 个，产线自控化率、3D 岗位机器换人率及操作室集中化率分别达到 76%、54%、46%，涵盖了钢铁、矿山、钒钛等主体产业，初步构建起具有攀钢特色的云、边、端一体化的企业工业互联网技术平台。2024 年攀钢集团西昌钢钒入选工信部第一批卓越级智能工厂。

2024 年，本钢集团加快“数字本钢”建设，聚焦“产业数字化、数字产业化、数据价值化”，持续深化数据赋能经营、制造、决策管理向赋能产线延伸，以问题、目标、结果为导向，借助 AI 大数据模型信息检索功能实现“足不出户”的行业对标，形成产线评估报告、资材需求计划、维修建议和风险预案等分析结果，支撑企业提高效率、效益以及风险管控能力。本钢板材冷轧总厂智能集控中心实现了对三冷轧区域 4 条主产线 10 个操控台及调度室进行集成控制。五号热镀锌机组装备工业机器人 5 类 7 套，3D 岗位替换率实现 100%；AI 视觉控制可实现“零差错”上卷；AI 退火炉巡检机器人可代替人工对炉区设备温度和环境有害气体进行监测；AI 平整模型可实现工艺数据的精准控制，减少每卷伸长率不符长度的问题。

（三）首钢集团

首钢集团提出坚持数字化转型，着力锻造“数智”赋能长板。“十四五”以来，首钢集团先后建成首钢智新、京唐 MCCR 等智能工厂，成为工信部智能制造试点示范项目。2024 年，首钢股份及其旗下首钢京唐、首钢冷轧、首钢智新均跻身国家级高新技术企业行列，成为钢铁行业转型升级的标杆。首钢股份设立数智化转型中心，建成跨地域、多基地、一贯制的产销一体化协同管理平台，生产设备数字化率超过 91%，“一键式控制”工序达到 51 个，应用 240 台套工业机器人，建设无人化智能库区 15 个，应用 RPA（机器人流程自动化）技术建立数字劳动力平台，搭建流程机器人 26 个用例，大幅提高了生产效率和产品质量稳定性。首钢京唐入选了工信部首批卓越级智能工厂。通过“一核四级多元”建设路径，全面提升智能制造新技术应用及数据挖掘能力，打造一批钢铁+AI 的数据应用场景，通过 5G 核心网元下沉厂区，先后建成基站 45 个，实现厂区 5G 网络全覆盖；在巡检、搬运、取样等环节推广应用 100 余套智能机器人，完成 110 余台天车无人化改造。在钢包热修环节，通过 5 台智能机器人和 1 台悬臂协同作业，实现 26 分钟内自动完成钢包热修底吹试气与煤氧枪吹扫、钢包内衬检查、滑板安装、引流砂加入等作业，作业精度达到 ±5mm。2024 年，首钢冷轧入选工信部首批卓越级智能工厂，并获评世界经济论坛“灯塔工厂”。通过开发智能排程、知识图谱等 67 项数字化用例，实现客户满意度不断提升，生产制造周期缩短 18%。

（四）河钢集团

河钢集团围绕高端化、智能化、绿色化发展目标，持续推动人工智能与钢铁制造深度融合，新成果不断涌现。2023 年、2024 年，河钢研发投入连续两年超过 100 亿元。河钢集团将供应链打造成价值链和创效链，通过人工智能、区块链应用、大数据等技术的互联互通，实现了钢铁行业从制造到服务的转型升级。通过数字技术实现了产业链各环节的互联互通，优化了资源利用，使整体运营效率得到提升。河钢数字 WeShyper（威赛博）工业互联网平台，集多种功能于一体，提供设备上云、数据标准、快速开发等服务，聚焦 9 个细分领域和 8 个重点行业，2024 年再次入选国家级“双跨”工业互联网平台。

2024 年，河钢唐钢、石钢和沙河中关铁矿同时入选工信部首批卓越级智能工厂。河钢唐钢的“新一代冶金流程钢铁智能工厂”，利用冶金流程工程学先进设计理念与方法，结合数字孪生、物联网、云计算、大数据和人工智能等新兴技术，构建了动态、智能、协同的管控体系。河钢石钢的“绿色短流程特钢智能工厂”，通过打造 60 个智能制造典型场景，关键工序实现了高达 98.3%的数控化率，数字化设备比率达 98.5%，实现产线全流程、业务全覆盖、系统全层级、层级全贯通、过程全智能的智能化体系。河钢矿业中关铁矿的“采选全流程一体化智慧矿山”，通过引入 5G 信息通信技术与生产流程深度融合，实现采矿、运输、破碎、磨矿、充填等全流程智能化控制和安全防护、环保管控、设备巡检等关键业务的智慧化管理。

（五）中信泰富特钢集团

中信泰富特钢以“四个中心”（制造中心、经营中心、数据决策中心、服务中心）为支点，将“数智引领”提升至集团战略高度。构建“铁、钢、轧、能、环、研”六位一体的数字化体系，让数据在产业链充当“毛细血管”，推动传统生产向“决策智能化、管控精准化、服务个性化”嬗变。通过数字化转型，中信泰富特钢不仅推动了生产效能的全方位提升，还成功构建了数据资产并挖掘其潜在价值。兴澄特钢入选全球特钢行业首家“灯塔工厂”。“特钢云”平台上，2000 余家上下游企业竞相接入，形成深度联动的产业智能生态。炉温预测模型实时洞悉温度、压力、成分、风量等数据，成功实现高炉“黑箱透明化”，年减排二氧化碳 10 万吨；炼钢环节，成分、过程实时管控，产品合格率提高了 23.3%；轧钢环节，通过建立 AI 模型，实现加热炉智能燃烧，构建智能轧制模型、强冷模型，钢坯驻炉时间下降 9%，钢板轧制机时产量提升 15%，交货周期缩短 50%；AI 视觉检测系统能在 0.1 秒内识别钢材表面 0.02 毫米的裂纹。大冶特钢 460 钢管数字化工厂，巨型轧机通过高速数据“神经网络”向云端传输实时工况数据，为每块钢坯赋予独特的数字身份标识。青岛特钢“高速优特钢线材智能工厂”实现全产线高度智能化、信息化、少人化，2024 年入选工信部首批卓越级智能工厂名单。

（六）湖南钢铁集团

湖南钢铁集团将 5G、大数据、工业互联网、人工智能等新一代信息技术应用到企业的生产制造工序链环节和质量管控环节，已形成覆盖全流程的智能化体系。2024 年，湘钢入选工信部首批卓越级智能工厂名单。依托湖南钢铁集团、湖南移动、华为联合打造的钢铁行业盘古大模型，湘钢实现对全流程生产的物质流、能量流和信息流进行分析、预测和预警，为生产组织和协同提供高效支撑；实现全厂关键设备在线监测、提前预警、智能诊断，提高生产作业率 20%；实现产品质量在线判定、一键追溯和一键分析，分析效率提升 60%；实现产、供、销、研、财一体化管理和精益、精细、精准成本管理，为湖南钢铁降本提质增效提供有力支撑。涟钢上线 130 个智能化应用项目，其“5G+工业互联网”工厂入选工信部名录，质量损失率降低 34.8%。

（七）建龙钢铁集团

建龙集团以“智改数转”为核心，通过 5G、AI、工业互联网等新一代信息技术重构生产流程与产业生态，形成覆盖全价值链的数字化战略体系。建龙西钢的 5G 智能化场景应用已全面覆盖炼铁、炼钢、轧钢、焦化等核心生产线。高炉 5G 天车无人驾驶、轧钢旋流井 5G 无人行车、双高棒 5G 智能成品库以及基于 5G 的焦炉五大机车无人驾驶等创新应用相继落地，解决了 3D 岗位痛点问题，提升了作业安全性。2024 年，建龙西钢入选工信部首批卓越级智能工厂名单。承德建龙通过数字孪生实现对生产过程的实时监控和控制，包括坯料运动位置、成品状态和位置，以及设备的相关重要参数。2024 年，承德建龙入选工信部首批卓越级智能工厂名单。黑龙江建龙“智能工厂”包括炼铁、炼钢、轧钢和能源四个车间，搭建体系健全的工业互联网平台，上线自动化控制系统 200 余套；建成 5G 网络通信系统、基于 IOT 的数据采集平台以及 XT-CLOUD 大数据云管理平台，实现大数据云化管理，为企业决策管理提供强有力支撑。山西建龙 5G 工厂入选工业和信息化部《2024 年 5G 工厂名录》。

四、积极构建交流平台，加速推动行业数字技术应用

2024 年，钢协积极贯彻落实《原材料工业数字化转型工作方案（2024—2026 年）》《钢铁行业数字化转型工程三年行动方案（2024—2026 年）》等文件要求及工作部署，始终坚持以“搭平台、抓基础、树标杆”基本原则，立足行业现状，依托钢铁行业智能制造联盟，统筹整合优质资源，引导行业企业深化新技术、新装备、新理念的应用实践，开展了系列工作。

（一）纲领性文件发布

2024 年钢铁行业智能制造联盟年会上正式发布了《钢铁行业数字化转型工程三年行动方案（2024—2026 年）》《钢铁行业数字化转型工程建设指南》《2023 钢铁行业数字化转型评估报告》，启动了钢铁行业数字化转型工程三年行动，提出到 2026 年底，实现“四三二一”总体目标，即 40 个行业优秀数字化转型典型场景、30 个可借鉴可复制的数字化标杆车间、20 个数字化标杆示范工厂以及 5-10 家数字化生态引领企业。数字化转型工程三年行动，将行业优势力量整合到统一平台，共商共建共赢，提高钢铁企业经济质量效益和核心竞争力。

（二）智能制造共性技术遴选、交流

钢协组织开展了“第四届智能制造创新大赛——原材料（钢铁）行业赛道”系列比赛，围绕“工厂设计与研发设计、生产制造、运营管理、跨场景协同、精益管理”5 个赛题方向，面向全行业征集智能制造相关作品 127 件，文审阶段遴选出 123 件作品进入复赛，经复赛路演、答辩、评审，最终 20 件作品晋级决赛。决赛评选出一等奖 1 名，二等奖 3 名，三等奖 7 名，优秀奖 9 名，最具投资价值奖 5 名，并遴选出 60 项具有较大推广价值、产生了良好社会经济效益的优秀解决方案，入选《2024 年钢铁行业智能制造解决方案推荐目录》。截至目前，推荐目录共收录成果达 285 项。

此外，针对行业共同关注的热点、焦点、难点，举办了专题交流会。2024 年 7 月，以“AI 新势力赋能钢铁数字变革”为主题的第三届钢铁行业数字化解决方案交流大会在兰州召开。会议开设了“人工智能、工业机器人”“智能检测、运维”两大专题，参会嘉宾通过大模型、界面协同、数字仿真、数字赋能等热点，集中展示了 AI 技术在行业内的创新实践；12 月，“2024 年钢铁行业工业信息安全大会”在重庆召开，大会以“强基固本 护航数据安全”为主题，聚焦数据安全，重点应对新型工业化加快推进的背景下，日趋严重的行业数据泄露、篡改、破坏等风险，交流分享优秀解决方案和应用案例，提升行业整体数据安全能力水平。

（三）钢铁行业数字化转型评估及标准化建设

为摸清行业数字化转型发展现状，2024 年钢铁行业数字化转型评估工作在 5 月全面启动。结合行业数字化转型现状和最新趋势，以及新技术、

新装备、新理念的应用对行业生产、管理、运营产生的变革，将评价指标做了进一步调整细化，评估方法更加全面、科学、客观。通过问卷填写，进行数据收集、汇总、分析，全面摸底评估行业数字化转型整体水平，发掘共性问题，形成《2024 年钢铁行业数字化转型评估报告》，为行业企业对标找差，针对问题制定精准策略，全面提升智能化水平提供详实参照。

此外，受工信部原材料司委托，钢协结合评估工作基础，牵头组织龙头企业、数字化解决方案供应商等编制《钢铁行业数字化转型成熟度评估》行业标准。经过多轮探讨论证，量化指标不断完善，评价体系不断优化，实施行动项不断细化，截至 2024 年底，形成完备的草案，并于 2025 年 4 月报送工信部。该标准将是钢铁行业数字化转型三年行动的关键核心，也是未来三年遴选行业“数字化转型典型场景、数字化车间、数字化工厂”的重要衡量标准。

受国标委、工信部委托，钢协分别负责钢铁行业国家标准和行业标准的归口管理工作、钢铁领域国际标准提案管理等。2024 年，钢协完成智能制造领域的标准编制并发布的团体标准合计 32 项，组织评审 46 项标准计划，发布团体 25 项标准计划。截至 2025 年 5 月底，钢铁行业智能制造领域共发布标准计划 201 项，其中团标 184 项，行标 17 项。

五、34 项钢铁企业数字化智能化成果荣获冶金科学技术奖

2024 年，34 项数字化、智能化成果荣获中国钢铁工业协会、中国金属学会冶金科学技术奖，其中，冶金科学技术奖特等 2 项，一等 5 项，二等 8 项，三等 19 项，详见表 20-1。

表 20-1 2024 年冶金科学技术奖钢铁行业数字化智能化获奖项目名单

编号	项目名称	主要完成人	主要完成单位	等级
2024001	信息物理系统融合的钢铁制造流程智能化研发及应用	孙彦广、王新东、殷瑞钰、张弛、曾加庆、李毅仁、徐安军、谢海深、顾佳晨、李毅挺、冯光宏、崔海龙、林路、李宝忠、李晓刚、盛刚、张洪海、梁青艳、刘曙光、卢春苗、马新光、郝晓东、王映红、郦秀萍、李长海、杨勇、冯凯	河钢集团有限公司、中国钢研科技集团有限公司、冶金自动化研究设计院有限公司、唐山钢铁集团有限责任公司、钢铁研究总院有限公司、河钢数字技术股份有限公司、北京科技大学	特等

续表 20-1

编号	项目名称	主要完成人	主要完成单位	等级
2024273	南钢全要素数字化生产运营与智能制造核心关键技术创新	黄一新、祝瑞荣、王芳、陈雨来、矫志杰、李福存、罗军舟、徐灿、王庆、许如强、陶立春、荆丰伟、田勇、姚永宽、徐晓春、谯明亮、汝金同、唐运章、张波、孙友昭、王丙兴、王苏扬、东方、徐发喜、冯巍、阮文杰、马超	南京钢铁股份有限公司、北京科技大学、东北大学、江苏金恒信息科技股份有限公司、东南大学、中冶赛迪信息技术(重庆)有限公司、江南造船（集团）有限责任公司、上海外高桥造船有限公司、南京鑫智链科技信息有限公司	特等
2024052	铁前“成本-质量-能耗”多目标协同智能配矿系统研发与应用	刘征建、王耀祖、刘杰、马怀营、刘建勋、邬虎林、马贤国、白晓光、罗尧升、李炳岳、焦克新、陈付振、安钢、唐永红、何晓义	北京科技大学、鞍钢股份有限公司、首钢集团有限公司、首钢京唐钢铁联合有限责任公司、吕梁建龙实业有限公司、内蒙古包钢钢联股份有限公司	一等
2024221	冶金工程数字化设计交付及数字孪生工厂关键技术研发与应用	袁磊、陈声鹤、乔建基、王静、吴凤品、李玲、沈立明、施春月、唐吉梅、陈臣、朱丽业、徐国栋、陆鹏程、郭亚雯、赵恕昆	宝钢工程技术集团有限公司、宝山钢铁股份有限公司、欧冶工业品股份有限公司、宝武共享服务有限公司、中钢设备有限公司	一等
2024049	热连轧机高精度非对称控制技术研发和应用	徐冬、张勇军、何士国、马博、何海楠、王晓晨、闻成才、郭德福、艾矫健、刘华强、王忠朋、王伦、彭军明、陈百红、刘立辉	北京科技大学、一重集团大连工程技术有限公司、鞍钢股份有限公司、马钢（集团）控股有限公司、首钢京唐钢铁联合有限责任公司、北京首钢股份有限公司、湖南华菱涟源钢铁有限公司、新余钢铁股份有限公司、鞍钢集团自动化有限公司、德龙钢铁有限公司	一等
2024086	大型板坯连铸机智能高效快速大修关键技术	郑永恒、李俊峰、孙兴利、成继红、李贵平、黄铁、马永春、李强、徐长会、林红芳、张书会、余淑昌、张恒、林泽武、岳齐贤	上海二十冶建设有限公司、中国二十冶集团有限公司	一等
2024154	高效低碳高风温热风炉关键技术研究与创新	张福明、李富朝、银光宇、陈建、贾国利、李贯朋、孙健、徐东升、陈冠军、尹坤宝、章道运、章启夫、刘永叶、赵凯星、王潘峰	首钢集团有限公司、郑州安耐克实业有限公司、北京首钢国际工程技术有限公司、首钢京唐钢铁联合有限责任公司、北京首钢股份有限公司、中天钢铁集团（南通）有限公司、上海梅山钢铁股份有限公司、河钢塞尔维亚钢铁公司	一等

续表 20-1

编号	项目名称	主要完成人	主要完成单位	等级
2024040	贫铁矿选矿全流程智能优化控制与智慧决策技术研究及工业应用	黄贵臣、盖俊鹏、傅国辉、王锦、李歆、刘春辉、程福超、柴青平、胡健、罗赛	鞍钢集团关宝山矿业有限公司、鞍钢集团矿业有限公司、中国科学院沈阳自动化研究所、东北大学	二等
2024019	基于大数据智能化的高效低碳炼铁技术研究与应用	李兰杰、张彩东、韩健、王小艾、姜鑫、纪恒、王振阳、靳亚涛、沈峰满、张洪海	河北河钢材料技术研究院有限公司、河钢集团有限公司、东北大学、北京科技大学、华北理工大学、邯郸钢铁集团有限责任公司、承德钢铁集团有限公司	二等
2024246	高品质优特钢小方坯高效连铸关键技术开发与应用	王郢、赵新宇、李智、王向红、尹延斌、谢长川、杨成威、闫威、王立涛、王礼银	中天钢铁集团有限公司、中冶南方连铸技术工程有限责任公司、北京科技大学	二等
2024192	智慧质量管理系统核心技术研究与应用	朱敏、程红云、蒋凤兵、甘青松、朱岩、王海涛、刘英林、夏彬彬、朱春生、张钦钊	宝山钢铁股份有限公司、上海宝信软件股份有限公司、宝钢湛江钢铁有限公司、武汉钢铁有限公司、上海梅山钢铁股份有限公司	二等
2024105	多信息融合的高温连铸坯表面在线检测装备与质量优化关键技术	徐科、张学民、张晓东、黄磊、高山、何飞、周平、邓能辉、杨朝霖、赵立峰	山东钢铁股份有限公司、北京科技大学、山西太钢不锈钢股份有限公司、广西北港新材料有限公司、北京科技大学设计研究院有限公司	二等
2024177	中厚板高精度智能制造关键技术研发及应用	孙宪进、刘玠、白云、赵乾、冀秀梅、刘吉刚、赵茅、孟羽、王龙、张军	江阴兴澄特种钢铁有限公司、上海大学、美林数据技术股份有限公司	二等
2024066	焦电联产智能系统研发与应用	张玉才、杜艳明、李杨、万海林、陈卫东、白杨、肖波、王树军、刘天明、何丽	吉林建龙钢铁有限责任公司、北京建龙重工集团有限公司、吉林建龙信息科技有限公司、华泰永创(北京)科技股份有限公司、北京智工场物联科技有限公司、安徽容知日新科技股份有限公司、湖南千盟工业智能系统股份有限公司	二等
2024189	炼铁-炼钢界面数智驱动极致能效技术开发及应用	张永杰、陈立军、李庆勇、吕爽、孙国伟、陈国军、洪建国、袁义义、黄军、李子阳	宝山钢铁股份有限公司、中冶赛迪重庆环境咨询有限公司、内蒙古科技大学、上海宝信软件股份有限公司、山东钢铁集团永锋临港有限公司、江苏永钢集团有限公司、东北大学	二等
2024017	大型露天铁矿粉尘生态抑尘关键技术与实践	李胜、谭卓英、李华、谭乃根、赵振兴	河北钢铁集团矿业有限公司、北京科技大学、河北钢铁集团滦县司家营铁矿有限公司	三等

续表 20-1

编号	项目名称	主要完成人	主要完成单位	等级
2024035	5G 远程穿孔采掘运输技术在露天矿的智能化应用研究	高文远、黎一冰、向平、卿启林、王江	攀钢集团矿业有限公司、华为技术有限公司、中国移动通信集团四川有限公司、成都星云智联科技有限公司	三等
2024163	厚大矿体高中段大规模安全高效开采技术及应用	刘召胜、孙永茂、石露、王少泉、东龙宾	中冶北方（大连）工程技术有限公司、中国科学院武汉岩土力学研究所、安徽马钢张庄矿业有限责任公司、东北大学	三等
2024068	基于 5G、机器视觉、深度学习多技术融合的焦炉五大机车智能化技术研发与应用	王保红、赵克斌、徐维利、郭锋、龚达	北京同创信通科技有限公司、建龙西林钢铁有限公司、北京建龙重工集团有限公司	三等
2024030	高效炼焦全流程关键技术、装备开发与应用	甘秀石、谭啸、武吉、侯士彬、王超	鞍钢股份有限公司、中冶焦耐（大连）工程技术有限公司、中冶焦耐自动化有限公司	三等
2024028	鞍钢智慧高炉大数据可视化平台建设与示范应用	赵东明、王振阳、姜喆、郭天永、李建军	鞍钢股份有限公司、北京科技大学	三等
2024243	大型焦炉智能正压烘炉技术及装备的开发与应用	王晓东、刘建昌、李勇、陶维峰、李申明	中冶焦耐（大连）工程技有限公司、东北大学、鞍钢股份有限公司、首钢京唐钢铁联合有限责任公司、中冶焦耐自动化有限公司	三等
2024198	热镀锌汽车板生产线智能装备关键技术研发	王鲁、何建锋、李庆胜、李茫茫、方百友	宝钢日铁汽车板有限公司、宝山钢铁股份有限公司、福州大学、燕山大学	三等
2024060	基于低碳绿色热机轧制的数智化高速棒材工艺技术研发与集成应用	赵克斌、徐维利、唐正友、郭广、李怀柱	建龙西林钢铁有限公司、中钢设备有限公司、东北大学、上海宝信软件股份有限公司、赛能杰高新技术股份有限公司	三等
2024152	板带生产智能化协同控制技术研发与应用	郭立伟、张余海、胡志远、曹静、王佃龙	北京首钢自动化信息技术有限公司、首钢智新迁安电磁材料有限公司	三等
2024264	球墨铸铁管柔性化生产工艺装备系统解决方案及其应用	习杰、唐永祥、王嵩、王亚飞、王挺	新兴河北工程技术有限公司、中国科学院沈阳自动化研究所	三等
2024063	钢铁烧结烟气环保岛智慧运维及边缘智控节能降碳技术的开发应用	凌仲秋、刘建勋、刘志勇、姚鑫华、宋正华	吕梁建龙实业有限公司、北京建龙重工集团有限公司、江苏昆仑互联科技有限公司	三等

续表 20-1

编号	项目名称	主要完成人	主要完成单位	等级
2024241	转炉副枪与炼钢模型系统耦合成套关键技术及装备的开发与应用	张茂林、王磊、刘承广、王东、宁振宇	中冶京诚工程技术有限公司	三等
2024171	工业生产环境下连铸坯线结构光三维视觉测量关键技术与应用	徐锟、李卫东、吴守仓、蔡志强、曹春光	中冶宝钢技术服务有限公司	三等
2024151	面向钢铁流程制造的智慧质量管理关键技术创新与应用	佘国平、任立辉、宋成忠、徐涛、许剑	首钢集团有限公司、北京首钢自动化信息技术有限公司、首钢水城钢铁（集团）有限责任公司、首钢贵阳特殊钢有限责任公司、北京首钢股份有限公司	三等
2024058	热风炉外均压智控技术研发与应用	王亮、王长春、王博、万铭、黄林凯	四川川锅环保工程有限公司、北京建龙重工集团有限公司、建龙阿城钢铁有限公司、北京卡卢金热风炉技术有限公司、北京科技大学	三等
2024240	钢铁企业多维度环保管控系统开发与应用	姜德旺、朱宴恒、敖爱国、张亚夫、田淑杭	中冶京诚工程技术有限公司、中冶京诚数字科技(北京)有限公司、北京京诚嘉宇环境科技有限公司、武汉钢铁有限公司	三等
2024195	能源系统运行优化及智慧管控关键技术开发与应用	桂其林、韩仁德、周帆、邓万里、杨绍宗	宝钢湛江钢铁有限公司、宝山钢铁股份有限公司、上海宝能信息科技有限公司、大连理工大学人工智能大连研究院	三等
2024187	大型沿海钢厂给水系统全流程提质与降碳关键技术研发与应用	丁宗琪、李璐、童敏、刘佳、王慧军	宝山钢铁股份有限公司、宝武水务科技有限公司、同济大学	三等

六、59 项钢铁企业数字化智能化成果荣获行业管理现代化创新成果奖

2024 年，59 项数字化、智能化成果荣获中国钢铁工业协会冶金企业管理现代化创新成果奖，其中一等成果 8 项，二等成果 18 项，三等成果 33 项，详见表 20-2。

表 20-2　2024 年冶金企业管理现代化创新成果奖数字化智能化获奖项目名单

编号	项目名称	完成单位	创造人	等级
2024194	特钢企业打造“三高两低”智慧工厂的探索与实践	江阴兴澄特种钢铁有限公司	白云、王永建、戚建国、白先送、孙鸣华、郑钶、李洪凯、李锰涛、韩玉华、刘晓萍、王孝敏、葛军、刘吉刚、景宏伟、吴小林	一等
2024055	面向电工钢产业链重点业务质量管理数字化创新	首钢智新电磁材料（迁安）股份有限公司	张叶成、胡志远、赵运攀、李二军、牛枫、刘中华、张保磊、王成、贺岩、杜娜、玄立颖、郝鹏飞、车路畅、郭子健、王文亮	一等
2024271	以能效提升为目标的智能电网管理	南京钢铁股份有限公司	黄一新、姚永宽、朱平、王芳、张宏、蒋旭、樊星星、周旭、王刚、高满香、张伟锋、张士刚、秦燕、吴永超、郜亚杰	一等
2024012	以数制融合为主线的钢铁企业“1+4+N”制造管理体系的探索与实践	鞍钢集团朝阳钢铁有限公司	于斌、苗龙、李红雨、王伟、田中明、刘继朝、葛文明、刘欣、宁生龙、郑强、徐挺、王淑艳、修立伟、齐曼、刘子坤	一等
2024033	以铁水成本为中心的铁前系统配煤配矿智能化管理	包头钢铁（集团）有限责任公司	樊永在、江鑫、李亚兵、郑占斌、付利俊、何晓义、白文广、张利、陈影、薛云龙、段祥光	一等
2024267	基于大数据分析的智慧交通管理体系建设	南京钢铁股份有限公司	黄一新、祝瑞荣、王芳、陈兴华、朱成、郑有志、汝金同、张元才、马子义、谷庆、张紫南、杨华、朱荣盛、樊德钢、辛海兰	一等
2024032	依托数字化实现设备管理智能化的探究与实践	包头钢铁（集团）有限责任公司、东北大学	张红艳、刘耀光、蒋忠中、陈小波、何娜、任素军、弓斌、张国兴、臧元基、鲁泽禹、刘岳、康娟、王佩、张熔戈、翟燕	一等
2024079	基于“一公司多基地”钢铁企业合同集中管控模式的数智化转型与实践	宝山钢铁股份有限公司	刘芳、张亚玲、孙伟、刘琪、王宁、陆凤海、杨柳青、高漪莲、庄逸逊、陈静、贺磊、钱奕毅、方君、卢胜辉、仲秋梦	一等
2024093	钢铁企业原料全流程系统化管控的创新与实践	广东中南钢铁股份有限公司	刘克辉、赖晓敏、李国权、冯立冬、邓增广、史海杰、闫永航、冯涛、陈宇曦、丘文生	二等
2024090	基于炉窑建筑智能运维转型发展实现用户一体化模式的创新与实践	宝武装备智能科技有限公司	庄继勇、韩广凤、励军、张君、王波、陈飞、阮国智、唐建春、谢苑华、支晓明	二等
2024328	客户为中心的六位一体供应链数字化转型升级	江苏沙钢高科信息技术有限公司	沈彬、陈少慧、钱王平、黄嘉辰、耿庆峰、卢立华、贾陈、宋平、周浩、顾鹏	二等

续表 20-2

编号	项目名称	完成单位	创造人	等级
2024316	基于最小核算单元指标体系（关键绩效-关键动作）数字化班组的搭建及应用	抚顺新钢铁有限责任公司	王林、王吉勇、吴文彬、魏宏、王翠、崔永海、周德刚、黄鹏、王熙然、史博文	二等
2024259	“数实融合”赋能钢铁企业高效运营	中天钢铁集团（南通）有限公司	董力源、张俊杰、龚逸山、李昕昱、张珉璐、宋爽、张敞龙、郭恩、符立峰、蔡福军	二等
2024336	钢焦一体全域精益智慧管控创新与实践	方同舟控股有限公司	牛树林、李雪坡、张志杰、魏朋华、王毅、王永锋、梁亚星、邓子波、赵雷、牛宝平	二等
2024083	基于协同创造价值的智能型体系化废钢管理新模式构建	宝山钢铁股份有限公司	李庆勇、吴伟民、牛长胜、金奕、狄永忠、王立昆、呙钰杰、邱锦标、沈健、施景浩	二等
2024119	基于打造“极低成本”智能化钢厂的内部资源循环利用机制创新与管理实践	山东钢铁股份有限公司	高山、杨普庆、陈显著、任科社、宁伟、郭达、何进、刘俊宝、李宏辉、吴子明	二等
2024324	工业大数据驱动的宽厚板精细化生产管控	江苏沙钢钢铁有限公司	陈少慧、杜平、曲锦波、郭志龙、陆中华、麻晗、杨浩、李新玉、李冉、范礼松	二等
2024056	基于“产供研”协同的钢企铁前创新体系的构建	首钢京唐钢铁联合有限责任公司	李明、刘国友、王晓朋、陈建、武建龙、刘长江、董相娟、李铄、安钢、徐海卫	二等
2024284	沿海大型钢铁基地全流程智能化检化验系统	广西钢铁集团有限公司	罗庆革、沈敏、韦军尤、余志军、刘祖强、邱雪松、陈海、胡婧、邓闻波、林小群	二等
2024250	基于5G+云+AI、技术经验与管理创新相结合的废钢验收模式构建	湖南华菱湘潭钢铁有限公司	杨建华、刘吉文、贾进、唐庆军、徐吉尤、王成成、李锋、王志、张莉、李波	二等
2024063	大型钢铁企业打造基于复合型、智能化“五道防线”的新型全员生产维护(TPM)管理体系探索与实践	宝山钢铁股份有限公司	李玲、刘仕虎、王珏、吴文彬、邢启宏、邵志新、余嘉莉、李乐榕、浦敏慧、倪姚琪	二等
2024064	网格化极致能效诊断	宝山钢铁股份有限公司、上海宝钢节能环保技术有限公司	汪颖新、廖立、王伟、李宇涛、王晓明、丁宗琪、邓万里、邹振伟、褚桂林、王金友	二等
2024243	基于智能制造的连铸大包下渣检测系统创新与应用	宁波钢铁有限公司	金进文、聂高升、陈国强、刘长伟、刘永军、蹇华、卿志明、张超、袁淳安、徐丽	二等

续表 20-2

编号	项目名称	完成单位	创造人	等级
2024269	以“三造一变”和“三升一高”为核心的智慧财务管理体系建设	南京钢铁股份有限公司	梅家秀、陆中將、陈佳、王伟祥、刘汝营、刘芳、朱宁、徐伟冲、邓中涛、郜亚杰	二等
2024132	新一代数字技术在产业金融中的应用实践	山钢资本控股（深圳）有限公司	黄振辉、侯世杰、苏晓明、朱立波、苗进立、张伟华、刘士豪、王烁、赵梦成、徐梦梅	二等
2024270	基于全流程全要素的数字采购供应链建设	南京钢铁股份有限公司	楚觉非、陈兴华、刘汝营、汝金同、朱庆华、朱定华、李晓艳、王萌、赵志刚、陈雷鸣	二等
2024005	钢铁企业数字化转型成熟度评估体系构建与实施	鞍钢集团有限公司	林垚、蔡恒君、杜民、贾凤泳、梁军	三等
2024179	钢铁企业基于数字化分析模型深度应用的运营管理体系创新与实践	唐山钢铁集团有限责任公司	谢海深、张弛、么洪勇、曹学征、高子磊	三等
2024145	钢铁企业集团数字赋能全流程碳数据管理体系建设与实施	河钢集团有限公司	李毅仁、刘娟、苗海涛、刘兆博、马岩	三等
2024146	大型钢铁集团供应链数字化服务体系构建与应用	河钢集团供应链管理有限公司	胡志刚、李峰辉、陈博、杨世广、罗利珍	三等
2024216	构建基于生产大数据及产能平衡模型的整单精准交付体系	天津钢管制造有限公司	王国富、陈培钰、张涛、叶红良、李焱冰	三等
2024010	钢铁企业以数字化转型为目标构建“三智”智慧制造新模式	鞍钢股份有限公司鲅鱼圈钢铁分公司	张红军、王若钢、于成忠、于海岐、赵久长	三等
2024333	“以数赋智”绿色生态钢铁企业管理体系的构建与探索实践	常熟市龙腾特种钢有限公司	季丙元、徐胜、徐利、吕纪永、钟旭光	三等
2024113	构建生产经营全流程穿透式风险监督和大数据分析预警体系	广东中南钢铁股份有限公司	刘启文、陈贝、马金祥、姜玲、姜百文	三等
2024207	基于 5G 数字孪生技术的无人化料场建设与管理	大冶特殊钢有限公司	程卫国、李枫、颜学勇、柯显峰、张野	三等
2024258	智能化钢铁企业原辅料自动取样系统的构建及实施应用	中天钢铁集团（南通）有限公司	董力源、张俊杰、臧雪松、江银伟、刘建波	三等
2024058	数智赋能助力企业安全生产科学自主管理体系	首钢京唐钢铁联合有限责任公司	曾立、周建、吴礼云、刘红军、郭亮	三等
2024104	基于铁钢界面结构优化的千万吨钢铁水运输新平台建设	广东中南钢铁股份有限公司	刘金波、王忠清、吴样明、李中伟、何郁	三等

续表 20-2

编号	项目名称	完成单位	创造人	等级
2024084	标杆工厂数智管理体系在金属包装企业的应用与实践	上海宝钢包装股份有限公司	施小兵、朱小林、罗菁、刘小飞、黄雪亮	三等
2024217	基于全流程生产、质量控制的数字化管理体系的探索与实践	天津钢管制造有限公司	李金贤、宋智宇、于泳、王朝、贺冰林	三等
2024313	基于人工智能建设高炉主燃料质量检验系统	抚顺新钢铁有限责任公司	齐莹、俞连水、孙占秀、孙平、刘洪齐	三等
2024262	一种关于中厚板车间全流程数智化应用场景的创新	河北普阳钢铁有限公司	郭恩元、郭龙鑫、石跃强、牛现利、石现英	三等
2024296	国内首套自主研发基于 AI 的高速线材表面质量在线监测系统	江苏永钢集团有限公司	曹磊、郭玉宾、赵俊杰、顾银琴、顾腾飞	三等
2024304	冶金燃气智慧电厂一体化协同管理体系	磐石建龙钢铁有限公司	张胜根、徐学永、党鹏乐、张洪羽、姜福生	三等
2024072	基于计划一贯制的精益生产物流模式创新探索实践	宝钢湛江钢铁有限公司	金再柯、袁义义、黄港明、黄鑫、张志军	三等
2024075	钢铁智慧物流服务平台产业化应用	上海欧冶物流股份有限公司	张维、顾永兴、张佩璇、朱静、陈乔	三等
2024295	国内首套自主研发基于 AI 的钢材低倍组织检测自动判定系统	江苏永钢集团有限公司	余超、陈远清、郭玉宾、赵俊杰、顾腾飞	三等
2024057	钢铁企业智能化高效物流运行管理体系的创新与实践	首钢京唐钢铁联合有限责任公司	张海云、陈波、赵坤鹏、葛树茂、赵子振	三等
2024086	基于多目标寻优决策为核心的节能项目全生命周期管理模式创新与实践	宝钢湛江钢铁有限公司	田国兵、王超、桂其林、王湘、何翀	三等
2024241	钢铁企业“数智化”运行下的数据中枢创新与实践	宁波钢铁有限公司	瞿涛、张新岳、吴洪义、郝于平、温涛	三等
2024332	长流程钢铁企业一氧化碳数字化管控系统	新兴铸管股份有限公司	李晓东、孙弘、辛景昌、李海超、柴海强	三等
2024163	基于项目管理信息系统(PMIS)的项目全流程管控体系建设	河钢数字技术股份有限公司	黎荣华、安宝、彭晶、杨笑瑾、郝悦然	三等
2024203	基于钢铁企业智能运维的设备管理体系创新建设与实践	大冶特殊钢有限公司	汪有源、李辉、朱红安、温静、周松	三等
2024253	外汇分析预测框架在企业汇率风险管理中的应用	湖南华菱涟源钢铁有限公司	刘卫星、谢向群、李志武	三等

续表 20-2

编号	项目名称	完成单位	创造人	等级
2024107	钢铁工业烟气超低排“数字运维”全成本信息化管控系统开发与应用	安徽欣创节能环保科技股份有限公司	陈活虎、程灿、王文德、张黎、冯圣	三等
2024192	基于“流程重构+数据驱动”的大型集团化业财共享管理实践	中信泰富特钢集团股份有限公司	钱刚、倪幼美、高国华、白先送、吴斌	三等
2024166	基于数字孪生的可视化经营管控模型体系的构建与实践	承德钒钛新材料有限公司	吴长权、邹晶、郑聪颖、赵玉凤、柏雪	三等
2024150	大型钢铁企业“研产销运”一体化客户服务模式构建与实践	邯郸钢铁集团有限责任公司	韩健、吴章海、温嘉禾、张海明、董晓双	三等
2024171	钒钛新材料企业“产销研运”一体化营销体系的构建与实践	承德钒钛新材料有限公司	张振全、张明海、乔国平、回斌、刘相永	三等

（本章撰写人：符鑫峰，任金鹏，宋彩群，毛明涛，中国钢铁工业协会）

第 21 章
钢铁工业标准化工作推进情况

2024 年，钢铁行业紧密围绕党的二十届三中全会精神，积极贯彻《质量强国建设纲要》《国家标准化发展纲要》等文件要求，重点落实《以标准升级促进经济高质量发展工作方案》《以标准提升牵引设备更新和消费品以旧换新行动方案》等文件部署，以服务行业为宗旨开展“十四五”标准体系建设。面对发展新质生产力、推进新型工业化的新使命，行业积极作为，依托上海宝信、中冶京诚、沙钢、中冶检测、北科大、欧冶云商、冶金经研中心为秘书处承担单位，组建了钢铁行业工业软件、清洁生产、双辊铸轧超薄带、质量控制与评价、极致能效、产品碳足迹等 6 个标准化工作组，开展细分领域标准研制，行业龙头企业作用越发显著，全方位推动标准水平提升，助力钢铁行业标准化工作向供给高端化、结构合理化、发展绿色化、产业数字化、体系安全化的方向高质量发展。

截至 2024 年 12 月 31 日，钢铁行业现行标准（国标、行标、钢协团标）总数 4087 项，其中国家标准 1776 项，行业标准 1801 项，钢协团体标准 510 项。钢铁行业标准体系持续完善，支撑中国钢铁工业优化升级。

一、国家标准情况

钢铁行业积极响应《国家标准化发展纲要》，深度践行“加快构建推动高质量发展的标准体系，充分发挥标准化在国家治理体系和治理能力现代化建设中的基础性、战略性作用”要求，以服务行业发展为宗旨，谋划标准化工作顶层设计，全力构建契合钢铁行业高质量发展需求的新型标准体系。2024 年，共立项国家标准 122 项，发布国家标准 82 项。通过全面梳理、评估、优化和重构钢领域标准体系，淘汰落后老化标准，整合优化现行标准体系，并加大对智能制造、绿色低碳等新兴领域标准的研制力度。截至 2024 年末，累计组织申报 314 项体系优化专项，涵盖 82 项整合修订、101 项修订及 131 项新制定标准项目，其中获下达 178 项，有力支撑钢铁行业向绿色化、智能化、高端化、国际化方向创新发展。

钢铁行业围绕高质量发展重点领域，选取关键核心标准加快开展制修订工作，完成并发布了《钢铁行业低碳企业评价指南》（GB/T 45004—2024）、《热轧 H 型钢和剖分 T 型钢》（GB/T 11263—2024）、《工程机械液压缸用精密无缝钢管》（GB/T 43898—2024）、《变形高温合金　丝材》（GB/T 25831—2024）等标准，扩大高端材料标准供给。落实中央经济工作会议精神和市场监管总局有关工作部署，充分发挥标准在助力产业稳链中的重要作用，完成并发布《再生钢铁原料》（GB/T 39733—2024）、《钢铁渣复合料》（GB/T 28294—2024）、《装配式钢结构建筑用热轧型钢》（GB/T 43893—2024）、《增材制造　材料　模具钢粉》（GB/T 43895—2024）等标准，钢铁标准整体水平大幅提升，开放程度显著增强。

二、行业标准情况

2024 年，钢铁行业获下达行业标准项目 79 项，包括新材料专项 7 项、质量提升专项 33 项、绿色低碳专项 12 项以及数字化专项 7 项，发布行业标准 212 项。为顺应战略性新兴产业发展需求，行业聚焦先进基础材料、关键战略材料、前沿新材料领域，加大标准研制力度，推动钢铁材料新品种研发及产品升级换代。在核电用钢、新能源用钢、先进轨道交通用钢以及海洋工程用钢等重点方向，钢铁行业完成并发布《核电工程用热轧带肋钢筋》（YB/T 6246—2024）、《单轨吊轨道用热轧型钢》（YB/T 6250—2024）、《汽车稳定杆用焊接钢管》（YB/T 6176—2024）、《油气钻采用合金钢钢棒》（YB/T 6206—2024）、《海洋钻井隔水管用钢板》（YB/T 6253—2024）等标准，成功填补国内相关领域标准空白，有效促进先进钢铁结构材料技术在基础研究、应用开发、生产采购等环节的紧密衔接，加速科研成果向实际生产力的转化，为钢铁行业转型升级注入强大动能。

2024 年，钢铁行业深入推进绿色低碳标准化工作，加速节能减排、资源综合利用、绿色制造和“双碳”等领域标准研制，通过标准引领助力钢铁行业绿色低碳可持续发展。对现行行业标准进行优化升级，修订多项节能、节水和资源综合利用相关标准，匹配相关技术和政策的更新升级。在低碳领域发布了多项基础标准，包括《钢铁产品碳信息披露导则》（YB/T 6209—2024）、《钢铁企业碳排放核查技术规范》（YB/T 6214—2024）、《钢铁生产过程二氧化碳排放监测技术规范》（YB/T 6215—2024）等专项行业标准；预研并申报了 30 余项绿色低碳发展相关行业标准项目，在节能、资源综合利用等传统领域下达了多项标准，尤其在氢冶金等新兴领域取得了良好成效，有力推动了节能减排、绿色低碳新技术、新工艺的应用，为钢铁工业迈向绿色低碳、高质量发展筑牢技术根基。

钢铁行业积极响应工业和信息化部原材料司《关于开展原材料工业标准自评估的通知》要求，对钢铁行业现行有关标准实施情况开展全面自评估，总结工作成效，分析存在问题和不足。经对口各技术委员会严谨评估分析，针对 1581 项行业标准，共提出建议整合修订 56 项、修订 352 项、废止 82 项、转化 6 项；针对 330 项冶金标准样品，提出建议修订 1 项、废止 3 项。通过此次自评估工作，钢铁行业进一步厘清了政府标准和市场标准的范围和界限，推动标准结构优化，持续完善钢铁行业标准体系。

三、钢协团体标准情况

钢铁行业充分释放市场主体标准化活力，积极开展团体标准制定工作，旨在打造一批引领行业发展、填补标准空白的团体标准。2024 年下达钢协团体标准计划 111 项，已完成并发布团体标准 168 项，提升标准有效供给，支撑钢铁行业创新发展。在绿色低碳、智能制造等新兴重点领域，钢铁行业充分发挥团体标准制定周期短、灵活性强、实践指导性突出的特性，系统开展标准研制工作，为行业向绿色化、智能化、高端化方向转型提供标准支撑，着力培育钢铁行业团体标准品牌新优势。钢铁行业积极参与工业和信息化部百项团体标准应用示范项目遴选，2024 年向工业和信息化部推荐的《超高洁净连铸高碳铬轴承钢》（T/CISA 159—2021 | T/CSM 26—2021）、《钢铁企业绿色高质量发展指数》（T/CISA 044—2020）和《铁矿石悬浮磁化焙烧技术规范》（T/CISA 124—2021）等 5 项钢协团体标准项目入选 2024 年工业和信息化部百项团体标准应用推广典型案例。截至目前，钢协共有 28 项团体标准入选了工业和信息化部百项团体标准应用示范，为提升行业

质量品牌影响力、推动钢铁行业高质量发展发挥了重要的示范引领作用。

在迈向绿色低碳与高质量发展的关键阶段，标准助力行业绿色智能化转型。积极推动将 PCR 转化为团体标准，发布团标 5 项，其中《温室气体 产品碳足迹量化方法与要求 高炉-转炉长流程钢铁产品》（T/CISA 469—2024）等 3 项团体标准入选工信部等四部委推荐工业产品碳足迹核算规则团体标准推荐（第一批）清单。发布了《低碳排放钢评价方法》（T/CISA 452—2024）钢协团体标准，该标准基于近 3.5 亿吨粗钢产品的碳排放基础数据，数据规模庞大，为中国低碳排放钢标准的制定树立了新的标杆，是中国钢铁低碳转型的又一重要里程碑，将成为链接低碳钢铁与下游行业绿色贸易的重要载体。积极落实工业和信息化部《钢铁行业智能制造标准体系建设指南（2023 版）》要求，完成并发布《钢铁行业 智能工厂评价方法》（T/CISA 362—2024）、《废钢铁智能工厂技术要求》（T/CISA 356—2024 | T/CAMU 005—2024）等钢协团体标准，不仅填补了国内相关领域标准空白，更为全球钢铁行业首项智能制造领域国际标准《钢铁行业智能制造指南》（ISO 21763）在 ISO/TC 17 成功立项奠定坚实基础。

同时，钢铁行业积极开展“质量能力分级”和“企业标准领跑者评价”等团体标准制定，充分发挥行业领先企业和领跑者的“风向标”作用，引领中国钢铁产品质量走向高品质，推动实现优质优价。目前，钢铁行业已发布 6 项“质量能力分级”标准和 40 项“领跑者标准评价要求”标准，基本涵盖了特钢、钢板及钢带、钢筋、钢管、钢丝、盘条等大部分钢铁产品领域，对提升中国钢铁产品的总体质量水平和品牌形象起到了积极作用。

四、国际标准情况

钢铁行业聚焦国际标准化战略高地，深度融入全球标准化治理体系，通过系统化跟踪研究钢铁领域国际标准发展趋势，积极承担项目负责人、工作组召集人等核心角色，全面开展国际标准技术研究。

2024 年，钢铁行业共立项国际标准 32 项，发布国际标准 13 项，并积极研究智能制造、绿色低碳国际标准，继首个智能制造国际标准成功立项，首个绿色低碳国际标准《钢铁企业低碳技术应用指南》（ISO/TR 25088）也在 ISO/TC17/SC21 成功立项，标志着中国在新兴领域国际标准创新工作得到世界同行的认可。此外，钢铁行业专家还作为召集人，新承担了

ISO/TC17/WG29 “ISO 4885 热处理术语国际标准修订”等 6 个工作组召集人；作为项目负责人，新增了《承压设备用钢锻件、轧制或锻制钢棒》（ISO 9327 系列标准）、《承压设备用钢板和钢带 交货技术条件》（ISO 9328 系列标准）等国际标准新项目，牵头发布了《热轧纵向变厚度钢板》（ISO 11772:2024）、《钢筋混凝土用不锈钢钢筋》（ISO 6435:2024）等国际标准。有 8 名中国专家获得“ISO 卓越贡献奖”，截至目前，钢铁行业已有 51 人次专家获得“ISO 卓越贡献奖”，充分彰显中国在国际钢铁标准领域的引领地位。

围绕国家“一带一路”倡议，钢铁行业加速推进标准国际化进程，通过强化国外先进标准跟踪转化、加大标准外文版翻译力度，推动中国标准“走出去”。2024 年获下达标准外文版计划 61 项，完成 24 项标准外文版的翻译工作，为中国钢铁工业深化国际合作、拓展海外市场筑牢标准支撑，持续提升中国标准的全球话语权与影响力。

五、标准化获奖励情况

“大型高炉模块化大修关键技术及标准装备研制与应用”“先进核电站用钢板系列国家标准研制及应用”获得冶金科学技术奖二等奖，“电梯用钢丝绳关键技术研制及标准国际化”“桥梁缆索钢丝用盘条标准创新与国际化”“铬-锰-镍-氮系奥氏体不锈钢标准研制及应用”获得冶金科学技术奖三等奖，为推动中国钢铁工业技术进步、质量提升、优化转型发挥重要作用。

（本章撰写人：刘阳，中国钢铁工业协会；
侯慧宁，任翠英，王心禾，赵晶晶，冶金工业信息标准研究院）

第 22 章 钢铁工业人力资源发展情况

自 2008 年调整《中国钢铁工业企业人事劳资统计年报》以来，在全行业人力资源工作者的努力下，经过 17 年磨砺，逐步建立了钢铁行业人力资源数据统计与分析系统，形成了行业人力资源数据体系，为掌握钢铁行业人力资源基本信息，了解和分析行业人力资源及劳动生产率、人工成本等基本情况及变化趋势，企业间对标挖潜等发挥了积极作用；也为各企业建立以时间为坐标轴的本企业人力资源纵向数据体系，进行对比分析，发现问题、解决问题发挥了积极作用；对人力资源数据运用多元化，探索出了人力资本竞争力相关指标，更全面地反映企业人力资本发展现状。

2023 年，人事劳资重点统计企业（以下简称“会员企业”或“行业”）中，按规模划分，生产粗钢 1000 万吨及以上的大型企业占 21.28%，500 万 - 1000 万吨的中型企业占 26.60%，500 万吨以下的中小型企业占 52.12%；按所有制划分，国有或国有控股企业占 48.94%，非国有企业占 51.06%；这些企业基本涵盖了中国年产粗钢 300 万吨以上规模的钢铁企业，具有较广泛的代表性和覆盖性，其统计分析结果可以代表中国钢铁工业 2023 年人力资源管理现状（表 22-1）。

表 22-1　2021—2023 年钢铁企业人力资源数据情况　　%

年份	国有企业	非国有企业	大型企业	中型企业	中小型企业
2023	48.94	51.06	21.28	26.60	52.12
2022	52.13	47.87	23.40	23.40	53.20
2021	51.06	48.94	25.53	22.34	52.13

数据来源：中国钢铁工业协会。

一、钢铁工业职工结构人数情况

2023 年职工总数、在岗职工数、主业在岗数、不在岗职工数、离退休职工数比 2022 年均有所减少；在岗职工比例较 2022 年有所提高，主业在岗职工比例、不在岗职工比例较 2022 年有所降低（表 22-2）。企业在化解产能职工分流安置的过程中，重心已经逐步向在岗职工结构调整转移，随着产能的释放，主业在岗职工比例趋于稳定，人员分流工作开始向在岗人员发展。2023 年结束了 2019 年以来连续 4 年职工总数的增加趋势，开始有所减少。从岗位结构看，2023 年主要是研发人员总数增加，这与企业提高产品档次，实现产品升级相关。主业在岗职工占比、不在岗职工占比下降的原因需要进一步调研和分析。

表 22-2　2021—2023 年钢铁工业企业职工结构情况表　　%

年份	职工总数				离退休职工与职工总数比例
		在岗职工		不在岗职工	
			其中：主业在岗		
2023	100	90.97	57.35	9.03	82.80
2022	100	90.28	58.11	9.72	89.24
2021	100	91.18	61.85	8.82	75.22

数据来源：中国钢铁工业协会。

二、钢铁工业主业在岗职工岗位分布情况

会员企业 2023 年年末主业在岗职工各类人员的比例结构为：高级经营管理人员占比 1.11%，比上年降低了 0.02 个百分点；一般经营管理人员占比 5.93%，比上年降低 0.79 个百分点；企业技术人员占比 13.15%，比上年提高 0.39 个百分点；研发人员在技术人员中占比 20.63%，比上年上升 1.21 个百分点；操作人员占比 79.81%，比上年提高 0.42 个百分点（表 22-3）。

2023 年技术人员占比延续前几年大幅提高的态势，比 2022 年有所上升，研发人员占技术人员比例同比增幅明显。这说明企业在减员增效的同

表 22-3　2021—2023 年钢铁企业主业在岗职工岗位分布情况　　%

年份	高级经营管理人员	一般经营管理人员	技术人员		操作人员
				其中：研发人员	
2023	1.11	5.93	13.15	20.63	79.81
2022	1.13	6.72	12.76	19.42	79.39
2021	1.08	6.46	12.33	17.68	80.13

数据来源：中国钢铁工业协会。

时更加强调技术队伍和研发队伍的发展与维护，自觉地谋求通过技术改进和创新驱动来提高产品附加值，降低生产成本，提高市场竞争力。

三、钢铁工业职工学历结构情况

2023 年会员企业主业在岗职工学历结构为：博士占 0.14%，占比较上年持平；硕士占 1.80%，占比较上年低 0.01 个百分点；本科占 18.44%，占比较上年提高 0.38 个百分点；专科占 25.77%，占比较上年的 26.16%降低 0.39 个百分点；中专占 14.84%，占比较上年的 15.35%降低 0.51 个百分点；高中及以下占 39.00%，占比较上年的 38.49%提高 0.51 个百分点（图 22-1）。

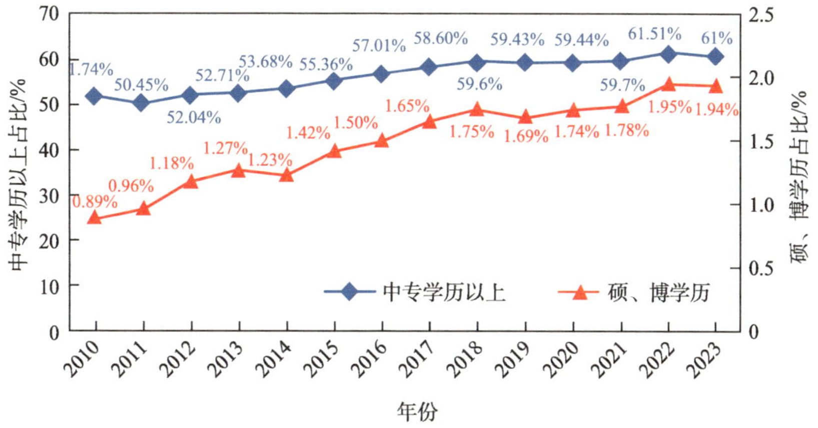

图 22-1　2010 年以来会员企业主业在岗职工学历情况分布图
（数据来源：中国钢铁工业协会）

2023 年钢铁行业中专及以上学历人员比例为 61.00%，比 2022 年的 61.51%降低 0.51 个百分点，从近 14 年数据来看，2023 年占比由升转降，但仍处于第二高位。通过 2016—2018 年化解过剩产能，钢铁行业主业在岗职工学历结构上升了一个台阶，中国钢铁行业职工队伍学历结构整体上移，2018 年以来到 2022 年，基本保持平稳略升的态势（表 22-4）。

表 22-4　2021—2023 年钢铁行业职工学历结构变化情况　　%

年份	硕、博学历	中专学历以上
2023	1.94	61.00
2022	1.95	61.51
2021	1.78	59.74

数据来源：中国钢铁工业协会。

四、钢铁工业职工年龄结构情况

2023 年，集团口径会员企业主业在岗职工的平均年龄为 40.88 岁，比 2022 年的 40.90 岁同比减少 0.02 岁，降幅为 0.05%；与 2008 年相比，主业在岗职工平均年龄 16 年间增长了 2.88 岁。从长期来看，职工队伍年龄整体老化趋向，但近年有所扭转，呈现出结构性岗位年轻化调整。从 2023 年数据看，高级管理人员、一般经营管理人员、研发人员平均年龄均同比有所增加，技术人员、操作人员的平均年龄有所下降。其中研发人员的平均年龄最低，说明近几年企业有意识地加大人才引进，注重人才队伍中新鲜血液的注入（表 22-5）。可见，尽管 2023 年行业面临较为严峻的形势，但随着高质量发展理念深入人心，企业更有意愿招录高学历技能人才作为研发人员。总体看，2023 年主业在岗职工平均年龄结束了“十三五”时期逐年增长的态势，企业加大了研发岗位新员工的引进，有意识地做好人才梯队建设，防止出现人才断档。

表 22-5　2021—2023 年主业在岗职工年龄结构　　岁

年份	高级经营管理人员	一般经营管理人员	技术人员	其中：研发人员	操作人员	主业在岗平均
2023	46.90	41.58	40.27	39.53	40.85	40.88
2022	46.75	40.97	40.29	39.40	40.91	40.90
2021	47.00	40.80	39.95	39.51	40.57	40.58

数据来源：中国钢铁工业协会。

五、钢铁工业人均工资及人工成本情况

2023 年单钢口径会员企业主业在岗人员人均工资为 11.35 万元，与 2022 年的人均工资 11.36 万元相比减少 0.05%。从表 22-6 可以看出，人均社平工资系数为 1.31（社平工资采用 2022 年社会平均工资），即中国钢铁企业 2023 年人均工资高于 2022 年社会平均工资水平 30.56%，低于 2022 年人均社平工资系数（1.33）。近几年钢铁行业职工收入增速明显好于社会平均水平，表现在社平工资系数显著高于 1，这也有利于企业吸引人才，留住人才，降低人才流失率。供给侧结构性改革给行业人力资源工作带来显著变化。化解过剩产能给钢铁行业带来好处不仅体现在行业运行质量的优化，也影响着其他诸多方面，实践证明是一项有深远意义的改革。

表 22-6　2021—2023 年钢铁行业人均社平工资系数变化情况

年份	2023	2022	2021
人均社平工资系数	1.31	1.33	1.47
系数同比增减/%	–2.00	–9.52	7.70

数据来源：中国钢铁工业协会。

六、钢铁工业劳动生产率情况

2023 年，会员企业实物劳动生产率（表 22-7），如按职工总数 113.86 万人计算，则人均年产钢约为 607.63 吨；如按在岗职工 104.61 万人计算，则人均年产钢约为 661.94 吨；如按主业在岗职工 74.24 万人计算，则人均年产钢约为 924.64 吨。

表 22-7　2021—2023 年钢铁企业实物劳动生产率情况统计表

吨/（人·年），%

年份	按职工总数计算	按在岗职工总数计算	按主业在岗职工总数计算	主业在岗职工劳动生产率同比增长
2023	608	662	925	4.13
2022	582	636	888	1.95
2021	580	630	871	2.47

数据来源：中国钢铁工业协会。

钢铁企业近 16 年实物劳动生产率逐年提高，2016 年至 2019 年的年增速均维持较高水平，增幅在 10%左右。在 2016 年得益于化解过剩产能、人员分流安置后带来的劳动效率显著提高后，2017 年仍保持较高的增速。2018 年全行业劳动生产率仍保持两位数的较高增速，提高了 10.95%，主业在岗职工达到人均年产钢 736 吨，到 2019 年达到 806 吨，2020 年达到 850 吨，2021 年达到 871 吨，2022 年达到 888 吨，增速在逐渐放缓。2023 年达到 925 吨，增速有所加快。数据显示，2023 年以职工总数、主业在岗职工总数为基数的劳动生产率同比增幅高于以在岗职工总数为基数的劳动生产率的增幅（图 22-2）。

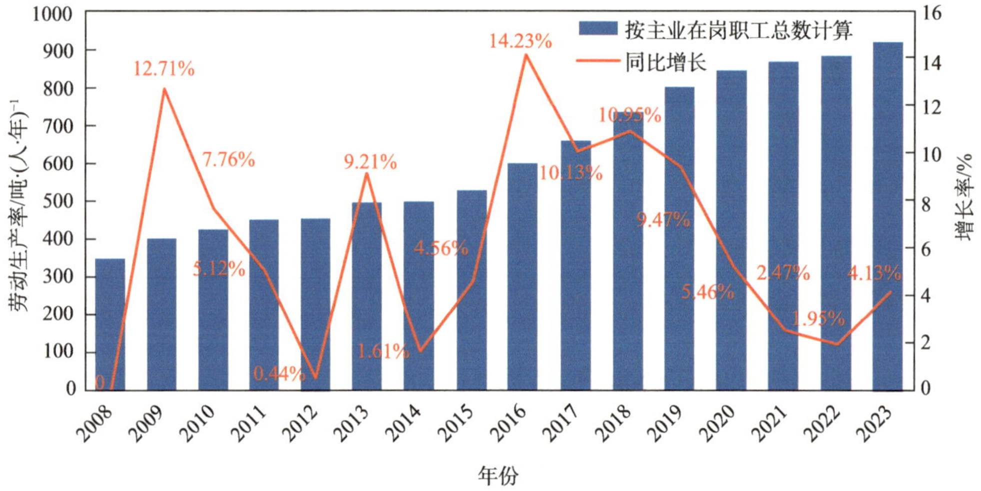

图 22-2　2008—2023 年钢铁主业在岗职工实物劳动生产率增长情况

（数据来源：钢铁行业人力资源数据统计及分析系统）

从 2009—2023 年的长期数据看，总体来讲，相对于以主业在岗职工总数为基数的实物劳动生产率，以在岗职工、职工总数为基数的实物劳动生产率增长幅度最大，行业的人员冗余，特别是二线、三线人员的冗余有效改观，16 年来行业人力资本竞争力显著提升。

2023 年与上年相比，人均产钢提高了 4.13%，增速在加快；按单钢口径会员企业工业总产值、实现利税和利润计算，人均产值比上年下降了 1.80%；人均利税、人均利润比上年下降了 30.41%和 42.00%，行业效益阶段性下行，但较 2022 年下降幅度在放缓（表 22-8 和图 22-3）。

表 22-8　2021—2023 年钢铁企业人均效益统计表

年份	人均产钢 /吨·（人·年）$^{-1}$	人均产值 /万元·（人·年）$^{-1}$	人均利税 /千元·（人·年）$^{-1}$	人均利润 /千元·（人·年）$^{-1}$
2023	925	458	103	29
2022	888	466	148	50
2021	871	480	408	288

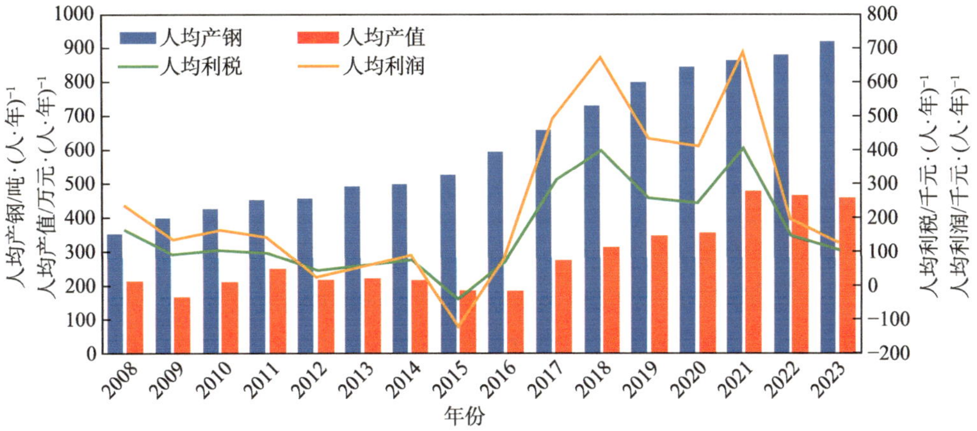

图 22-3　2008—2023 年钢铁企业主业人均效益变化
（数据来源：中国钢铁工业协会钢铁行业人力资源数据统计及分析系统）

随着人力资源结构优化工作持续推进，2023 年钢铁行业总体平稳运行，实物劳动生产率进一步提高，但提质增效难度加大。

通过对效益与劳动生产率相关性分析，将 2023 年人均利税、人均利润排序前 10 名的企业（单钢口径）进行汇总分析。前 10 名企业的两项指标排序情况略有不同，人均利税、人均利润排前 10 名企业的人均实物劳动生产率分别为 1238.39 吨/（人·年）和 1249.37 吨/（人·年），分别是行业平均的 1.34 倍和 1.35 倍。而这 10 家企业人均利税、人均利润分别达到行业平均的 5.00 倍和 13.14 倍，远大于实物劳动生产率的差距。

总体来看，人均利税、人均利润较高或较低的企业，其实物劳动生产率的平均值基本上呈现较大，人均利税、人均利润在中间位置的企业的实物劳动生产率的平均值呈现较小，充分体现了实物劳动生产率与效益间的变化关系。（表 22-9 – 表 22-11）。

表 22-9　按人均利税分组来看不同区间会员企业人均产钢平均值的分布

按人均利税分组/万元	企业数	人均产钢/吨·人$^{-1}$	人均产值/万元·人$^{-1}$	吨钢人工成本/元·吨$^{-1}$	人均利税/万元	万元人工成本投入产出比		
						利润/万元	产钢/吨	主营业务收入/万元
>29.42 (TOP10%)	9	1281.17	840.02	218.36	55.81	1.39	45.80	36.65
15.79 – 29.42 (10% – 25%)	14	931.50	443.74	173.76	19.23	0.59	57.55	41.33
7.42 – 15.79 (25% – 50%)	23	787.19	359.54	162.53	11.84	0.49	61.53	33.16
>–16.64,<7.42 (50% – 90%)	36	862.08	397.09	186.97	–2.42	–0.47	53.48	25.06
<–16.64 (BOT10%)	9	1014.51	496.23	164.55	–24.77	–1.73	60.77	24.42

数据来源：中国钢铁工业协会。

表 22-10　按人均利润分组来看不同区间会员企业人均产钢平均值的分布

按人均利润分组/万元	企业数	人均产钢/吨·人$^{-1}$	人均产值/万元·人$^{-1}$	吨钢人工成本/元·吨$^{-1}$	人均利润/万元	万元人工成本投入产出比		
						利润/万元	产钢/吨	主营业务收入/万元
>23.29 (TOP10%)	9	1281.17	840.02	218.36	38.92	1.39	45.80	36.65
8.89 – 23.29 (10% – 25%)	13	930.98	422.22	141.64	12.46	0.95	70.60	29.22
2.41 – 8.89 (25% – 50%)	23	820.04	375.96	171.16	6.59	0.47	58.42	42.94
>–22.64,<2.41 (50% – 90%)	36	862.41	403.44	190.12	–7.32	–0.45	52.60	24.78
<–22.64 (BOT10%)	8	1085.78	550.63	165.27	–30.53	–1.70	60.51	24.75

数据来源：中国钢铁工业协会。

表 22-11　按实物劳动生产率分组来看不同区间会员企业效益平均值的分布

按实物劳动生产率分组/吨·人$^{-1}$	企业数	人均产钢/吨·人$^{-1}$	人均产值/万元·人$^{-1}$	吨钢人工成本/元·吨$^{-1}$	人均利税/万元	人均利润/万元	万元人工成本投入产出比		
							利润/万元	产钢/吨	主营业务收入/万元
>1477.73 (TOP10%)	9	1587.86	835.76	166.09	39.34	22.97	0.87	60.21	34.17
1071.50 – 1477.73 (10% – 25%)	13	1270.09	621.98	173.20	8.80	0.38	0.02	57.74	33.45
859.16 – 1071.50 (25% – 50%)	23	947.29	478.64	170.27	1.30	–3.63	–0.23	58.73	26.73
473.59 – 859.16 (50% – 90%)	36	705.72	327.45	195.09	10.46	3.47	0.25	51.26	35.88
<473.59 (BOT10%)	8	306.94	187.75	318.10	3.26	–1.09	–0.11	31.44	20.39

数据来源：中国钢铁工业协会。

七、钢铁企业人工成本投入产出情况

2023 年会员企业人均人工成本为 16.88 万元，上年人均人工成本为 17.12 万元，同比减少 1.43%（图 22-4）。

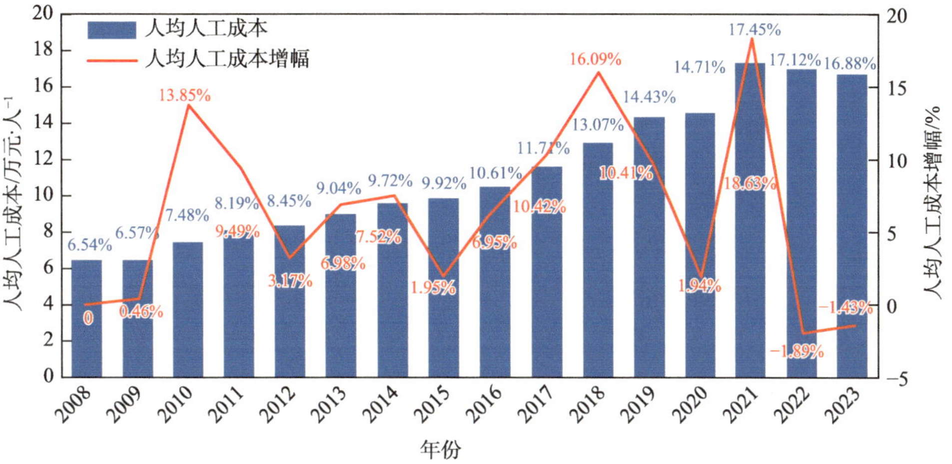

图 22-4　2008—2023 年钢铁企业人均人工成本变动情况
（数据来源：中国钢铁工业协会）

钢铁行业人均工资在各项费用中占比最大，2023 年占人工成本的 67.28%，与 2022 年的 66.36%相比有所上涨，上升 0.92 个百分点；其次，劳保费用、其他人工费用占比有小幅下降，与 2022 年相比，占比分别下降了 0.02、0.30 个百分点。从表 22-12 中可以看到，社保费用、福利费用、劳保费用、住房费用所占比例都在下降，但是职工收入变化的同时，企业明显增加了教育经费的比例，这表明企业近几年对教育培训更加重视（图 22-5）。

表 22-12　2021—2023 年钢铁企业人均人工成本结构统计表　　%

年份	工资总额	社保费用	福利费用	教育经费	劳保费用	住房费用	其他人工费用	合计
2023	67.28	16.97	4.86	0.68	0.37	5.80	4.03	100
2022	66.36	17.60	5.07	0.55	0.39	5.71	4.33	100
2021	67.70	16.37	4.81	0.57	0.48	5.04	5.03	100

数据来源：中国钢铁工业协会。

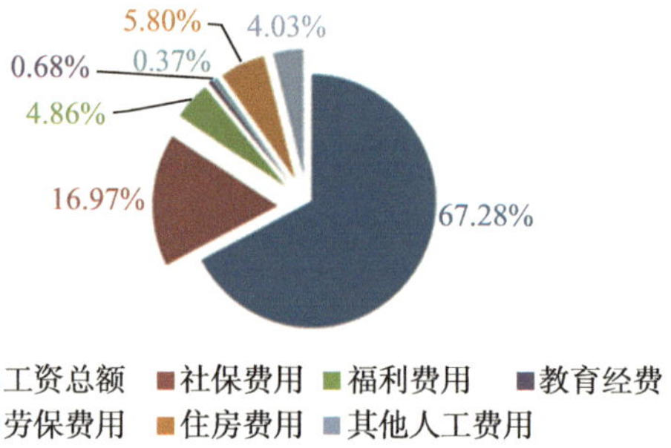

图 22-5　2023 年钢铁企业人均人工成本结构情况
（数据来源：中国钢铁工业协会）

经统计，2023 年培训费投入超过平均值 1150.90 元/（人·年）的企业共有 29 家，其中国有企业有 24 家，占大多数，培训费平均为 2589.31 元/（人·年）；非国有企业有 5 家，培训费平均为 2050.56 元/（人·年），低于国有企业的平均培训费，但二者仍均处于较高位（表 22-13）。这 29 家企业中有 16 家盈利。总体看，人均培训费用相对较高的企业，人均产钢、人均产值、人均利税高于行业平均达 10%以上，特别是人均产值，高出行业平均达 23.81%，人均利润则低于行业平均 25.42%，这也是 2023 年钢铁行业普遍效益不景气所导致。数据显示，培训投入高的企业，在劳动生产率上有一定优势，在行业形势严峻时，培训更多体现在降成本上，在行业形势整体稳定向好时，更多体现在高附加值上。多年数据显示，劳动生产率的优势，能保证企业的经营效益；培训的投入效果体现在产品附加值及降本增效上。

表 22-13　按培训费用分类统计表

指　标	人均产钢/吨·（人·年）$^{-1}$	人均产值/万元·（人·年）$^{-1}$	人均利税/千元·（人·年）$^{-1}$	人均利润/千元·（人·年）$^{-1}$
培训费用高于平均值的企业	1047.30	566.58	115.76	21.34
行业平均	924.64	457.63	102.71	28.62
高出行业平均的百分率/%	13.27	23.81	12.71	–25.42

数据来源：中国钢铁工业协会。

2023 年行业主业在岗职工实物劳动生产率比上年增长了 4.13%，同时人均人工成本下降了 1.43%。从表 22-14 可以看出，2023 年吨钢人工成本为 181 元/吨，比上年吨钢人工成本 193 元/吨减少了 12 元，下降了 6.57%。同时，劳动生产率有所提升，企业人均利润、利税较大幅度降低，人事费用率（人工成本 / 主营业务收入）下降、劳动分配率较大幅度升高。

表 22-14 2021—2023 年钢铁企业人工成本投入产出情况统计表

年份	吨钢人工成本/元·吨$^{-1}$	吨钢利税/元·吨$^{-1}$	吨钢利润/元·吨$^{-1}$	劳动分配率（人工成本/工业增加值）/%	人事费用率（人工成本/主营业务收入）/%	万元人工成本投入产出比			
						产钢/吨	利润/万元	利税/万元	主营业务收入/万元
2023	180.71	108.29	28.44	37.16	3.12	55.34	0.16	0.60	32.04
2022	193.42	164.25	55.10	32.98	3.29	51.70	0.28	0.85	30.37
2021	199.18	469.06	331.74	21.57	3.19	50.21	1.67	2.35	31.39

数据来源：中国钢铁工业协会。

（本章撰写人：张怡翔，李洪涛，刘景荣，
钱璐，任明琦，中国钢铁工业协会）

第23章 钢结构产业发展情况

一、钢结构企业生产经营情况

（一）总体情况

为准确了解钢结构加工制造企业的生产经营情况，2024 年启动了新的调研工作。本次调研共收取问卷 580 份，其中有效问卷 571 份，有效率 98.45%，较上年上升 5.83 个百分点，填报数据质量明显提升；有效问卷数量增加 6 家，较上年增长 1.06%，数据来源稳定。

钢结构加工主要指标：接受调研的 571 家企业，钢结构加工量共计 5041.40 万吨，收入 3774.89 亿元，净利润 148.52 亿元，上缴税金 117.41 亿元，从业人数 33.12 万人，产能平均利用率 78.20%。

其他数据指标：2024 年企业平均加工量 8.83 万吨，行业平均吨钢产值 7487.78 元，收入利润率 3.93%，税负率 3.11%；行业人均加工量为 152.22 吨，人均产值 113.98 万元，人均利润为 4.48 万元。亏损企业 36 家，亏损总额 3.91 亿元。钢结构出口合计 232.63 万吨，占调研产量的 4.61%。对比近两年调研数据，行业企业平均加工量有所下降，人均加工量及人均产值有所降低，亏损企业数量增幅较大，亏损面加大，出口量大致持平。

中国钢结构协会依据全国粗钢及钢材产量，考虑到行业平均钢材利用率和参与调研企业加工量增速及其在全国钢结构加工制造企业中数量及产能占比重等因素，推算出 2024 年全行业钢结构加工量约为 10900 万吨，约占粗钢产量的 10.84%。中国的钢结构加工量已连续三年突破 1 亿吨，占粗钢比重连续两年突破 10%。

（二）近十年全国粗钢产量及钢结构加工量走势

2024 年中国钢结构加工量为 10900 万吨，同比下降 2.68%，为十年来首次出现下降。2024 年钢结构加工量占粗钢产量的比例为 10.84%，同比下降 0.15 个百分点，但仍保持在 10%以上。中国近十年钢结构加工量变化趋势见图 23-1。近十年钢结构加工量占粗钢产量的比例趋势见图 23-2。

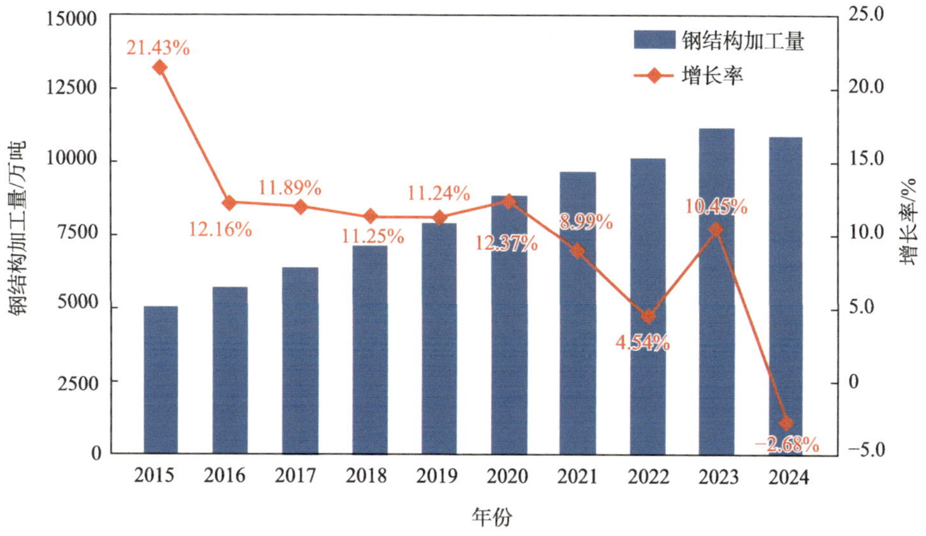

图 23-1　近十年全国钢结构加工量及增长率

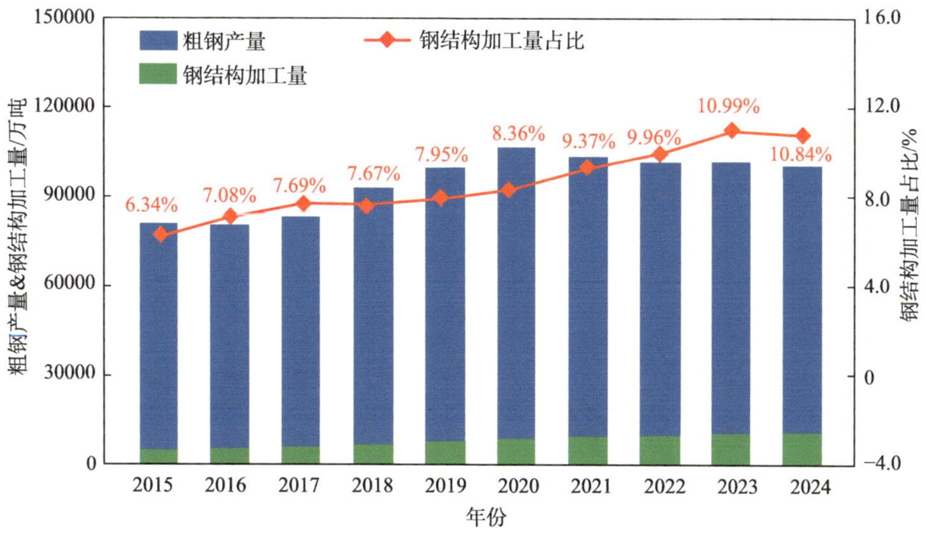

图 23-2　钢结构加工量占粗钢产量的比例趋势图

（三）钢结构加工区域分析

1. 企业分布及性质

参与调研的 571 家企业分布于国内 30 个省、自治区和直辖市（未调研西藏）。

企业数量排名前五的省市依次为：山东、江苏、广东、河北和浙江，与上年相同；五省市参与调研企业共计 274 家，比上年的 255 家增长 7.45%，占有效调研企业总数的 47.99%，样本区域集中度略有增加。山东省参与调研企业数量连续多年位居首位，共有 84 家企业，占样本总量的 14.71%；江苏省有 56 家企业参与调研，占比 9.81%；广东省、河北省和浙江省分别参与调研企业分别为 47 家、46 家和 41 家，分别占比 8.23%、8.06%和 7.18%。参与调研企业按省市分布情况见图 23-3 (a)。

按照中国行政区划，华东地区参与调研的企业占比最高，为 43.96%，其次是华北地区和华中地区，分别为 15.59%和 11.91%，与上年分布基本一

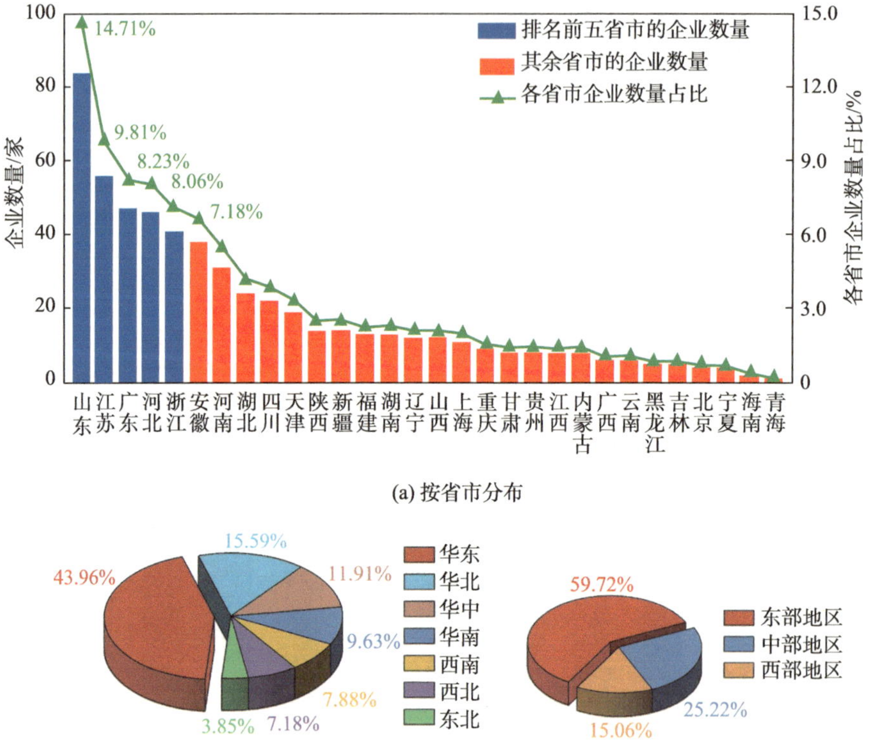

(a) 按省市分布

(b) 按行政区划分布

(c) 按经济带分布

图 23-3　参与调研的企业地域分布

致。按照中国经济带划分，东部地区参与调研的企业占比超过总样本量的半数，为 59.72%，远高于中部地区和西部地区。参与调研企业按中国行政区划和经济带划分的分布情况见图 23-3 (b) (c)。

从企业性质看，2024 年参与调研企业中，民营企业数量最多，占有效调研企业总数的 66.72%，比重较上年进一步增加；其次是国有企业，占比 28.72%，较上年有所下降；外资企业和混合所有制企业占比较少，分别为 2.98%和 1.58%。按参与调研省份排名来看，各省市加工企业普遍存在民营钢结构企业占比大于国有企业的现象。民营企业最多的省份为山东省，外资企业最多的省份为天津市，民营企业和国有企业比例相当的省份是湖北省，与上年调研结果大致相同。从上市情况看，参与调研企业中，上市公司所占比例为 11.38%，与上年调研数据大致相同。参与调研企业性质及上市情况见图 23-4。

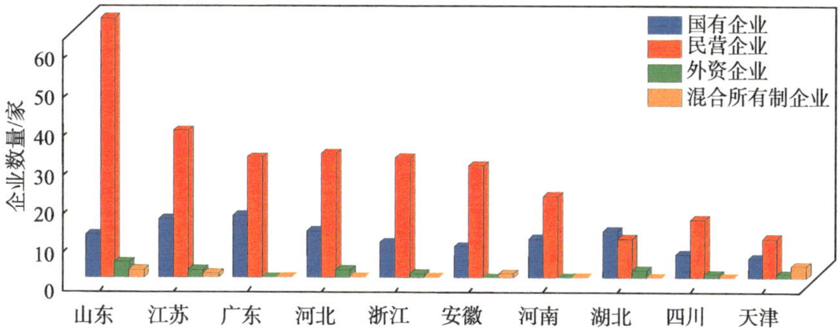

(a) 部分省市企业性质情况

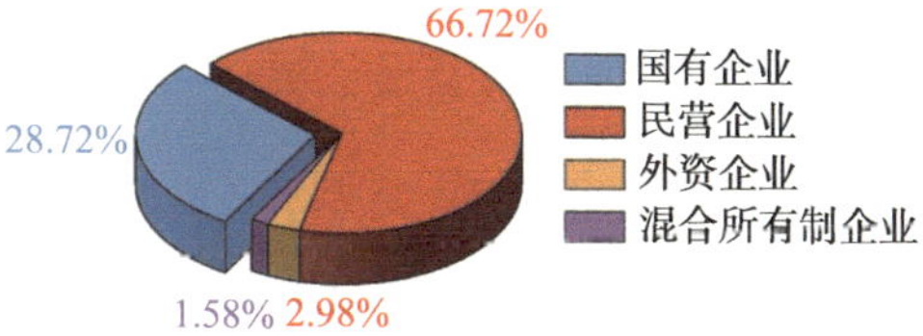

(b) 企业性质占比

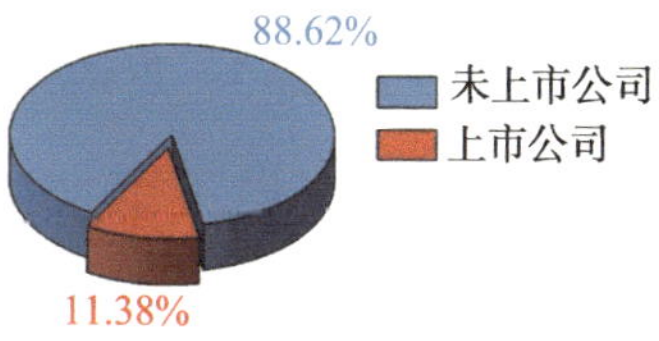

(c) 上市公司占比

图 23-4　参与调研的企业性质

2. 产量分布情况

参与调研企业 2024 年钢结构加工总量排名前五的省市依次为：山东、安徽、浙江、江苏和湖北，与上年排名前五的省市略有变化。山东省加工总量为 713.25 万吨，近年来首次跃居榜首，占调研总量的 14.15%；安徽省位列第二，加工总量为 655.36 万吨，占比 13.00%；其他三个省市加工总量分别为 530.48 万吨、529.76 万吨和 444.27 万吨，占比分别为 10.52%、10.51% 和 8.81%；排名前五的省份加工总量为 2873.12 万吨，占调研总量的半数以上，为 56.99%，产业集中度进一步提高。加工量排名前五的省份中，较上年增长最快的是山东省，增长率为 11.92%，主要原因是参与调研企业数量和企业加工量均呈上升趋势。其次是江苏省和湖北省，增长率分别为 10.70% 和 2.10%，安徽省和浙江省较上年有所降低，分别降低 19.67%和 12.05%。安徽省产量占比出现大幅下降的主要原因是龙头企业加工量增幅不大，部分企业加工量出现较大幅度下跌。加工总量超百万吨的省市有 12 个，加工总量为 4327.40 万吨，占调研总量的 85.84%；加工总量比上年减少 304.63 万吨，下降 6.58%，12 省市加工总量占调研总量的比重下降近两个百分点。2024 年全年各省市钢结构加工量情况见图 23-5。

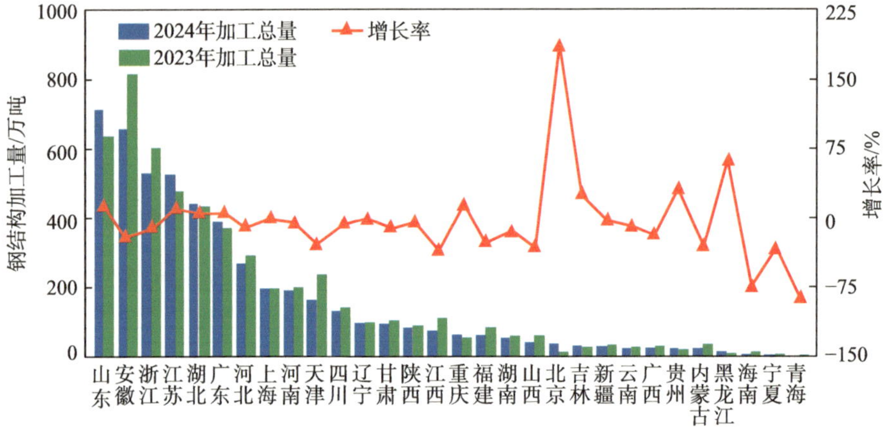

图 23-5　近两年各省市钢结构加工量及增长率

为进一步分析产量下降产生的原因和企业规模类型，分别对排名前三百的企业进行对比分析，如表 23-1 所示，2023 年排名前一百企业 2024 年加工量同比（相同企业）下降 6.74%，2024 年排名前一百企业和 2023 年排名前一百企业（非同比）相比加工量下降 4.49%。但排名 101－200 企业（排名相同但企业不完全相同）2024 年总加工量实现增长，涨幅达 3.17%；排名 201－300 企业（排名相同但企业不完全相同）2024 年总加工量同样也实现了 1.75%的增幅。可见 2024 年钢结构加工行业从两极分化向趋同化方向发展，“大象军团”与“蚂蚁雄兵”共生的产业生态初现雏形，头部企业主导产业链整合，中小企业则在专业化、定制化赛道上构建差异化优势。

表 23-1　近两年不同区间段企业加工量对比　　万吨

对　比　值	2023 年	2024 年	增减百分比/%
TOP100（同比）加工量	3472.11	3238.18	–6.74
TOP100（非同比）加工量	3540.02	3381.07	–4.49
TOP 101-200（非同比）	816.25	842.16	3.17
TOP 201-300（非同比）	456.41	464.41	1.75

根据企业性质统计，图 23-6 包含了四种类型企业钢结构加工量占比情况（由内至外第 2 个环状图）。民营企业加工量占全部加工量的一半以上，其次是国有企业，二者共同构成市场双寡头格局，合计占据 96.94%的加工份额，而外资企业与混合所有制企业市场参与度有限。国有企业在规模效率方面表现突出，以 28.72%的企业数量贡献 40.72%的加工量，其单企产能远高于民营企业的单企产能，尽显国有企业规模优势和资源优势，这一产出效能优势延续了往年的结构特征。

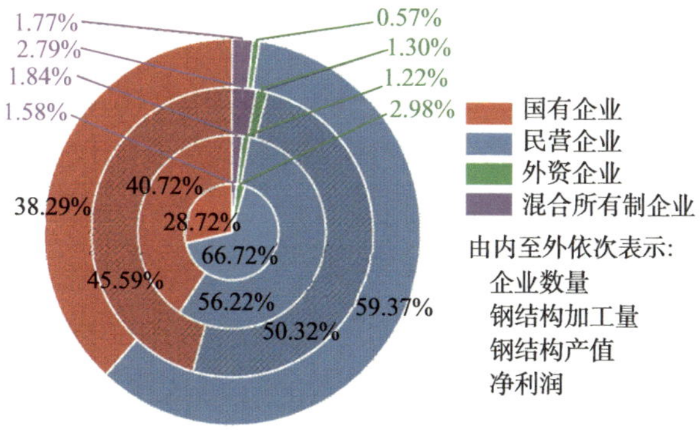

图 23-6　不同企业性质的数据情况

3. 产值分布情况

参与调研钢结构加工企业 2024 年生产总值达 3774.89 亿元，同比降低 4.85%。全年产值排名前五的省市依次为：浙江、江苏、山东、安徽和湖北。浙江省以钢结构年产值 562.60 亿元位居榜首，占全国调研总产值的 14.90%；其他四个省份全年钢结构产值分别为 498.30 亿元、474.42 亿元、387.04 亿元和 307.58 亿元，占比分别为 13.20%、12.57%、10.25%和 8.15%。前五个省份的钢结构总产值为 2229.94 亿元，占调研总产值的半数以上为 59.07%，比上年增长 4 个百分点。全国钢结构产值超过百亿元的省市共 11 个，除排名前五的省市外，还有广东、天津、上海、河南、辽宁和河北。上述 11 省市的钢结构总产值占全国钢结构总产值的 83.13%，比上年下降 1.29 个百分点。2024 年全国各省市钢结构产值情况见图 23-7。

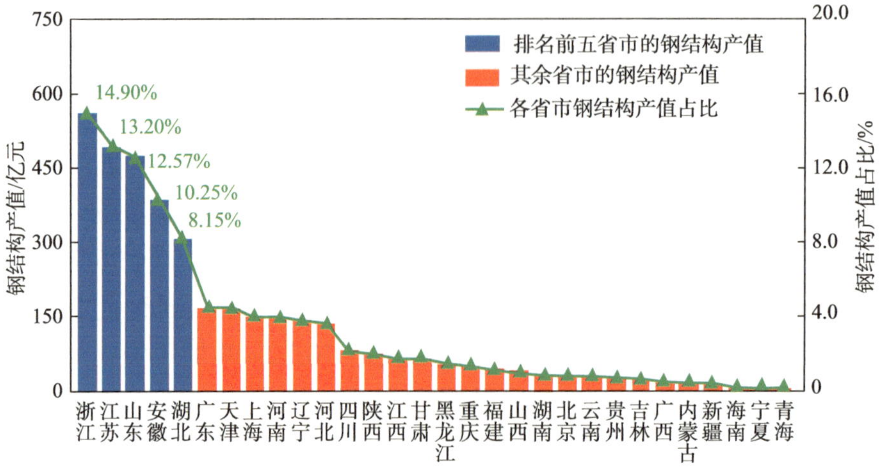

图 23-7　2024 年全国各省市钢结构产值情况

图 23-6 包含了四种类型企业的钢结构产值占比情况（由内至外的第 3 个环状图）。国有企业和民营企业的钢结构产值占比较高，分别为 45.59% 和 50.32%；外资企业和混合所有制企业产值占比分别为 1.30%和 2.79%。

4. 各省钢结构企业盈利能力分析

参与调研钢结构加工企业 2024 年利润总额达 148.52 亿元，同比降低 2.77%。从统计情况看，净利润排名前五的省市依次为：浙江、山东、江苏、安徽和湖北，均超过 10 亿元。浙江省全年净利润为 23.81 亿元，连续多年居首位，占全国调研总量的 16.03%，较上年增长 1.72 个百分点；其他四个省份全年净利润分别为 22.48 亿元、22.09 亿元、13.58 亿元和 11.24 亿元，占比分别为 15.14%、14.87%、9.14%和 7.57%。前五个省份的全年净利润为 93.20 亿元，占全国各省净利总数的一半以上约为 62.75%，较上年增长近两个百分点。除海南省和吉林省外，参与调研的其他省市均呈盈利状态。从调研情况看，浙江省钢结构企业总体水平较高，在盈利能力方面连续三年保持领先地位。山东省和安徽省钢结构企业虽然加工总量位列前茅，但盈利水平相比浙江稍逊一筹。2024 年全国各省市钢结构加工企业净利润情况见图 23-8。

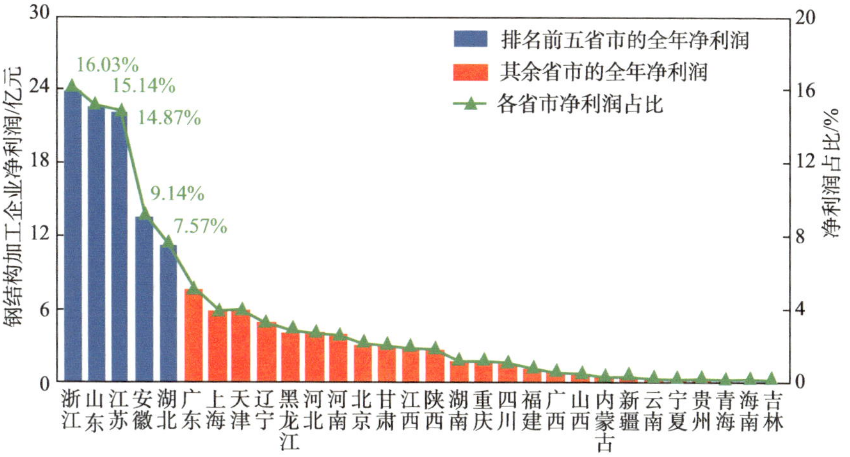

图 23-8　2024 年全国各省市钢结构加工企业净利润情况

图 23-6 包含了四种类型企业的钢结构净利润占比情况（由内至外的第 4 个环状图）。民营企业的净利润占比最高，为 59.37%；其次是国有企业，为 38.29%；外资企业和混合所有制企业占比分别为 0.57%和 1.77%。同样对比产量、产值和净利润占比可以发现，民营企业盈利能力更强。

5. 海外出口分析

在“一带一路”倡议持续推进和全球基建项目蓬勃发展的背景下，中国钢结构产品出口规模持续攀升。根据行业调研数据显示，当前企业出口网络已覆盖全球六大洲，主要市场包括亚洲、非洲、欧洲（中东）三大洲基建需求旺盛地区，同时辐射至北美洲、南美洲制造业基地及大洋洲新兴市场。这种多极化的市场格局既体现了国际工程市场的多元化特征，也反映出中国钢结构产业日益增强的全球竞争力。

从具体数据看，2024 年调研钢结构出口量总计 232.63 万吨（因调研样本有限，部分出口企业数据未纳入其中），占调研总量的 4.61%，比上年增长 0.27 个百分点。出口量最大的为亚洲，合计 146.77 万吨，占总出口量的 63.09%；其次是欧洲、非洲和北美洲，出口量分别为 37.72 万吨、25.62 万吨和 12.29 万吨，分别占总出口量的 16.22%、11.01%和 5.28%；出口大洋洲和南美洲最少，分别为 5.78 万吨和 4.45 万吨，占比 2.49%和 1.91%。2024 年钢结构主要出口情况见图 23-9。

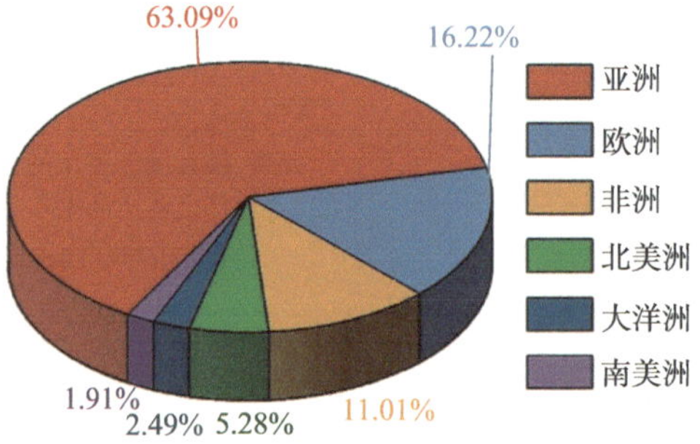

图 23-9　2024 年钢结构加工企业主要出口情况

（四）主要钢材品种及等级分析

1. 钢材品种分析

为准确把握生产用钢类型同时保持数据同源和逻辑闭环，2024 年对主要钢材品种统计仍细分为以下六类：包括建筑用钢板、桥梁用钢板、热轧型钢、冷弯型钢（含檩条）、钢管及其他。用量最大的仍是钢板，占全部钢材品种的 68.53%，比上年增加了 2.70 个百分点。其中建筑用钢板占全部钢材品种的半数以上，达 55.84%，较上年增加了 3.87 个百分点；桥梁用钢板占全部钢材品种的 12.69%，较上年降低了 1.17 个百分点；热轧型钢、冷弯型钢（含檩条）和钢管分别占比 15.76%、3.71%和 6.34%，较上年分别降低了 0.52%、0.95%和 0.28%。从调研情况看，除建筑用钢板用量增加外，其他品种钢材用量均有不同程度下降。此调研结果一方面与调研样本特性相关，另一方面也反映出汽车制造业、机械制造业扩张带动了工业厂房扩建和改造升级；而能源基础设施建设的加速，如风电塔筒、光伏支架等工程建设，以及能源输送管道的铺设等项目，都极大助推了建筑用钢的增长。2024 年钢结构加工企业各类钢材使用占比情况见图 23-10。

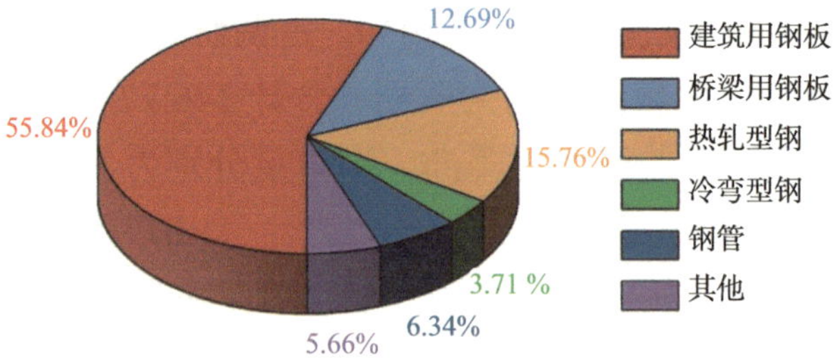

图 23-10　2024 年钢结构加工企业使用钢材品种占比图

2. 钢材强度等级分析

2024 年调研的钢材强度等级主要涵盖 Q235-Q690，较往年新增高强钢 Q550 和 Q690 的使用数据。从全行业使用的钢材强度等级来分析，Q235 钢材占比 13.83%，比上年降低了 0.37 个百分点；Q355 钢材占比 67.98%，比上年增加了 6.33 个百分点，二者合计占比 81.81%，同比增加了 5.96 个百分点。通过问卷统计和面向不同产品类型加工企业专项沟通发现，Q355 钢材用量增加与下列因素相关：该系列产品技术工艺成熟，加工便捷性高，焊接性能好，焊接工艺相对简单，焊缝可靠性高，低温韧性突出，具有更好的成本效益，且适配性强，其屈服强度与抗拉强度可广泛适用于房建高层建筑、大型桥隧、海洋工程、石化项目、船舶钢结构、风电及光伏发电等项目。

Q390 和 Q420 钢材分别占比 6.23%和 5.70%，合计较上年新增 1.1 个百分点；高强钢 Q460、Q550 和 Q690 分别占比 1.53%、0.50%和 0.30%，三者合计占比 2.33%；其他钢材合计占比 3.93%。从统计情况看，Q390 及以上高强钢用量合计占比 14.26%，说明行业内推广应用高强度钢材取得了一定进展。使用钢材强度等级情况见图 23-11。

（五）产品、构件用途分类及价格

2024 年调研对钢结构产品、构件进行了的统计，类型如下：

房屋建筑钢结构；桥梁钢结构；环保类钢结构；塔桅钢结构；非标钢结构；海洋钢结构；围护系统（单层压型钢板、复合保温板、钢筋桁架楼承板）。

各类钢结构产品生产占比见图 23-12（不包含围护系统）。

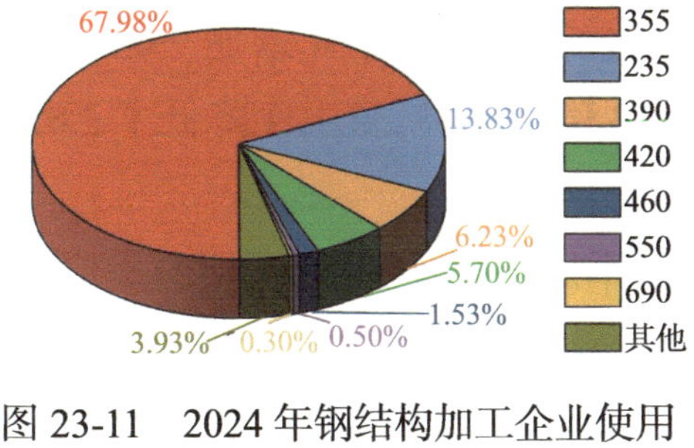

图 23-11　2024 年钢结构加工企业使用钢材等级占比图

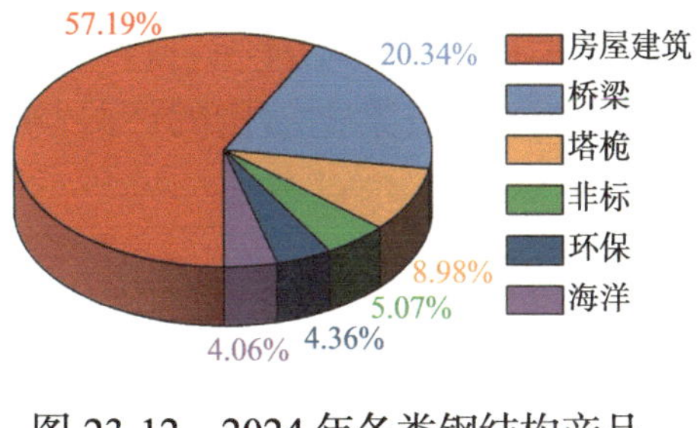

图 23-12　2024 年各类钢结构产品生产占比图

1. 房屋建筑钢结构

房屋建筑钢结构主要包含厂房、住宅和公共建筑，根据 2024 年统计样本，房屋建筑钢结构加工量 2883.18 万吨，占总加工量的 57.19%，比上年降低 2.81 个百分点。其中厂房加工量占房屋建筑钢结构加工量的 52.45%，比上年增长 2.30 个百分点；公共建筑占比 39.48%，比上年降低了 0.49 个百分点；住宅占比 8.07%，比上年降低 1.81 个百分点。总体来看，2024 年钢结构公共建筑占比连续两年下滑，新建厂房占比连续多年呈上升趋势；说明国内制造业总体仍呈现上升态势，生产加工规模连年增长。与中国的新能源、光伏、锂电池“新三样”的产能发展密不可分。不同房屋建筑钢结构类型应用情况见图 23-13。

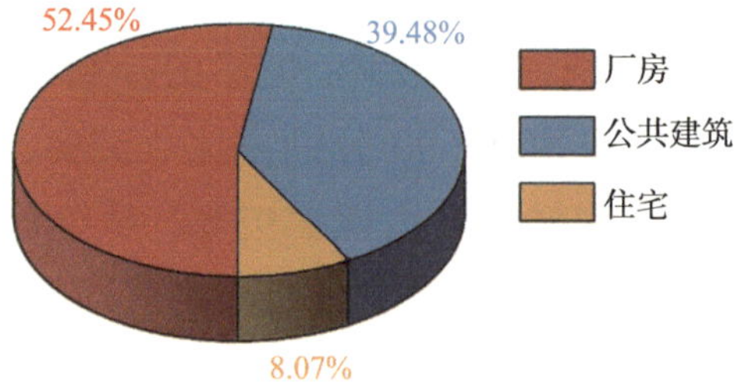

图 23-13　2024 年不同房屋建筑钢结构类型应用占比图

根据调研数据统计，2024 年厂房均价为 7234.08 元/吨，比上年降低 2.22%；住宅均价 7501.42 元/吨，比上年降低 3.68%；公共建筑的均价为 7984.69 元/吨，比上年降低 0.44%。从统计情况看，各类建筑钢结构价格连续两年呈下降趋势。

2. 桥梁钢结构

桥梁钢结构统计的产品类型有铁路桥梁、公路桥梁、市政桥梁等，钢结构加工量 1025.42 万吨，占总加工量的 20.34%，较上年增加 2.96 个百分点。2024 年度桥梁钢结构的产品均价为 9213.34 元/吨，较上年降低了 3.82%。

3. 环保类钢结构

环保类钢结构主要包括电厂、煤场封闭结构、垃圾处理厂、发电厂钢结构、冷却塔、钢厂原料封闭钢结构等。根据调研数据统计，环保钢结构加工量 219.82 万吨，占总加工量的 4.36%，比上年降低了 1.29 个百分点；2024 年度环保类钢结构的产品均价为 8175.89 元/吨，与上年基本持平。

4. 塔桅钢结构

塔桅钢结构主要包括钢管塔、陆上风电塔、电信塔、输电塔等。随着风电装机容量的不断增加，市场对风电塔筒的要求和用量也日益增长，2024年钢结构加工量 452.72 万吨，占总加工量的 8.98%，较上年增加 1.99 个百分点；产品均价为 8828.33 元/吨，较上年降低了 6.53%。

5. 非标钢结构

非标钢结构主要包括光伏支架、主题公园、火力发电、栈桥、通廊、高炉、反应塔釜、吊车、容器、水工闸门等。2024 年非标钢结构加工量 255.60 万吨，占总加工量的 6.27%，较上年降低了 1.20 个百分点；非标钢结构产品均价为 9930.29 元/吨，较上年增加 3.27%（非标钢结构产品类别多差异大，价格区间跨度也较大，此处均值仅供参考）。

6. 海洋钢结构

海洋钢结构主要包括港口机械、海洋平台、海上风电等。2024 年海洋钢结构加工量 204.68 万吨，占总加工量的 4.06%，较上年增加了 0.69 个百分点；产品均价为 10429.11 元/吨，较上年增加了 4.42%。

（六）模块化集成房屋建设

在近年来走访调研中发现，随着国家装配式建筑政策深入推进，一批钢结构企业启动布局模块化集成房屋建设。作为装配式建筑技术的高级形态，该类建筑通过在工厂预制完成 90%以上的主体结构与功能单元，实现现场施工“积木式”快速拼装，较传统建造模式可压缩工期 60%以上。适用于多种应用场景，包括应急保障类，如旅游度假营地、过渡性安置住房、应急救灾等，可实现快速部署、灵活适配，在 48 小时内完成临时居住区建设；还适用于特种环境下如部队边防哨所、野外作业营房及生态监测站点等特殊区位，采用钢结构框架+复合板材围护体系，不仅满足极端气候、复杂地形的严苛要求，还能显著提升野外作业人员居住品质。此外，模块化房屋在海外也有稳定且广阔的市场空间。

在本次调研中共有 96 家企业开展模块化钢结构房屋生产加工业务，约占总样本的 16.81%；调研企业 2024 年国内、外加工量分别为 3050.85 万平方米和 1887.24 万平方米，可见模块化钢结构企业国内外市场加工量均呈快速上升趋势，显示了其推广应用的前景较为广阔。

2020 年国内模块化钢结构房屋产品加工量为 1919.30 万平方米，国外模块化钢结构房屋产品加工量为 767.57 万平方米；2021 年国内加工量为 2072.05 万平方米，国外加工量为 853.38 万平方米；2022 年国内、外加工量分别为 2474.69 万平方米和 1082.79 万平方米；2023 年国内、外加工量分别为 2790.43 万平方米和 1533.62 万平方米。

（七）围护系统

本次调研的围护系统包括单层压型钢板、复合保温板、钢筋桁架楼承板。在有效调研企业中，有 124 家企业进行围护系统产品生产，占调研企业总量的 21.72%。从加工类型看，单层压型钢板的加工量占比最高，占比 58.22%；其次是复合保温板，占比 24.08%；钢筋桁架楼承板占比为 17.70%。

产品均价方面，单层压型钢板、复合保温板和钢筋桁架楼承板均价分别为 78.20 元/平方米、169.79 元/平方米和 116.23 元/平方米，单层压型钢板价格增长 14.19%，复合板和楼承板分别降低 1.81%和 7.83%。2024 年围护系统板材产品生产占比见图 23-14。

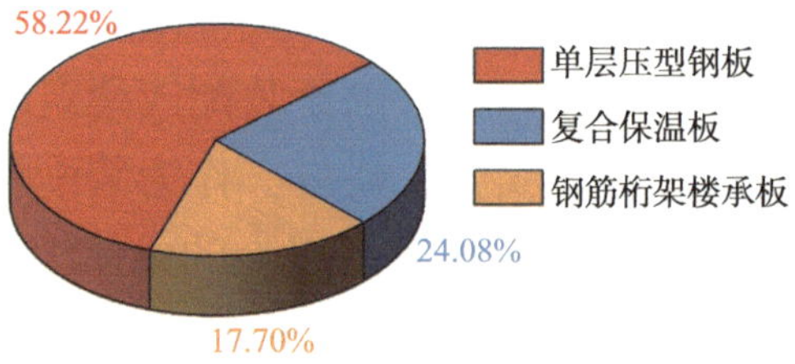

图 23-14　2024 年围护系统板材产品生产占比图

（八）其他

在主要生产、环保设备投入及数字化、信息化建设等方面，有效调研的 571 家企业中，377 家企业在 2024 年度新增了生产设备投入，各企业投资均值为 1607.09 万元；279 家企业新增了环保设备投入，各企业投资均值为 216.29 万元；337 家企业都新增了企业信息化建设投入，各企业投资均值为 317.95 万元。

在耗电量方面，本次调研的 571 家企业中，全年耗电量均值为 527.29 万千瓦时。此外，共有 139 家企业采用了厂房屋顶光伏发电，约占样本总量的 24.34%，较上年增长 5.22 个百分点。其中有 11 家企业的光伏发电可以满足本企业所需的全部电力，其余企业的光伏发电量与所需电力比值的平均值为 26.62%。建议具备条件的钢结构加工制造企业大力开展光伏发电，提高绿色能源使用比例，降低企业用电成本，打造绿色节能环保型制造企业。

二、行业未来发展方向

（一）创新领航，赋能新质生产力向纵深突破

钢结构行业作为国民经济基础产业，凭借其成熟的工艺体系和显著的规模效应，在产业发展格局中占据重要地位。但同时也面临准入门槛不高、高端供给不足、低端产能过剩、市场竞争激烈、创新能力薄弱等发展瓶颈。当前新一轮科技革命和产业变革深入发展，技术创新进入前所未有的密集活跃期。科学研究向宏观拓展、向微观深入、向极端条件迈进、向综合交叉发力产生新的增长极。在此背景下，传统产业必须通过科技创新突破“低端锁定”困局，以新质生产力重构产业价值链条。

人工智能技术的突破性发展正引发钢结构产业的全链条变革。在设计领域，生成式 AI 算法可显著提升复杂结构整体性能；在制造环节，通过大功率激光切割设备和焊接机器人集群的规模化部署，可实现生产效率与质量稳定性的双重提升，物联网、大数据和人工智能技术的引入，可推动生产向数字化、柔性化方向深度演进；在检测阶段，依托机器视觉和深度学习技术构建智能质检体系，可大大提高检测效率与精度，有效降低人工质检的主观性和漏检率；运维环节则可以借助数字孪生技术搭建预测性维护平台，提前预判故障隐患，优化维护周期，降低维修成本，实现资源配置效率最优化和效益最大化。此外 3D 打印技术在复杂节点制造和应急修补场景的应用突破，正在摆脱传统钢结构制造的空间约束、拓展工艺限制边界。

行业要实现智能化转型，建议构建三位一体的支撑体系：从组织维度实施“金字塔型”人才战略，培育人才梯队，包括既懂钢结构工艺又掌握 AI 技术的复合型工程师和既懂工艺又会操作的技术工人队伍；从技术维度构建数据治理体系，促进传统 BIM 技术与新兴 AI 技术融合，升级智能装备，搭建工业互联网平台，实现人机协同的精准化作业控制；从应用维度建立“数据采集—模型训练—场景验证”的闭环机制，通过数据模型的持

续迭代优化，最终达成提质增效的实质性突破。

（二）多维发力，推动高性能与高效能钢材广泛应用

高性能与高效能钢材凭借其优异的延展性、抗冲击性和耐候抗火性能，已成为现代土木工程领域材料应用的重要研究方向。近年来，相关国家政策出台持续推动材料创新应用，2020 年住建部等九部门明确提出扩大热轧 H 型钢、耐候钢及耐火钢应用规模，2023 年工信部等七部门进一步要求在地下管廊、跨海桥梁等场景加强钢结构应用。

在工程实践中，高性能与高效能钢材的合理应用可同时实现安全、经济与环保三重效益。其承载能力较普通钢材可提升 30%－50%，能够抵御极端交通荷载和沿海高腐蚀环境，使建筑桥梁的服役寿命延长 50 年以上。材料性能优化可减少 15%－25%的钢材用量，同步降低 20%－40%的焊接作业量和运输成本。从全生命周期看，因维护频次减少和涂装需求下降，运维阶段的碳排放可比传统钢材降低 30%以上。

为加速技术成果转化，需构建多方协同推进机制：政策层面建议在沿海工程、超高层建筑等项目中鼓励使用高性能钢材，并通过容积率奖励等激励措施引导实施；技术标准方面建议完善技术标准体系，明确技术标准要求，加强标准宣传与推广；推广应用方面建议促进产学研用合作，建立“钢厂—设计院—施工企业”联合研发平台，重点突破材料与结构适配性难题；同时强化技术培训体系，制定高强钢焊接工艺规程并严控施工过程质量，确保材料性能在制造和施工环节的完整传递。这种系统性推进策略既能提升工程品质，又可带动钢铁与建筑行业协同升级。

（三）前瞻布局，深挖国内新兴领域市场潜力

随着“双碳”目标推进，光伏支架、风电塔筒、储能设施等新能源基建需求激增，为钢结构行业开辟新增长极。国内钢结构企业通过技术创新切入新能源领域，例如风电塔筒采用大直径钢管混凝土结构提升抗风性能，光伏支架通过轻量化设计降低用钢成本。龙头企业依托产业集群效应，整合上下游资源，形成“材料研发—构件生产—项目总包”全链条服务能力，逐步替代传统混凝土结构，抢占新能源基建市场份额。新能源汽车产业的爆发式增长、半导体行业的迅猛发展带动上下游配套产业协同发展，形成了强大的产业集群效应。智能化工厂建设、大跨度钢结构厂房需求激增，掀起钢结构市场发展的一波小浪潮。

除新能源领域外，钢结构凭借“轻、快、韧、绿”等核心优势，能实现灵活扩容和功能改造升级，可满足大跨度无柱空间、复杂异型结构等需求，正抢占着智慧城市、数字经济、低空产业新赛道。钢结构正从“建筑骨骼”进化为“产业触手”，触及到 5G 基站与智慧杆塔、智能交通枢纽、地下管廊与数据融合中心、模块化算力中心、电商物流智慧仓库、元宇宙物理基座、低空物流无人机驿站、城市空中交通基础设施等百姓生活的方方面面，并将大有可为。

在乡村振兴战略下，轻钢农房、模块化建筑成为农村住房改造与产业配套的新选择。例如，轻钢集成农房采用冷弯薄壁型钢体系，较传统砖混结构节能 30%以上，且施工周期缩短 50%；模块化粮仓、冷链仓库则通过标准化构件实现快速拼装，适配农业现代化需求。未来在政策推动下，乡村建设标准与钢结构技术规范相衔接，通过补贴试点、示范推广项目，激活钢结构下沉市场潜力。

（四）多措并举，拓展多元化国际市场版图

面对国内钢结构行业竞争加剧，房地产行业调整，传统建筑市场增长空间收窄等不利形势，国内钢结构企业凭借成本和技术优势加速出海，将中东、东南亚、非洲等“一带一路”区域作为核心增量市场。中东地区沙特 NEOM 新城、阿联酋超高层建筑等标志性项目带动国内钢结构高端市场发展，东南亚地区印尼、越南的工业化进程则推动标准化厂房与物流园区加工和建设，非洲尼日利亚城镇化及埃及光伏电站项目更是释放批量化钢构订单，国际市场的不同需求有效吸收了国内产能，分散了国内经营压力和回款压力。

国内钢企以“成本+技术+服务”三重优势破局海外市场：成本端，依托占全球 50%钢产量的规模优势和全产业链配套能力控制成本，提供高性价比产品；技术端，凭借上海中心大厦、北京大兴机场等超级工程积累的超高层、大跨度经验，支撑复杂项目加工制作和现场施工难度要求；服务端，EPC 总承包实现从设计、制造到安装的“交钥匙”服务，满足客户一站式需求。此外，通过输出中国标准、参与国际标准制定，推动“中国方案”成为全球基建新范式，从单一产品出口升级为技术标准与产能协同输出的全球化模式。

从被动出海到主动布局，中国钢结构企业正以国内竞争压力为推力，

以“一带一路”需求为牵引，以全产业链能力为基石，构建覆盖高端地标、工业基建与民生工程的多层次海外市场体系，在全球基建浪潮中实现从“跟随者”到“引领者”的角色跃升。

（五）全生产流程管理，激活降本增效发展动能

在制造业竞争日益激烈的环境下，精细化管理成为企业提升竞争力的重要一环。纵观企业全生产流程，生产前应强化计划协同与资源统筹，建立多部门联动的订单评估机制，通过物料清单精准核算成本与周期，结合 ERP 系统预测需求并动态排产，合理预配物料，预留弹性产能，减少库存积压与缺料风险，科学优化库存管理。

生产过程中需强化数字管控与工艺优化。通过套料系统升级和算法优化提升材料利用率，依托 MES 系统实时监控生产进度，借助过程管理和关键工序质量检测降低返工率，引入高效节能设备降低生产能耗提高生产效率，建立委外加工商绩效考核制度保障产品质量与交期。

生产工序完成后进行闭环管理与价值挖掘。建立余料材质、规格编码数据库，实现型材、板材余料智能匹配与二次利用；依托 ERP 系统实时归集原料损耗、工时及能耗数据，通过材料利用率分析优化工艺定额标准，实施按项目构件分摊成本；通过数字化管理将生产末端余料、能耗、工艺数据转化为决策资源，以终为始实现降本增效。

（本章撰写人：刘毅，李庆伟，谢娜，中国钢结构协会；
杜玮，中国钢铁工业协会）

附　录

钢铁行业大事记

1月2日，河钢集团与复旦大学共建智慧钢铁技术校企联合研究中心签约暨揭牌仪式在河钢集团总部举行，标志着双方合作进入全面实施阶段。

1月2日，国家发展改革委修订发布《产业结构调整指导目录（2024年本）》。其中提到，鼓励绿色技术创新和绿色环保产业发展，推进重点领域节能降碳和绿色转型，坚决遏制高耗能、高排放、低水平项目盲目发展。涉及钢铁鼓励类7项，钢铁限制类21项，钢铁淘汰类28项。

1月4日，中国钢铁工业协会跨产业巡回办公和高质量发展干部培训第六课在中国中车股份有限公司举办。钢协党委书记、执行会长何文波率钢协驻会相关领导及部门负责人参加此次培训。中国中车党委书记、董事长孙永才出席并授课。双方就轨道交通与钢铁行业的发展趋势、轨道交通对钢铁材料的需求变化、推动钢铁行业轨道交通运输的高质量发展、共同应对绿色低碳发展要求等议题深入交流，并同意建立更加紧密的沟通机制，进一步推动产业链协同高质量发展。

1月4日，工业和信息化部原材料工业司司长常国武一行到中国钢铁工业协会，与钢协党委书记、执行会长何文波围绕促进钢铁行业运行提质增效、优化产能治理方式、支持共性技术创新、铁资源开发、绿色低碳和数字化转型等钢铁行业核心议题充分交换了意见，对后期重点工作思路进行了交流研讨。

1月7—8日，中国钢铁工业协会党委在北京召开理论学习中心组（扩大）会议，按照落实“第一议题”制度有关要求，重点学习了习近平总书记在中央经济工作会议上的重要讲话精神，集体学习党中央、国务院关于加快推进新型工业化、金融高质量发展、全球碳定价趋势以及《空气质量持续改善行动计划》等有关文件，同时探讨钢铁企业贯彻落实重点工作举措和钢协具体工作建议。会议还就 2024 年拟报送国家有关部门的政策建议进行了充分讨论，初步形成十条政策建议。钢协党委书记、执行会长何文波主持会议并讲话。钢协驻会领导班子成员、副秘书长级党员干部和各部门主要负责人参加会议并作交流发言。

1 月 9 日，中国钢铁工业协会在北京组织召开了低碳排放钢标准专家工作组成立会暨工作研讨会。钢协党委副书记、副会长兼秘书长姜维，欧冶云商股份有限公司党委书记、董事长赵昌旭等领导参加了会议。本次会议旨在制定符合中国国情的低碳排放钢标准，推动钢铁行业绿色低碳发展。来自中国宝武、鞍钢、首钢、中信泰富、沙钢、河钢、包钢、安钢等单位的 100 多名专家、学者通过视频和现场参加了本次会议。

1 月 9 日，中国钢铁工业协会科技成果评价会在北京召开，专家一致认为，南钢股份、北京科技大学、东北大学等单位联合完成的“钢铁企业全要素资源优化与智慧运营核心关键技术创新”科技成果，南钢股份、东北大学、燕山大学等单位联合完成的“高强高韧钢铁材料复合氧化物冶金关键共性技术创新与应用”科技成果均达到国际领先水平。

1 月 9 日，中国钢铁工业协会在北京组织召开钢结构专题研讨会，听取钢结构协会关于加强钢结构推广应用的工作汇报。会议由钢协党委书记、执行会长何文波主持，国家发展改革委产业发展司副司长霍福鹏参加会议并讲话。钢协驻会领导，规划发展部、钢铁材料应用推广中心有关负责同志，冶金信息标准院、冶金规划院、冶金经研中心等单位有关同志参加交流。

1 月 10 日，河南钢铁集团与河南省科学院、北京科技大学联合共建的河南省先进钢铁材料产业研究院成立。研究院旨在推动河南省钢铁材料产业的高端化、智能化、绿色化转型，提升产业综合竞争力，并助力企业转型升级和高质量发展。

1 月 10 日，北京科技大学党委书记武贵龙、校长杨仁树一行到中国钢铁工业协会，与钢协党委书记、执行会长何文波，党委副书记、副会长兼秘书长姜维，就钢铁行业发展情况、科技创新、人才培养等方面进行了深入交流。

1月12日，中国五矿集团（唐山曹妃甸）矿石控股有限公司在大连商品交易所铁矿石I2401期货合约上，顺利完成五矿标准粉的期货交割，这是国产混矿首次完成铁矿石标准仓单交割。

1月12日，中国钢铁工业协会在北京召开第六届会员大会第六次会议，全面总结了2023年钢铁行业的运行情况及相关工作，分析了2024年行业面临的形势，部署了行业发展和协会的重点工作任务。在会员大会上，中国矿产资源集团党组书记、董事长姚林接任钢协会长。同期召开的六届七次理事会议选举中国宝武党委书记、董事长胡望明和首钢集团党委书记、董事长赵民革为钢协轮值会长；选举包钢集团党委书记、董事长孟繁英，安钢集团党委书记、董事长薄学斌，酒钢集团党委书记、董事长程子建，以及夏农为钢协副会长。理事会议还审议通过了吸收新会员、调整和增补部分理事及常务理事的议案，并通过了会费收支情况的报告。

1月15日，重庆科技大学校长赵明阶一行到中国钢铁工业协会，与钢协党委副书记、副会长兼秘书长姜维就人才培养、产教融合、技术开发等方面进行了交流。

1月16日，钢铁极致能效工程能效标杆三年行动阶段进展报告暨部委对接会在中国钢铁工业协会召开。钢协党委副书记、副会长兼秘书长姜维，国家发展改革委产业发展司冶金处、资源节约和环境保护司节能处，工信部原材料工业司钢铁处、节能与综合利用司节能处，宝钢股份、首钢京唐、中国特钢协会、冶金工业规划研究院、冶金工业信息标准研究院、冶金工业经济发展研究中心、冶金工业信息中心等单位的领导与专家参加座谈。

1月17日，由中国钢研集团自主研发和建设的全球首条纯氢多稳态竖炉示范工程投入运行，实施该工程的主要目的是实现钢铁冶炼过程的零碳排放，推动钢铁行业向绿色低碳转型，助力中国实现碳中和愿景目标。

1月18日，山钢集团印发《改革深化提升行动实施方案》，旨在巩固改革三年行动成效。

1月19日，生态环境部印发《关于推进实施焦化行业超低排放的意见》，推动实施焦化企业（含半焦生产）超低排放改造。到2025年底前，重点区域力争60%焦化产能完成改造；到2028年底前，重点区域焦化企业基本完成改造，全国力争80%焦化产能完成改造。

1月23日，中国钢铁工业协会副会长骆铁军会见了到访的必和必拓集团销售与营销总裁何睦凯（Michiel Hovers）一行，双方就中国钢铁行业运行、2023 年钢协主要工作、必和必拓铁矿石和焦煤生产供应情况、推动绿色低碳发展等进行了交流。

1 月 24 日，湖南钢铁湘钢交付国内首批超低温（零下 196 摄氏度）罐用 5.5Ni 钢，填补该钢种国内生产空白。

1 月 25 日，工信部、国家发展改革委、财政部、自然资源部等联合印发《原材料工业数字化转型工作方案（2024—2026 年）》，国家将在产业升级、提升企业竞争力、产业链协同等方面推动原材料工业实现高质量发展。

1 月 30 日，钢铁极致能效工程年度总结会暨能效标杆示范验收启动会在河北唐山曹妃甸召开，这标志着企业能效标杆示范验收工作正式启动。

1 月 30 日，中国钢铁工业协会党委书记、执行会长何文波赴交通运输部规划研究院调研。交通运输部规划研究院院长刘昕，钢协班子成员参加交流。双方围绕交通基础设施建设现状和发展规划、交通领域钢材需求总量和品种结构、产业链物流布局和绿色低碳发展趋势等话题进行充分研讨，在促进交通与钢铁产业深度合作、协同发展方面达成多项共识。

2 月 2 日，国务院发展研究中心企业研究所副所长项安波一行到中国钢铁工业协会，与钢协副会长唐祖君就 2024 年钢铁行业运行情况、行业投资情况以及行业重点关注的相关议题进行了交流。

2 月 6 日，生态环境部总工程师、大气环境司司长刘炳江一行到中国钢铁工业协会，与钢协党委书记、执行会长何文波讨论了钢铁行业的产能治理、布局优化和清洁运输等课题，并交流了下一步工作思路。生态环境部大气环境司相关负责人及钢协部分领导参加了会议。

2 月 6 日，中国钢铁工业协会党委书记、执行会长何文波一行赴中钢集团，了解中钢生产经营情况，听取企业对钢铁行业高质量发展的意见建议。钢协驻会领导，中钢集团党委书记、董事长刘安栋等中钢集团领导参加交流。

2 月 6 日，山钢集团召开干部会议，宣布张宝才任山钢集团党委委员、常委、书记，提名为董事、董事长人选；解旗任山钢集团党委委员、常委、副书记、总经理，提名为董事人选。

2 月 8 日，国务院总理李强签署国务院令，公布《碳排放权交易管理暂行条例》，该《条例》自 2024 年 5 月 1 日起施行。

2 月 9 日，国务院发布《关于加快构建废弃物循环利用体系的意见》，提出到 2025 年，初步建成覆盖各领域、各环节的废弃物循环利用体系，主要废弃物循环利用取得积极进展。尾矿、粉煤灰、煤矸石、冶炼渣、工业副产石膏、建筑垃圾、秸秆等大宗固体废弃物年利用量达到 40 亿吨，新增大宗固体废弃物综合利用率达到 60%。废钢铁、废铜、废铝、废铅、废锌、废纸、废塑料、废橡胶、废玻璃等主要再生资源年利用量达到 4.5 亿吨。资源循环利用产业年产值达到 5 万亿元。

2 月 18 日，鞍钢集团攀长特在国内首次开发出盘圆直径为 18 毫米的 TC4 钛合金大盘卷。

2 月 22 日，建龙北满特钢与中国一重合资成立龙创公司，共同建设运营高端大型铸锻件制造技术升级改造项目。

2 月 22 日，国务院国资委批复同意中国宝武联合国新投资收购中粮包装股份有限公司，同步批准中粮集团下属中国食品（控股）有限公司将其所持有的中粮包装 33065.88 万股股份（股权比例 29.7%）转让给中国宝武与国新投资联合成立的要约主体。

2 月 23 日，应急管理部发布《安全生产治本攻坚三年行动方案（2024—2026 年）》，部署安全生产治本攻坚“八大行动”。

2 月 26 日，工信部印发《工业领域数据安全能力提升实施方案（2024—2026 年）》，对钢铁行业从数据保护、数据安全监管、数据安全产业支撑、数据安全标准化建设等方面提出了要求。

2 月 27 日，渤海首个千亿立方米大气田——渤中 19-6 气田一期开发项目投产。该项目使用了天津钢管自主设计生产的高端管线管产品。

2 月 29 日，鞍钢集团本钢板材公司首个镀锌产品全生命周期评价（LCA）报告上线发布，不仅提升了本钢集团的碳数据管理水平，还为钢铁行业的绿色转型和可持续发展提供了有力支持。

2 月 29 日，鞍山发蓝股份公司使用自有专利技术研制的 1.2 毫米×50 毫米管线钢、大型 H 型钢专用高强复绕包装钢带一次试车成功，并批量生产，实现全球首创。

3 月 1 日，印度最长跨海大桥——阿塔塞图（AtalSetu）大桥建成通车。该桥使用南钢桥梁钢板 SM570。

3 月 7 日，国务院印发《推动大规模设备更新和消费品以旧换新行动方案》。《行动方案》提出支持建设一批废钢铁、废有色金属、废塑料等再生资源精深加工产业集群。

3 月 13 日，中国钢铁工业协会召开钢铁产能治理新机制、钢铁产能置换政策评估课题启动会。钢协副会长夏农主持会议，来自国家发展改革委产业司、工业和信息化部原材料司、财政部政策研究室、生态环境部大气司、国家统计局工业司，宝武、鞍钢、中矿、首钢、河钢、太钢、沙钢、中信泰富、建龙等 9 家企业及冶金工业规划研究院、冶金工业信息标准研究院、冶金工业经济发展研究中心的有关负责人参加会议。

3 月 14 日，湖南钢铁湘钢 7Ni 钢装车发运，将用于建造 78900 立方米船载 LNG（液化天然气）储罐。这是 7Ni 钢全球首次应用于大型船载 LNG 储罐。

3 月 14 日，中国钢铁工业协会党委召开理论学习中心组（扩大）会议，专题学习贯彻习近平总书记重要讲话和全国两会精神，传达落实中央社会工作部、全国性协会商会党委以及柳拯副部长对全国性行业协会商会党组织党建工作部署要求，并结合行业中心任务研究具体落地举措。钢协党委书记何文波主持会议并进行导学，钢协党委班子成员、副秘书长级党员领导干部和有关单位负责人参加集体学习和共同研讨，有关部门、代管单位作专题报告。

3 月 15 日，世界最大吨位的徐工 11 轴 4000 吨级轮式起重机交付，其关键部件采用湖南钢铁衡钢高强工程机械用管制造。

3 月 18 日，中共中央办公厅、国务院办公厅发布《关于加强生态环境分区管控的意见》。《意见》提出，强化生态环境重点管控单元管理，推进石化化工、钢铁、建材等传统产业绿色低碳转型升级和清洁生产改造。

3 月 20 日，鞍钢蒂森克虏伯汽车钢有限公司（TAGAL）发布 TAGAL 数字化车身平台和技术解决方案（TAGAL eNovation*）和 4 个低碳排放钢（TAGAL greenS）产品。

3 月 21 日，中天特钢烧结厂 5G+智能化料场上线，建成堆取设备智能化、流程运行智慧化、数据管理可视化的环保节能智慧料场，达到国内外领先水平。

3 月 21 日，中国钢铁工业协会副会长兼秘书长姜维会见了淡水河谷（VALE）首席执行官柏安铎（Eduardo Bartolomeo）一行，双方就钢铁行业运行、进口铁矿石市场及推动钢铁行业绿色低碳发展等话题进行坦诚友好的交流。

3 月 22 日，由鞍钢集团攀钢牵头组织的“十四五”国家重点研发计划“战略性矿产资源开发利用”重点专项——“钒钛磁铁矿中钒钛高效回收与高值利用技术”项目启动。

3 月 23—24 日，中国钢铁工业协会 2024 年地方行业协会负责人座谈会在湖北武汉召开，来自 16 家地方行业协会负责人参会，就地方协会工作的经验和做法、行业面临的形势和问题、做好行业工作的措施和建议进行了深入交流。钢协副会长屈秀丽出席会议并讲话。

3 月 26 日，中国钢铁行业率先采用“物理防垢除垢+电解吸附”工艺进行循环水处理的循环冷却水综合治理设备，在包钢股份动供总厂 1 号 CCPP（燃气—蒸汽联合循环发电机组）机组试运行，标志着循环水处理领域取得重要进展。

3 月 27 日，中国宝武马钢召开碳管理体系导入启动会，成为中国宝武旗下第一家导入碳管理体系的公司。

3 月 27 日，建龙集团旗下子公司华夏建龙与北京科技大学联合共建的北科大建龙矿业研究所成立。该研究所将依托北科大的教育、科研、人才优势和华夏建龙的资源优势，通过搭建科研平台，联合开展科研创新，实现采矿和选矿先进技术的突破以及人工智能技术的变革。

3 月 27 日，柳钢集团党委书记、董事长李斌一行到中国钢铁工业协会，与钢协党委副书记、副会长兼秘书长姜维就当前钢铁行业运行及柳钢高质量发展等议题进行深入交流。

3 月 28 日，中国钢铁工业协会副会长骆铁军会见了日本制铁北京代表处总代表桂康久一行，双方就中国钢铁行业运行和未来需求发展、中日双边钢铁贸易、进一步完善中日双边钢铁产业交流、应对欧盟 CBAM 等议题进行了探讨和交流。

3 月 29 日，全球首例“氢基竖炉-近零碳排电弧炉”新型短流程项目在河钢集团张宣科技启动实施。

3 月 29 日，中国钢铁工业协会在北京组织召开钢筋市场研讨会，分析研判近期钢筋市场情况及后期走势，交流研究应对措施。来自全国各地区的 15 家钢筋生产龙头企业营销负责人参加会议。钢协副会长骆铁军出席会议并讲话。

3 月 29—30 日，第十六届中国钢铁高峰论坛在郑州召开，论坛以“应对变局 行稳致远”为主题，1500 多位与会嘉宾共同探讨钢铁行业面临的挑战与机遇，凝聚了推动行业高质量发展的共识。钢协党委副书记、副会长兼秘书长姜维出席会议并做主旨发言。

3 月 30 日，2024（第十五届）钢铁高质量发展大会在北京召开。钢协副会长夏农出席会议，并作题为《扎实工作 推动钢铁行业高质量发展》的主题讲话。

4 月 1 日，2024 年钢铁行业智能制造联盟年会在石家庄召开，会上成立了钢协工业软件标准化工作组、钢铁行业智能制造联盟本质安全智能化工作组。此次会议标志着钢铁行业数字化转型三年行动正式启航。

4 月 2 日，中国钢铁工业协会发布《认清形势保持定力共同维护钢铁行业平稳有序发展》倡议书，《中国冶金报》配发社论《自律控产降库存——应对当前市场形势的“良方”》，引导行业加强自律、维护市场稳定、推动高质量发展、加强产业链合作和增强行业信心。

4 月 2 日，首钢双金属镀层精密焊管用钢开发及高效制造技术取得突破，助力汽车管路用材全面国产化。

4 月 2 日，河钢印发实施《河钢集团模拟全国碳市场交易工作方案》，在钢铁行业率先启动模拟全国碳市场交易工作。

4 月 3 日，国家发展改革委发布消息，2024 年国家发展改革委、工信部、生态环境部、应急管理部、国家统计局会同有关方面将继续开展全国粗钢产量调控工作，相关部门将联合开展全国钢铁冶炼企业装备基础信息摸底工作。

4 月 8 日，马钢集团召开干部大会，决定推荐蒋育翔为马钢集团、马钢股份董事、董事长人选，任命蒋育翔为马钢集团、马钢股份党委书记，聘请蒋育翔为中国宝武马鞍山总部总代表。

4 月 8 日，以促进“钢铁－钢结构－建筑”产业链融合发展为主题的钢结构推广应用专家研讨会在北京召开，钢协副会长夏农出席会议并讲话。

4 月 8 日，中国钢铁工业协会在北京召开钢铁期货专题研讨会，鞍钢、河钢和沙钢等 8 家钢铁生产和贸易相关企业参会。钢协副会长骆铁军出席会议并讲话。

4 月 8 日，中国特钢企业协会十届三次会员大会在青海西宁召开，会议在加强行业自律、推动科技创新、调整组织结构和促进行业交流等方面取得了积极的效果。钢协党委副书记、副会长兼秘书长姜维出席会议并讲话。

4 月 9 日，山钢集团拿下目前国内在建容积最大的 LNG（液化天然气）储罐项目所需的 6000 余吨 9Ni 钢订单。

4 月 9 日，工信部、国家发展改革委、财政部等七部委联合发布《推动工业领域设备更新实施方案》，明确钢铁行业加快对现有高炉、转炉、电炉等全流程开展超低排放改造，争创环保绩效 A 级；面向钢铁、建材等已出台取（用）水定额国家标准的行业，推进工业节水和废水循环利用，改造工业冷却循环系统和废水处理回用等系统，更新一批冷却塔等设备。

4 月 9 日，世界钢协公布第 18 届模拟炼钢挑战赛世界总决赛比赛结果，河钢职工部伟利荣获职业组世界总冠军。这是 2017 年以来河钢荣获的第 6 个职业组世界总冠军。

4 月 11 日，中国钢铁工业协会在北京组织召开《中国钢铁工业统计调查制度》统计专家论证会，审议《中国钢铁工业统计调查制度拟修订内容》。此次会议从优化统计指标、开展专项统计、修订统计指标解释等方面完善了《中国钢铁工业统计调查制度》，以适应新形势下钢铁行业的发展需求，提高统计工作的科学性和有效性。

4 月 11 日，据中信泰富官网显示，中信泰富特钢集团党委书记、董事长钱刚于 3 月出任中信泰富总裁一职。

4 月 11 日，中国宝武八钢选举吴彬为第八届董事会董事长，选举秦长灯为监事会主席。

4 月 11 日，宝钢股份湛江钢铁零碳高等级薄钢板工厂项目开工。该项目是国内首个“氢基竖炉+电炉”短流程冶炼生产高等级薄钢板的近零碳生产线。

4 月 11 日，中国钢铁工业协会党委副书记、副会长兼秘书长姜维在京会见了包钢（集团）公司党委书记、董事长孟繁英一行。双方围绕稀土 EPD（环境产品声明）平台建设、钢铁和稀土 EPD 平台协同、行业绿色低碳技术研发应用等议题进行了讨论并达成共识。

4 月 11 日，中国炼焦行业协会八届二次会员（理事）大会暨第二十届中国炼焦技术及焦炭市场国际大会在山西太原召开，会议旨在分析行业形势，探讨应对策略，加强行业交流，增强行业凝聚力和向心力。钢协副会长屈秀丽出席会议。

4 月 15 日，中国钢研纯氢竖炉示范生产线完成第二次生产运行，氢还原海绵铁常态金属化率达到 96%以上，标志着该公司具备大规模工业化应用技术条件。

4 月 15 日，河钢集团与西门子在塞尔维亚首都贝尔格莱德签署共建塞尔维亚钢铁公司数字化绿色化工厂项目合作协议。

4 月 15 日，宝武资源西非有限公司在几内亚首都科纳克里揭牌成立。

4 月 15 日，中国机械冶金建材工会副主席张杰一行到中国钢铁工业协会，与钢协党委副书记、副会长兼秘书长姜维就加强合作、推动钢铁行业高质量发展和产业工人队伍建设进行交流。

4 月 16 日，鞍钢集团本钢板材公司冷轧板、镀锌板、电镀锌板、酸洗板、特钢棒材等 5 个产品 LCA 报告上线发布，并成功将相关数据纳入碳数据管理平台。

4 月 16 日，2024 粤港澳大湾区黑色金属产业链论坛在广东乐从召开，钢协副会长骆铁军出席会议，近 300 位钢铁产业链代表参加会议。

4 月 18 日，稀土 EPD（环境产品声明）平台在北京首发，并首次发布了 4 份稀土产品 EPD 报告。

4 月 18 日，第二届中国轧钢与轧辊新技术推进大会在江苏宜兴召开。中国钢铁工业协会党委副书记、副会长兼秘书长姜维出席会议并致辞。

4 月 19 日，《中国钒钛产业发展报告（2024）》全国首发，首次全面、权威地分析中国钒钛产业的发展历史、现状和前景。

4 月 19—21 日，第二十届钢铁产业发展战略会议在上海国际会议中心召开，来自海内外的行业专家、学者、钢铁生产与贸易物流企业、原燃料企业、金融研究机构等领域的代表参加会议，并就行业新机遇、新挑战进行探讨，达成自律、控产、降库存仍是高质量发展关键的共识。钢协党委副书记、副会长兼秘书长姜维出席会议并致辞。

4 月 21 日，鞍钢集团召开法治鞍钢建设工作领导小组会议，审议通过《鞍钢集团建设世界一流法治企业试点实施方案》。

4 月 22 日，河钢数字技术股份有限公司与河钢集团战略研究院在石家庄市举办 WisCarbon 碳中和数字化平台新品发布会，发布了 6 款新产品，并推出了 WisCarbon 碳中和数字化平台 2.0 版，构建了“5+8+4”碳中和数字化系统解决方案。

4 月 22 日，第十四届全国人大代表、中国二十二冶集团有限公司党委书记、董事长袁斯浪一行到中国钢铁工业协会，与钢协党委副书记、副会长兼秘书长姜维座谈交流。

4 月 24 日，国家税务总局发布《关于资源回收企业向自然人报废产品出售者“反向开票”有关事项的公告》，旨在推动行业规范化、规模化、标准化，促进资源循环利用和环境保护。

4 月 25 日，中国冶金矿山企业协会第八届四次理事（扩大）会议暨 2024 国产铁矿石全产业链高峰论坛在安徽合肥召开，钢协副会长骆铁军出席会议并讲话。

4 月 25 日，中国钢铁工业协会不锈钢分会一届常务理事会二次会议在浙江省温州市召开。会议部署了 2024 年不锈钢分会的工作重点，从行业自律、科技创新、绿色发展等方面提出了要求。会议选举青山控股集团有限公司董事长项秉雪任钢协不锈钢分会轮值会长。钢协副会长夏农出席会议并讲话。

4 月 25—26 日，由全国钢铁行业共青团工作指导和推进委员会主办、柳钢集团团委承办的全国钢铁行业共青团工作指导和推进委员会三届二次常务会议暨第 37 次大钢团委书记联席会在柳钢召开。来自全国 60 家钢铁企业、行业高校和科研院所的 103 名团干部代表参加了会议。钢协党委副书记、副会长兼秘书长姜维出席会议并讲话。

4 月 26 日，宝钢股份发布 AI（人工智能）转型战略，提出“全领域、全体系、全场景”行动方案，并与华为签署全领域合作协议。

4 月 26 日，2024 钢铁行业纪检监察干部暨钢协系统纪检干部培训班在辽宁大连举办，会议通过专题授课、互动交流、案例分析等环节，提升纪检干部队伍整体素质，为钢铁行业纪检监察干部队伍建设和工作开展奠定了坚实基础。钢协党委常委、纪委书记陈洪飞出席会议。

4 月 26 日，《钢铁行业社会责任蓝皮书（2024）》启动会在中国钢研科技集团有限公司召开。此次会议旨在总结过往经验，加强行业内外交流，明确 2024 年的工作方向和计划，以进一步提升钢铁行业社会责任报告编制的深度和广度，推进行业整体社会责任能力建设，助力行业高质量可持续发展。钢协副会长屈秀丽出席会议并讲话。

4 月 26 日，中国钢铁工业协会一季度部分钢铁企业经济运行座谈会在北京召开。来自中国宝武、鞍钢集团等 18 家钢铁企业的有关负责人出席会议并交流一季度企业生产经营情况。钢协副会长唐祖君出席会议并做总结讲话。

4 月 28 日，湖南钢铁集团、湖南移动、华为联合打造的钢铁行业盘古大模型应用实现全球首发。

4 月 29 日，国家主席习近平复信河钢集团斯梅戴雷沃钢厂塞尔维亚籍职工，勉励他们为中塞友谊作出新贡献。习近平强调，斯梅戴雷沃钢厂的良好发展，是中塞高质量共建“一带一路”的生动实践，也是两国互利合作的成功典范。钢厂职工是中塞友好合作的参与者、见证者、贡献者，也是受益者。

4 月 30 日，中国钢铁工业协会党委组织召开 2024 年度党建和纪检工作要点布置会暨党纪学习教育推进会。钢协党委副书记、副会长兼秘书长姜维，钢协党委常委、纪委书记陈洪飞，代管单位党组织负责人、纪检工作负责人，钢协机关各党支部主要负责人参加了本次会议。

4 月 30 日，新兴铸管埃及 25 万吨铸管项目在埃及中埃·泰达苏伊士经贸合作区举行开工奠基仪式，成为新兴铸管首个海外铸管生产基地。

4 月 30 日，中国钢铁工业协会召开一季度信息发布会，认为钢铁行业“稳”的态势持续，“新”的动能在成长，“绿”的特征在扩展，但也面临供给强于需求、钢价震荡下行等挑战，呼吁进一步自律控产降库存、努力实现钢铁行业运行提质增效。

5 月 1 日，《碳排放权交易管理暂行条例》正式施行，该条例以行政法规形式明确了碳排放权交易制度，为碳市场运行提供明确的法律依据，填补了相关法律的空白。

5 月 10 日，全国钢铁行业工匠学院联盟在山东成立。来自全国钢铁行业的 9 家工匠学院共同探讨并一致同意组建联盟，旨在加强资源共享、优势互补和协同发展。

5 月 10 日，鞍钢集团发布鞍钢绿色低碳主品牌和《鞍钢低碳排放钢工艺路线图》。

5 月 10 日，敬业集团高质量发展论坛暨宽厚板、冷系产品推介会在石家庄召开，钢协副会长夏农出席并作《深入学习领会新质生产力精神实质 结合实际 推动钢铁行业高质量发展》主题报告。

5月11日，中国宝武马钢首款低碳汽车用钢下线，该产品在钢铁行业EPD平台已经发布的EPD碳足迹基础上进一步降低碳排放30%以上，标志着宝武马钢具备碳汽车板生产能力。

5月14日，美方发布对华加征301关税四年期复审结果，宣布在原有对华301关税基础上，进一步提高对自华进口的钢铁产品的关税。

5月14日，山西建龙实业有限公司与思安新能源股份有限公司合作开发的5兆瓦熔盐储能项目成功实现并汽发电，这标志着国内首创、行业首套煤气熔盐储热调峰系统的诞生。

5月15日，中国钢铁工业协会法律分会在北京召开会长会议，研究部署分会2024年工作方案，并号召共同维护行业合法利益，提升企业依法治企能力。钢协纪委书记陈洪飞出席会议并讲话。

5月16日，针对美方滥用301条款提高关税的做法，中国钢铁工业协会发表声明表示，中国钢铁行业坚决反对美方将钢铁贸易政治化、工具化的做法。

5月16日，2024（第三届）中国钢铁海外发展大会在杭州召开，钢协副会长夏农出席会议并讲话。

5月16日，2024年职业教育活动周——“钢铁行业大工匠进校园”活动在河北石家庄举办，这是钢铁行业职业教育和产教融合的一次积极探索。

5月17日，由中国自主设计建造的亚洲首艘圆筒型“海上油气加工厂”——“海葵一号”建造完工，鞍钢集团包揽该项目所需的最高质量等级海工钢FH36，供货量超1000吨。

5月18日，中国最新一代自升式风电安装平台“大桥海风”号交付。河钢舞钢2000余吨高端大厚度齿条钢板用于平台关键部位桩腿制造。

5月18日，中国博物馆协会发布第五批国家一级博物馆评估结果，鞍钢博物馆晋级国家一级博物馆，成为钢铁行业唯一入选的国家一级博物馆。

5月18日，钢结构建筑全产业链供需对接会在马鞍山召开。钢协副会长夏农在做主旨发言时指出，中国钢结构建筑是能够加快发展的朝阳产业，潜力巨大。

5月22日，中国五矿集团召开领导班子（扩大）会议，宣布陈得信任中国五矿集团有限公司董事、总经理、党组副书记。

5 月 23 日，首钢集团党委召开首钢股份干部大会，宣布王立峰担任北京首钢股份有限公司党委书记。

5 月 23 日，黄石市钢铁产业链协会会长、党支部书记蒋乔一行到中国钢铁工业协会，与钢协副会长屈秀丽就贯彻落实国家产业政策、加强产业链协同与行业自律、加快绿色低碳高质量发展等话题进行了交流。

5 月 23 日，中国钢铁工业协会科技创新工作委员会 2024 年年会暨钢铁行业共性技术协同研发推进会召开，会议主题为“强化产业协同，共筑创新高地”。钢协党委副书记、副会长兼秘书长姜维出席会议并做主旨讲话。

5 月 24 日，“智慧能源推动极致能效技术对接暨钢铁行业数字化转型评估启动会”在江苏盐城召开，会上宣布成立钢协清洁生产标准化工作组（CISA/SWG2），并给工作组秘书处单位中冶京诚工程技术有限公司（冶金清洁生产技术中心）授牌。中国工程院院士王国栋，钢协党委副书记、副会长兼秘书长姜维等行业专家出席会议。

5 月 24 日，河钢集团提出未来 5 年发展蓝图，旨在实现企业高质量转型发展。

5 月 27 日，松山湖材料实验室首席科学家付超一行到中国钢铁工业协会，与钢协党委副书记、副会长兼秘书长姜维围绕促进行业适用科技成果转化落地、共同提升钢铁企业产品质量、推动行业节能减排、降本增效等方面进行了充分交流。

5 月 28 日，国家发展改革委办公厅发布国家首批 47 个“绿色低碳先进技术示范项目”清单，来自中国宝武八钢、河钢、天津钢管、包钢等钢企的多个项目入选。

5 月 28 日，中印钢铁行业交流会以线上形式举办，中国钢铁工业协会副会长兼秘书长姜维和印度钢铁协会秘书长萨赫共同主持会议。中印双方代表深入交流行业议题，达成了合作共识。

5 月 29 日，中国钢铁工业协会宣传交流工作委员会年会召开，会议旨在研讨如何塑造匹配中国钢铁全球优势地位的良好行业形象。钢协党委副书记、副会长兼秘书长姜维出席会议并讲话。

5 月 29 日，国务院印发《2024—2025 年节能降碳行动方案》。《方案》指出，2024 年国家继续实施粗钢产量调控；严控低附加值基础原材料产品出口；到 2025 年底，电炉钢产量占粗钢总产量比例力争提升至 15%，废钢利用量达到 3 亿吨。

5 月 30 日，河钢唐钢“大型带式焙烧机国产化与球团生产关键技术创新”项目被鉴定为达到国际领先水平。

5 月 30 日，武钢有限 0.1 毫米极薄高强硅钢实现量产，且有 3 项生产技术达到全球领先水平。

5 月 30 日，国家节能中心主任刘琼一行到中国钢铁工业协会，与钢协党委副书记、副会长兼秘书长姜维交流钢铁行业与政府部门在节能降碳领域的合作情况。

5 月 31 日，世界首卷 590 兆帕级低密度热镀锌冷轧高强汽车钢在鞍钢股份下线。

6 月，根据宝武集团官网显示，本钢集团党委副书记、总经理费鹏调任中国宝武集团副总经理、党委常委。

6 月 5 日，由中国冶金报社组织的 2024“寻找最美绿色钢城”活动结果揭晓，88 家钢企成为“绿色发展标杆企业”和“绿色发展优秀企业”。

6 月 6 日，世界钢铁协会发布了 2023 年全球主要钢铁公司产量排名。中国 60 多家钢铁企业上榜。

6 月 6 日，河钢邯钢新区全线投产，标志着河钢区位调整完成。

6 月 6 日，《钢铁行业 EPD 平台蓝皮书》发布。截至 2024 年底，中国钢铁全产业链 EPD 平台共发布 EPD（环境产品声明）报告 210 份、PCR（产品类别规则）14 份。

6 月 6 日，中国钢铁工业协会市场及进出口工作委员会五届一次委员大会召开，会议旨在力促钢市有序运行，规范钢铁出口秩序。钢协副会长骆铁军出席会议并讲话。

6 月 7 日，河钢 – 交行财资管理系统 2.0 发布，这是河钢集团与交通银行在金融科技领域合作的重要成果。

6 月 7 日，广西壮族自治区百色市委常委、市人民政府副市长李玉成一行到中国钢铁工业协会，与钢协副会长屈秀丽就百色市推动赤泥资源综合利用、建设钢铁产业链、加快绿色低碳高质量发展等话题进行了交流。

6 月 11 日，工信部发布《国家工业和信息化领域节能降碳技术装备推荐目录（2024 年版）》，共有 7 项钢铁行业节能降碳技术入选该目录。

6月12日，2024年中韩钢铁交流会在北京举行，中国钢铁工业协会副会长兼秘书长姜维和韩国钢铁协会执行副会长卞荣万共同主持会议并分别致辞。双方围绕钢材市场、绿色低碳发展、绿色低碳技术等议题进行了深入交流。

6月13日，宝钢股份取向硅钢产品结构优化（二步）项目正式全线投产，同时超高等级硅钢绿色制造示范项目开工建设，标志着宝钢股份在硅钢领域的领先地位进一步巩固。

6月13—14日，中国钢铁工业协会党委党纪学习教育读书班暨警示教育大会在京召开。钢协党委书记、执行会长何文波讲授专题讲课，并对党员学习提出要求。

6月15日，由中国冶金报社与钢协节能环保工作委员会联合推出的第三届钢铁行业“环保卫士”网络投票活动结果揭晓，20人获得“环保卫士”称号，24人获得“环保卫士”提名。

6月18日，湖南钢铁集团湘钢公司党委书记、总经理杨建华一行到中国钢铁工业协会，与钢协副会长骆铁军就钢铁市场发展趋势、行业自律、产能产量控制、进出口贸易和绿色低碳发展等话题进行了交流。

6月19日，中国宝武与西芒杜赢联盟完成全球最大铁矿——西芒杜铁矿项目股权交割。

6月21日，截至6月21日，河钢浦项汽车板项目两条生产线全部竣工投产。

6月21日，钢铁行业法治建设2024年度工作会议暨合规管理培训班在福建三钢举办，钢协纪委书记陈洪飞出席会议并讲话。

6月24日，2023年度国家科学技术奖在京揭晓。涉及钢铁相关领域的国家科学技术进步奖4项、国家自然科学奖1项、国家技术发明奖1项，均为二等奖。

6月25日，中国钢铁工业协会副会长夏农带队赴中国五矿，与中国五矿党组成员、副总经理朱可炳就深化合作，促进行业绿色发展、加强资源保障等方面进行了探讨。

6月25日，国家市场监督管理总局（国家标准化管理委员会）批准《钢筋混凝土用钢第1部分：热轧光圆钢筋》等18项强制性国家标准。这些标准从2024年9月25日起实施。

6 月 25 日，宝钢股份在第五届取向硅钢应用技术大会上全球首发了 4 款自主研发的取向硅钢产品，均符合即将实施的变压器新能效国家标准要求。

6 月 26 日，首钢股份与吉利汽车集团签署《汽车钢材循环经济与闭环回收价值体系合作备忘录》，旨在推动汽车钢材生产、使用和回收的全链条优化。

6 月 26 日，2024 船企—钢企合作协调对接会在山东烟台召开，会议期间举行了 26 场签约仪式，中船物资等 8 家船企和鞍钢等 9 家钢企签订长期采购协议。钢协副会长骆铁军出席会议并讲话。

6 月 30 日，历经 7 年建设的国家重点工程——深中通道建成开通。据不完全统计，中国宝武、鞍钢、河钢、中信泰富特钢、湖南钢铁、津西钢铁等多家钢企为这项世界超级工程供应了约 90 万吨钢材。

7 月 1 日，本钢召开干部大会。鞍钢集团党委书记、董事长谭成旭出席会议并讲话。鞍钢集团党委组织部部长李顺健宣布鞍钢集团党委常委会干部任免决定：于峰同志任本钢集团党委书记，建议任本钢集团董事长。霍刚同志任本钢集团党委副书记，建议任本钢集团董事、总经理。

7 月 1 日，中国钢铁工业协会党委召开 2024 年“创先争优”表彰大会，庆祝中国共产党成立 103 周年。钢协党委书记何文波做《坚定理想信念　践行初心使命，为实现中华民族伟大复兴筑牢“钢铁脊梁”》报告。

7 月 3 日，鞍山钢铁与中铝高端签署战略合作框架协议，双方拟在汽车板轻量化、复合材料应用等方面开展合作。

7 月 4—5 日，学习习近平新时代中国特色社会主义思想培训班在北京举办，会议旨在推动思想政治工作与企业高质量发展深度融合。钢协党委书记、执行会长何文波出席会议并讲话。

7 月 5 日，中信集团在世界人工智能大会期间发布了“人工智能+”行动方案，这是其推动数智化转型的核心战略，旨在通过大模型技术与产业深度融合，构建跨行业创新生态。

7 月 8—9 日，钢铁行业低碳工作推进委员会 2024 年年会暨钢铁工业绿色低碳发展研讨会在山东日照举办，会议更新了中国钢铁工业低碳技术路线图，并举行了钢铁低碳服务平台发布仪式。钢协党委副书记、副会长兼秘书长姜维出席会议并讲话。

7 月 9 日，建筑业绿色低碳发展大会在内蒙古自治区鄂尔多斯市举办。

钢协副会长夏农应邀参加并作了题为《深度融合、相互促进、推动钢结构建筑产业链协同发展》专题报告。

7 月 10 日，2024 年（首届）世界钢铁协会生命周期评价（LCA）暨产业链协同创新发展大会在江苏江阴召开，会议旨在探索发挥 LCA 优势、以协同创新牵引产业链协同发展的最佳方案。钢协党委副书记、副会长兼秘书长姜维出席并讲话。

7 月 11 日，河南钢铁集团党委书记、董事长薄学斌一行到中国钢铁工业协会，与钢协党委副书记、副会长兼秘书长姜维就钢铁行业运行及绿色低碳发展等话题进行了交流。

7 月 16 日，中国钢铁工业协会副会长夏农带队赴北新集团建材股份有限公司调研，与北新建材副总经理、龙牌集团总经理邱洪就钢结构建筑产业链协同发展、首届钢结构建筑产业链展览会暨百企论坛等议题进行交流。

7 月 16—18 日，第三届钢铁行业数字化解决方案交流大会暨钢铁行业数字化转型成熟度评估标准启动会在甘肃兰州召开，会议以“AI 新势力赋能钢铁数字变革”为主题展开专业探讨，同时启动了编制《钢铁行业数字化转型成熟度评估标准》工作。钢协党委副书记、副会长兼秘书长姜维出席并讲话。

7 月 19 日，中国钢研科技集团发布中国首台套超大型热等静压装备 HIPEX1850。这是目前国内最大、世界第二大尺寸的热等静压装备，可应用于中国航空航天等领域大型核心零部件的加工处理。该装备的发布，标志着中国热等静压装备研制技术在设备尺寸、加工参数、模块化设计、智能化控制、设备稳定性等方面取得重大进展。

7 月 20 日，2024（第十五届）钢铁行业节能减排大会在北京召开，本次会议以“节能降碳，绿色转型”为主题，旨在提升行业内外对钢铁行业节能减排重要性的认识，促进各方机构的沟通合作。钢协党委书记、执行会长何文波出席会议并致开幕词。

7 月 22 日，中国钢铁工业协会党委召开理论学习中心组（扩大）会，学习《习近平：关于〈中共中央关于进一步全面深化改革、推进中国式现代化的决定〉的说明》和《中共中央关于进一步全面深化改革、推进中国式现代化的决定》。深入领会习近平总书记关于全面深化改革的一系列新思想、新观点、新论断。钢协党委书记、执行会长何文波出席会议并领学，党委班子及驻会领导干部参加会议。

7月24日，G6410次复兴号动车驶入湖南长沙南站，标志着整列装用在复兴号动车组上的马钢高速车轮率先“跑”完安全服役60万公里，向着市场化运用再次迈出关键一步。

7月24日，江苏省响水县人民法院发布公告称，已立案审查德龙镍业、响水恒生不锈钢铸造有限公司、响水巨合金属制品有限公司、响水德丰金属材料有限公司四家公司破产重整案。

7月25日，中国宝武钢铁集团南京总部在江苏南京揭牌成立。南京总部将依托梅钢公司管理体系，代表宝武集团负责江苏区域所属企业与地方政府的协调对接，统筹推进宝武在宁发展、企业转型等事宜，进一步提升资源配置效率，支撑区域业务持续拓展。

7月25日，2024第二届南湖大会在河北唐山召开，此次会议以“深入推进节能降碳，主动把握碳市场机遇”为主题，旨在推动钢铁行业节能降碳，应对碳市场机遇与挑战，促进区域经济高质量发展，以及提升行业影响力。钢协党委副书记、副会长兼秘书长姜维出席会议并讲话。

7月30—31日，中国钢铁工业协会六届八次理事（扩大）会议在河北省雄安新区召开。会议总结2024年上半年行业的工作情况，研判2024年下半年行业运行态势，提出2024年下半年行业的重点工作和要求。会议选举湖南钢铁集团党委书记、董事长李建宇为钢协副会长。

8月5日，2024年《财富》世界500强榜单发布，中国共有19家涉钢企业上榜。其中，排名前三为中国宝武钢铁集团有限公司、中国五矿集团有限公司和中国中信集团有限公司，他们在世界500强的排名分别是44名、69名和71名。

8月5日，2024年冶金科学技术奖获奖名单公布，“MCCR多模式全连续铸轧一体化技术集成与创新”“信息物理系统融合的钢铁制造流程智能化研发及应用”“南钢全要素数字化生产运营与智能制造核心关键技术创新”等3个项目获得特等奖。

8月6日，鞍钢集团本钢与华为技术有限公司在本钢集团总部签署深度合作协议，举行自主可控适配中心合作协议的签订及揭牌仪式。双方未来拟在智慧矿山、智慧园区、智能制造、数字化转型等方面开展深度合作。

8月16日，宝钢股份与一汽大众在上海正式签署《一汽大众与宝钢股份低碳“绿钢”合作备忘录》，双方将共同打造绿色低碳汽车供应链。

8 月 16 日，2024（第十三届）建筑用钢产业链大会在浙江杭州召开，会议围绕建筑用钢产业链的现状与未来趋势展开了深入讨论，旨在推动建筑用钢行业的创新与发展。钢协副会长夏农出席会议并作专题报告。

8 月 19 日，太钢 1300 兆帕级温成型汽车车轮钢成功应用于国内外著名汽车品牌的新能源高端车型上，实现世界最高强度轻量化车轮用钢实现全球首发首用。

8 月 20 日，工信部办公厅印发《关于暂停钢铁产能置换工作的通知》，明确各地区自 2024 年 8 月 23 日起，暂停公示、公告新的钢铁产能置换方案。未按要求继续公示、公告钢铁产能置换方案的，将视为违规新增钢铁产能，并作为反面典型进行通报。

8 月 22 日，宝钢股份湛江钢铁建成的国内首套百万吨级氢基竖炉实现 168 小时连续满负荷生产，通过周达产功能考核，并成功验证了高氢（70% 氢气含量）冶炼条件。

8 月 22 日，以“创新引领 绿色转型 拓展新领域”为主题的“第二届国际不锈钢产业创新发展大会”在福建宁德召开。会上举行了“不锈钢标准创新基地”共建揭牌仪式，旨在以标准助力不锈钢技术进步和产业高质量发展。钢协副会长夏农出席大会并致辞。

8 月 26 日，加拿大政府发布公告，将自 10 月 15 日起对原产自中国的部分钢铁产品加征 25%的附加关税。中国钢铁工业协会随即发表声明，坚决反对加方罔顾事实和世贸组织规则所作出的单边主义和贸易保护主义行径。

8 月 28 日，“八钢智运”平台上线，标志着新疆首个开放共享、可有效调动社会运力资源的大宗行业货运平台建成。

8 月 30 日，中国钢铁工业协会在北京召开钢铁行业强化行业自律工作座谈会，与会企业代表一致表示，将积极响应钢协号召，以实际行动贯彻落实党中央提出的防止“内卷式”恶性竞争，认真践行“三定三不要”经营原则，稳市提效降风险。钢协党委副书记、副会长兼秘书长姜维等主要领导出席会议。

9 月 1 日，世界钢协总干事埃德温·巴松在接受专访时表示：“中国钢铁正在国际舞台上发挥越来越重要的领导作用”“在未来 20 年里，中国钢铁将以引领者的身份确保全球钢铁行业实现稳健高质量的转型发展”。

9月2日，第十三届中国国际钢铁大会主题大会在上海召开。会议以“协同·共赢·绿色·持续”为主题，共商未来钢铁发展趋势。钢协党委书记、执行会长何文波，工信部原材料工业司副司长张海登为大会致开幕词。钢协会长、中国矿产资源集团有限公司董事长姚林，世界钢铁协会总干事埃德温·巴松，河钢集团有限公司董事长于勇，日本制铁株式会社副社长福田和久，麦肯锡全球金属和矿业事业部资深董事合伙人艾家瑞分别做主旨发言。钢协副会长兼秘书长姜维主持大会开幕和主旨发言环节。

9月3日，第二十二届中国国际冶金工业展览会和首届钢结构建筑产业链展览会在上海新国际博览中心开幕，中国钢结构建筑产业链百企论坛同馆举办，此次展会展示了在冶金和钢结构领域的重大突破和全新方案，同时为行业内外提供了一个交流合作、分享创新成果的平台。钢协党委书记、执行会长何文波出席会议并讲话。

9月4日，为贯彻落实中共中央政治局会议提出的“强化行业自律，防止‘内卷式’恶性竞争”会议精神，钢协党委副书记、副会长兼秘书长姜维发表署名文章指出，“内卷式”恶性竞争是当前钢铁行业困境之因，钢铁企业始终要、特别是在市场好转时也要绷紧自律控产降库存这根“弦”，防止“内卷式”恶性竞争，努力在更高水平的供需动态平衡中实现钢铁工业的高质量发展。

9月4日，2024（第四届）不锈钢及特种合金新材料产业创新发展论坛在上海召开，钢协副会长夏农出席会议并讲话。

9月5日，“钢铁+铁路”，铁路装备与钢铁产业高质量发展供需交流会在上海召开，旨在促进铁路装备与钢铁产业的融合发展、协同创新，推动铁路装备高质量发展。钢协党委副书记、副会长兼秘书长姜维，国家铁路局装备技术中心党委书记、主任刘伟出席会议并致辞。

9月9日，河钢集团张宣科技全球首例120万吨氢冶金示范工程成功应用绿氢作为还原气实现稳定生产，验证了“绿电-绿氢-绿钢”生产的技术可行性。

9月9日，生态环境部发布《全国碳排放权交易市场覆盖水泥、钢铁、电解铝行业工作方案（征求意见稿）》，明确提出，自2024年起，将水泥、钢铁、电解铝3个高耗能行业纳入全国碳排放权交易市场管理，并计划在

2025 年底前完成首次履约工作。

9 月 11 日，中国工业经济联合会在全球工业互联网大会发布《2024 中国工业数据治理“领跑者”企业名单》，全国 22 家企业上榜，其中，兴澄特钢、南钢、河钢 3 家钢铁企业上榜。

9 月 18 日，甘肃酒钢集团宏兴钢铁股份有限公司选举秦俊山担任公司第八届董事会董事长。

9 月 20 日，工信部发布《关于印发工业重点行业领域设备更新和技术改造指南的通知》，明确钢铁行业到 2027 年，80%以上钢铁产能完成超低排放改造，30%以上钢铁产能达到能效标杆水平，促进技术装备水平再上新台阶。

9 月 22—23 日，中国钢铁工业协会质量标准化工作委员会年会在河南洛阳召开，会议旨在落实《质量强国建设纲要》和《国家标准化发展纲要》等文件要求，加强钢铁行业质量品牌和标准化建设，推动行业质量提升。

9 月 23 日，中国钢铁工业协会副会长夏农带队赴中国节能环保集团有限公司调研，与中国节能党委书记、董事长宋鑫座谈交流，双方就推进形成钢结构建筑产业链协同发展合力达成共识。

9 月 23—27 日，“沙钢杯”第十一届全国钢铁行业职业技能竞赛在沙钢体育馆顺利举办，80 名优秀选手“全国钢铁行业技术能手”称号。赛前，钢协党委书记、执行会长、“沙钢杯”第十一届钢铁行业职业技能竞赛组委会主任何文波出席有关活动。

9 月 24 日，稀土在钢中应用高端论坛暨“优质精品钢+系列稀土钢”战略产品研讨会在内蒙古包头成功召开，与会代表一致认为发展高性能稀土钢新材料将成为钢铁工业产品创新的重要方向。钢协党委常委、副会长屈秀丽出席会议并讲话。

9 月 24—25 日，中国钢铁工业协会副会长夏农带队赴上海宝冶、振华重工、欧冶云商、东浩兰生会展集团等有关单位，调研钢结构建筑产业链相关情况，并与走访企业达成共识，将合力推动钢结构建筑产业链协同发展。

9 月 25 日，中国钢铁工业协会、中国煤炭工业协会与中国煤炭运销协会联合组织在河北省雄安新区召开了 2024 年第三次煤钢行业交流机制工作会（即 244 机制会议），会议介绍了煤炭行业和钢铁行业运行及发展态势。钢协副会长骆铁军出席会议。

9月25日，“礼赞新中国 奋进新时代”——由中央社会工作部组织的全国性行业协会商会庆祝新中国成立75周年文艺汇演举行。

9月25日，第十一届中国国际管材展（暨Tube China 20周年）在上海开幕，钢协副会长兼秘书长、中国国际贸易促进委员会冶金行业分会会长姜维巡馆。

9月26日，商务部发布公告，就加拿大对华相关限制性措施进行反歧视调查。钢协对此发布坚决支持的声明。

9月26日，废钢助力钢铁行业电炉流程发展研讨会在北京召开，中国工程院院士殷瑞钰出席会议并发言，他指出“从‘双碳’目标及资源能源发展的战略角度来看，废钢已经是铁素资源的重要组成部分，电炉流程企业未来蓬勃发展是大势所趋”。

9月26日，钢铁企业档案工作协作组第九次会议在武汉召开。会议旨在探讨如何利用现代信息技术提升档案管理的效率和安全性，推动钢铁企业档案工作的数字化转型。宝武集团运营共享服务中心副总经理郭岩当选为协作组新一届组长。钢协副会长屈秀丽出席会议并讲话，中冶南方工程技术有限公司党委书记、董事长郑剑辉出席会议并致辞。

9月26日，中国钢铁工业协会副会长夏农带队赴中国钢研科技集团有限公司调研，与中国钢研党委书记、董事长张少明座谈交流。双方一致认同钢结构建筑未来发展趋势，并就推进形成钢结构建筑产业链协同发展合力达成共识。

9月26日，中国钢铁全产业链EPD（环境产品声明）平台与瑞典国际EPD体系、意大利EPD平台签署合作备忘录。这标志着中国钢铁全产业链EPD平台在推进国际合作方面取得了重大进展。

9月27日，第二届冶金高校法学院院长（系主任）联席会议在西安召开。会议以冶金高校法学院系互学互鉴、携手前行，法律教育、法学研究同钢铁行业法治建设、合规建设深度融合为主题。钢协党委常委、纪委书记陈洪飞出席会议并讲话。

9月29日，敬业集团与日钢营口中板有限公司合作合并。敬业集团与日钢营口中板合并合作后，将拥有6条中厚板生产线，年产量将达到1500万吨，成为当时全球最大的中厚板制造商。

9月29日，《低碳排放钢评价方法》团体标准通过审定，为下一步中国钢铁行业低碳排放钢认定奠定了基础。

9 月 30 日，福建省三钢（集团）有限责任公司召开干部大会，宣布何天仁任三钢集团党委书记，推荐为董事长、法定代表人选。

10 月 1 日，澳门大桥建成通车，南钢、湘钢深度参与建设，为其提供98%的高级桥梁钢。

10 月 8 日，中国钢铁工业协会党委组织理论学习中心组（扩大）会议，重点学习习近平总书记给中国一重产业工人代表的回信，观看了央视《大国来信 国庆特辑-铁杆友谊》节目，学习了习近平总书记给河钢集团斯梅戴雷沃钢厂塞尔维亚籍职工的回信。钢协党委书记何文波主持会议并领学，党委常委、驻会领导、副秘书长以及各部门负责人参加了此次学习。

10 月 9 日，中国钢铁工业协会组织召开钢铁行业促进联合重组和完善退出机制座谈会。来自 27 家钢铁企业及行业机构负责人参会交流，就加快促进联合重组和完善退出机制达成共识。钢协党委副书记、副会长兼秘书长姜维等主要领导出席会议并讲话。

10 月 10 日，凌钢股份与鞍钢集团签署《无偿划转协议》，鞍钢集团成为凌钢集团控股股东。

10 月 10 日，国务院国资委年内第三次更新“双百企业”和“科改企业”名单。在钢铁行业中，鞍钢集团矿业有限公司等 25 家企业入选“双百企业”，青岛河钢新材料科技股份有限公司等 29 家企业入选“科改企业”。

10 月 11 日，中国钢铁工业协会钢材出口工作会议在南钢召开。来自南钢、宝武、鞍钢、首钢、河钢、沙钢、中信特钢等 16 家钢企的钢材市场及进出口营销工作负责人参会交流。会议重申“鼓励高端、限制低端、打击非法”的出口原则。钢协副会长骆铁军出席会议。

10 月 11 日，国资委公布，张世荣任中国钢研党委副书记；郝晓东、孙少斌任中国钢研党委常委，提名为中国钢研副总经理人选。

10 月 11 日，湖南钢铁集团党委任命何航为衡钢党委书记、执行董事（法定代表人）、总经理，刘继林、张立为衡钢党委委员、副总经理。

10 月 15 日，包钢（集团）公司面向未来战略发展研讨暨成立 70 周年大会在内蒙古自治区包头市举行。钢协党委书记、执行会长何文波出席会议并讲话。

10 月 15 日，中国钢铁工业协会副会长夏农赴山东省济南市钢城区调研钢结构建筑产业园区筹备情况。

10 月 16 日，山东省自然资源厅完成齐河—禹城地区富铁矿勘查资源量评审认定，该区探获富铁矿资源量达到 1.04 亿吨，成为新一轮找矿突破战略行动以来全国首个亿吨级富铁矿资源基地，开创了深覆盖区寻找富铁矿的先河。

10 月 16 日，中国钢铁工业协会绿化分会第二届第四次会员大会在宝武集团八钢公司召开，钢协副会长屈秀丽出席会议并讲话。

10 月 16 日，中国钢铁工业协会冶金设备分会二届五次会员大会在浙江省宁波市召开。会议主题为“聚焦新质生产力 推动冶金设备更新”，旨在加大冶金设备最新研究成果、前沿技术、创新经验推广应用力度，增强钢铁行业高质量发展新动能。钢协副会长骆铁军出席会议并讲话。

10 月 18 日，中国资源循环集团有限公司在天津成立。中共中央总书记、国家主席、中央军委主席习近平此前就组建中国资源循环集团有限公司作出重要指示强调，组建中国资源循环集团有限公司，是党中央着眼健全绿色低碳循环发展经济体系，全面推进美丽中国建设做出的重要决策部署。

10 月 18 日，由中国钢铁工业协会组织编制的《低碳排放钢评价方法》钢协团体标准在 2024 绿色发展数智供应链大会上正式发布，是全球同类标准中数据最详尽、信息最丰富的范本之一。

10 月 21—22 日，中国钢结构协会成立 40 周年纪念大会暨 2024 中国钢结构大会在京召开。

10 月 21 日，中共中央、国务院发布《关于深化产业工人队伍建设改革的意见》。

10 月 21 日，中国黄金集团有限公司党委书记、董事长周洲到中国钢铁工业协会，与钢协党委书记、执行会长何文波进行工作交流。

10 月 23 日，中国宝武在 2024 年全球低碳冶金创新论坛暨第九届宝钢学术年会上发布自主研发的“宝联登钢铁行业大模型”。宝武钢铁行业大模型包括基础大模型、行业垂类大模型、应用场景领域模型三层架构，总体达到垂类模型国内领先水平，是宝武推动钢铁行业绿色低碳发展的创新举措。

10 月 23 日，以“低碳钢铁，绿色新未来”为主题的 2024 年全球低碳冶金创新论坛暨第九届宝钢学术年会在上海召开，会议聚焦于全球钢铁行业的绿色低碳转型挑战与合作，探讨了实现净零排放目标的多种技术路径和解决方案。钢协党委书记、执行会长何文波出席会议并讲话。

10 月 24 日，河钢在 2024 中国国际数字经济博览会上发布自主研发的垂直领域钢铁行业人工智能大模型“威赛博钢铁大模型”。该模型是河北省首家通过国家生成式人工智能服务备案的大模型，也是全国首发的垂直领域钢铁行业大模型。

10 月 24 日，中国废钢铁应用协会七届四次会员大会暨中国废钢铁应用协会成立三十周年大会在北京召开，钢协副会长骆铁军出席会议并讲话。

10 月 24 日，国家发展改革委、生态环境部等八部门联合印发《完善碳排放统计核算体系工作方案》，将在钢铁等重点行业开展领域碳排放核算。

10 月 24 日，钢铁极致能效工程能效标杆示范验收阶段总结研讨会在京召开。2024 年，117 家企业被遴选为“双碳最佳实践能效标杆示范厂”培育企业，涉及粗钢产能超过 6.6 亿吨。截至 2024 年底，宝钢湛江钢铁、首钢京唐、河钢石钢等 12 家企业已进行极致能效标杆示范公示。

10 月 24 日，三季度部分钢铁企业经济运行座谈会在北京召开，会议简述前三季度利润下滑经营困难的局面，明确了行业面临的挑战和应对策略。钢协副会长唐祖君出席会议并做总结讲话。

10 月 25 日，中国钢铁工业协会召开三季度信息发布会，呼吁加强自律提升经济效益，维护钢铁行业平稳运行。钢协党委副书记、副会长兼秘书长、新闻发言人姜维出席会议。

10 月 25 日，2024 年中国不锈钢行业年会暨中国不锈钢产业发展大会在广西北海召开，钢协副会长夏农出席会议并讲话。

10 月 28 日，由中日两国政府发起、两国钢铁协会和企业共同参与的第 28 次中日钢铁官民对话在日本东京成功举行。来自中国政府部门、中国钢铁工业协会和中国宝武、首钢、河钢、沙钢、中信特钢、湖南钢铁、南京钢铁、敬业营口中板 8 家钢铁企业代表，以及日本经济产业省、日本铁钢连盟、日本不锈钢协会、特殊钢俱乐部、日本制铁、JFE 钢铁、神户制钢等单位近 60 名代表参加了会议。钢协副会长骆铁军出席会议。

10 月 29 日，2024 年钢铁行业“对标挖潜”活动领导小组工作会议召开，钢协党委常委、副会长唐祖君出席会议并讲话。

10 月 29 日，建筑用钢领域重点企业座谈会在山东青岛召开，来自钢结构建筑产业链上下游的29家单位代表围绕建筑领域用钢企业转型提质及生产、研发、推广应用等相关热点话题进行了交流探讨。钢协副会长夏农出席会议并做总结发言。

10月30日，本钢矿业徐家铁矿工程开工建设，建成后可年产铁矿石530万吨、铁精矿175万吨，为本钢集团提供稳定的铁矿石资源供应，推动鞍钢集团战略实施。

10月30日，国家发展改革委等六部门发布《关于大力实施可再生能源替代行动的指导意见》，在提升可再生能源的安全可靠替代能力、重点领域替代应用、替代创新试点等三个方面提出重点任务。这是钢铁行业绿色低碳转型的机遇和挑战。

10月30日，全球最大、工艺最先进、环保措施最严格的中国宝武新钢1号烧结机在江西省新余市热负荷试车成功，标志着中国烧结工艺环保水平进入全球领先行列。

10月30日，宝信、中冶赛迪信息、河钢数字、鞍钢自动化的工业互联网平台产品入选2024年跨行业跨领域工业互联网平台。

10月31日，河南钢铁集团周口基地全球最宽轧机——5600毫米轧机轧制出首块宽厚板。钢协副会长屈秀丽出席仪式并讲话。

10月31日，2024年钢协系统纪检工作总结交流会、第二十次钢铁企业纪检监察年度工作会在浙江舟山召开。钢协党委常委、纪委书记陈洪飞出席会议并讲话。

11月，河南省钢铁工业协会四届会员（理事）大会在河南省郑州市召开。会议选举产生了协会新一届领导班子，河南钢铁集团有限公司党委书记、董事长薄学斌当选为河南省钢铁工业协会会长。

11月1日，由中韩两国政府发起、两国钢铁协会和企业共同参与的第22次中韩钢铁官民对话在韩国首尔举行。来自中国政府部门、中国钢铁工业协会和中国宝武、鞍钢、首钢、河钢、沙钢、中信特钢、湖南钢铁、南京钢铁、敬业营口中板等9家企业代表，以及韩国产业通商资源部、韩国钢铁协会、浦项制铁、现代制铁、世亚控股公司、东国制钢、KGSteel等单位的60余名代表参加了会议。钢协副会长骆铁军出席会议。

11月2日，中国钢研在第二届（2025）钢铁工业数字化发展高端论坛暨2025全国第三十届自动化应用技术学术交流会主会场发布国内首个行业智能感知大模型——“冶金流程优化大模型”。

11 月 5 日，河北龙凤山新材料科技集团有限公司在 2024 中国国际特殊钢工业展览会上发布，纯度为 99.9992%（5N 级）的超纯铁正式发布，标志着中国在铁提纯技术上跨入国际先进行列。

11 月 5 日，河北省冶金行业协会召开第六次会员大会暨六届一次理事会在石家庄召开，钢协副会长屈秀丽出席会议并讲话。

11 月 5 日，2024 中国国际特殊钢新材料高峰论坛在上海召开。会议围绕钢铁行业发展形势、特钢行业技术创新、产业布局、绿色低碳、数智化等热点话题进行了热烈交流。钢协党委副书记、副会长兼秘书长姜维出席会议并做主旨讲话。

11 月 6 日，中国钢铁工业协会副会长夏农会见了高丽制钢公司副会长洪硕杓，双方就讨论了中国钢铁行业的结构调整、未来需求、高丽制钢的业务发展及双方合作。

11 月 7 日，中国企业联合会发布 11 个行业世界一流企业评价指标体系。根据该评价指标体系，中国宝武进入世界一流企业方阵。

11 月 7 日，第二届矿产资源供应链可持续生态开发者大会在上海召开。钢协、中国矿产共同发布《矿产资源供应链可持续生态开发者倡议》，并同步发展中国矿产铁矿石大数据平台。钢协会长、中国矿产资源集团董事长姚林，钢协副会长兼秘书长姜维出席会议。

11 月 7 日，全国钢铁行业共青团工作指导和推进委员会三届二次全会暨第 32 次全国钢铁行业青年工作年会在南钢召开。此次会议旨在全面贯彻落实党的二十大和二十届二中、三中全会精神，深入学习习近平总书记关于党的建设的重要思想、关于青年工作的重要思想，推动主题教育成果不断巩固和转化，落实团十九大和十九届三中全会决策部署，凝聚钢铁行业百万青年力量，推动钢铁产业转型升级高质量发展。

11 月 8 日，全球首套利用钢厂含二氧化碳的工业尾气，通过生物发酵技术合成无水乙醇的万吨级示范项目——北京首钢朗泽科技股份有限公司自主研发的含二氧化碳的工业尾气生物合成无水乙醇项目开工。

11 月 8 日，鞍钢集团首届供应链生态大会在辽宁沈阳召开，来自全球的 300 余家供应链伙伴和相关行业专家近 800 名代表参加会议，实现了鞍钢集团供应商品类全覆盖，有助于推动供应链的高质量发展。辽宁省人民政府党组成员、副省长王利波，钢协党委副书记、副会长兼秘书长姜维，鞍钢集团总经理、党委副书记李镇出席大会并致辞。

11 月 8 日，《中华人民共和国矿产资源法（修订草案）》经十四届全国人大常委会第十二次会议审议通过，自 2025 年 7 月 1 日起施行。这是矿产资源法自 1986 年颁布实施以来首次大幅修订，对保障国家矿产资源安全、促进矿业高质量发展具有重大意义。

11 月 11 日，工信部办公厅印发《重点工业产品碳足迹核算规则标准编制指南》，《指南》指出到 2027 年，国家将制定出台 200 项重点工业产品碳足迹核算规则标准，应用场景得到显著拓展。

11 月 11 日，中国钢铁工业协会副会长骆铁军一行赴上海期货交易所，与上海期货交易所总经理王凤海等进行座谈交流。双方就完善钢材期货交割制度、改善合约连续性、促进产业客户参与，推动期货市场服务钢铁行业高质量发展等方面进行了深入探讨。

11 月 11 日，《联合国气候变化框架公约》第 29 次缔约方大会（COP29）在阿塞拜疆首都巴库召开。钢协副会长唐祖君应邀出席大会。

11 月 12 日，2024 年首钢新能源汽车用软磁材料用户技术研讨会在苏州召开。会上 20SW1100Z、ESW1025R 两款新产品全球首发，自黏结涂层等多项新技术发布。

11 月 12 日，中国钢铁工业协会公布第三批“双碳最佳实践能效标杆示范厂”培育企业名单，59 家企业入选。

11 月 12 日，中国钢铁工业协会宣传交流工作委员会主任委员工作会议在西昌召开。会议总结了钢协宣传委近期工作，交流研讨下一步加强行业宣传、提升钢铁形象的努力方向。钢协党委副书记、副会长兼秘书长姜维出席会议并讲话。

11 月 13 日，中国钢铁工业协会党委举行理论学习中心组（扩大）会议，重点学习习近平总书记关于社会工作的指示和中央社会工作会议精神，以及中央媒体的评论文章。会议旨在研究钢协系统如何落实这些精神，确保思想和行动与党中央的决策和中央社会工作部的要求保持一致。会议由钢协党委书记何文波主持，钢协党委常委和驻会领导参与学习。

11 月 14 日，中国钢铁工业协会党委在京举办学习班和警示教育大会，强调深入学习党的二十届三中全会精神，统一思想行动，落实改革任务。

110 余位钢协领导和部门负责人参与学习。钢协党委书记、执行会长何文波；党委副书记、副会长兼秘书长姜维等领导分别做报告和传达文件精神，钢协班子成员分别做专题讲座。

11 月 15 日，鞍钢数智科技有限公司成立。鞍钢数科公司的成立是鞍钢集团深化整合融合工作取得的又一标志性成果，也是鞍钢集团大力推进数字鞍钢建设、打造“第三极”产业集群的里程碑事件，对于推动实现数字产业集约化、专业化、特色化发展具有深远意义。

11 月 15 日，全球最大、国内首制万吨级纯电动高端智能海船——2 艘 740TEU（标准箱）纯电动敞口集装箱船进入建造阶段。这 2 艘智能化集装箱船将全部采用新钢高端船板建造。

11 月 15 日，“发展型材绿色化生产　促进建筑钢结构标准化建造”现场会在山西临汾召开，钢协副会长夏农出席会议并讲话，他指出“钢结构建筑是钢铁产业、相关制造业、建筑业高质量发展的新赛道”。

11 月 18 日，河南钢铁党委书记、董事长薄学斌当选为河南省钢铁工业协会会长。

11 月 18 日，世界航商大会在香港特别行政区召开，钢协副会长骆铁军在干散货专题论坛上发表题为《中国钢铁及航运需求展望》的主题演讲。

11 月 19 日，由中国钢铁工业协会和东盟钢铁委员会共同主办的第十八届中国东盟钢铁交流会和首届中国东盟钢铁技术交流会在泰国曼谷成功举行。会议由钢协副会长兼秘书长姜维和东盟钢铁委员会会长 Dato Lim Hong Thye 共同主持。

11 月 20 日，由中国钢铁工业协会和责任云研究院连续第 3 年编制的《钢铁行业社会责任蓝皮书（2024）》在北京发布。钢协会长、中矿集团党组书记、董事长姚林；钢协副会长屈秀丽出席会议。

11 月 21 日，7500 立方米全球首制堆叠式 LNG（液化天然气）双耳船燃料罐第一、第二船套装船发运。河钢舞钢为该燃料罐制造独家供应了 1357 吨高性能 9Ni 钢板。

11 月 21—23 日，中国钢铁工业协会副会长兼秘书长姜维带队赴马来西亚，与马来西亚制造商联合会（FMM）和马来西亚钢铁协会进行工作交流并到建龙东钢公司调研。

11 月 26 日，柳钢集团防城港钢铁基地 3800 毫米宽厚板、3 号高炉投产，标志着柳钢防城港千万吨级钢铁基地（一期）全面建成。

11 月 26 日，中国钢铁工业协会副会长兼秘书长姜维会见了澳大利亚驻华大使吉思德（Scott Dewar）一行，双方就中国钢铁行业运行和未来需求情况、推动钢铁行业绿色低碳发展、中澳产业合作等进行了深入友好的交流。

11 月 26 日，工信部公布 2024 年重点用水企业、园区水效领跑者名单，宝钢股份湛江钢铁以单位产品取水量 1.31 立方米/吨、99.4%的水重复利用率，位列钢铁行业第一。

11 月 27 日，中国钢铁工业协会发布第二十二届（2024 年）冶金企业管理现代化创新成果名单，共有 165 项创新成果上榜，其中一等成果 24 项，二等成果 43 项，三等成果 98 项。

11 月 27 日，中国金属学会第十一届第六次常务理事会审议批准成立中国金属学会碳中和分会，聘任毛新平担任碳中和分会第一届委员会主任委员。

11 月 28 日，国家市场监督管理总局、国家标准化管理委员会批准发布《再生钢铁原料》（GB/T 39733—2024）国家标准，将于 2025 年 6 月 1 日实施。该版国家标准通过增加再生钢铁原料的种类、改进混料分类技术要求、完善组批运输规则、明确夹杂物定义与钢铁实物量等指标，优化成分与尺寸规定等要求，修改后的标准技术内容与国际通用的贸易规则更加契合，对优质再生钢铁原料进口起到重要的标准支撑和推动作用。

11 月 28—29 日，首届 2024 碳中和前沿会议在北京召开。中国工程院院士、原副院长干勇，中国工程院院士、中国钢铁行业低碳工作推进委员会专家委主任、北京科技大学碳中和研究院院长毛新平参加会议。钢协党委副书记、副会长兼秘书长姜维出席会议。他在致辞中表示，中国钢铁一定会是碳中和的重要贡献者。

11 月 29 日，全球首艘商用 7500 立方米液态二氧化碳运输船 1 号船“北极光先锋”轮交付，该船由大连造船自主设计建造，拥有完全自主知识产权。鞍钢股份整船供应 690 兆帕级别超高强低温钢。

11 月 29 日，在中钢协、世界钢协、城市土地学会（ULI）共同倡议下，中国宝武、首钢、河钢、南钢、包钢等 7 家钢铁企业，中建八局、华润置地等 13 家房地产企业，以及中钢协、世界钢协、城市土地学会等 6 家协会和院所，在北京和香港两地共同启动了房地产低碳排放钢的合作倡议，承诺自愿推广使用低碳排放钢。

11 月 29 日，太钢开发出全废钢高等级取向硅钢，并批量应用至高效节能变压器领域，为推动电力行业高端装备绿色转型提供了关键材料。

11 月 30 日，辽宁清原抽水蓄能电站 5 号机组建成投运，标志着南钢成为国内首家 1000 兆帕级水电钢实际运用于大型水电项目并且成功发电的厂家。

11 月 30 日，截至 2024 年 11 月底，中国钢铁全产业链平台共发布 EPD 报告 167 份，是世界发布最具时效性且数据量最多的钢铁产品 EPD 报告平台。

12 月 2 日，中国钢铁工业协会获评 5A 级全国性社会团体。

12 月 2 日，中国钢铁工业协会电炉钢分会成立预备会在京召开。会议就分会工作条例（草案）、组织机构及相关负责人人选、成立大会相关事项及明年拟推进的重点工作等进行了深入沟通和交流。钢协副会长骆铁军出席会议并讲话。

12 月 2 日，颜建新任方大集团董事兼副总裁、方大钢铁集团董事长、萍安钢铁董事长。

12 月 2 日，中国钢铁工业协会节能环保工作委员会 2024 年年会在山东省济南市召开。与会代表就钢铁行业运行情况、超低排放、极致能效工作方面取得的进展和成果进行了分享和交流。钢协党委副书记、副会长兼秘书长姜维出席会议并讲话。

12 月 3 日，陕钢集团“新一代长材直轧关键技术与装备开发及应用”科技成果被鉴定为达到国际领先水平。

12 月 3 日，河钢唐钢 2 吉帕超级抗氢脆热成型钢实现国内首发。该产品将用于乘用车白车身单、复合结构部件制造，大幅提升产品抗氢脆性能，不仅满足汽车轻量化需求的同时，而且提升了汽车安全性能。

12 月 3 日，中国宝武宝钢股份生产的国内首卷 BeyondECO-30%热轧低碳排放产品交货，标志着宝钢热轧产品聚焦原创性、引领性绿色钢铁前沿技术取得新突破。

12 月 3 日，由河北省科学技术厅主导，唐山市政府主建，华北理工大学与河钢集团共建的河北省首家省实验室——燕赵钢铁实验室在河北唐山揭牌，旨在打造钢铁领域世界一流的原始创新策源地，培育和发展新质生产力。

12月4日，2024年中国钢铁工业协会人力资源与劳动保障工作委员会年会在郑州召开。会议总结了2024年钢铁行业人力资源成果，分析了行业运行和人力资源数据，交流了企业和院校在人力资源管理及产教融合的经验。钢协党委副书记、副会长兼秘书长姜维出席会议，并发表了题为《下行周期的钢铁新动能》的主旨报告。

12月5日，第四届智能制造创新大赛－原材料（钢铁）赛道决赛在重庆结束，南钢等单位联合申报的“基于多模态感知智能的三位一体炼铁解决方案”获一等奖。20个晋级决赛的优秀成果（来自南钢、兴澄特钢、宝信软件等单位）被纳入《2024年钢铁行业智能制造解决方案推荐目录》，成为企业数字化转型的重要参考和资源库。

12月6日，山钢集团日照公司研发生产的管线钢成功交付用户，将用于制造国内最大管径、最大壁厚超临界二氧化碳输送用直缝埋弧焊管。

12月12日，首钢迁钢、南钢、宝钢德盛、普阳钢铁、酒钢宏兴、永钢等企业的场景应用案例入选工信部钢铁行业重点场景数字化转型典型案例。

12月12日，2024年中国钢铁工业协会企业改革与管理工作委员会年会在江苏省南京市召开。会议审议通过了委员会工作报告、委员会五年工作规划，表决通过了关于调整和增补副主任委员、委员的议案。钢协副会长屈秀丽出席会议并讲话。

12月13日，兴澄特钢采用连铸工艺生产开发100毫米厚承压设备用9Ni钢，并通过9国船级社型式试验认证，突破船级社最大厚度为50毫米的规格限制，填补该领域国内外产品空白。

12月13日，工信部、生态环境部、应急管理部、国家标准化管理委员会组织编制《标准提升引领原材料工业优化升级行动方案（2025—2027年）》。

12月14日，以“共铸钛链　同创未来”为主题的钛金属新材料现代产业链共链行动大会在四川成都召开。会议发布了《共建钛金属现代产业链做强国家钛金属产业支撑国家战略需求倡议》。钢协副会长、鞍钢集团党委书记、董事长谭成旭，钢协副会长骆铁军出席大会。

12月16日，河钢全球首条氢冶金绿色汽车板连铸生产线在张宣科技投产，形成150万吨高端、绿色低碳汽车板用材料生产能力，实现了河钢绿色汽车板工艺路线全链条贯通。

12 月 16 日，中国钢研与吉林省政府、松原市政府分别签署战略合作框架协议、纯氢冶金项目合作协议。

12 月 17 日，中国钢铁工业协会党委召开理论学习中心组（扩大）会，专题学习习近平总书记重要讲话精神和中央经济工作会议精神，切实把思想和行动统一到党中央对经济形势的科学判断和对经济工作的决策部署上来，确保党中央各项决策部署在钢铁行业得到有效落实。

12 月 17 日，工信部等四部门印发《标准提升引领原材料工业优化升级行动方案（2025—2027 年）》。其中提及，开展电炉短流程炼钢、氢冶金等低碳工艺以及相关技术装备、管理评价等标准研制，鼓励绿电—绿氢—石化、煤化工耦合技术标准预研。重点研制石化化工、钢铁、有色金属、建材等行业重点排放单位碳排放核算方法，钢铁、电解铝、水泥、尿素、氢等重点产品碳足迹核算规则等碳达峰碳中和标准，对实施效果好的团体标准按程序采信为行业标准或国家标准。

12 月 21 日，绿色低碳钢铁应用与采购研讨会在北京召开，会议对促进上下游产业链供应链的良性发展具有重要意义。钢协党委副书记、副会长兼秘书长姜维到会并讲话。

12 月 23 日，中国人寿资产公司作为受托人运用中国人寿寿险公司及三方机构委托资金参与“鞍钢集团增资引战项目”，落地总规模约为 105 亿元。

12 月 25 日，由西部矿业、中铁十九局与华为三方联合建设的全球首个 5000 米高原露天矿无人驾驶项目交付使用，将全面提升高原露天矿山运营效率和作业安全性。

12 月 26 日，河北省生态环境厅召开“推进钢铁等重点行业企业环保绩效创 A”新闻发布会。2024 年，河北全省钢铁 A 级企业数量达到 55 家，保持全国第一，实现在产钢铁企业全面创 A。

12 月 27 日，柳钢集团与中国矿产合资合作建设的智能混配加工项目建设启动仪式在柳钢防城港钢铁基地举行。

12 月 29 日，CR450 动车组样车在北京发布，标志着“CR450 科技创新工程”取得重大突破。CR450 动车组投入商业运营后，运营时速将达到 400 公里，将成为全球跑最快的高铁列车。CR450 动车组采用了中国宝武马钢的高速车轮、宝钢股份的钢管和鞍钢集团的转向架用钢。

12 月 29 日，鞍钢集团凌源钢铁集团有限责任公司在辽宁凌源揭牌成立。凌钢正式并入鞍钢集团后，鞍钢集团粗钢产能将达到7000万吨级，标志着鞍钢集团“十四五”战略重组目标提前完成。

12月30日，钢铁行业数字化转型推进中心在北京成立。工信部原材料司一级巡视员张海登，钢协党委副书记、副会长兼秘书长姜维出席大会并讲话。

（本章撰写人：王晶，焦响，中国钢铁工业协会）